21世纪全国高职高专旅游系列规划教材

饭店管理实务

主　编　金丽娟
副主编　刘晓芬　彭淑清
　　　　谢　蕾　胡　冲
参　编　罗晓黎　陈　戎
　　　　魏　娟　何娇娇

北京大学出版社
PEKING UNIVERSITY PRESS

内容简介

本书系统、全面地介绍了饭店管理概述、饭店组织管理、饭店服务质量管理、饭店公共关系管理、饭店营销管理、饭店人力资源管理、饭店物资管理、饭店设备管理、饭店安全管理、饭店业务管理方面的内容。本书在内容和体例的编排上，既注重理论知识的阐述，又重视项目实训的设计，力求反映饭店管理在理论研究和实践发展方面的最新进展，注重知识的系统性、专业性和实用性，具有鲜明的时代特色。

本书涉及面广、实用性强，既可作为高职高专院校旅游管理相关专业的教材，也可作为饭店中高级管理人才的培训用书，还可作为大中专院校旅游管理专业自学考试人员的辅导资料。

图书在版编目(CIP)数据

饭店管理实务/金丽娟主编. —北京：北京大学出版社，2013.1

(21世纪全国高职高专旅游系列规划教材)

ISBN 978-7-301-21559-3

Ⅰ. ①饭… Ⅱ. ①金… Ⅲ. ①饭店－企业管理－高等职业教育－教材 Ⅳ. ①F719.2

中国版本图书馆CIP数据核字(2012)第274056号

书　　名：饭店管理实务

著作责任者：金丽娟　主编

策 划 编 辑：刘国明　李彦红

责 任 编 辑：刘国明

标 准 书 号：ISBN 978-7-301-21559-3/F・3397

出 版 发 行：北京大学出版社

地　　址：北京市海淀区成府路205号　100871

网　　址：http://www.pup.cn　新浪官方微博：@北京大学出版社

电　　话：邮购部62752015　发行部62750672　编辑部62750667　出版部62754962

电 子 信 箱：pup_6@163.com

印　刷　者：涿州市星河印刷有限公司

经　销　者：新华书店

787毫米×1092毫米　16开本　19.75印张　459千字

2013年1月第1版　2013年1月第1次印刷

定　　价：37.00元

前　　言

饭店管理是管理学科的一个重要分支，随着旅游业的发展和科学技术水平的提高，饭店业无论在建筑物、设施、产品、服务还是经营管理方面都不断完善和发展。我国旅游业的快速发展需要大量应用型、实践型人才。在旅游业蓬勃发展的今天，掌握现代饭店管理理论知识，具备过硬操作技术的一线管理和服务人才尤其受到青睐。

本书从工作实际出发，力求体现“工学结合”的高等职业教育理念，在内容和体例的编排上，既注重理论知识的阐述，又重视实训的设计，强化学生技能训练，培养学生的综合实践能力。为便于教学，本书在各章前有学习目标、导入案例，正文中穿插安排大量相关知识链接材料，在每个章节的课后习题中安排了思考题、案例分析题和实训题。这种编排体例不仅是对所学内容的巩固，更是对学生实践能力的拓展，要求学生在学习必要的饭店管理知识的基础上，重点掌握从事饭店管理工作的基本能力和基本技能，以适应现代饭店管理人才的需求。编者采取有新意、重实用、高标准的编写原则，力求体现以下特点：一是具有较强的职业教育性，以提高学生的职业素质和能力为出发点，使其通过学习获得专业知识与素养，通过案例和实训促进学生对重要概念和方法的理解与应用；二是内容先进、精简，具有较强的实用性，结合发展潮流，体现最新趋向，以实用为中心，合理设置案例；三是适用于课堂教学，突出高职教学的特点，在内容编排上既充分考虑学生的参与和互动，又兼顾教师的授课效率，统一而又灵活。

本书由金丽娟担任主编，刘晓芬、彭淑清、谢蕾、胡冲任副主编。具体编写分工：金丽娟（鄂州职业大学）负责拟定提纲和全书的统稿，同时编写第 1 章；刘晓芬（湖北省旅游学校）编写第 10 章；彭淑清（湖北省旅游学校）编写第 2 章；谢蕾（武汉民政职业学院）编写第 4 章、第 9 章；胡冲（武汉城市职业学院）编写第 8 章；罗晓黎（长江职业学院）编写第 5 章；陈戎（武汉城市职业学院）编写第 7 章；魏娟（武汉信息传播职业技术学院）编写第 3 章；何娇娇（黄冈科技职业学院）编写第 6 章。

本书在编写过程中参考并引用了相关文献与资料，在此谨向相关作者致以真诚的谢意！

由于编者水平有限，编写时间仓促，书中不足之处在所难免，恳请各位专家、广大读者批评指正。

金丽娟

2012 年 5 月

前言

[illegible]

2012年5月

目　录

1 饭店管理概述

学习目标

- 知识目标：掌握饭店管理的一般理论，了解饭店管理的含义、基本内容及职能，对饭店管理有较为深入的认识。
- 技能目标：能够运用饭店管理基本知识对现实饭店工作中发生的各种问题做出分析和判断，并能够提出对应的解决方法。
- 能力目标：能运用所学知识判断饭店管理是否科学，能够判断饭店管理职能在实际管理工作中是否合理运用。

导入案例

饭店管理的现场控制

巡视是饭店基层管理者每天的职责，通过巡视发现问题和解决问题以提高饭店服务工作的质量。某天，餐饮部主管向餐饮部刘经理汇报近期工作后，他们一起来到餐厅巡视。时间尚早，客人不多，主管看了看桌椅和餐具，横、竖、斜都在一条直线上，感到很满意。然后他又将视线转向周围站立的服务员，个个笑容可掬，站姿标准。两人走出餐厅交换意见，主管得意地问："刘经理，你觉得餐厅的工作怎么样？"刘经理反问："你认为呢？我看你刚才是先把眼睛盯向餐台，然后，才去看服务员。你知道吗？当我们刚走进餐厅时，有 3 个服务员正在聊天，见我们进来立刻散了，所以，你再去检查，个个都合乎标准。就这种类型的巡视，应该先看面，后看线，先看动，后看静。"主管由衷地说："刘经理，您说得对，您看那 3 名服务员应该怎么办？"刘经理说："那就是你权力范围的事了。"

思考：主管为什么没有发现问题？刘经理让主管处理 3 个服务员的做法对吗？

在实际工作中常常出现这样的情形，某部门经理，甚至总经理巡视饭店时发现了问题，当即代替当事人的直接上级做出处理决定，这种做法违反了统一指挥的原则，形成了多头领导并且限制了下级管理人员能力的发挥。案例中餐饮部刘经理让主管自行处理聊天服务员的做法是可取的。现场控制就是在执行计划的过程中，各级主管部门按照事先规定的标准直接对计划情况进行现场监督、检查和指导，及时发现问题、解决问题，把给饭店造成的损失降到最小。为此，在实施现场控制时，要掌握检查技巧，发现问题后要注意处理技巧，并遵循统一指挥的原则。

随着旅游业的快速发展，饭店业已经成为促进我国经济社会发展和扩大就业的重要行业。饭店业无论在建筑物、设施、产品、服务还是经营管理方面都不断完善和发展。现代饭店业与国际化接轨程度高，在国民经济体系中发挥着现代化管理、国际化管理的示范作用。饭店管理是管理学科的一个重要分支，要真正提高我国现代饭店的管理水平，有必要对饭店管理的基本知识有一个全面的认识。

1.1 饭店概述

饭店(hotel)一词原为法语，指的是法国贵族在乡下招待贵宾的别墅。后来，欧美的饭店业沿用了这一名词来泛指所有商业性的住宿设施。在我国，由于地域和习惯上的差异，有"酒店"、"饭店"、"大厦"、"度假村"、"山庄"等多种不同的名称。

1.1.1 饭店的概念

国外权威词典曾给饭店做过如下定义。《美利坚百科全书》的定义：饭店是装备好的公共住宿设施，它一般都提供膳食、酒类与饮料以及其他服务。《科利尔百科全书》：饭店一般地说是为公众提供住宿、膳食和服务的建筑与机构。《大不列颠百科全书》：

饭店是在商业性的基础上向公众提供住宿，也往往提供膳食的建筑物。《简明不列颠百科全书》。饭店是为公众提供住宿设施与膳食的商业性的建筑设施。《韦伯斯特美国英语新世界词典》。饭店是提供住宿，也经常提供膳食与某些其他服务设施，以接待外出旅游者和非永久性居住的人。

从以上定义可以看出，饭店应具备下列基本条件：

饭店是一个住宿设施完备并经政府有关部门许可的建筑；

饭店必须提供住宿、餐饮的基本服务和项目；

饭店要为旅客提供商务、娱乐、购物等项目及其服务；

饭店设施与场地具有商业性特征，在承担一定的社会责任的前提下，谋求合理的利润。

综上所述，饭店是以建筑物为凭借，主要通过客房、餐饮、娱乐等设施及与之有关的多种项目，向客人提供服务的一种专门场所。换言之，饭店就是利用空间设备、场所和一定消费物质资料，通过接待服务来满足宾客住宿、饮食、娱乐、购物、消遣等需要而取得经济效益和社会效益的综合性服务企业。

1.1.2　饭店的业务特点

饭店通过生产和销售饭店产品而获取收益，是自主经营、自负盈亏的企业。饭店作为以招徕和接待客人为特征的服务行业，具有与其他行业不同的特征。饭店的业务特点主要表现在以下四个方面。

1. 无形性

饭店的业务活动从本质上说，并不生产和销售有形的物质产品，而是凭借物质设施向客人提供一种无形的服务，客人最终得到的只是一种服务的效用和服务过程的一种体验。所以，在饭店的业务活动中，饭店提供服务的过程和客人消费服务的过程处于同一时间和空间。饭店的设施、空间、环境不能储存和搬运，如在某一时间内不能销售出去的客房，这一时间内的价值便随时间而消失了。

2. 综合性

综合性即饭店业务活动构成要素的复杂性和内外联系的紧密性。在现代社会，人们住店不仅是一种基本的生活需要，而且是追求享受的一种方式。要满足客人的需要，饭店必须配套设施齐全、服务项目丰富、服务质量优良。因此，这就要求饭店各部门的协调配合，以建立一个综合性的服务系统。

3. 波动性

饭店的业务受到多种因素的制约而具有不稳定性，最基本的客观因素有三个：一是社会政治因素，即国家的政策、社会秩序、外交关系等；二是经济因素，即商品经济的发达程度、国家经济的发展速度、人们的消费水平等；三是人的因素，饭店产品质量受人为因素影响较大，难以恒定地维持一致。一方面由于服务的对象是人，他们有着不同的兴趣、爱好、风俗、习惯，又有着不同的动机和需要；另一方面提供服务的也是人，饭店员工在提供服务时受知识、性格、情绪等诸多因素的影响，这些影响使饭店产品质量有着很大的可变性。

4. 文化性

文化是由地域、历史、民族、政治、意识形态所决定的人类知识、信誉和行为的整体，它包括语言、思想、信仰、风俗习惯、禁忌、法规、制度、工具、技术、艺术、礼仪以及其他有关成分。饭店的文化特性主要体现在有形的物质文化和无形的精神文化两个方面。有形的物质文化主要表现在具有文化艺术氛围的建筑造型、功能没计、装饰风格、环境艺术等文化娱乐设施，以及有民族文化和西洋文化的菜食等物质产品：无形的精神文化主要表现在非物质文化和服务活动的思想意识，以及经营活动中的经营思想和管理文化等。

1.1.3 饭店的类型

由于世界各国不同的历史文化、不同的地理位置与气候条件的差异，世界各地的饭店也有着不同的类型与等级。目前，世界各地的饭店有以下几种基本类型。

1. 按照饭店的服务对象分类

1) 商务型饭店

商务型饭店又称暂住型饭店，是主要以接待从事商务活动的客人为主，而非旅游度假客人为主的饭店。商务型饭店在地理位置、饭店设施、服务项目、价格等方面都以商务为出发点，尽可能地为商务客人提供便利。这类客人对饭店的地理位置要求较高，要求饭店靠近城区或商业中心区。相关商务设施必须配备齐全，如打字、复印、传真、翻译等服务。其客流量一般不受季节的影响而产生很大的变化。商务型饭店的设施设备齐全、服务功能较为完善。

2) 度假型饭店

度假型饭店主要是为宾客旅游、休假、疗养等提供食宿及娱乐活动的一种饭店类型。度假型饭店多建在海滨、温泉、风景区附近，其经营的季节性较强，要求有较完善的娱乐设备。度假型饭店因地域、经济、文化的不同而具有地方性、灵活性和多样性的特点。度假型饭店可分为两种，一种是观光度假型饭店，这类饭店要求的地理位置比较独特(多位于海滨、草原、海岛、森林、雪山等拥有独特旅游资源的地方)，并且能够提供多种旅游活动和健身活动如游泳等。另一种则是休闲度假型饭店，这类不需要有良好的旅游资源，但一定要有安静、舒适、绿化的自然环境。因为这类饭店的顾客都是前来放松身心，释放压力，逃离城市的喧嚣的。

【知识链接】

绿色饭店

绿色饭店是指那些为旅客提供的产品与服务既符合充分利用资源又保护生态环境的要求且有益于顾客身体健康的饭店。从可持续发展理论的角度考虑，“绿色饭店”就是指饭店业发展必须建立在生态环境的承受能力之上，符合当地的经济发展状况和道德规范，即一是通过节能、节电、节水，合理利用自然资源，减缓资源的耗竭；二是减少废料和污染物的生成和排放，促进饭店产品的生产、消费过程与环境相容，降低整个饭店对环境危害的风险。

绿色饭店坚持绿色管理，倡导绿色消费，保护生态和合理使用资源，其核心是在为顾客提供符合安全、健康、环保要求的绿色客房和绿色餐饮的基础上，在生产运营过程中加强对环境的保护和资源的合理利用。在安全方面重视消防安全、治安安全和食品安全；在健康方面突出绿色客房、绿色餐饮和卫生操作；在环保方面关注节能、降耗和垃圾处理。

3) 长住型饭店

长住型饭店也称为公寓型饭店，此类饭店客房多采取家庭式结构，以套房为主，配套适合客人长住的家具和电器设备，房间大者可供一个家庭使用，小者有仅供一人使用的单人房间。在服务上讲究家庭式氛围，亲切周到，是既提供一般饭店的服务，又提供一般家庭服务的饭店。

4) 会议型饭店

会议型饭店是以接待会议旅客为主的饭店，除食宿娱乐外还为会议代表提供接送站、会议资料打印、录像摄像、旅游等服务。要求有较为完善的会议服务设施，有大小会议室(图 1-1)、同声传译设备、投影仪和功能齐全的娱乐设施等。

图 1-1 饭店会议室

2. 按照饭店的经营方式分类

1) 集团经营饭店

集团经营饭店又称连锁饭店或饭店联号，是指饭店集团在本国或世界各地拥有或控制两家或两家以上的饭店。这些饭店采用统一的店名、店标，统一的经营管理方式，统一的管理规范和服务标准，联合经营形成的系统。集团化经营则可以避免市场的过度竞争，增加行业的利润。从 20 世纪 80 年代中期以来，饭店集团在我国饭店市场运行中扮演了越来越重要的角色，而 21 世纪的我国饭店业无疑将进入饭店集团化经营的世纪。

【知识链接】

十大酒店集团

1. 洲际酒店集团

洲际集团成立于1777年，是目前全球最大及网络分布最广的专业酒店管理集团，拥有洲际酒店(图1-2)、皇冠假日酒店等多个国际知名酒店品牌和超过60年的国际酒店管理经验。

图1-2　洲际酒店

2. 胜腾酒店管理集团

胜腾公司的酒店集团，其总部设在美国新泽西州的帕斯帕尼，是世界最大的经济型酒店运营商之一，在全球范围内运营近2100家酒店。第一家速8酒店于1974年在美国南达科他州的阿伯丁市开业，速8酒店一直致力于向所有的住客提供干净的房间和友好的服务。速8酒店于2004年4月进入中国市场，第一家酒店于同年6月8日在北京王府井开业。

3. 万豪国际集团

万豪国际集团是全球首屈一指的酒店管理公司，业务遍及美国及其他67个国家和地区，管理超过2 800家酒店，提供约490 500间客房。该公司的总部设于美国首都华盛顿特区，共有员工128 000人。万豪在2003年的营业额达到90亿美元，万豪还被《财富》杂志评为酒店业最值得敬仰企业和最理想工作酒店集团之一。

4. 雅高国际酒店集团

总部设在巴黎的雅高集团成立于1967年，是全球著名的饭店集团，其雏形是1947年成立于法国的第一家“老沃特尔”饭店，后以该品牌为基础，开展连锁经营。法国雅高国际酒店集团通过收购酒店集团和从事酒店管理，使酒店业务不断迅速增长。法国雅高国际酒店集团拥有独特的国际市场地位，素以为商界和休闲服务市场提供一系列大众化以致豪华的著名品牌酒店而负盛名。

5. 精品国际酒店集团

精品国际酒店集团起源于信誉良好的品质客栈连锁集团，这是一家以中等价格和一贯的高质量服务为标志的饭店业先驱。1981年，随着舒适客栈的开设和发展，精品国际酒店集团开始快速发展。在相继收购了Clarion、Rodeway Inn和Econo Lodge之后，精品国际酒店集团又对Sleep Inn和MainStay Suites进行了革命性的改造，使自身的业务范围得到全面拓展，从经济型消费到高消费，从基本服务到高档次的娱乐享受，各种服务无所不包，能够满足社会各阶层人士的需求。

6. 希尔顿国际酒店集团

希尔顿国际酒店集团是总部设于英国的希尔顿集团公司旗下分支，拥有除北美洲外全球范围内希尔顿商标使用权，管理405家酒店，包括263家希尔顿酒店、142家斯堪的克酒店，在全球的78个国家拥有超过7万名雇员，有10多个不同层次的酒店品牌。

7. 最佳西方国际集团

美国最佳西方国际集团成立于1946年，在全球近100个国家和地区拥有成员酒店4200多家，总客房数超过30万间，是全球单一品牌下最大的酒店连锁集团，在美国、加拿大及欧洲具有广泛的影响。1946年，拥有23年管理经验的旅游业主古尔汀建立了最佳西方汽车旅馆。经过60年的发展，最佳西方采取建立战略联盟的方式，在全球建立经营网点，通过其全球预定系统和灵活多样的服务项目，把各个成员饭店联合起来，迅速成为世界第一大的饭店品牌。

8. 喜达屋国际酒店集团

喜达屋国际酒店集团以其饭店的高档豪华著称，集团的品牌包括圣·瑞吉斯、至尊金选、寰鼎、喜来登、福朋司以及W饭店。

9. 凯悦酒店集团

凯悦酒店集团是世界知名的跨国酒店集团，在世界各国管理数百家酒店。共提供客房数超过9万间，集团总部设在美国芝加哥。集团旗下酒店品牌包括柏悦、君悦、凯悦、凯悦度假村等。君悦及柏悦全部属五星级酒店，以豪华驰名。

10. 香格里拉酒店集团

总部设在香港的香格里拉酒店(图1-3)集团是亚洲最大的豪华酒店集团，从1971年新加坡第一家香格里拉酒店开始，香格里拉酒店集团便不断向国际迈进，且被视为世界最佳酒店管理公司之一。

图1-3 香港香格里拉酒店

2) 独立经营饭店

独立经营饭店是指由投资者独立经营的单个饭店，在目前饭店业界，绝大多数中小型饭店都属于独立经营饭店。

3) 联合经营饭店

联合经营饭店是指由多家单个饭店联合而组成的饭店，借联合的力量来对抗集团经营饭店的竞争。此种经营方式在保持各饭店独立产权、自主经营基础上，实行联合统一的对外经营方式，如建立统一的订房协议系统、统一对外的质量标准、统一的公众标志等。此类饭店可开展联合对外的促销、宣传活动和内部互送客源等，形成规模经济。

3. 按照饭店的建筑规模分类

目前，对饭店的规模，旅游行政部门还没有一个统一的划分标准。较通行的分类方法是以客房和床位的数量多少，区分为大、中、小型三种。

1) 小型饭店

小型饭店主要指拥有 300 间以下标准客房的饭店。饭店内的设施设备和服务能满足饭店的标准和要求，价格便宜，属于经济型饭店。

2) 中型饭店

中型饭店主要指拥有 300～500 间标准客房的饭店。饭店内的设施设备完备，服务项目齐全，能满足饭店的标准和要求，价格适中，是多数旅游者愿意接受并喜欢选择的饭店。

3) 大型饭店

大型饭店主要指拥有 500 间以上标准客房的饭店。饭店内的旅游服务综合设施配套齐全，服务项目多样化，豪华舒适。

【知识链接】

经济型饭店将成为中国饭店市场的主体

在住宿业中，经济型饭店拥有未来发展的最大空间。经济型饭店符合国际饭店业发展趋势，符合中国饭店细分市场的实际，符合国内旅游者的需求，并且投资成本较低、经营灵活。经济型饭店在我国发展不过四五年的时间，上海的锦江之星、新亚之星，北京的中江之旅和广东引入的青年旅舍应该说是我国第一批经济型饭店，几年来已形成一定市场规模并显示出良好的发展势头。锦江之星的 13 家饭店出租率一直高达 95%以上，预计 6～7 年即可收回成本。国际饭店集团也纷纷看好我国的经济型饭店市场，欧洲最大的饭店管理集团——雅高饭店集团从 1985 年进入中国市场，截至 2009 年 8 月，雅高在中国已经拥有 82 家饭店，品牌覆盖高端饭店和经济型饭店。中国住宿业将从星级饭店为主体转向经济型饭店发展的新时代。

4. 按照饭店的地理位置分类

按照饭店的地理位置，可将饭店分为以下五类。

1) 中心城市饭店

中心城市饭店位于城市中心或商业区等繁华地带，地理位置优越，适宜于发展以商务游客为主的饭店。

2) 风景区饭店

风景区饭店(图 1-4)位于旅游风景区、海滨、湖滨、森林等地，环境优美，空气质量较高，适宜发展以度假旅客为主的饭店。

图 1-4 风景区饭店

3) 汽车饭店

汽车饭店位于公路沿线，是为适应汽车旅游需要而设置的各种经济、方便的饭店，适宜发展以汽车旅游为主的饭店。

4) 机场饭店

机场饭店位于机场附近，是为乘坐飞机的旅客提供住宿、餐饮及其他所需服务的饭店，以便利、安全为主。

5) 郊区饭店

郊区饭店位于城市郊区或交通便利之地，包括建在市郊的车站、码头等地，适宜发展以汽车旅游方式为主及经济型游客为主的饭店。

5. 按照饭店的计价方式分类

1) 欧式计价饭店

欧式计价饭店指饭店客房价格仅包括房租，不含食品、饮料等其他费用。这种计价方式源于欧洲，世界各地绝大多数饭店均属此类，我国的旅游涉外饭店也基本上采用这种计价方式。

2) 美式计价饭店

美式计价饭店的客房价格包括房租以及一日三餐的费用，因此，又被称为全费用计价方式。这种计价方式多用于度假型饭店。

3) 修正美式计价饭店

修正美式计价饭店的客房价格包括房租和早餐以及午餐或晚餐(二者任选一个)的费用，使宾客有较大的自由以安排白天活动。这种计价方式多用于旅行社组织的旅游团队。

4) 欧陆式计价饭店

欧陆式计价饭店的房价包括客人的住宿费和每日一顿欧陆式简单早餐的计价方式，欧陆式早餐主要包括冻果汁、烤面包、咖啡或茶。有些国家把这种计价方式称为“床位连早餐”计价。

5) 百幕大计价饭店

百幕大计价饭店的房价包括客人的住宿费和每日一顿美式早餐的计价方式。美式早餐除含有欧陆式早餐的内容以外，通常还包括火腿、香肠、咸肉等肉类和鸡蛋。

1.1.4 饭店的等级

饭店等级的划分因不同国家和地区采用的等级标准不同，用以表示级别的标志与名称也不一样。在饭店等级的标识方法上，有的是以星号的多少表示，有的则以数字表示。例如，法国的饭店分为一星、二星、三星、四星、和五星五级；意大利的饭店采用“豪华、1 级、2 级、3 级、4 级”制；美国汽车协会及美国汽车石油公司分别制定并使用的“五花”和“五星”等级制。有的国家和地区则采用“豪华、舒适、现代”或“乡村、城镇、山区、观光”或“国际观光、观光”等作为饭店等级的标志。

世界上饭店等级的评定一般采用星级制，我国饭店采用的是五星制。我国根据 GB/T 14308-2010《旅游饭店星级的划分与评定》，按照饭店的建筑、装潢、设备设施条件和维修保养状况、管理水平和服务质量的高低、服务项目的多少进行全面考核。综合平衡，将饭店划分为一星、二星、三星、四星、五星共五个等级。星级以镀金五角星为符号，用一颗五角星表示一星级，两颗五角星表示二星级，三颗五角星表示三星级，四颗五角星表示四星级，五颗五角星表示五星级，五星级为最高级，在五星级的基础上，再产生白金五星，五颗白金五角星表示白金五星级。

1. 一星饭店

一星饭店设备简单，具备食、宿两个最基本功能，能满足客人最简单的旅行需要，提供基本的服务，属于经济等级，符合经济能力较差的旅游者的需要。

2. 二星饭店

二星饭店设备一般，除具备客房、餐厅等基本设备外，还有卖品部、邮电、理发等综合服务设施，服务质量较好，属于一般旅行等级，满足中下等的旅游者的需要，收费低廉，经济实惠。

3. 三星饭店

三星饭店设备齐全，不仅提供食宿，还有会议室、游艺厅、酒吧间、咖啡厅、美容室等综合服务设施。每间客房面积约 20 平方米，家具齐全，并有电冰箱、彩色电视机等。服务质量较好，收费标准较高，能满足中产以上旅游者的需要。目前，这种属于中等水平的饭店在国际上最受欢迎，数量较多。

4. 四星饭店

四星饭店设备豪华，综合服务设施完善，服务项目多，服务质量优良，讲究室内环境艺术，提供优质服务。客人不仅能够得到高级的物质享受，也能得到很好的精神享受。这种饭店国际上通常称为一流水平的饭店，收费一般较高。主要是满足经济地位较高的上层旅游者和公费旅行者的需要。

5. 五星饭店

五星饭店(或四星豪华饭店)这是饭店的最高等级，设备十分豪华，设施更加完善，除了房间设施豪华外，服务设施齐全。有各种餐厅，较大规模的宴会厅、会议厅、综合服务比较齐全，是社交、会议、娱乐、购物、消遣、保健等活动的中心。环境优美，收费标准和服务质量要求很高，主要是满足上层资产阶级、政府官员、社会名流，大企业公司的管理人员、工程技术人员，参加国际会议的官员、专家、学者的需要。

【知识链接】

白金五星

1988年，国际旅游局开始组织实施饭店星级评定工作。2003年12月1日发布、2003年12月实施的《旅游饭店星级的划分与评定》标准中设立了白金五星级，它是中国自1988年出台饭店星级标准16年来，第三次修订、首次出现自行设计的标准。白金五星级的饭店缀有五颗星的标牌将选用白金色。

白金五星级饭店要求具有两年以上五星级饭店资格；地理位置处于城市中心商务区或繁华地带，交通极其便利；建筑主题鲜明，外观造型独具一格，有助于所在地建立旅游目的地形象；内部功能布局及装修装饰能与所在地历史、文化、自然环境相结合，恰到好处地表现和烘托其主题氛围；除有富丽堂皇的门廊及入口外，饭店整体氛围极其豪华气派；各类设施配备齐全，品质一流；有饭店内主要区域温湿度自动控制系统；有位置合理、功能齐全、品味高雅、装饰华丽的行政楼层专用服务区，至少对行政楼层提供24小时管家式服务。

2006年7月7日，国家旅游局在北京中国大饭店举行新闻发布会，宣布正式启动创建白金五星级饭店试点工作。北京中国大饭店(图1-5)、上海波特曼丽嘉饭店、广州花园饭店、济南山东大厦等4家饭店入围首批白金五星级饭店创建试点名单。

图 1-5 中国大饭店

1.2 饭店的产生与发展

饭店的产生和发展，已有几千年的历史。现代的饭店，就是从中国古代的驿馆，中东的高队客店、古罗马的棚舍、欧洲的路边旅馆及美国的马车客栈演变而来。

1.2.1 国外饭店的产生与发展

国外饭店的产生与发展进程大体上可以分为四个时期。

1. 古代客栈时期(12～18 世纪)

客栈(图 1-6)是随着商品生产和商品交换的发展而逐步发展起来的。最早期的客栈，可以追溯到人类原始社会末期和奴隶社会初期，是为适应古代国家的外交交往、宗教、商业旅行、帝王巡游等活动的要求而产生的。

图 1-6 英国古代客栈

在西方，客栈作为一种住宿设施早已存在，欧洲许多国家如英国、法国、瑞士、意大利和奥地利等国的客栈已相当普遍。当时比较好的客栈通常拥有酒窖、食品室和厨房，还有供店主及管马人用的房间。许多古老客栈还有花园草坪以及带有壁炉的宴会厅和舞厅。此时的英国客栈已是人们聚会及相互交往、交流信息的地方。实际上，在 18 世纪，世界许多地方的客栈不仅仅是过路人寄宿的地方，还是当地的社会、政治与商业活动的中心。可以说这些简单的住宿设施不是完整意义上的饭店，而是饭店的雏形。

古代客栈的特点：一般规模小，建筑简单，设备简易，价格低廉，是仅提供简单食宿、休息的场所。当时的这些住所，只是个歇脚之处，无其他服务可言；管理上，以官办为主，也有部分民间经营的小店，是家庭住宅的一部分，家庭是客栈的拥有者和经营者，没有其他专门从事客栈管理的人员。后来，随着社会的发展，旅游活动种类的增加，客栈的规模也日益扩大，种类不断增多。

2. 豪华饭店时期(18 世纪末～19 世纪中叶)

豪华饭店时期又称大饭店时期。随着资本主义经济和旅游业的发展，旅游开始成为一种经济活动，专为上层统治阶级服务的豪华饭店应运而生。在欧洲大陆上出现了许多以“饭店”命名的住宿设施，无论是豪华的建筑外形，还是高雅的内部装修，还是服务和用餐的各种规范形式，都是王公贵族生活方式商业化的结果。饭店与其说是为了向旅游者提供食宿，不如说是为了向他们提供奢侈的享受。

一般认为，欧洲第一个真正可称之为饭店的住宿设施是在德国的巴登建起的巴典国别墅。随后，欧洲许多国家大兴土木，争相修造豪华饭店。当时颇有代表性的饭店有 1850 年在巴黎建成的巴黎大饭店，1874 年在柏林开业的凯撒饭店，1876 年在法兰克福开业的法兰克福大饭店和 1889 年开业的伦教萨沃伊饭店等。豪华饭店是新的富裕阶级生活方式和社交活动商业化的结果。

豪华饭店的特点：规模宏大，建筑与设施豪华，装饰讲究，许多豪华饭店还成为当地乃至世界建筑艺术的珍品。饭店内部分工协作明确，对服务工作和服务人员要求十分严格，讲究服务质量。饭店内部出现了专门的管理机构，促进了饭店管理及其理论的发展。

【知识链接】

凯撒·里兹

凯撒·里兹(图 1-7)于 1850 年出生在瑞士一家有 18 个孩子的大家庭里，他早年曾从业于酒店业，但未有任何迹象表明他在此领域能大展宏图，取得出色成就。他在前两份工作中都因表现欠佳而被辞退，第一份工作是见习酒品服务员，第二份工作是助理服务员。带着这不顺利的工作经历，他来到巴黎，几经周折后，终于在巴黎当时最时尚的酒店 Voisin 中找到了一份服务员的工作。不久，来 Voisin 的最富有、最出名的客人便开始点名要他来服务，他的名声响起来，升任餐厅服务员领班，后来又到尼斯的大酒店任餐厅经理。由于超凡卓越的服务水平，他一直在那些最好的酒店中工作，其中有些酒店是托马斯·库克斯企业用来接待欧洲豪华旅游团的。

图 1-7 凯撒·里兹

1870 年，他在瑞士卢色恩的国家大酒店得到一份经理职位，他接任经理时该酒店不景气，没有赢利，但很快他便以娴熟的管理才能将酒店扭亏为盈。他以热情和优质的服务理念来激励员工和厨师，为顾客们提供豪华绝妙的娱乐活动。很快该酒店便成为欧洲最受欢迎的一家酒店，凯撒·里兹也成为欧洲大陆最受人尊重的酒店经理。

里兹于 1898 年 6 月与具有“厨师之王，王之厨师”美誉的 August Ausgofier 一起创立了巴黎里兹饭店，开创了豪华饭店经营之先河。其豪华的设施、精致而正宗的法餐，以及优雅的上流社会服务方式，将整个欧洲带入一个新的饭店发展时期。随后于 1902 年在法国创立了里兹——卡尔顿发展公司，里兹被称为世界豪华饭店之父。今天，“里兹”已经成为豪华和完美的代名词。里兹·卡尔顿饭店在其服务理念的指导下，于 1992 年，成为饭店业中的第一个也是唯一的一个获得了“梅尔考姆·鲍尔特里奇国家质量奖”的企业。这项奖是在美国国会授权下，以美国前商业部长命名，由美国国家技术与标准学会设立的最有权威的企业质量奖。

3. 商业饭店时期(19 世纪末～20 世纪 50 年代)

商业饭店时期是饭店业发展的重要阶段，是世界各国饭店最为活跃的时代，它使饭店业最终成为以一般平民为服务对象的产业，它从各个方面奠定了现代饭店业的基础。

20 世纪初，世界上最大的饭店业主出现在美国，他就是埃尔斯沃思·米尔顿·斯塔特勒。1908 年斯塔特勒在美国巴法罗建造了第一个由他亲自设计并用他的名字命名的斯塔特勒饭店，该饭店是专为旅行者设计的，适应了市场的需求，创造了以一般平民所能负担的价格条件，但却提供世界上最佳服务为目标的新型饭店，开创了饭店业发展的新时代。斯塔特勒的饭店经营思想和既科学合理又简练适宜的经营管理方法，如“饭店经营第一是地点，第二是地点，第三还是地点”等，至今对饭店业仍大有启迪，对现代饭店的经营具有重要的影响。

商业饭店的基本特点：第一，商业饭店的服务对象是一般的平民，主要以接待商务客人为主，规模较大，设施设备完善，服务项目齐全，讲求舒适、清洁、安全和实用；第二，实行低价格政策，使顾客感到收费合理，钱花得值；第三，饭店经营者与拥有者逐渐分离，饭店经营活动完全商品化，讲究经济效益，以赢利为目的；第四，饭店管理逐步科学化和效率化，注重市场调研和市场目标的选择，注意训练员工和提高工作效率。

4. 现代新型饭店时期(20 世纪 50 年代以后)

第二次世界大战后，随着世界范围内的经济复苏和繁荣，人口的迅速增长，世界上出现了国际性的大众化旅游。科学技术的进步，使交通条件大为改善，为外出旅游创造了条件；劳动生产率的提高，人们可支配收入的增加，对外出旅游和享受饭店服务的需求迅速扩大，加快了旅游活动的普及化和世界各国政治、经济、文化等方面交往的频繁化。这种社会需求的变化，促使饭店业由此进入了现代新型饭店时期。

在现代新型饭店时期，饭店业发达的地区并不仅仅局限于欧美，而是遍布全球。亚洲地区的饭店业从 20 世纪 60 年代起步发展至今，在规模、等级、服务水准、管理水平等方面毫不逊色于欧美的饭店业。在美国(机构投资者)杂志每年组织的颇具权威性的世界十大最佳饭店评选中，亚洲地区的饭店往往占有半数以上，并名列前茅。由香港东方文华饭店集团管理的泰国曼谷东方大饭店，十多年来一直在世界十大最佳饭店排行榜上名列榜首。在亚洲地区的饭店业中，已涌现出一些较大规模的饭店集团公司，如日本的大仓饭店集团、日本的新大谷饭店集团、香港东方文华饭店集团、香港丽晶饭店集团、新加坡香格里拉饭店集团、新加坡文华饭店集团等，这些饭店集团公司不仅在亚洲地区投资或管理饭店，而且扩展到欧美地区。

现代饭店的主要特点：旅游市场结构的多元化促使饭店类型多样化，如度假饭店、观光饭店、商务饭店、会员制俱乐部饭店等。市场需求的多样化使饭店设施不断变化，经营方式更加灵活。饭店产业的高利润加剧了市场竞争，使饭店与其他行业联合或走向连锁经营、集团化经营的道路。现代科学技术和科学管理理论的发展，使现代饭店管理日益科学化和现代化。

【知识链接】

世界上最高的七星级饭店

阿拉伯塔饭店(图 1-8)又称迪拜帆船饭店，位于中东地区阿拉伯联合酋长国的迪拜酋长国的迪拜市。迪拜帆船饭店由英国设计师汤姆·赖特设计，是世界上第一家七星级饭店，也是全球最高的饭店，比法国艾菲尔铁塔还高上一截。

图 1-8 阿拉伯塔饭店

迪拜帆船饭店开业于 1999 年 12 月，共有高级客房 202 间，所有的 202 间房皆为两层楼的套房，而且全部是落地玻璃窗，随时可以眺望一望无际的阿拉伯海。迪拜帆船饭店建立在海滨的一个人工岛上，是一个帆船形的塔状建筑，一共有 56 层，321 米高，它正对着 jumeirah beach 饭店(被认为是世界上最棒的饭店)，客房面积从 170 平方米到 780 平方米不等，最低的也是总统套房，房价 900 美元，最高的皇家套房房价为 18 000 美元。饭店房价虽然不菲，客源却依然踊跃。“不怕价高，只怕货差。”这句商界名言在迪拜帆船饭店得到印证。

1.2.2 中国饭店的产生与发展

中国是文明古国，也是世界上最早出现饭店的国家之一。在中国古代，早在 3000 多年前的殷商就出现了官办的“驿站”，它是中国历史上最古老的官办住宿设施。

1. 中国古代的饭店业

客栈为古代饭店的称号，是为了满足人们外出远行的需要而出现的。因为当时人们远行主要是靠步行或是乘马车，所以客栈主要出现于道路旁。

周朝，为了便于 71 个诸侯国向王家纳贡和朝见，在交通要道处，修筑了供客人投宿的“客舍”。这些驿站或客舍是中国历史上最古老的住宿设施，主要是为了满足办理各种公务、商务和外交、军事人员的基本食宿需要而设立的。战国时期，由于农业和手工业的进步，商业的发展，民间的客店业初步形成并不断发展和完善。西汉时，随着对外贸易的日益发展，长安城内建造起许多所“群郗”，供外国使者和商人食宿。南北朝时期出现了“邸店”，供客商食宿、存货和交易。宋朝出现了众多的“同文馆”(图 1-9)、“大同馆”等旅馆。这些住宿设施不但提供客房，还提供酒菜饭食，可以说这些民间的客店和旅馆，是现代意义上的饭店的雏形。

图 1-9　京师同文馆(北京)

2. 中国近代的饭店业

中国近代由于受到外国帝国主义的侵入，沦为半殖民地半封建社会。当时的饭店业除有传统的旅馆之外，还出现了西式饭店和中西式饭店。

西式饭店是 19 世纪初由外国资本建造和经营的饭店的统称，这类饭店规模宏大，装饰华丽，设备先进。接待对象主要以来华外国人为主，也包括当时中国上层社会人物及达官贵人，如北京的六国饭店、北京饭店，天津的利顺德饭店和上海的理查德饭店等。西式饭店的出现对中国近代饭店业的发展起了一定的促进作用，把西式饭店的建筑风格、设备配置、服务方式、经营管理的理论和方法带到了中国。

中西式饭店是在西式饭店的影响下，由中国的民族资本投资兴建的一大批中西风格结合的饭店。这类饭店在建筑式样、店内设备、服务项目和经营方式上都接受了西式饭店的影响。20 世纪 30 年代，中西式饭店的发展达到了鼎盛时期，中西式饭店为中国饭店业进入现代饭店时期奠定了良好的基础。

3. 中国现代的饭店业

我国现代饭店业的发展速度很快，特别是新中国成立后，我国的各直辖市、省会城市和风景区通过改建老饭店，建立了一批新的饭店和招待所。我国自 1978 年开始实行对外开放政策以来，大力发展旅游业，这为现代饭店业的兴起和发展创造了前所未有的良好机遇。在行业规模扩大、设施质量提升的同时，我国饭店业的经营理念也发生了质的变化，经营管理水平得到了迅速的提高。从 1978 年至今，我国饭店业大体经历了四个发展阶段。

第一阶段(1978—1983 年)，由事业单位招待型管理走向企业单位经营型管理。这一时期的饭店，很大一部分是从以前的政府高级招待所转变而来的，在财政上实行统收统支，实报实销的制度，基本没有上缴利润，没有任何风险，服务上只提供简单的食宿，谈不上满足客人要求的各种服务项目。由于经营上既没有指标，也没有计划，因此，作为一个饭店也就既没有压力，又缺乏活力，与满足国际旅游业发展和为国家增加创汇的要求有很大的差距。

第二阶段(1984—1987 年)，由经验型管理走向科学管理。1984 年，我国饭店业在全行业推广北京建国饭店的科学管理方法，走上了与国际接轨的科学管理的轨道，这是我国饭店业在发展中迈出的第二步。企业化管理进程开始加快，科学管理体系开始形成，经营方式灵活，管理队伍活力增强，服务质量明显上升，经济效益和社会效益得到提高。

第三阶段(1988—1994 年)，我国饭店吸纳国际上通行做法，推行星级评定制度，使我国饭店业进入国际现代化管理新阶段。为使我国迅速发展的饭店业能规范有序地发展并与国际饭店业的标准接轨，1988 年 9 月，经国务院批准，国家旅游局发布了饭店星级标准，并开始对旅游涉外饭店进行星级评定。我国的饭店星级标准，是在对国内外饭店业进行大量调查研究的基础上，参照国际通行标准并结合我国实际情况，在世界旅游组织的专家指导下制定出来的。1993 年经国家技术监督局(现称为国家质量监督检疫总局)批准，定为国家标准。我国饭店业实行星级制度，可以促使饭店的服务和管理符合国际惯例和国际标准。评定星级既是客观形势发展的需要，也是使我国饭店业进入规范化、国际化、现代化管理的新阶段的需要。

第四阶段(1994 年至今)，我国饭店业逐步向专业化、集团化、集约化经营管理迈进。1994 年，我国的饭店业已形成了一定的产业规模。经国家旅游局批准，我国成立了第一批自己的饭店管理公司，这为迅速崛起的中国饭店业注入了新的活力，引导我国饭店业向专业化、集团化管理的方向发展。另外，20 世纪 90 年代中后期，我国饭店业的总量急剧增加，由于受到国际国内经济环境变化的影响，走集约型发展之路，越来越成为饭店业的共识，饭店业从单纯追求总量扩张、注重外延型发展向追求质量效益、强化内涵型发展转变。

这个时期饭店业的特点如下。①实行多种形式的联合：出于经营上的需要，为了提高预订和推销效果，许多饭店实行了多种形式的联合；②投资形式多样化：为了满足不断发展的旅游业和对外开放的经济发展的需要，饭店业采取多种渠道的集资形式，建造了一批具有现代化设施和服务的饭店；③设施和服务日趋现代化：为了适应现代旅游多元化的发展，满足多类别的国外旅游者的需要，我国参照国外先进饭店的硬件标准，结合中国民族建筑的特色，建造了一批建筑新颖别致、设施齐全的饭店；④经营管理日趋先进：新时期的饭店管理引进国外先进的饭店管理理论和经验，结合我国饭店经营的实际情况，吸收我国其他行业企业管理的先进经验，探索和创造先进的饭店管理体制和方法，并不断改进和完善。

1.3 饭店管理的含义

饭店管理是从对市场的了解和认识开始的，饭店向客人提供的服务都是具有商品生产和商品交换性质的特殊商品，它同样要依据市场，面向市场，了解饭店市场的特点、内容，并根据饭店市场需求进行有效的管理。

1.3.1 饭店管理的概念

饭店管理属于管理的范畴，归根结底还是管理。在讨论饭店管理之前，首先应该对管理这个概念有一个初步的认识。

关于管理的概念，从不同角度出发，可以有不同的定义。单就字面上理解，“管理”是管辖和处理；从广义上讲，管理是人类的一种有意义、有目的的行动，即人类的一种文化活动；从功效角度上讲，管理是通过一系列有效活动，提高系统功效的过程；从职能上讲，管理就是计划、组织、人员配备、指导与领导以及控制；从资源利用上讲，管理是有效分配和利用组织中的人力、物力、财力、时间、信息资源，以达到组织目标的过程；从决策立场上讲，管理就是决策。

1. 管理的几个经典概念

(1) 泰勒定义：管理就是确切地了解你希望工人干些什么，设法使他们用最好、最节约的方法去完成它。(1911)

(2) 亨利·法约尔定义：管理就是计划、组织、指挥、协调和控制职能。(1916)

(3) 哈罗德·孔茨定义：“管理就是设计并保持一种良好的环境，使人在群体里高效率地完成既定目标的过程。(1955)

(4) 西蒙定义：管理就是决策。(1960)

目前，国内外管理界对于管理的含义公认的观点认为：管理是一个过程，即管理者让被管理者与自己共同实现既定目标的活动过程。

2. 饭店管理的内涵

饭店管理是指饭店管理者在了解市场需求的前提下，为了有效实现饭店的规定目标，遵循一定的原则，运用各种管理方法，对饭店所拥有的人力、财力、物力、时间、信息等资源进行计划、组织、指挥、协调和控制等一系列活动的总和。衡量饭店管理成效的主要依据就是预定目标的实现程度，即以最小的劳动消耗获得最大的社会效益和经济效益。

饭店的社会效益指的是饭店的经营管理活动带给社会的功用和影响。饭店占有和消耗社会劳动，就必然要承担社会责任，服务于社会，服务于顾客，主要表现为饭店是否满足消费者的旅居和日常消费的需要，以及社会对该饭店和饭店产品的认可程度，如饭店的知名度、美誉度、利用率等。

饭店管理这一活动过程是从对市场的了解和调查开始的，其内涵包括以下三点。

1) 以市场为基础

饭店直接面对市场，在激烈的市场竞争中，饭店管理者要根据自己饭店的特点充分了解市场规律、市场状况和客源渠道等相关信息，根据市场需求确定饭店的战略规划。

2) 以管理职能为手段

饭店管理的实质是协调内部与外部各要素，通过有效的计划、组织、指挥、协调、控制等使饭店的劳动力、资金、时间、能源、材料、设备等有限的资源发挥最大效用。

3) 以实现目标为方向

饭店的目标就是实现社会效益和经济效益的双赢。社会效益是前提，饭店占有和消耗社会劳动，就应为社会做出贡献、承担责任，服务于社会，服务于顾客。饭店首先要为宾客提供优良的饭店产品；同时它还是社会精神文明的窗口，要为整个社会的文明进步做出贡献。没有社会效益就不会有长久的经济效益，只顾经济效益而不顾社会效益的饭店，其生命力也不会长久。

1.3.2 饭店管理的特点

饭店是生产和销售服务的企业，其管理既具有一般企业管理的共性，又有自身的特征。这些特征的形成来源于饭店产品的特点，主要表现为以下几点。

1. 管理目标的效益性

明确的工作方向和预期目标是饭店管理的前提，饭店是以赢利为目的的经济实体，最终是以最小的消耗实现最大化的效益。对饭店而言，社会效益是饭店的根本，经济效益是社会效益的发展。在市场条件下，追求企业价值最大化是饭店经营管理的动力所在，是饭店正常运转和扩大再生产的基础。社会效益不好的饭店，其经济效益必然受到极大影响。因此，在饭店经营管理过程中，首先应创造良好的社会效益，以社会效益为基础带动经济效益发展。

2. 管理活动的完整性

饭店是一个具有综合服务功能的企业，不仅要满足住宿和饮食的需求，还必须在同一时间的不同空间内满足客人的其他多种消费需求。这就要求饭店所进行的经营管理活动贯穿于饭店管理的全过程。饭店产品是通过组合形成的整体性产品，不仅包括设施设备等硬件，还包括人员的劳务、信息等软件服务，是一个复杂的活动体系，需要各方位、各部门、各岗位紧密配合完成。饭店管理者还要研究饭店的整体目标、整体功能和整体效用，通过不断地优化组合、相互协调从而实现饭店各要素的整体功能，达到整体效用最大化的目标。充分发挥饭店的人力、物力、财力以及信息的作用，使饭店的各经营要素之间的关系及结构都能适应饭店整体的需要。

【知识链接】

蝴蝶效应的管理启示

蝴蝶效应是指在一个动力系统中，初始条件下微小的变化能带动整个系统的长期的巨大的连锁反应，这是一种混沌现象。

今天的企业，其命运同样受“蝴蝶效应”的影响。消费者越来越相信感觉，所以品牌消费、环境、服务态度等无形的价值都会成为他们选择的因素。

3. 管理过程的层次性

现代饭店管理按照管理机构在管理工作中所处的地位，分为高级管理层机构、中级管理层机构和基层管理层机构。高级管理层机构是负责统一领导和管理饭店全部业务经营活动的决策机构；中级管理层机构主要负责组织实现高级管理层机构在某一方面的决定和指示，并把其与本部门的职责结合起来，传达给基层管理层，以协调、组织各部门的经济活动；基层管理层机构是现代饭店最低一级的管理层次，直接负责实施饭店一线的服务与管理，完成所承担的任务。在管理过程中，管理者可根据不同的管理对象与业务特点分别采取不同的授权方法与管理手段，将权力逐级下放，让有能力的下属人员代替自己进行直接管理，以延伸管理的可达性，即实施的时效性。

4. 管理对象的多样性

饭店业是“以客人为中心”的行业，视人为“资本”，对人员的管理既包括宾客又包括员工，管理对象必须两者同时兼顾。客人不同，其需求也各不相同，现代饭店不仅要满足客人吃住的基本需要，而且还要求有多种多样的服务设施和服务项目，以满足客人的高层次需要，使他们得到精神上和物质上的满足与享受。与此同时，还应将多样化的服务进行整合，建立和健全以总经理为首的具有统一性、权威性的业务经营管理系统，向顾客提供“一条龙”的系统服务。这种服务将融会在顾客从进店到出店的全过程中，表现为饭店各部门相互配合为顾客提供系统服务，最终全方位地满足客人住店期间的需求。管理的出发点是“着眼于人”，考虑人的个性、需求的差异，使饭店取得最佳的经济和社会效益。

【知识链接】

个性化服务

如今，饭店已逐步进入个性化服务时代，在为入住客人提供标准化、规范化服务的基础上，更注重对不同客人提供具有针对性的个性化服务。即以客人的需要为中心提供各种服务，同时也包括超越标准的特殊服务。因此，个性化服务是标准化、多样化服务的延伸，是饭店为客人提供的超值服务。科技的发展为饭店的定制化服务提供了技术支持，饭店高科技的运用程度越高，就越有可能为客人提供更加细致的个性化服务。

1.3.3 饭店管理的内容

饭店是由多种业务、多个部门综合而成的一个整体组织，各部门的业务各不相同，这就形成了饭店繁杂的事务。饭店管理者必须进一步研究饭店管理的对象和内容，对饭店实施有效管理。饭店管理的基本内容主要包括以下几个方面。

1. 业务管理

业务管理是指直接对客人服务并产生营业收入的饭店业务部门的管理。饭店业务分散在不同部门，由不同层次的管理者在其岗位上组织业务的运转。饭店业务管理是以日常业务活动对象为主的管理，涉及饭店业务管理和部门业务管理，如前厅、客房、餐饮、娱乐、商务、购物等。

2. 组织管理

组织管理就是对饭店组织承担的任务在全体成员之间的分工合作中进行的管理。主要内容包括：①根据饭店的经营定位建设合理的饭店组织结构，设置饭店各部门、各岗位，配备各级管理人员及员工；②确定各部门人员的责权范围，明确饭店人员之间的隶属关系、协调关系，形成饭店的统一指挥体系；③建立并完善相应的规章制度，根据需要不断改进和改善组织的相关内容。

3. 市场营销管理

饭店组织是一个动态的开放系统，与外部环境有着密切的联系，饭店产品只有在市场上才能实现价值，进而饭店的生存和发展才能得到保证。饭店市场营销管理就是通过对市场营销要素的管理，促进饭店产品尽快进入消费市场，最终满足客人的需求。饭店营销管理的目的在于沟通饭店与市场的供求关系，一方面，通过营销管理树立企业形象品牌，提高饭店知名度与美誉度；另一方面，能够为饭店创造一种良好的外部环境，为饭店的销售创造条件，促进市场营销。

4. 服务质量管理

服务质量是饭店的生命线，因此服务质量管理是饭店管理的中心环节。饭店服务质量主要体现在设施设备质量水平、餐饮产品质量水平、劳务服务质量水平、环境氛围质量水平和后台保障质量水平等方面。服务质量管理应以质量管理体系为基础，以科学管理理论为指导，以满足宾客需求为标准，以取得最佳经济效益和社会效益为目的，开展全体员工参与的全面质量管理。主要包括饭店服务质量分析、服务质量管理方法、建立和执行服务质量标准体系、服务质量控制等内容。

5. 人力资源管理

人力资源管理就是通过各种管理手段让各岗位上的员工各尽其责，发挥每个人的最大优势，是各种生产要素中最重要的要素。饭店人力资源管理主要是通过建立科学的员工招聘程序、方法和培训，对员工进行薪酬管理、人事档案管理、福利事业管理及饭店人力资源的激励等。要根据饭店不同部门和岗位要求编制合格定员、对全体员工进行培训，提高管理者素质，建立一支专业化的员工队伍。通过激励充分调动饭店管理者和员工的工作积极性，建立饭店各项管理制度，使员工能迅速胜任饭店工作，并长期保持高绩效，最大限度地发挥员工的工作积极性，为饭店的进一步发展准备力量，最终实现按时按期、保质保量地完成管理任务，实现经营利润。

6. 财务管理

财务管理就是从资金运转的角度来计划和控制饭店的生产经营活动，并评估和分析其合理性，以尽可能少的资金取得较大的经济效益，提高饭店的经营管理水平。饭店财务管理主要包括资金管理、资产管理、成本费用管理、营业收入和利税管理、财务评价等。

7. 设施设备管理

饭店设施设备是饭店存在的物质载体，也是客人评价饭店档次的物质基础，饭店各种设备的正常运转是整个饭店正常运转的基石。饭店设备的管理水平，不仅直接关系到饭店的服务质量，而且还直接影响饭店的经济效益。饭店设备管理的主要工作是设备的资产管理和设备的使用与维护，设备的资产管理主要包括对饭店设备的分类编号、登记档案和实行动态的管理制度；设备的使用与维护是通过制定和执行有关制度，强化员工的设备管理意识，培训员工正确使用和精心维护各种设施设备，来保证设备的完好率并延长其使用寿命，进一步降低运行成本，提高饭店的经济效益。

8. 安全管理

安全管理是指饭店建立有效的安全组织体系，制订饭店安全工作计划保障饭店财产安全、消防安全，以及饭店紧急事故的妥善处理。安全是饭店经营的前提保障，是饭店开展一切活动的基础，饭店自身运转需要安全，宾客住店更需要安全，离开安全饭店经营管理就是空谈。饭店应重视安全管理工作，对安全保卫工作要有足够的重视，在全饭店树立安全服务意识，切实保障自身运转安全和客人人身及财产安全。饭店安全管理主要包括安全体系管理、治安管理、消防管理、食品卫生管理和事故管理等。

1.4 饭店管理的职能与方法

管理职能是一种行为功能，这种功能以管理对象的存在为基础，以管理者的管理行为为表现形式。只有在管理主体对管理客体起作用时，管理职能才能表现出来。

1.4.1 饭店管理的职能

管理职能是管理行为所具有的特定的功能，是管理者在管理饭店时的行为所表现出来的特定的功能。饭店的管理职能就是通过计划、组织、指挥、协调、控制等具体职能来发挥作用的。

1. 计划职能

计划职能是饭店管理的首要职能，是指确定饭店的经营目标和规定时限目标的方法、途径的管理活动。计划职能要统领其他职能的发挥，因而是饭店管理中最重要的职能。

饭店计划职能的实施是一个过程，它包括进行市场调查、分析和预测；制定饭店经营目标；选择最优方案；制订饭店的各类计划；按计划进行工作，并保证饭店工作被控制在计划的范围内。

计划职能所要解决的都是饭店未来发展的方向和进展的重点问题，所以必须解决两个基本问题：一是确定饭店的目标。目标选择错误，计划再周密都是徒劳，这是计划的关键。二是合理安排时间。任何事物的发展都有自己的规律和顺序，否则，整个计划将不具可行性。

2. 组织职能

计划的实施要靠员工的共同合作，组织这一职能正是从人类对合作的需求产生的。组织管理就是根据工作的需求与员工特点进行工作设计，通过授权和分工形成一个有机的组织结构，使整个组织能够协调运转。

组织职能包含两个方面的含义：一是饭店的组织结构和组织管理体制，即饭店职能机构的设置、责任的规定、人员的分工协作及整个有效管理系统的建立等内容；二是指为了达到目标，合理地组织调配饭店人、财、物等资源。管理学认为，组织职能一方面是指为了实施计划而建立起来的一种结构，该种结构在很大程度上决定着计划能否得以实现；另一方面，是指为了实现计划目标所进行的组织过程。

3. 指挥职能

饭店指挥职能是指管理者凭借权力和权威，根据决策计划的要求对所属指挥对象发出指令，进行领导和调度，使之服从管理者并付诸行动，齐心协力地实现饭店的预定目标的管理活动。指挥就是管理者将有利于饭店目标实现的指令下达给其下属。当饭店管理目标已定，管理者就要通过执行指挥职能，使饭店的全体员工积极实施管理目标。指挥职能是计划职能和组织职能的延伸和继续，计划是指挥的依据，组织是指挥的保证。指挥职能发挥得好坏，有两个重要因素：一是饭店决策计划的合理性，二是管理者自身的素质高低。

有效指挥职能的基本要求：①饭店应建立强有力的指挥系统，按等级链原则划分管理层次，明确权力关系，使人人自觉执行上级下达的指令，管理者执行指挥职能时畅通无阻。②统一指挥，即饭店管理者只对直接下属部门和员工实施指挥，不能越级，而作为下属也只接受其直接上级的指令，只有这样，才能防止多头管理而使下属无所适从。③在实施指挥时，饭店管理者应注意运用各种有效的激励手段调动其下属的工作积极性，激发其努力工作，完成饭店的预定目标。

4. 协调职能

饭店协调职能是指对饭店内外出现的各种不和谐现象而采取的调整联络等措施的总和。其目的是保证饭店经营业务活动的顺利进行，并有效地实现饭店的经营目标。协调职能是现代饭店管理的特征之一，饭店协调职能包括外部协调和内部协调两大类。

1) 饭店的外部协调

饭店与社会存在千丝万缕的联系，若处理不当，小则影响饭店的客源、效益、形象等，大则危及饭店的生存与发展。因此，为创造一个良好的外部环境，饭店都非常重视外部协调。通常，饭店外部协调可分为饭店与宾客的协调和饭店与社会的协调两种。

在目前饭店业市场激烈竞争的环境中，宾客需求也日益复杂多变。饭店与宾客之间的协调主要体现在饭店应根据市场供求及竞争情况，不断地调整饭店的服务内容与项目，减少饭店与宾客之间的不和谐因素，从而最大限度地满足宾客需求，使饭店与宾客之间相互和谐融洽，从而在饭店竞争中处于不败之地。

2) 饭店的内部协调

饭店内部协调一般分为横向协调和纵向协调两类，横向协调就是指饭店内各部门之间、本部门内各环节之间的协调，如工程部与客房部的合作、前厅部的预定与接待、收款的信息沟通与配合等。各相关部门、环节的所有人、财、物、信息等要素的配合得当，步调一致，是通过执行协调职能所应达到的结果，也只有如此，才能确保饭店各项管理工作的顺利进行。纵向协调是指饭店上下各级人员之间的协调，有效的纵向协调要求上级应能根据饭店目标要求下达正确的指令，而下级则无条件地服从和执行上级的指令要求，最终通过饭店全体员工的齐心合力、相互配合共同完成饭店的预定目标。

5. 控制职能

在饭店管理过程中，管理者应始终以目标为基准，对饭店中的各种资源进行尽可能合理的调配和组织，并随时调整和改变策略以适应饭店经营的需要，这就要求对整个饭店管理过程进行有效的控制。控制职能是指饭店根据计划目标和预定标准，对饭店业务的运转过程进行监督、调节、检查、分析，以确保目标任务完成的管理活动。

饭店的控制职能主要包括以下几方面：一是预先控制，又称前馈控制，是指管理者通过对饭店业务情况的观察、预测和分析，预计可能出现的问题，在其未发生前加以预防的管理活动；二是现场控制，又称实时控制，是指管理者在饭店业务进行过程中的控制，是通过管理者的现场巡视，督导下属员工按服务规程操作，根据业务活动的需要，对预先安排的人、财、物等资源进行合理的重新组合、调配，有效地保证饭店服务质量；三是反馈控制，也称事后控制，是指管理者在饭店经营业务活动结束后，对其结果的检查考核，所以，反馈控制是把实际工作结果与预定目标相比较，找出偏差，分析产生差异的原因，提出整改措施，以便在今后的工作中改进提高的管理方法。

1.4.2 饭店管理的基本方法

饭店管理方法是饭店管理者为了完成既定的管理目标，履行管理职能，完成管理任务的方式、手段、措施的总和。饭店是综合性企业，管理方法多种多样，主要有以下几种。

1. 制度管理法

饭店制度是饭店组织管理过程中借以引导、约束、激励全体组织成员行为，确定办事方法，规定工作程序的各种章程、条例、守则、规程、程序、标准、办法的总称。俗话说："没有规矩，不成方圆。"要保证饭店的正常运行，并实现预期的目标，就必须实施制度化管理。依照制度规范涉及层次和约束内容的不同，可将饭店制度的类型分为基本制度和规范制度两大类。

基本制度主要包括饭店的法律和财产所有形式、饭店章程、董事会组织、高层管理组织等方面的制度和规范。基本管理制度是对饭店管理各基本方面规定活动框架，调节集体协作行为的制度，是用来引导、约束、激励集体行为的、成体系的活动和行为规范。

饭店规范制度包括业务技术规范和个人行为规范。业务技术规范是涉及某些技术标准、技术规程的规定，如服务规程、操作规程等；个人行为规范是指专门针对个人行为制定的规矩，如礼貌服务守则、员工行为规范等。

2. 行政管理法

行政管理法是指根据饭店各级行政组织的行政命令、指示、规定、制度等有约束性的行政手段来管理饭店的方法。行政管理方法具有强制性、权威性、垂直性和无偿性的特点。行政管理方法的优点是能使饭店在总经理的领导下实行集中统一的管理，有利于行政管理系统的集中统一。如果没有集中统一的指挥和统一的行动，各自为政，根本不能完成饭店的整体目标任务。另外，上级可以针对下级的工作情况，及时灵活地发出各种指令，使行政管理中出现的新情况、新问题得到及时处理，尤其是对一些突发事件的处理，更显示出这种方法的灵活快捷的优点。

行政方法以强制性的指令、命令支配下级的行为，下级处在被动服从的状态，长此以往，会压抑下级的积极性和主动性，造成下级对上级的过分依赖。同时，行政指令是以垂直方向传达的，在指示、命令的下行传达过程中容易忽略横向的协调，有可能造成条块之间的矛盾，反过来制约了行政系统的高度统一。当然，任何一种管理方法的好坏与管理人员的水平有密切关系。

3. 经济管理法

经济管理法是指饭店根据客观经济规律，运用经济手段对劳动者进行引导和约束的管理方法。经济管理方法具有间接性、有偿性、平等性、关联性。

运用经济方法管理饭店有利于合理使用资源，提高经济效益，充分调动员工的积极性、主动性和创造性。饭店运用经济方法实施行政管理，可以充分发挥被管理者的自主性。同时，由于经济方法触动的是人们最敏感的神经，人们必然会做出迅速反应，因此，管理效果较为显著。但是，经济方法仅以满足人们的物质利益为前提，因而作用范围仅集中在经济行政管理方面或与经济有连带关系的工作方面。因此，靠这种方法不能解决行政管理中的一切问题。同时，这种方法强调以物质利益为核心，掌握运用不当会对意识形态和政治生活产生副作用。

4. 绩效管理法

绩效管理法是指饭店通过对员工的工作表现与成绩的系统评定来确定员工的待遇、决定员工的工作岗位以及安排培训工作等。有效的绩效考核对提高饭店的服务质量和员工的工作积极性，增强饭店竞争力、提高饭店经营效益具有重要意义。

饭店在运用绩效管理方法时，应注意树立科学的饭店绩效考核管理观，明确企业战略目标，实施科学的绩效评价方法。科学的绩效管理应该是绩效计划、绩效评价、绩效诊断和改进这些环节的整合，使饭店绩效管理过程成为一个完整的、封闭的循环系统。绩效管理系统成功实施的一个基本保证就是饭店要建立从高层到基层员工的科学绩效管理观，认识到绩效管理是一个循环的动态系统。绩效管理系统所包含的几个环节紧密联系，任何一环的脱节都将导致绩效管理的失败，因此，饭店的各层员工要认识到绩效管理过程中每个环节的重要性。

5. 定量管理法

定量管理法，就是通过对管理对象数量关系的研究，遵循其量的规定性，利用数量关系对饭店经营活动进行管理的方法。饭店的经营活动，要以尽可能少的投入，取得尽可能多的有效成果，不仅要有定性的要求而且必须要有定量分析，无论是质量标准，还是资金运用、物资管理以及人员组织，均应有数量标准。应该说，运用定量方法管理经营活动，一般具有准确可靠、经济实用、能够反映本质等优点。

6. 现场管理法

现场管理也称走动管理，是指饭店高级管理者经常抽空前往各个办公室及生产一线，深入现场，加强巡视，以获得更丰富、更直接的员工工作问题，并及时了解和解决所属员工的工作困境，调节经营活动各方面关系的一种策略方法。饭店业务经营活动的特点之一，就是生产和消费的同时性，要有效控制饭店的业务经营活动，提高服务质量，就必须深入服务第一线，以便随时了解情况，及时发现和处理各种疑难问题，纠正偏差，协调好各方面的关系。走动管理不是单纯的到各个部门走走而已，而是要高级管理者勤于搜集最新信息，并配合项目做最佳的判断，以及早发现并解决问题。敏锐的观察力是走动管理成功的关键。在走动的过程中，主管必须敏锐地观察到工作的项目与人员及其所透露出的信息，同时也可以通过询问、回答、肢体语言等，对信息做出及时的回应。在这一过程中，主管的态度、行程时间安排、获取信息期望值等也比较重要。

7. 目标管理法

目标管理法是指由下级与上级共同决定具体的绩效目标，并且定期检查完成情况的一种管理方式。目标管理的实质是强调组织成员亲自参与目标计划，实现自我控制，围绕目标展开工作。在目标管理中应遵循以下原则：以目标为导向，企业的目的和任务必须转化为目标；目标管理的对象包括所有员工；按实现目标的程度实施考核，由此决定升降奖惩和工资的高低。目标管理一般经过四个步骤：制定目标、实施目标、信息反馈处理、检查实施结果及奖惩。

目标管理法的评价标准直接反映员工的工作内容，结果易于观测，所以很少出现评价失误，也适合对员工提供建议，进行反馈和辅导。由于目标管理的过程是员工共同参与的过程，因此，员工工作积极性大为提高，增强了责任心和事业心。目标管理法促使其打破传统等级制度对决策能力的限制，组织几个部门根据顾客不断变化的需要和期望快速反应，制定出有效的绩效目标，并达到目标。目标管理法的缺点是没有在不同部门、不同员工之间设立统一目标，因此难以对员工和不同部门之间的工作绩效横向比较，不能为以后的晋升决策提供依据。目标管理必须有有效的考核办法相配合，这是目标管理的关键环节。缺乏考评，目标管理就缺乏反馈过程，目标管理的目的即实现目标的愿望就难以达到。

8. 成本管理法

成本管理是指企业在生产经营过程中各项成本核算、成本分析、成本决策和成本控制等一系列科学管理行为的总称。成本管理一般包括成本预测、成本决策、成本计划、成本核算、成本控制、成本分析、成本考核等职能。

饭店成本管理是对饭店的产品生产和经营过程中所发生的产品成本有组织、有系统地进行战略预测、决策、计划、控制、核算、分析和考核等一系列的科学管理工作。饭店在运用成本管理法时，首先，应更新饭店成本管理观念，以相对较低的成本升幅，提高服务产品的质量和价值，增强顾客的满意度，从而提高饭店的经济效益；其次，应实现全员管理，使饭店所有员工都参与进来，以此测定饭店的目标成本并确定最终的计划成本；再次，应建立和完善现代饭店成本管理体系，突破将传统成本管理局限在微观层面上的现状，把重心转向饭店整体战略这一更为广阔的领域，扩展成本管理范围，确定饭店的成本预测、决策，从而正确地选择饭店的经营战略，正确处理降低成本与保证质量、增加数量的关系，正确处理饭店发展与加强成本管理的关系，提高饭店的整体经济效益。

【知识链接】

威尼斯饭店的信任成本

在国内，许多饭店在客人结账离店时都会要求客人等待几分钟，以便饭店检查客房。而在威尼斯饭店(图 1-10)，接待员仅仅只会询问客人是否使用过 MINI BAR，给予客人充分的信任。其实即使使用 MINI BAR 而没有付账或有其他损失，相对于饭店总体的收益而言，那也是微不足道的。只有不到 1%的情况下客人会成心欺骗饭店，而饭店完全没有必要因为这 1%而去怀疑甚至影响剩下的 99%。

图 1-10 威尼斯饭店

饭店业有句行话："100 减 1 等于零!不等于 99!" 又如，若客人带走了洗衣袋、雨伞等客房用品，许多饭店会强迫客人付费。而威尼斯饭店则认为：这恰恰说明我们的客房用品有吸引力，只要客人喜欢，是否付费完全由客人自愿。因为，一个成本仅为十几元绣有饭店 Logo 的洗衣袋或雨伞，被客人带到世界各地其实都是在为我们免费做宣传。换个角度来讲，如果我们在客人退房时赠送相同价值的小礼物，他们也许并不喜欢，但如果是客人自己从饭店带出去的东西，他们反而更牢记于心。这样，我们的饭店也就被客人牢记于心了。”

9. 感情管理法

饭店之间的竞争，最根本的是人才的竞争，有了高素质的、具有主人翁意识的员工，饭店的发展就有了强大的动力。因此，饭店在未来的经营管理中将会把员工的作用放在更加重要的位置。感情管理法，实际上就是对人的需要、动机和行为进行控制的方法，是一种行为和心理方法。它是对员工的思想、情绪、爱好、愿望、需求和社会关系进行研究并加以引导，给予必要的满足，以实现预期目标的方法。

饭店一方面要关心员工，为员工的工作、生活、晋升、福利等方面创造较好的条件，使员工感到满意，只有满意的员工才能提供满意的服务。另一方面把员工作为一种具有建设性潜力的资源来进行开发、培养，为员工营造一个有利于人才脱颖而出的环境，把更大的权力和责任赋予员工，让员工更多地参与对工作效率及质量有影响的日常工作方面的决策。通过这种方式，使员工认识到自己也是管理者的一员，进而更好地发挥自己的自觉性、能动性和创造性。同时由于员工在工作一线与顾客接触最多，对饭店产品与服务的优缺点最为了解，因而员工参与决策，可使饭店能够对需求的变化做出更加快速、正确的反应。饭店业务活动的情感性使得在饭店管理中，人与人之间的关系不仅是经济关系，更是一种社会关系。所以，要激发员工的工作热情，调动员工的积极性，就必须注重对员工的“感情投资”，通过各方面的工作去正确处理各种关系，引导和影响员工的行为，使饭店的目标变成员工的自觉行动。

【知识链接】

感情管理的情绪情感

美国著名的情绪心理学家拉扎勒斯提出，当面临的事件触及个人目标的程度是所有情绪发生的首要条件，当该事件的进行促进个人目标的实现时，产生积极的情绪情感，反之，则会产生消极的情绪情感。目标是个人追求的一种生活境界，它表现为个人的理想、愿望、对未来生活的一种期盼。一般存在三类心理目标：与生存有关的目标、与社会交往有关的目标、与自我发展有关的目标，简称为生存目标、关系目标、发展目标。如果某些管理行为能够促进员工的个人目标向预期的方向发展，就会产生积极的情绪情感；反之，就会产生消极的情绪情感。

课后习题

一、思考题

1. 如何理解饭店的业务特点？
2. 你是如何理解饭店管理内涵的？
3. 世界饭店业的发展主要经历了哪些时期？
4. 饭店可以从哪些角度分类？每种分类结果如何？

5．如何正确理解饭店管理的基本职能？

6．饭店管理常用的方法有哪些？有何优缺点？

二、案例分析题

可以先打扫810房间吗？

住在810房的两位客人来自浙江温州，他们今天上午刚抵达杭州，经朋友介绍下榻到这家饭店。离午餐还有近两个小时，他们去苏堤、白堤转了转，下午便开始工作。第二天上午，两位客人用完早餐后回到房里，一位原定下午来与他们商谈一宗出口业务的杭州市某大公司副总经理来电，因故欲将会谈改到上午进行。由于这宗买卖关系到温州客人半个年度的经营计划，同这位副总经理洽谈是他们此次来杭的首要目标，所以尽管上午已有安排，他们还是一口答应。挂断电话，他们马上与另外两家公司联系，把原定上午会面的计划推迟到下午。"那副总还有半小时便要到达，房里还是乱七八糟的，请服务员快来打扫吧。"年纪较大的那位营业部经理对助手说道。

经理的助手开门出去找楼层值台服务员时发觉，一辆服务车已停在801房外面，801房的门敞开，显然服务员已经开始在那儿做客房清洁卫生。助手到801房，十分礼貌地请两位服务员立即打扫810房，最后没有忘记说声"谢谢"。两位服务员听到他的要求面面相觑，似乎有什么难处。"是否我的要求会给你们带来什么困难？"助手还是彬彬有礼地询问。一位年纪稍大的服务员开口了，她说："我们每天打扫房间都必须按规定的顺序进行。早上8点半开始打扫801房，然后是803、805等，先打扫单号，接着才是双号，打扫到810房估计在10点左右……"，"那么能不能临时改变一下顺序，先打扫810房呢？"助手十分耐心地问道。"那不行，我们的主管说一定要按规范中既定的顺序进行。"

思考：

1．此案例暴露了该饭店在管理上存在哪些方面的问题？

2．如果你是该饭店的管理者，你将如何加强员工规范与程序的服务意识？

三、实训题

1. 上网查找能够充分说明本章管理理念的典型饭店管理案例，并结合理论加以分析。

实训目的：学生根据实例充分理解认识管理理念。

实训要求：选取案例要典型；选取2～3种理念，分析充分。

2．选择当地四星、五星级饭店，调查在饭店管理中使用的方法，并对所用方法进行比较分析。

实训目的：通过调查分析，了解管理方法在实际中的应用情况。

实训要求：小组调查；提交报告；饭店选择要典型。

3．考察你所在地的一家饭店，分析其饭店类型、等级及管理方法，你认为管理方法存在哪些不足？提出合理的解决方法及管理建议。

实训目的：通过考察某饭店。分析其饭店类型、等级，并大致了解其管理方法。

实训要求：考察当地不同类型的饭店。

2

饭店组织管理

学习目标

- 知识目标：了解饭店管理的基本内容、原则和职能，饭店组织的构成四要素，理解饭店组织结构设计的形式及内容，掌握饭店管理制度的类型及主要的组织管理制度。
- 技能目标：能够运用饭店组织原则和方法，分析饭店组织结构和组织理念的合理性，具有饭店管理者的管理技巧。
- 能力目标：能够根据饭店组织的构成要素、设计原则和方法，设计一家中型饭店的组织结构图。

导入案例

培训部经理遇到的问题

汇川饭店又调来了一位培训部经理，叫任惠，这是饭店开业 5 年来上任的第四位培训部经理。任惠上岗前，主管培训的副总经理找她谈话。经理："咱们饭店重视培训，配备的人员都是大学生，我希望你能充分利用自己的经验，将培训做得更好"。任惠："我在饭店做培训已经有 7 年了，积累了一定的经验，我知道您对培训工作很重视，那就让我们通力合作吧"。

培训部有三名成员：小周、小刘和小王。这天，任惠办事回来，只看到小王在工作，她问小王："其他两位呢？" 小王回答："副总经理叫他们去帮客房部起草文件。临近中秋节，副总让他们帮助餐饮部搞个促销方案。"淡季来临，员工培训的机会到来，培训的第二天餐饮部经理就拿着副总亲笔签名的假条为几名员工请假。一年过去了，总结工作时，副总说道："虽然今年客房出租率提高，但是客人投诉也相应增加，说明饭店员工的服务意识和技能存在问题，也说明饭店的培训工作没有跟上去。"

思考：

1. 副总经理在处理培训部工作的过程中，有哪些问题？
2. 如果你是培训部经理，遇到此种情况应该如何处理？

很显然，饭店违反了统一指挥的原则和统一领导的原则，导致责权不清。饭店必须明确每位员工的位置、职责、权益，饭店的服务质量和管理水平才能有根本性的提高，因此，饭店组织管理对饭店有着重要的影响。

2.1 饭店组织管理概述

组织管理是管理活动的一部分，是通过建立组织结构，规定职务或职位，明确责权关系，以使组织中的成员互相协作配合、共同劳动，从而有效实现组织目标的过程。

2.1.1 饭店组织管理的概念

饭店组织管理是指根据饭店的经营目标，建立组织机构，合理分配人员，明确责任和权利，协调各种关系，促进饭店经营目标实现的过程。饭店组织管理是实现饭店所有者、宾客和员工价值的保证，是调动饭店员工积极性，提高饭店核心竞争力的重要途径。

饭店组织管理是饭店为了完成本组织所承担的任务，对全体员工分工合作进行的管理，饭店组织管理的内容主要包括以下三个方面。

1. 业务的分工与协作

饭店组织管理对实体的建设先要按照分工的原则对业务做专业化划分，同时又要使专业化的组织活动和业务活动保持高度的协调一致性。业务分工就是把饭店所有的业务按性质不同进行分解，并把分解后的业务划归各部门各层次。饭店业务从大处着眼是泾渭分明、范围明确，但从小处着眼则纵横交错、互相牵扯。为了分清职责，在业务分工后，还要对牵涉两个部门的业务做界面划分。

业务最终要人去完成，谁、完成什么工作、达到什么标准，由岗位责任制来规定。业务的组织联系包括饭店的业务设计、连接点衔接和业务信息系统设计。饭店业务内容差别较大又自成体系，各业务在一定的区域空间进行，因此，饭店业务的分工通常把业务和区域合在一起进行。

2. 定编定员

定编定员，就是采取一定的程序和科学的方法，合理地确定组织机构的设置并对各类人员进行合理的配备。定编定员是企业人力资源管理的基础，它为企业制定生产计划和进行人事调配提供依据，有效防止企业在人员招聘方面的盲目性，促进企业不断地改善劳动人事组织，提高劳动生产率。

饭店编制定员是核定并配备各岗位、各班组、各部门及全饭店的管理人员和服务员的数量。饭店在为每个岗位配置管理人员、技术人员和服务人员时，首先要满足饭店生产经营的需要，同时也要考虑满足员工的个人特点、爱好和需要，使每个员工的知识和能力得到充分发挥，自觉积极地为饭店努力工作。饭店采用何种用工类型要注意以下几点：用工类型要根据饭店的业务特点和业务量来确定其结构；无论何种用工，对员工都应依法给以应有的地位，维护他们的合法权益；编制定员是个定数，饭店实际用工是个变数，它是围绕编制定员上下浮动的。

3. 任务的分配

组织管理中任务的分配，简单地说就是把组织目标的具体任务分解落实到各部门。任务分配和业务分工有着密切的联系，组织管理是把这两者联系在一起做整体性安排。饭店是以决策后制订计划的形式确定饭店目标的，饭店计划的主干是计划指标，它是饭店目标的核心。饭店计划还要确定各部门各阶段的目标和业务活动，由此组成饭店的计划目标体系。

饭店的计划指标和目标是由各部门在进行实际业务过程中完成的，饭店组织管理要在综合平衡的基础上把饭店计划指标分解，分解后把具体指标落实到各部门。各部门根据指标和业务任务制定本部门的部门计划，在对计划任务进行分配后，还要对临时任务进行分配。有了任务的分配，必定有对目标和任务的考核，考核是按部门和阶段进行的，阶段的确定可以是月、季、半年、全年，考核按各部门不同的考核项目进行。

2.1.2 饭店组织原则

组织原则是指为了实现有效管理职能、提高管理效率和实现一定的目标而建立的管理机构共同遵循的原则。饭店组织管理首先是形成饭店的组织形式和组织结构，无论饭店的组织形成和组织结构有什么不同，组织都必须服从目标。饭店的组织原则主要有以下五点。

1. 服从目标原则

饭店管理的一切都是为了目标，没有目标也就用不着管理，也就不需要组织职能。组织形式要为市场服务，无论组织形式如何都必须服从组织目标的要求。饭店组织的目标就是效益，效益又和效率有密切的关系，所以饭店组织必须服从效益和效率的原则。在饭店日常管理中，经常存在着有令不行、有禁不止的现象，造成这种现象的原因有多种，其中最根本的一点就是没有很好地遵循服从目标的原则。饭店是一个系统，管理也是一个系统，整个系统都是在管理者的正确指挥和控制下正常运转、高速发展的，所以，要保证饭店以良好的状态向前发展，就必须严格遵循服从目标的原则。只有遵循服从目标的原则，才能形成良好的企业文化，才能保证饭店目标逐级实现，保证饭店实施经营战略。

2. 服从命令原则

饭店强调在组织上必须服从命令。由于饭店业务的机动性和随机性比较强，个人行为的机动性和随机性也比较强，因此服从命令的要求比其他行业更高些。饭店作为一个组织系统从上到下形成了各管理层次，从最高层次的管理者到最低层次的管理者组成了一个链条结构——等级链。这个链条系统结构反映的组织是有层次有等级的，每一链条上的各环是垂直而相互联系的，从最高级到最低级存在连续的等级链条，明确上下级的职责和权力。饭店实行总经理负责制，正职领导副职，副职对正职负责，下级只受一个领导指挥，防止出现多头领导。饭店在贯彻遵循服从命令的原则时，不能机械地理解。服从命令原则还要和授权的原则结合起来。就是说员工在不违反原则的前提下，针对不同宾客的不同要求，可以灵活地处置一些事务，以满足宾客的需求。

3. 管理幅度与授权原则

管理幅度是指一位管理者有效管理直接下属的人数。管理幅度是否合理主要通过管理效率体现出来，它的大小受上下级的能力、工作的复杂性与相似性、工作的程序化与标准化程度、组织内部的沟通与信息传达的方式和能力，以及外部环境等很多因素的制约。在实际应用中，不同饭店的管理幅度主要取决于各饭店的实际情况，以有助于提高饭店的管理效率为根本出发点。

当组织确定了各管理职位后，也应当同时确定该职位所拥有的权力，这就是授权。授权有两种形式：组织制度明确规定及上级口头授予。管理是为了饭店的目标，授权是为了有效管理，而绝不能成为牟取私利的手段。饭店应建立权力制约机制，一是要有权力制约机构，二是对权力的监督和制约都应有相关的制度作为保证。由于管理者既要对上级和组织目标负责，又要管理下属，所以授予的权力应与其职位相称，授权的同时要注意对权力的制约。为此，饭店应制定能对权力有效监督和制约的有关制度，防止权力成为牟取私利的手段。

4. 组织的系统原则

饭店的系统目标就是饭店的整体效益。饭店组织的各层次和各部门都应以饭店的整体目标为宗旨，这就是组织系统的统一性。根据组织任务分配的功能，饭店要把总目标进行分解，成为各子系统的分目标，分目标与总目标的关系要明确。各子系统以自己的系统目标来实现饭店的整体目标，以自己的运行功效为总系统承担责任。饭店的稳定状态在于组织结构的均衡，包括工作量、任务和资源配置的均衡、权力的均衡、服务质量的均衡、群体行为和企业文化的均衡、效益的均衡等。均衡不是平均，而是系统内要相互配套、相互协调一致。

5. 团结一致的原则

饭店组织管理的目的是为了将饭店的各种资源要素有机地组合起来，形成一个团结一致的整体，共同实现饭店的经营目标。饭店组织将饭店分为不同的部门、岗位和作业人员，这就形成组织内部不同的正式群体或团体，这些群体或团体在许多时候会产生群体利益之间、群体利益和组织利益之间的冲突和摩擦。饭店是独立的分散劳动，又有很紧密的联系，只有团结才会协调。在协作劳动中，每个人既要做好本职工作，又要保持和组织其他岗位的协作。因此，饭店内必须保持自身的凝聚力，坚持团结一致的原则，充分发挥组织的人际关系功能，充分发挥组织的协作功能。俗话说“人心齐，泰山移”，饭店正是依靠上下团结而形成的合力把组织推向目标。因此，要使饭店组织能真正团结在一起，团结一致必然成为饭店的一个重要的组织原则。

2.1.3 饭店管理的职能

饭店管理的职能与其他组织的管理职能一样，是为了达到组织目标所应具有的基本功能。现代饭店管理大致要履行计划职能、决策职能、组织职能、领导职能、控制职能和协调职能。

1. 计划职能

计划职能是指管理者事先对未来应采取的行动所做的谋划和安排。饭店计划是指在开展饭店经营管理工作或行动之前，确定目标和拟定实现目标方案的过程。饭店计划管理是饭店根据内外部环境条件，通过对计划的编制、自省、控制、确定其经营目标和经营政策，拟订和选择经营方案，指导其经营活动，实现饭店双重效益，推动饭店发展的过程。

饭店计划的主要内容包括：预测市场和社会要求的变化；确定计划目标和经营政策；设计和选择经营方案；设计的目的性。饭店以目标利润为中心，以适应外部环境变化为出发点，以中长期计划为主要目标。明确了饭店的发展目标，充分利用饭店各种资源，对各种资源进行优化配置，提高饭店经营管理水平和经济效益，是饭店管理中的首要职能，为其他管理职能发挥作用提供了目标和纲领。

2. 决策职能

决策就是制定各种可选择的方案，并决定采用某种方案的过程。决策是针对未来的行动制定的，未来的行动往往受到行动者所处的外部环境和内部条件的制约，所以决策前首先就要分析外部环境、分析本身的长处和短处，对未来的形势做出基本的判断。管理的决策体现在组织的各个层次，分布在各项管理活动中，所以，决策是管理活动中的基本职能。

任何社会组织的管理活动从最高层管理者到最基层的工作者都有决策职能，愈往高层目标性(战略性)决策愈多，愈往基层执行性决策愈多。大多数目标性决策是非程序性的，难度较大，而大多数执行性决策是程序性的，难度相对较小。饭店经营管理的决策是一个系统过程，其主要内容：一是进行市场调查、市场分析和市场预测，整理出可供参考的系统性资料；二是在分析这些资料的基础上制定饭店的经营目标，通常应先拟定几个可供选择的方案，根据对几个方案的比较权衡，选择其中一个可以接受的最优方案达到目标；三是集思广益，共同努力，使目标方向更明确更现实，根据决策方案制订饭店的各级实施计划，按计划逐步实现饭店的总体目标。

3. 组织职能

组织职能是指为了有效地达到饭店计划目标，管理者确定组织结构，进行人、财、物、时间、信息等资源的调配，划分部门、分配权力和协调饭店各种业务活动的管理过程。组织工作的优劣在很大程度上决定着饭店管理的决策、计划实施的成败。因此，组织职能是管理活动的根本职能，是其他一切管理活动的保证和依托。饭店的组织职能包含两方面的含义，一是饭店的组织结构和组织管理体制，即饭店管理机构的设置、各管理层次的职能权限、人员的分工协作，以及所有这一切的相互关系。二是指为了达到饭店决策的目标，合理地组织和调配饭店的人、财、物力，形成高效的接待能力。

4. 领导职能

领导职能是指饭店管理者运用组织赋予的权力，组织、指挥、协调和监督下属人员，完成领导任务的职责和功能。饭店管理者对员工给予指导和监督，以确保得到最高和最佳的工作效率。只有把管理者的领导活动同计划、组织和控制结合起来，才能有效地协调个人之间、群体之间的努力，才能使目标有效实现。所以说，饭店管理的领导职能构成了连接计划、组织和控制的纽带。饭店管理者要在组织中营造一种饭店员工所共享的文化和价值观，要把饭店目标有效地传达给每一个成员，鼓舞饭店员工以一种高效率的方式实现目标，实现高绩效。具体来说，通过管理的计划职能，明确饭店的目标以及实现目标的途径；通过管理的组织职能，营造一个高效的组织结构；通过领导职能，就要在饭店中营造一种氛围，一种促使全体员工全心全意、全力以赴、自觉自愿去实现饭店目标的气氛。饭店领导职能履行最有效的方法是实行逐级管理、逐级负责制，领导应使下级明白自己的意图，把他们的积极性、创造性充分调动和发挥出来，更好地实现管理目标。

5. 控制职能

控制职能是与计划职能紧密相关的，它包括制定各种控制标准，检查工作是否按计划进行，是否符合既定的标准，若工作发生偏差要及时发出信号，然后分析偏差产生的原因，纠正偏差或制订新的计划，以确保目标任务完成的管理活动。饭店管理人员按决策目标和核定的标准对饭店经营活动进行监督、调节、检查、分析和校正，根据目标实施检验和调整，使饭店实际的经营活动能和决策计划相一致。执行控制职能的关键在于信息的反馈，通过信息的反馈，才能对每一个计划的执行情况进行比较，对计划进行修正和控制。饭店各个管理层都要充分重视控制职能，愈是基层的管理者，控制要求的时效性愈短，控制的定量化程度也愈高，愈是高层的管理者，控制要求的时效性越长，综合性愈强。

【知识链接】

控制职能的基本类型

预先控制，即管理者通过对饭店业务情况的观察、预测和分析，预计可能出现的问题，在其未发生前加以防止的管理活动。

现场控制，即管理者在饭店业务进行过程中的控制，是饭店管理的一种有效的管理方式。

反馈控制，即管理者在饭店经营业务活动结束后，把实际工作结果与预定目标相比较，找出偏差，分析产生差异的原因，提出整改措施，以便在今后的工作中改进提高的管理方法。

6. 协调职能

协调职能是管理人员以决策为依据对不同的人、事、业务之间的联络调整等活动，使之相互配合、协作，和谐一致，以达到饭店经营目标。饭店是一个多部门多功能的综合企业，在饭店组织管理过程中，饭店不同部门人员对同一问题认识不一致，观点、意见不相同，往往导致行动上的差异和整个组织活动的不协调。因此，协调不同部门人员的思想认识，统一大家对某个问题的基本看法，成为协调组织活动的前提条件和协调工作的重要内容。同时要注意在协调过程中不偏离饭店的总目标，相互和谐统一。

对饭店的协调职能的认识有两个方面：一是管理者执行协调职能是通过信息的传输，及时发现在各部门或各方面的不平衡和矛盾，继而采取一定的措施，做好协调工作，使不平衡和矛盾趋向和谐；二是管理者执行管理职能，要培育全体员工的协调意识，要实现自我调节、主动配合，使不平衡能及时消除而趋于和谐。

2.2 饭店组织结构

饭店组织结构是指饭店全体成员为实现饭店总体目标，在管理工作中进行分工协作，在职务范围、责任、权利方面所形成的结构体系，其本质是为实现饭店战略目标而采取的一种分工协作体系。

2.2.1 饭店组织结构类型

饭店的组织结构形式经历了由简单到复杂、由一维到多维的发展过程。目前，我国较为典型的饭店组织结构有以下几种类型。

1. 直线制组织结构

直线制组织结构(图 2-1)，顾名思义，是按直线垂直领导的组织形式，这是一种最简单的组织形式。这种饭店组织结构可以非常形象化地用一个金字塔表示。直线制是历史上最早出现的一种简单的组织结构形式，又称军队式结构或单线制，其特点是从饭店最高层到最底层按自上而下建立起来的垂直系统进行管理，一个下属部门只能接受一个上级部门的命令，上下形成一个垂直管理系统。直线式组织部门机构简单、权责明确，如饭店中的客房部、餐饮部、前厅部等属于直线式组织的部门。

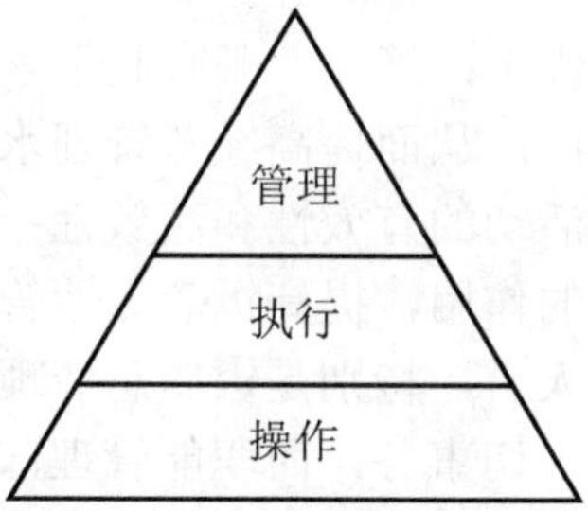

图 2-1 金字塔形组织结构

直线制组织结构的优点：第一，机构简单，决策迅速；第二，职责清楚，权限明确，责任心强；第三，权力集中，上下联系简捷。有利于统一指挥，提高组织效率。缺点：在组织规模较大的情况下，所有的管理职能都集中由一人承担，往往由于个人的知识及能力有限而感到难于应付，这就要求饭店经营管理人员具有全面的经营管理知识和业务能力，并具有较强的综合协调能力和指挥能力；由于集权过多，缺乏横向的协调和配合，一旦饭店经营规模扩大或产生复杂问题时，就会出现不适应的状况。此模式适用于规模较小、员工人数不多的小型饭店。

2. 直线-职能制组织结构

直线－职能制又称混合制，直线－职能制组织结构(图 2-2)是现实中运用得最为广泛的一种组织形态，它把直线制结构与职能制结构结合起来，以直线为基础，在各级行政负责人之下设置相应的职能部门，分别从事专业管理，作为该领导的参谋，实行主管统一指挥与职能部门参谋、指导相结合的组织结构形式。直线-职能制是直线制与职能制的结合，它是在组织内部既有保证组织目标实现的直线部门，也有按专业分工设置的职能部门，目前我国单体饭店普遍采用这种组织结构形式(图 2-2)。

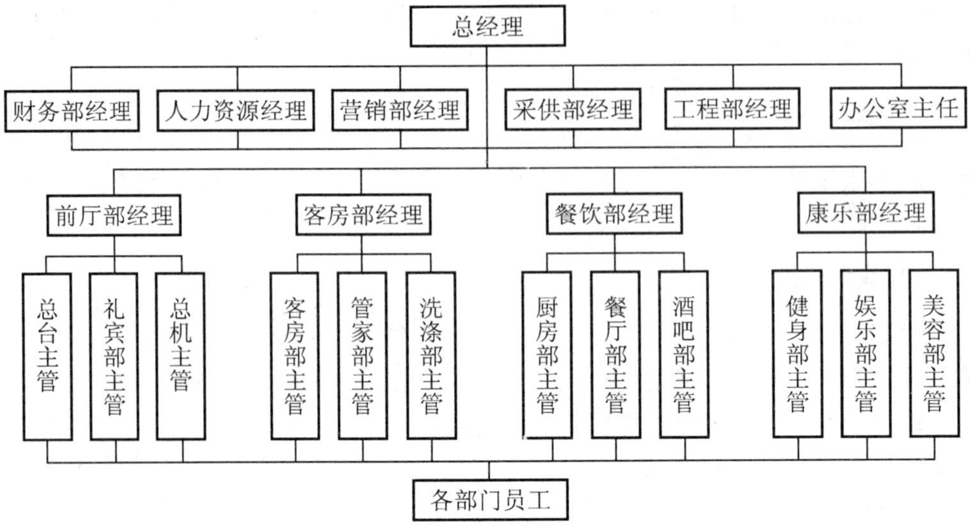

图 2-2 直线一职能制组织结构

直线一职能制组织结构的优点：第一，既有利于整个饭店的统一指挥，又能充分发挥职能部门专业化管理的作用，从而提高经营管理水平；第二，有利于加强直线行政领导的权威，提高饭店经营活动的有效性和高效性；第三，有利于突出饭店经营管理的主次，发挥专业管理人员的作用，提高饭店专业管理水平；第四，有利于培养有较强行政指挥能力的综合管理人员，特别是饭店总经理、部门经理层的管理人员。缺点：第一，行政领导容易包揽一切事务，而职能管理部门的作用发挥不够，各职能部门之间横向沟通和协调性差；第二，在业务指导上直线领导与职能部门会出现一定的矛盾冲突。

3. 事业部制组织结构

所谓事业部制组织结构(图 2-3)，就是一个企业内对于具有独立的产品和市场、独立的责任和利益的部门实行分权管理的一种组织形态。这种结构适用于饭店集团公司的分权式组织结构形式，实行集中决策下的分散经营。采取此种组织结构的多数为多元化经营的饭店集团，除了传统的饭店业务，集团通常还从事旅行社、旅游汽车公司等经营活动(图 2-3)。

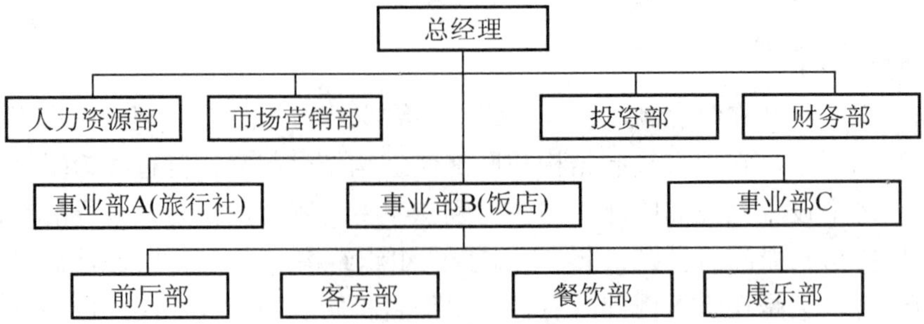

图 2-3 事业部制组织结构

事业部制组织结构的优点：第一，有利于饭店高层管理人员摆脱日常行政事务，集中精力抓好饭店的经营发展战略和重大经营决策；第二，有利于面向市场、分散经营，提高饭店经营管理效率，增强饭店的应变能力，提高服务质量和水平；第三，有利于考核各事业部的经营业绩，促进各事业部之间进行比较和竞争，调动各方面的积极性和主动性；第四，有利于培养独立的、全面的主持饭店经营管理工作的高级经营管理人才。缺点：第一，表现在各事业部之间容易形成部门狭隘观念，而忽略饭店整体利益；第二，部门之间横向协调差，不利于人才的流动；第三，机构重叠而导致管理费用增加、利益协调困难等。因此，应根据饭店实际情况灵活采用相应的组织形式。

4. 矩阵式组织结构

矩阵式组织结构(图 2-4)是在直线－职能制垂直形态组织系统的基础上，再增加一种横向的领导系统。矩阵组织也可以称之为非长期固定性组织。矩阵式组织结构模式的独特之处在于事业部制与直线－职能制组织结构特征的同时实现。当饭店组织规模较大、下属子系统跨地区跨国界发展时，往往采用矩阵式组织结构(图 2-4)。

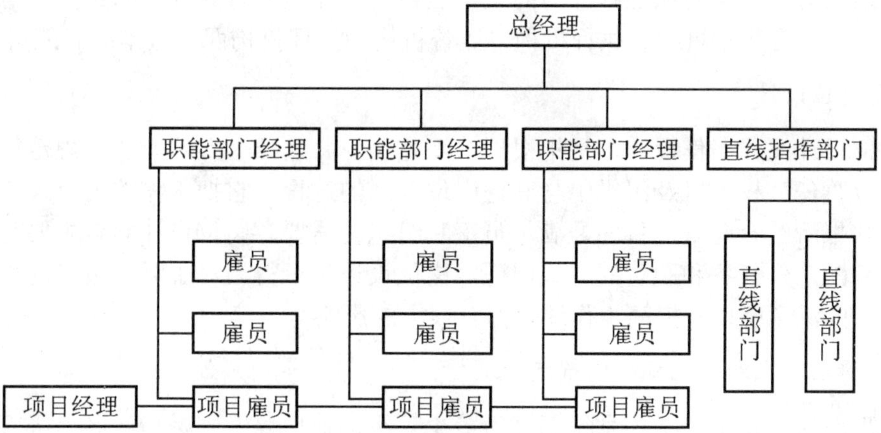

图 2-4 矩阵式组织结构

矩阵式组织结构的优点：第一，既能保证完成任务，又能充分发挥各职能部门的作用。第二，能集中各部门专业人员的智慧，互相学习，协调促进，加强组织的整体性。第三，加快工作进度。第四，避免各部门的重复劳动，因而可以缩减成本开支。第五，管理方法和管理技术更专业化。第六，打破饭店内部的部门界限，便于内部不同部门之间的协调。缺点：第一，任务负责人的责任大于权力，因为参加任务的每个人都来自不同的部门，隶属关系仍在原部门，由于临时参加该任务，故没有打破等级制，这种双重领导的状态容易延误决策时机。第二，矩阵结构需要饭店内部一种合作的文化来支持，这是矩阵结构比较难于有效实施的原因。

2.2.2 饭店组织结构设计的内容

饭店组织结构设计就是对构成组织的各要素进行排列组合，明确管理层次，分清各部门岗位之间的职责和相互协作关系，使其在实现饭店的战略目标过程中获得最佳的工作业绩。

饭店组织结构设计是饭店组织工作的要点所在，通过饭店组织结构的设计确定和维护饭店内部的相互关系，形成一定的饭店组织模式，并且还要建立饭店内部的管理体制，以利于饭店组织的内部协调。饭店组织结构设计的内容主要包括以下几点。

1. 选择饭店组织管理总体模式

饭店组织管理总体模式的选择既应根据饭店的性质、规模、环境等客观条件，又要充分认识饭店的战略、目标和任务等要求。与此相联系的是内部的组织管理形式，目前主要有以下三种方式：一是总经理领导下的驻店经理制；二是总经理领导下的副总经理分工负责制；三是总经理负责制。

2. 饭店组织机构的设置

任何一个饭店组织系统，都不仅要与外部保持必要的联系(即输出与输入)，而且在组织系统内部也要形成一个封闭的回路。只有形成封闭的回路，才能形成相互制约、相互作用的力量，从而保证各部门的正常运转，才能达到有效管理的目的。为此，饭店组织必须具有决策机构、执行机构、监督机构和反馈机构四类基本的职能机构。

3. 岗位设计

岗位设计又称工作设计，是指根据组织需要，并兼顾个人的需要，规定每个岗位的任务、责任、权力以及组织中与其他岗位关系的过程。它把工作的内容、工作的资格条件和报酬结合起来，目的是满足员工和组织的需要。岗位设计问题主要是组织向其员工分配工作任务和职责的方式问题，岗位设计是否得当对于激发员工的积极性，增强员工的满意感以及提高工作绩效都有很大的影响。

4. 管理层次和管理幅度的确定

管理层次是指生产指挥系统划分为多少等级，管理幅度则是指一名上级管理人员所直接领导和管理的下级人数。管理层次一般决定了组织的纵向结构，而管理幅度决定横向结构。在管理幅度给定的条件下，管理层次与组织规模的大小成正比，即组织规模越大，成员人数越多，管理层次就越多；在组织规模给定的条件下，管理层次与管理幅度成反比，即管理者直接领导下属的人员越多，组织所需的层次就越少。管理幅度是有限的，当超过某个限度时，管理的效率就会随之下降。因此，管理人员要想有效地领导下属，就必须认真考虑究竟能直接管辖多少下属的问题。

5. 建立信息沟通网络

信息沟通是指人与人之间思想、感情、观念、态度的交流过程，是饭店组织形成及保持的重要条件。根据对客人的区分，有针对性的与客人建立有效的信息沟通交流平台和措施，搜集最新的客人需求信息，找出最有价值的、有用的信息，改进饭店产品或服务。饭店组织内的信息沟通有多种形式，其中正式沟通主要包括由上而下的沟通、自下而上的沟通、横向沟通、斜向沟通四种形式。

6. 建立组织管理制度

饭店组织是一个复杂的系统，为了保证这个系统的正常运转，发挥出组织的最大效能，必须有一套严格的规章制度。组织管理制度主要包括各级组织及相关管理者的职责。

2.3 饭店组织管理制度

饭店组织管理制度是指挥、协调的基础，是管理、服务的保证，是检查、考核的依据。饭店组织管理制度是以文字条例形式规定的员工在饭店中的行为规范和准则，是饭店各方面共同达成的有关行为规范的协议。

2.3.1 饭店组织管理制度的类型

饭店的制度就是为了使饭店能正常运转，并保证饭店经营目标的实现而制定的，它以条文的形式表达，是饭店的内部法规，要求每位员工都要遵守。饭店组织管理制度的内容和形式都很广泛，概括起来主要包括基本管理制度、专业管理制度、岗位责任制度和经济责任制度四个方面。

1. 基本管理制度

1) 总经理负责制

总经理负责制是指总经理作为饭店的法人代表并处于饭店中心地位，饭店建立以总经理为首的经营管理系统，根据董事会或投资者的决策，负责饭店的经营和业务，并对饭店的发展负有全面责任的一种管理制度。总经理是饭店经营管理和行政工作的组织者和领导者，拥有企业经营自主权、业务工作的指挥权、企业内部人事任免权和对员工的奖惩权。总经理负责制是饭店组织管理中实行的领导制度，是饭店内部实行的最高管理组织形式，是让总经理同时担当战略监督者、制定者和执行者的角色。

总经理负责制是适应饭店现代化管理，适应饭店市场经营，适应按饭店规律管理饭店和以法治店的一种管理制度。总经理负责制是饭店管理体制的最基本方面。

2) 职工民主管理制

职工民主管理制的基本形式是饭店的职工代表大会，它有管理、监督、审议三方面的权力。职工代表大会是饭店实行民主管理的基本形式，是职工行使民主管理权力的机构。工会依照法律规定通过职工代表大会或者其他形式，组织职工参与本单位的民主决策、民主管理和民主监督。

3) 员工手册

员工手册是饭店的又一个基本制度，是规定全饭店员工共同拥有的权利和义务以及共同遵守的行为规范的条文文件。员工手册对每个饭店来说都是必备文件，每位员工人手一册，是饭店发放面最广的文件。员工手册与每个员工都息息相关，因而它是饭店带有普遍意义、运用最广泛的制度条文。

一般来说，员工手册的制定有三方面的依据：第一是依据我国政府有关的人事劳动法规；第二是依据饭店工作的特点；第三是依据国际饭店业的惯例。员工手册的内容非常丰富，包罗万象，但条文规定简单明确，便于操作。饭店员工手册是饭店的“基本法”，包括每个员工应该遵守的纪律和规章制度以及可以享受的待遇等。

4) 饭店作业规程

作业规程是指每做一项工作所要遵循的标准化工作步骤、要求和所要达到的质量目标，即具体的服务程序和质量标准。这些标准与饭店的星级档次必须符合，只能提高而不能降低。制定这些标准必须详细而具体，即这些标准必须是可以操作的，而不是抽象的。制定服务规程都是针对某一特定的服务对象和过程的，但是又必须考虑服务过程的系统化。

2. 专业管理制度

专业管理制度是指为了保证饭店经营活动的正常进行，保证经营服务过程中各环节的协调，实现饭店各项专业管理职能而制定的各种管理工作的规范。饭店组织专业管理制度是饭店管理的重要内容，如服务、质量、技术、财务、设备、安全、营销、人事等方面的管理制度，也是各职能组织部门有效履行其职能责任的重要依据。

3. 岗位责任制度

岗位责任制度是以岗位为单位，具体规定每个岗位及该岗位人员的职责、工作内容、工作范围、作业标准、工作权限、工作量等的责任制度。岗位责任制度是一个完整的体系，它包括饭店领导人的责任制——总经理责任制；各部门主管和技术人员的岗位责任制；各生产、服务人员的岗位责任制。饭店服务人员的岗位责任制是饭店其他责任制的基础，也是岗位责任制的主要形式。

饭店岗位责任制度的表现形式是“岗位责任说明书”或“职务说明书”。岗位责任制的内容主要有明确岗位和岗位名称；该岗位的直接上级(即对谁负责)，该岗位的直接下级(即领导谁)；岗位的职责和工作内容、工作量、工作质量标准、岗位权限。饭店岗位责任制是实行经济责任制的基础，如前厅接待基本要求、操作程序等。

4. 经济责任制度

经济责任制度是以提高饭店经济效益和社会效益为目标，实现责、权、利、效相结合的一种经营管理制度，也是有效地调动饭店各部门和员工积极性的一种现代化管理方法。

饭店经济责任制度是饭店组织管理中的又一项重要的基本制度，是饭店各部门以饭店经济效益为目标，对自身的经营业务活动负责，实行责、权、利相结合，把饭店的经济责任以合同的形式固定下来的一种经营管理制度。饭店经济责任制度是社会化大生产和社会主义客观经济规律的体现，是调动饭店、部门、员工积极性，实现饭店自我激励的重要手段。

饭店的经济责任制度包括饭店对国家(主要表现为饭店对上级主管部门)的经济责任制度和饭店内部的经济责任制度两个方面。

总之，饭店制度的制定一定要考虑它的目的性、可行性、严谨性，既要考虑饭店的经营管理的需要，要服从饭店经营管理的目标，又要充分考虑全体员工的共同利益；从饭店的实际情况出发，根据本饭店的特点、技术类型、管理风格、人员素质等具体情况，制定切实可行的制度；饭店在执行制度时要以理服人、以情感人，加强情感的交流，坚持以人为本；在执行制度时要有创造性，讲究与时俱进，根据环境的不同，要创造性地执行制度。

2.3.2 饭店组织管理机构

饭店组织管理机构是饭店组织设计的结果，是为执行饭店经营计划而建立的决策、指挥、协调机构。饭店组织管理机构主要包括董事会(管理委员会)、管理当局和职工代表大会。

1. 董事会

董事会(管理委员会)是现代饭店在所有权与经营权分离的条件下，饭店的出资人为了追求和保护自己利益而设立的饭店治理机制中的核心组织。有些独资饭店或国有饭店，由于聘请了专门的经营者，便设立董事会监督经营者的经营行为。董事会一般不干涉经营者的日常经营活动，在饭店的经营中主要发挥激励和制约功能。

2. 管理当局

饭店管理当局是指以饭店总经理为代表的饭店各级管理层，承担饭店经营运作的责任。饭店管理当局包括总经理、副总经理、总监、部门经理以及基层主管、督导、班组长等，他们在不同的层次和岗位从事着管理工作，使饭店始终处于良好的运转状态，满足社会大众的消费需求。它主要包括决策层、管理层和督导层。

3. 职工代表大会

职工代表大会是饭店实行民主管理的基本形式，是职工行使民主管理权力的机构。饭店董事会和管理当局分别代表饭店所有者和饭店经营者对饭店的生产经营进行管理，而职工代表大会则是代表劳动者对饭店的经营实行民主管理。

课 后 习 题

一、思考题

1．简要说明饭店组织管理的职能。
2．如何理解饭店组织结构设计的原则？
3．分析直线制、直线－职能制、事业部制这三种组织结构的优缺点。
4．试述饭店组织结构设计的内容。
5．饭店组织制度包括哪些类型？

二、案例分析题

A 饭店过去是一家市政府所属的高级招待所，经过更新改造以后，升为四星级饭店。但饭店的组织机构基本上沿袭了原有招待所的模式。为了加强销售工作，饭店增设了公关销售部。但是由于过去销售工作由客房、餐厅和各业务部门分别去做，所以这一格局并未打破。这样便出现了饭店所有部门都有销售指标，各个部门一同出去跑推销的局面。

有时为了争取同一个客户，各部门轮番争抢，出现内部竞争。这种状况弄得有些客户莫名其妙。他们认为如此混乱的管理不可能造就良好的服务，因此打消了与 A 饭店合作的念头。在销售部，每个人的工作都由销售额目标决定，只要能完成定额，无论拉什么客户都行。结果造成这位销售人员前两天刚来，而另一位销售人员又登门推销，而且每个销售人员报的价格并不完全相同，弄得客户不知所措。另外，由于经常出现内部竞争，致使销售部与其他部门之间，销售部内部员工之间，经常因为争客户而发生矛盾，影响了饭店内部的协调和合作。

思考：

1．为什么说对上级的命令不管对错都应服从？

2．“用人不疑”和“制度制约”是什么关系？

三、实训题

试选择你所在地的三家不同级别的饭店，了解、分析并比较其组织结构以及岗位设置的优缺点。

实训目的：通过对比分析使学生了解不同饭店的组织结构及岗位设置。

实训要求：以分组的方式调查，提交当地所调查饭店的组织结构报告，并注明该饭店属于哪一种性质的饭店，分析对比各类型饭店在管理上的优缺点。

3 饭店服务质量管理

学习目标

- 知识目标：了解饭店服务质量的概念、含义、内容和特点；掌握饭店服务规程；熟悉现代饭店服务质量的管理原则和程序；掌握现代饭店质量管理的方法和质量评价体系。
- 技能目标：学习制定饭店服务规程建立饭店服务质量管理体系，能运用因果分析图以及 PDCA 管理循环等方法对饭店服务质量问题进行具体分析。
- 能力目标：能结合饭店的实际情况制定饭店服务规程，能够对饭店服务质量管理效果进行科学评价，具有熟练分析饭店质量管理问题的能力。

导入案例

不受欢迎的微笑

一直以来，饭店行业都把微笑当成是最好的服务，无论是前台服务员，还是后勤部门，负责招待顾客的岗位更不用说。服务员见到顾客要微笑，要主动向顾客问好，顾客对你不满时也要微笑；顾客不友好时，更要用微笑来应对。

5 月的一天，一对夫妻拎着行李缓缓走入海洋饭店，脸上挂着沉重的表情："服务员，麻烦你订一间双人房，我们住四天。"

"好的，请您稍等。您需要中档还是高档的客房？"服务员一如以往的微笑和热情。

"中档的就可以，麻烦你们快点，我们很累。"顾客一脸的不耐烦。

"好的，在 1007 房。"服务员仍是微笑着。

当这一对夫妻回到房间后不久，服务员前来敲门了。

"先生，太太，我非常乐意为你们服务，有什么需要请随时通知我。"服务员微笑着说。

"好的，谢谢！如果我们没有叫你，请不要打扰我们。"顾客面无表情地回应了一声并关上了房门。

当这对夫妻第二天到客厅用早餐时，服务员立即走上前，用愉悦的声音打着招呼："两位早上好，能为你们效劳吗？"

"请给我们安排清静一点的地方用餐。"

接下来一连串饭店的例行服务都被这对顾客拒绝了，弄得服务员很尴尬：不按服务规程做的话，经理会说服务人员没尽到职责；按服务规程做的话，又怕顾客嫌烦，真是左右为难。顾客对饭店的意见究竟在哪里呢？

当服务员再一次为这对夫妻收拾房间时，尽量小心翼翼，而且脸上的微笑比以前看起来更有亲和力。但那位先生终于受不住了："你们饭店的服务怎么这样子？只会对顾客笑，也没看到顾客心情不好，你就不能不笑？这也算是安慰我们吧！你们的服务真是太差劲了，我要找总经理投诉你们！"

服务员一听到投诉，满脸委屈。这时闻讯赶来的人事部经理解了围："先生，请您先冷静一下，有什么事好好商量。"

原来，这位先生刚刚参加完母亲的丧礼，住饭店就是为了换一个环境，缓解一下悲痛的情绪。但每次看到服务员微笑，心里就很不好受，自己还在承受丧母之痛，别人却老是对着你笑，而且一想起母亲的时候，就看到服务员的微笑，所以顾客很烦。

在服务员的赔礼道歉下，终于平息了这位先生的怒气。可这也给饭店提了个醒：对所有的顾客都是标准化、规范化服务是不行的，要想让顾客满意，还要对不同的顾客进行不同的服务，即提高顾客的满意度进而留住顾客还要靠饭店的个性化服务。

本案例的问题是服务员当时没有了解顾客心理，服务员应学会"察言观色"，顾客是开心还是悲伤，根据具体的情况提供适当的服务，而不是完全按饭店的标准去进行完全一样的服务，只有这样，顾客才能感到饭店服务符合自己的意愿。

饭店要针对不同的顾客情境心理需求的特点提供不同的服务。微笑是服务的宗旨，是饭店服务质量的重要标准之一，也是饭店对每个员工的基本要求。但是，案例中饭店的顾客却没有因为服务员的微笑而满意。一连串饭店的例行服务都被这对顾客拒绝了，服务员也不知道应该怎样才好。顾客的心理除了受环境和个性的影响外，还会受到情境的影响，即同样的事物在不同的情境下，顾客的反应不同。服务是饭店的主要产品，服务质量管理是现代饭店管理的重要内容，在饭店的发展过程中，越来越多的饭店意识到加强饭店的服务质量管理的重要性。

3.1 饭店服务质量概述

服务质量是饭店生存和发展的基础，饭店之间的竞争，本质上是服务的竞争。因此，不断提高饭店服务质量，以质量求效益是每一家饭店发展的必经之路，也是所有饭店管理者共同努力的目标和日常管理的核心部分。

3.1.1 饭店服务质量的概念

随着饭店业竞争的日趋激烈，宾客对饭店服务质量的要求越来越高，饭店必须不断探索提高和完善自身服务质量的途径和方法，以取得良好的经济效益和社会效益。

1. 饭店服务的含义

饭店服务，是指通过人的行为最大限度的满足顾客的需求以及由此带来的饭店与顾客双方互动的结果。这里人的行为具体包括饭店员工与客人的直接接触、饭店员工借助有形的媒介与客人的间接接触以及为实现这两种接触必需的饭店内部的协调、管理和激励等活动。

要满足不同客人的不同需求，需要服务人员在仪容、仪表、态度、语言、服务行为等各方面保持最佳的状态。国际上将服务的英文 service 各字母分解，每个字母代表服务的不同含义。

Smile——微笑，服务员始终为顾客提供微笑服务。在饭店日常经营管理中，要求每一位员工要始终以真诚的微笑对待顾客。通过微笑真诚地与客人进行双向的情感交流，让客人在愉快的气氛中享受饭店产品。微笑待客需要员工进行长期的自我训练和内心精神世界的锤炼来形成，只有具备了专业的微笑，顾客在接受服务时才能感到饭店服务的亲切和温暖。

【案例解读】

微笑的境界

一位优秀的女服务员的脸上总带着真诚的微笑。一次与人聊天，朋友问她："你一天到晚地笑着，难道就没有不顺心的事吗？"她说："世上谁没有烦恼啊？关键是不要也不应被烦恼所支配。到单位上班，我将烦恼留在家里；回到家里，我就把烦恼留在单位，这样，我就总能有个轻松愉快的心情。"

若是服务人员都能善于做这种"情绪过滤"，就不愁在服务岗位上没有晴朗的笑容了。

服务人员遇到了不顺心的事，难免心情也会不愉快，这时再强求他们对顾客满脸微笑，似乎太不符合心境。可是服务工作的特殊性，又决定了服务人员不能把自己的情绪发泄在顾客身上。所以服务人员必须学会分解和淡化烦恼与不快，时时刻刻保持一种轻松的情绪，让欢乐永远伴随自己，把欢乐传递给每一位顾客。

Excellent——出色，要将每一项细小的服务工作都得很出色。饭店无小事，细节决定成败，追求尽善尽美，完美无缺。员工应养成 DIRFT(do it right the first time)的工作习惯，以服务的“零缺陷”为目标，为顾客提供无可挑剔的优质服务。

Ready——准备好，随时准备好为顾客提供服务，更要主动为客人服务，在客人开口或要求之前提供服务。准备包括物质上的准备和精神上的准备，精神准备即服务意识，要求员工时时刻刻有饱满的精神状态，随时准备为客人服务。物质准备指事先的各种准备工作，如折叠口布、熟悉各种用具的数量和用途、检查服务用品是否清洁、工具是否完好、菜单和酒水单是否齐全等。

Viewing——看待，把每一位顾客都看作需要提供特殊照顾的顾客，对所有顾客都要一视同仁，即使不能让每一位顾客都享受到 VIP 待遇，但是也得给予每一位顾客应有的尊重和用心服务。

Inviting——邀请，每一次服务结束时都要真诚地邀请顾客再次光临。热情好客是饭店员工应具备的职业素养，邀请顾客再次光临也显示了饭店对客人的友好和礼貌。每次为客人服务即将结束时，员工都应发自内心地，并且通过恰当的语言来要求客人再次光临，使客人感到自己是受欢迎和尊重的。

Creating——创造，每一位服务员要精心地创造出使顾客能享受其热情服务的气氛。饭店是客人的家外之家，客人在这里希望能享受到家的温暖，而不是生硬的毫无温情的服务。因此，要为客人营造“家”的感觉，为客人提供个性化的服务，如客人左手用餐应注意调整骨碟和筷架的摆放位置，适逢客人生日敬送礼物等。

Eye——眼光，始终用热情好客的眼光关注顾客，预测顾客需要，及时提供服务，使顾客感觉到自己被饭店所关心。

【案例解读】

唯一的不满意

我国的参观考察团到德国去考察，面对先进的德国同行，中国代表团并没有在业务上输给对方，并且得到了德方的一致认同。后来，中国驻德大使问及德方对此次中国访问团的感受时，德方负责人说：唯一不满意的是中国代表团的团长，在和他握手时没有直视自己，自己有被无视或轻视的感觉。

2. 饭店服务质量的含义

从饭店的角度来看，饭店为顾客提供的产品有“硬件”服务和“软件”服务之分。“硬件”服务指的是以实物形态出现的服务，即由饭店的基础设施、实物产品等提供的以满足顾客住宿、餐饮、休闲娱乐等基本生理需求的服务；而“软件”服务则是由饭店服务员的服务劳动所提供的、不包括任何实物形态的无形劳务，包括礼节礼貌、服务态度、服务技能、服务效率等。

狭义上的饭店服务质量指饭店服务员服务劳动的使用价值，这里的服务劳动不包括任何实物形态的服务劳动。

广义上的饭店服务质量则是一个完整的服务质量的概念，它是指饭店综合自身所有资源和要素，为住店顾客提供的服务在使用价值上满足顾客物质和精神需要的程度。它既包括饭店设施设备、实物产品等实物形态服务的使用价值，也包括非实物形态服务的使用价值。

饭店提供的服务既要满足宾客生活的基本需要，即物质上的需求，还要满足宾客的心理需要，即精神上的需求。

饭店服务质量的管理实际上是对饭店所提供服务的使用价值的管理，饭店所提供服务的使用价值适合和满足宾客需要的程度高低体现了饭店服务质量的优劣。所谓适合，是指饭店为宾客提供服务的使用价值能为宾客所接受和喜爱。所谓满足，是指该种使用价值能为宾客带来身心愉悦和享受，使宾客感觉到自己的愿望和期盼得到了实现。

3.1.2 饭店服务质量的内容

根据国际标准化组织发布的 ISO 9004—2《质量管理和质量体系要素——服务指南》，饭店服务质量主要由硬件质量和软件质量构成。硬件质量是指与饭店设施设备等实物有关的并可用客观的指标度量的质量，软件质量则是指饭店提供的各种劳务活动的质量。

1. 硬件质量

饭店产品的硬件质量主要指饭店提供的设施设备和实物产品以及服务环境的质量，主要满足宾客物质上的需求。硬件质量的高低决定着饭店产品供给能力的大小，主要包括以下几个方面。

1) 饭店设备设施的质量

饭店是凭借其设施设备来为宾客提供服务的，饭店的设备设施是饭店赖以生存的基础，是饭店劳务服务的依托，反映出一家饭店的接待能力。同时，饭店设备设施质量也是服务质量的基础和重要组成部分，是饭店服务质量高低的决定性因素之一。饭店只有保证设备设施的质量，才能为宾客提供多方面的良好服务，从而提高饭店的声誉和服务质量。

(1) 服务项目设置。服务项目设置是在饭店建设计划中就设计决定了的，如客房种类、餐厅数量、会议室、商场、洗衣房、康乐设施等。饭店作为综合性服务企业，一般需要有较为完善的服务项目，才能满足宾客的个性化需求。

【知识链接】

金钥匙服务

1. 世界金钥匙饭店联盟

金钥匙服务最早是法国在 1929 年率先提出的，他们将“客人委托、饭店代办”式的个性化服务上升为一种理念，并成立了饭店业委托代办的组织——金钥匙组织。“金钥匙”是饭店综合服务的总代理，被誉为“万能博士”，其佩戴的两把交叉的金钥匙(图 3-1)，意味着尽善尽美的服务，也象征着为客人解决一切难题。“金钥匙”

图 3-1 世界饭店金钥匙组织标志

演变到今天，已经是对具有国际金钥匙组织会员资格的饭店的礼宾部职员的特殊称谓，“金钥匙”已成为世界各国高星级饭店服务水准的形象代表。

2. 中国饭店金钥匙介绍

在中国的饭店里，出现了这样一群年轻人，他们身着一身考究的西装或燕尾服，衣领上别着一对交叉的“金钥匙”徽号，永远彬彬有礼，永远笑容满面，永远机敏缜密。他们是国际金钥匙组织(Union International Les Clefs d’or，UICO)的成员——中国饭店金钥匙(图 3-2)。

图 3-2　中国饭店金钥匙组织标志

饭店金钥匙的服务哲学，是在不违反法律的前提下，使客人获得满意加惊喜的服务，特别是目前中国的旅游服务必须考虑到客人的吃、住、行、娱、游、购六大方面内容。饭店金钥匙的一条龙服务正是围绕着宾客的需要而开展的，如为客人订房，安排车到机场、车站、码头接客人；根据客人的要求介绍各特色餐厅，并为其预订座位；联系旅行社为客人安排好导游；当客人需要购买礼品时帮客人在地图上标明各购物点等。最后当客人要离开时，在饭店里帮助客人买好车、船、机票，并帮客人托运行李物品；如果客人需要的话，还可以订好下一站的饭店并与下一城市饭店的金钥匙落实好客人所需的相应服务。让客人从接触饭店开始，一直到离开饭店，自始至终都感受到一种无微不至的关怀。

饭店金钥匙服务对高星级饭店而言，是管理水平和服务水平成熟的一种标志，是在饭店具有高水平的设施、设备以及完善的操作流程基础上，更高一层次酒店经营管理艺术的体现。

饭店金钥匙服务对城市或地区旅游业而言，将产生深远的影响。因为，中国饭店金钥匙是由一群富有服务经验，对中国旅游业发展和饭店发展负有历史使命感和责任感的人组成的，他们共同的任务是使中国旅游业、饭店业能够和国际接执，同时能够在国际上树起一块牌子，即“中国的旅游饭店服务是不错的”。这样，就能吸引更多客人的光顾，使企业有效益，行业有发展，不仅给各城市的旅游饭店业创新服务注进了新的活力，而且对各城市旅游服务业的健康良性发展也是一种动力。

饭店金钥匙在中国的逐渐兴起，是我国的经济形势的发展，以及旅游总体水平发展的需要。它将成为中国各大城市旅游体系里的一个品牌，代表着热情好客独具饭店特色的一种服务文化，并将成为该城市饭店业的一个传统。

3. 中国饭店金钥匙服务项目

行李及通信服务：运送行李、电报、传真、电子邮件及跑腿。

问询服务：指路等。

快递服务：国际托运、国际邮政托运、空运、紧急包裹、国内包裹托运等。

接送服务：汽车服务、租车服务、接机服务。

旅游：个性化旅游服务线路介绍。

订房服务：房价、房类、折扣、取消预订。

订餐服务：推荐餐馆。

订车服务：汽车及轿车等租赁代理。

订票服务：飞机票、火车票、戏票。

订花服务：鲜花预订、异地送花。

其他：美容、按摩、跑腿、看孩子、邮票等。

(2) 设施设备配置的舒适性。饭店的设施设备配置应当以宾客感觉舒适为主要标准，如饭店大堂和客房的灯光配置，就应当充分考虑视觉舒适。饭店设施设备舒适程度的高低一方面取决于设施设备配置，另一方面取决于对设施设备的维护和保养。因此，饭店必须加强设施设备的管理，确保设施设备的舒适性，为提高服务质量提供物质基础。

(3) 设施设备的完好程度。设施设备的完好程度直接影响服务质量，如果客房马桶堵塞、空调失灵、电器损坏，即使服务态度再好，提高服务质量也是一句空话。所以，随时保持设施设备完好，保证各种设施设备正常运转，充分发挥设施设备效能，对提高饭店服务质量具有重要意义。饭店客用设备设施舒适程度的高低一方面取决于设备设施的配置，另一方面取决于对设备设施的保养。

2) 饭店实物产品的质量

饭店的实物产品可直接满足宾客的物质消费需要，其质量高低也是影响宾客满意程度的一个重要因素，因此，实物产品质量也是饭店服务质量的重要组成部分。饭店实物产品质量通常包括以下 4 个方面。

(1) 客用品质量。客用品是指饭店直接供宾客消费的各种生活用品，包括一次性消耗品(图 3-3)，如牙具、牙膏等和多次性消耗品(图 3-4)，如棉织品、餐具酒具等，客用品质量应与饭店星级相适应，避免提供低劣质品。饭店提供的客用品数量应充裕，以保证能够满足宾客需求，而且供货要及时。客用品品种过多势必增加饭店成本，最终会损害到宾客利益，影响服务质量。所以，客用品配备应适度，以能够满足本饭店客源需求为佳。此外，饭店还必须保证所提供客用品的安全与卫生。

图 3-3 一次性消耗品

图 3-4 多次性消耗品

(2) 菜点酒水质量。菜点酒水质量是饭店实物产品质量的重要构成内容，饭店管理者必须认识到饮食在宾客的心目中占有重要位置以及不同客人对饮食有不同要求。例如，有些宾客力求满足其新奇感而品尝名菜佳肴，有些宾客是为了寻求符合口味的食品而喜爱家常菜，无论哪种宾客，他们通常都希望饭店饮食产品富有特色和文化内涵，要求原材料选用合理，加工烹制精细，产品风味适口等。另外，饭店还必须保证饮食产品的安全卫生。

(3) 商品质量。为满足宾客购物需要，饭店通常都设有商场部(图 3-5)，商场部商品质量的优劣也影响饭店服务。饭店商品质量应做到花色品种齐全、商品结构适当、商品陈列美观、价格合理等。更为重要的是注重信誉，杜绝假冒伪劣商品。

图 3-5　饭店商场部

(4) 服务用品质量。服务用品质量是指饭店在提供服务过程中供服务人员使用的各种用品，如客房部的清洁剂、餐饮部的托盘等。它是提高劳动效率、满足宾客需要的前提，也是提供优质服务的必要条件。要保证服务用品品种齐全、数量充裕、性能优良、使用方便、安全卫生等。管理者对此应加以重视，否则，饭店也难以为宾客提供令其满意的服务。

3) 服务环境质量

服务环境质量是指饭店的服务气氛给宾客带来感觉上的美感和心理上的满足感。它主要包括独具特色的建筑装潢、布局合理的服务场所、充满情趣的装饰风格、清洁适宜的饭店环境和仪态端庄大方的饭店员工。这些构成饭店特有的环境氛围，它在满足宾客物质方面需求的同时，又可满足其精神享受的需求。

2. 软件质量

产品的软件质量指的就是无形的服务质量，也称劳务服务质量。劳务服务质量是指以设施、设备为依托所提供的无形劳务在使用价值方面适合和满足客人心理的程度。劳务服务的使用价值使用以后，其劳务形态便消失了，仅给宾客留下不同的感受和满足程度。例如，餐厅服务员有针对性地为宾客介绍菜肴和饮料，前厅问询员圆满地回答宾客关于饭店内各种服务项目的询问，都会使宾客感到愉快和满意。劳务服务质量也是饭店服务质量的主要内容，它主要包括以下几个方面。

1) 礼貌礼节

礼貌礼节是以一定的形式通过信息传输向对方表示尊重、谦虚、欢迎、友好等态度的一种方式。礼节偏重于仪式，礼貌偏重于语言行动，它表明了饭店对宾客的基本态度和意愿。饭店礼节礼貌要求服务人员具有端庄的仪表仪容、文雅的语言谈吐和得体的行为举止等。饭店服务员直接面对宾客进行服务的特点使得礼节礼貌在饭店管理中备受重视，因为它直接关系着宾客满意度，是饭店提供优质服务的基本点。

【知识链接】

交谈时的典型用语

(1) 礼貌用语:

祝您节日快乐!

请问，怎么称呼您?

对不起，给您添麻烦了。

非常高兴再次见到您。

早上好/您好/晚上好!

请!

谢谢!

欢迎光临/欢迎您光临**大饭店

对不起/很抱歉!

没关系/不客气

这是我应该做的

对不起，打扰了

对不起，请稍候!

对不起，让您久等了!

(2) 业务用语:

请问您用哪种方式结账?

请问贵公司怎么称呼?

请问您换多大面额的钞票?

请确认您的账单。

请出示一下您的有效证件。

请问您是否用过酒水?

请留下贵公司的电话号码。

请收好您的发票和零钱。

先生，这是找您的零钱，请收好。

您的发票在信封里，请核实一下。

您订了间房，您的预付金是…

有什么事请您尽管吩咐。

(3) 业务得到关照时用语:

谢谢您打电话预定房间。

谢谢您对饭店的支持。

谢谢您提的意见，我们一定会改进。

谢谢您对我们的信任。

谢谢您的鼓励(支持、关照)。

(4) 服务工作结束用语:

欢迎下次光临!欢迎您再次光临!

再见!

祝您一路顺风(一路平安)!

希望再次见到您。

路滑，请慢行(慢走)。

谢谢您的谅解。

请您放心，一定让您满意。

2) 职业道德

职业道德是人们在一定的职业活动范围内所遵守的行为规范的总和。饭店服务过程中，许多服务是否到位实际上取决于员工的事业心和责任感，因此遵守职业道德也是饭店服务质量的最基本构成之一，它不可避免地影响着饭店的服务质量。饭店员工应遵循“热情友好，真诚公道；信誉第一，文明礼貌；不卑不亢，一视同仁；团结协作，顾全大局；遵纪守法，廉洁奉公；钻研业务，提高技能”的旅游职业道德规范，真正做到敬业、乐业和勤业。

3) 服务态度

服务态度是指饭店服务人员在对宾客服务中所体现出来的主观意向和心理状态。服务态度的好坏是由员工的主动性、创造性、积极性、责任感和素质高低决定的。饭店员工服务态度的好坏是很多宾客关注的焦点，尤其是当出现问题时，服务态度常常成为解决问题的关键，宾客可以原谅饭店的许多过错，但往往不能忍受饭店服务人员恶劣的服务态度。在饭店服务实践中，良好的服务态度表现为热情服务、主动服务、周到服务、殷勤服务、微笑服务、适当或得体服务等。

4) 服务技能

服务技能是饭店提高服务质量的技术保证，是饭店服务人员在不同场合、不同时间，对不同宾客提供服务时，能适应具体情况而灵活恰当地运用其操作方法和作业技能以取得最佳的服务效果，从而所显现出的技巧和能力。服务技能的高低取决于服务人员的专业知识和操作技术，要求掌握丰富的专业知识，具备娴熟的操作技术，并能根据具体情况灵活应变地运用，从而达到给宾客以美感的服务效果，使饭店服务达到高标准的要求。

5) 服务效率

服务效率是指员工在其服务过程中对时间概念和工作节奏的把握。它应根据宾客的需要灵活掌握，要求员工在宾客最需要某项服务的前夕即时提供，服务效率并非仅指快速，也要强调适时的服务。饭店服务效率有三类：其一，是用工作时间定额来表示的固定服务效率，如清扫一间客房用 30 分钟，夜床服务 5 分钟，宴会摆台服务 5 分钟等；其二，是用时限来表示服务效率，如总台入住登记每位宾客不超过 3 分钟，办理结账离店手续不超过 3 分钟，租借物品服务要求服务人员 5 分钟内送至宾客房间，接听电话不超过三声等；其三，是指有时间概念，但没有明确的时限规定，是靠宾客的感受来衡量的服务效率，如餐厅点菜后多长时间上菜，代购物品何时完成等，这类服务效率问题在饭店中大量存在着，若使宾客等候时间过长，容易让宾客产生烦躁心理，并会引起不安定感，进而直接影响着宾客对饭店的印象和对服务质量的评价。

【知识链接】

世界最佳饭店的十条标准

(1) 最佳饭店要有一流的服务员，一流的服务标准。服务员是饭店为宾客服务的第一线人员，饭店对宾客的服务质量是饭店经营管理全过程的综合体现。影响服务质量的因素有多个方面，从饭店自身来看，主要有以下两个方面：一是饭店的设施，人们称之为“硬件”方面；另一方面是饭店整个员工队伍的素质，这是提高饭店服务质量的关键因素，人们称之为“软件”，优良的服务应是二者的结合，缺一不可。

(2) 最佳饭店的客房、餐厅、大堂、公共场所、会议厅都要清洁；卫生、舒适、高雅、怡人，尤其客房的舒适、洁净、宁静、陈设高雅、环境怡人更为重要。因为客人大部分时间是在客房度过的，所以客房是客人感受时间最长最深的地方。客房服务质量如何，是客人是否下次再来的关键因素之一。

(3) 最佳饭店应能提供富有特色的美味佳肴。饭店提供美味佳肴是满足客人需求的重要方面，亦是吸引客源、开拓市场的重要条件。为此，最佳饭店应拥有技术精湛并懂得服务心理学的厨师队伍。

(4) 最佳饭店应设有多种不同的服务项目，并同时注意微小的服务和陈设。最佳饭店应包含所有饭店设施和服务项目，如应有各种等级的客房、套间、豪华的总统套房、中西餐厅、酒吧、咖啡厅、康乐中心、健身房、美容中心、健身浴池、音乐茶座，独具一格的豪华餐厅、风味餐厅、室内和室外美景花园、公共服务部和商品部，还有快速服务的电脑设施，向客人提供快速开房住宿、预订及办理结账离店手续等。

(5) 最佳饭店应该使客人有“宾至如归”之感。“宾至如归”和“宾客至上”不仅是饭店的营业信条，同时还是饭店所出售商品最佳的象征。

(6) 最佳饭店的地理位置要十分恰当。最佳饭店的选址，定要在商业行政中心，或是交通方便的主要风景名胜区，这是因为来到饭店的客人大多是为经商、公务或旅游，他们需要有一个方便的地理位置。

(7) 最佳饭店应是独具特色、独具风格的一流水平的饭店。它应在建筑设计、外部造型、内部设施、装修和陈设、饮食服务等方面富有特色，如突出民族风格、地方特色或特别现代化的时代特色等。

(8) 最佳饭店一定要注意那些微小服务，全面做到服务的细致化，做到客人要求的理想化，注意微小服务会使客人感到愉快和舒适，这是一所最佳饭店不可缺少的独特项目。从客人步入前台，进行登记、开房住宿到他在大堂前台结账离店的每一项服务，都要注意微小服务，都应使客人感到热情、方便、舒适、满意。

(9) 最佳饭店的另一标志是要有名人在那里下榻和就餐过。通常名人住过的饭店，都及时将其拍成照片悬挂在饭店内或保存起来，以此作为荣誉和作为最佳饭店的象征。这里所指的名人一般是国家元首，如总统、总理、主席以及政府要员(部长级以上)，或者是世界著名的艺术家、歌剧明星、大作家等，这就是名人效应。

(10) 最佳饭店是举办历史上最重要的宴会的场所，这也是成为最佳饭店的一个标志。由于历史或国际上有重要意义的宴会，一般也希望找个名气大的饭店作为举行宴会的场所以便提高宴会的声誉，更能引人注目。最佳饭店能够有机会举办这样的宴会也说明设施及服务达到了高水平。

3.1.3 饭店服务质量的特点

为了更好地实施对饭店服务质量的管理，饭店管理者必须正确认识与掌握饭店服务质量的特点。现代饭店服务质量同其他一般商品的质量相比，存在很大差别，其主要特点有以下五点。

1. 饭店服务质量构成的综合性

饭店服务质量的构成内容既包括有形的设施设备质量、服务环境质量、实物产品质量，又包括无形的劳务服务质量等多种因素，且每一因素又有许多具体内容构成，贯穿于饭店服务的全过程。其中，设施设备、实物产品是饭店服务质量的基础，服务环境、劳务服务是表现形式，而宾客满意程度则是所有服务质量优劣的最终体现。它既涵盖了衣食住行等人们日常生活的基本内容，也包括办公、通信、娱乐、休闲等更高层面的活动，因此，人们常用“一个独立的小社会”来说明饭店服务质量的构成所具有的极强的综合性。

饭店服务质量构成的综合性特点要求饭店管理者树立系统的观念，把饭店服务质量管理作为一项系统工程来抓，多方收集饭店服务质量信息，分析影响质量的各种因素，特别是可控因素，既抓好有形产品的质量，又抓好无形服务的质量，不仅做好自己的本职工作，还要顾及饭店其他部门或其他服务环节，更好地督促饭店员工严格遵守各种服务操作规程，从而提高饭店的整体服务质量。

2. 饭店服务质量评价的主观性

尽管饭店自身的服务质量水平基本上是一个客观的存在，但由于饭店服务质量的评价是由宾客享受服务后根据其物质和心理满足程度进行的，因而带有很强的个人主观性。宾客的满足程度越高，对服务质量的评价也就越高，反之亦然。

饭店管理者不能无视客人对饭店服务质量的评价，否则，将失去客源，失去生存的基础。饭店管理者没有理由要求客人必须对饭店服务质量做出与客观实际相一致的评价，更不应指责客人对饭店服务质量的评价存在偏见。相反，这就要求在服务过程中细心观察，了解并掌握宾客的心理需要，不断改善对客服务，为客人提供有针对性的个性化服务，并注重服务中的每一个细节，重视每次服务的效果。用符合客人需要的服务来提高宾客的满意程度，从而提高并保持饭店服务质量。正如一些饭店管理者所说：“我们无法改变客人，那么就根据客人的需求改变自己。”

3. 饭店服务质量显现的短暂性

饭店服务质量是由一次一次的内容不同的具体服务组成的，而每一次具体服务的使用价值均只有短暂的显现时间，即使用价值的一次性，如微笑问好、介绍菜点等。这类具体服务不能储存，因此，饭店服务质量的显现是短暂的，不像实物产品那样可以返工、返修或退换，如要进行服务后调整，也只能是另一次的具体服务。也就是说，即使宾客对某一服务感到非常满意，评价较高，并不能保证下一次服务也能获得好评。因此，饭店管理者应督导员工做好每一次服务工作，争取使每一次服务都能让宾客感到非常满意，从而提高饭店的整体服务质量。

4. 饭店服务质量内容的关联性

客人对饭店服务质量的评价是通过进入饭店直至离开饭店的全过程而形成的。在此过程中，客人得到饭店员工提供一次一次具体的服务活动，这些具体的服务活动不是孤立的，而是有着密切的关联。在连锁式的服务过程中，只要有一个环节的服务质量有问题，就会破坏客人对饭店的整体印象，进而影响其对整个饭店服务质量的评价，因此，在饭店服务质量管理中有一个流行公式：100－1＝0。根据系统论的原理，任何一个系统都是由相互作用和相互依赖的若干组成部分结合成的具有特定功能的有机整体。服务就是这样的一个系统，它的每个环节都相互作用、相互依赖，一荣俱荣，一损俱损。顾客对整个服务工作中的任何一项不满意，都会给整体的服务质量带来否定。这就要求饭店各部门、各服务过程、各服务环节之间协作配合，并做好充分的服务准备，确保每项服务的优质、高效，确保饭店服务全过程和全方位的"零缺点"。

5. 饭店服务质量对员工素质的依赖性

饭店的产品生产、销售同步进行的特点决定了饭店服务质量与饭店服务人员表现的直接关联性。饭店服务质量是在有形产品的基础上通过员工的劳务服务创造并表现出来的，这种创造和表现满足宾客需要的程度取决于服务人员的素质和管理者管理水平的高低。饭店服务质量的优劣在很大程度上取决于员工对客服务时的即兴表现，而这种表现又很容易受到员工个人素质和情绪的影响，具有很大的不稳定性。所以，饭店服务质量对员工素质有较强的依赖性。这就要求饭店管理者应合理配备、培训、激励员工，努力提高他们的素质，发挥他们的服务主动性、积极性和创造性，同时提高自身素质及管理能力，从而培养出满意的员工，不断提高饭店的服务质量。

【知识链接】

做好服务品质的 15 个 C

顾客化(customization)，服务品质的好坏是顾客对服务的满意程度，要了解顾客的需求与期望，然后尽力来满足他们的需求。

承诺(commitment)，对顾客所做的承诺一定要实现，而且一定要很有效率地来提供所承诺的服务。

一致性(consistency)，所提供的服务要有一致性的绩效和品质，不能因时间、顾客或服务人员的不同而有所差异。

专业能力(competence)，提供好品质的服务给顾客，服务人员必须具备所需的技术、知识与专业能力，对于作业方法与程序要很清楚地了解与执行。

理解力(comprehension)，饭店所提供的服务需要符合顾客的需求，甚至超越他们的期望，因此服务人员或管理阶层一定要有能力去理解顾客的真正需求，去体会他们的期望。

沟通(communication)，了解顾客的需求，必须要跟顾客充分沟通，倾听顾客的声音与意见，才能进一步理解顾客的需求与期望。

同理心(compassion)，饭店需要站在顾客的立场去体会顾客的需求与感受，才能提供贴心的服务给顾客，迅速而妥善地为顾客解决问题。

礼仪(courtesy)，服务人员出于对客人的尊重或友好，在服务中注重礼貌、礼节、讲究仪容、仪表、仪态、语言热情友好的服务操作规范。

冷静(comp)，在为顾客服务时，有时候会碰到棘手的难题，或者遇到顾客的不友好行为，甚至不讲道理，此时，服务人员必须平心静气、头脑冷静。

信任性(credibility)，饭店要有好的技术能力，持续提供高品质的服务给顾客，有良好的口碑与形象，取得顾客的信任。

信心(confidence)，在跟顾客接触或服务时，要让顾客对饭店有信心，这就要求外在认知、情绪和外在意识这三个要素协调一致。

接近性(contact)，顾客需要服务时，可以很快地找到提供服务的人员，甚至找到最合适的人。“接近性”越强，顾客越易接受。

配合性(cooperation)，在服务提供的过程中，顾客也会高度地参与，而且会提出他们的需要与意见，因此服务人员要跟顾客密切配合，在提供服务的过程中，相关部门或人员彼此也需要团结合作、相互配合。

能力(capability)，饭店要有做好所提供之服务的能力，有足够的人力、设施、空间及所需的技术能力来完成所承接之服务，且有好的绩效与品质。

决断力(criticalness)，当顾客有重大问题或特殊需求时，服务人员要有智慧及权限去判断及做决定，能采取最适当且让顾客满意的对策。

3.2 饭店服务质量管理

饭店服务质量是饭店生存和发展的基础，要提高饭店服务质量，就必须科学地管理服务质量。有效地进行服务质量的管理首先要制定饭店服务规程，建立饭店服务质量管理保证体系，提高饭店优质服务质量意识，提高管理方法和途径。

3.2.1 制定饭店服务规程

在饭店服务质量管理中，通常是通过对服务标准和规程的制定和实施，以及各种管理原则和方法的运用，达到服务质量标准化、服务形式规范化、服务过程程序化，最终以优质服务赢得宾客。饭店服务的标准和规范比较集中地体现在服务规程中。

1. 饭店服务规程的含义

饭店服务规程是指以描述性语言对饭店某一特定的服务过程所包含的作业内容和顺序及该服务过程应达到的某种规格和标准所做的详细而具体的规定。简单地说，是指某一特定服务过程的规范化程序和标准。饭店服务规程是饭店进行质量管理的依据和基础，是饭店根据各自的等级而制定出的适合本饭店实际情况的管理制度和作业标准。

服务规程是关于服务的操作标准，由于饭店服务具有无形性的特点，对服务过程的控制就显得十分重要。控制服务过程，需要把整个服务过程分解成若干个作业步骤，进而描述每一步骤的作业方法和要求，使员工在提供服务中减少差错。编制服务规程要求清晰具体地描述服务的每一个细节，对服务过程中可能出现的安全、卫生及有关宾客舒适性、私密性的问题，都要做出详细的规定或防范的措施。对服务过程中涉及的人员和设备设施也必须明确其技术水平和要求，同时还要确保服务过程的可追溯性。

饭店服务规程通常包括四个要点。

1) 饭店服务规程的对象和范围

饭店服务规程是以饭店某一特定的服务过程、服务内容为对象，只要饭店有一个服务过程，那么必定有一套与之相适应的服务规程。饭店服务规程既然是以服务过程为依据，就对服务规程的范围做了限定，通常把某一特定的服务内容从开始到结束称为一个服务过程。

2) 饭店服务规程的内容和程序

服务规程要规定每个服务过程所应包括的内容和作业程序。服务内容应包括其业务内容的本身，如总台入住登记的基本内容就有接受订房、登记、证件扫描、排房、制作欢迎卡、制作房卡、收取押金等。服务规程还要具体规定内容细节，如动作、语言、姿态、手续、信息传递、用品、权限、时限、例外处理等。服务程序是指先后的顺序，饭店有不同的服务过程，有些互相关的服务过程也有顺序的先后，服务过程就是按照合理的顺序排列，形成服务的程序。服务程序的规定要求符合服务过程的规律，同时要考虑减轻员工的劳动强度，减少物质消耗。

3) 饭店服务的规格和标准

不同星级不同档次的饭店有不同的规格，无论何种规格的服务都有标准。服务规程就是要规定服务的规格和标准，按照服务质量各具体的构成内容确定具体标准。

4) 饭店服务规程的衔接和系统性

每套服务规程的首尾都要有与其他规程相互衔接、互相连贯的内容，如前台部门报维修的规程与工程部的维修规程的衔接，宾客离店客房查房的规程与总台收银结账规程的衔接。规程间的相互衔接和连贯，就形成了服务的系统性。

饭店服务规程可以让每位员工都明确其服务工作目标，也使饭店管理者有了检查和监控服务质量的依据，从而使饭店服务工作达到规范化、程序化和标准化的要求。

2. 饭店服务规程的制定

饭店服务规程是饭店的法规，是服务的基本依据，制定饭店服务规程是一项十分重要而又细致的工作。

1) 饭店服务规程的制定依据

饭店服务规程直接影响着饭店服务质量的优劣，所以必须建立在科学合理的基础上，能够真正符合宾客的需要。饭店服务管理规程既要切实可行，又要保证服务质量水平，因此，制定饭店服务规程必须考虑以下因素。

(1) 《旅游饭店星级的划分与评定》(GB/T 14308—2010)。是各星级饭店制定饭店服务规程的基础。它提出了饭店服务基本原则和基本要求，规定了星级饭店的服务质量保证体系，即具备适应本饭店运行的、有效的整套管理制度和作业标准。饭店等级越高，服务质量要求也越高，制定的服务规程要求也高。

(2) 客源市场需求。服务是为了满足宾客的需要，只有提供宾客需要的服务才有可能让宾客满意，饭店服务规程的制定也应以宾客需求为依据，能够适应本饭店特定客源市场的要求。因此，饭店在制定服务规程前，必须对市场需求进行详细地调查和分析，寻找宾客真正需要的服务和对服务的要求，使所制定的饭店服务规程真正成为饭店服务质量的保证。

【知识链接】

顾客关注和感知服务质量的十个关键性要素

(1) 干净——洁净、清爽、明亮、舒适。
(2) 安全——没有风险和疑虑。
(3) 礼貌——尊重、周到、亲和及友善。
(4) 信赖——涉及绩效与可靠性的一致。
(5) 沟通——用顾客听得懂的语言表达和用心倾听顾客陈述。
(6) 理解——有站在客人的立场上考虑问题的工作习惯。
(7) 效率——员工提供服务的准确性和时效性。
(8) 产品的有形性——服务过程中体现产品的专业性。
(9) 环境的可接近性——易于接触和方便联系。
(10) 服务意识的被感知——员工有期望提供优质服务的本能性和服务习惯。

(3) 本饭店的体制、风格、特色和组织形式。饭店服务规程的制定还要结合本饭店特点。饭店的体制、风格、特色是饭店经营成功的优势，服务规程要体现和服从这一优势，饭店的风格特色不同其规程也不同，饭店的组织形式不同其规程也不同。饭店特色也是赢得宾客信赖的有效方法，在制定服务规程时，要使服务规程和饭店的核心竞争力相一致。

(4) 国内外饭店管理的最新信息。饭店应了解国内外饭店管理和服务的最新信息，制定饭店服务规程时，要在力所能及的范围内，结合国内外饭店业的现状和趋势，力求使规程更加合理并符合宾客的需求。饭店制定服务规程时要了解国内外的先进水平，服务过程要有时代感，要与时俱进，从而减少盲目性。

(5) 饭店的质量计划。饭店质量计划是服务规程制定的重要依据，而质量年度执行计划则是饭店服务规程制定的直接依据。

(6) 某一服务项目的目的、内容、过程。在制定饭店服务规程前，还应对每个服务项目进行分析。服务规程是按服务内容的需要而制定的，服务内容不同，规程也不同。在分析每一个服务项目的目的、内容和过程的基础上制定规程，使其更具有科学性和可行性。

2) 饭店服务规程的制定方法

饭店服务规程的制定有两种方法：一种是由集体讨论，一人执笔编制。另一种是由一人或数人编出规程草案交相关人员讨论定稿。无论采取哪种形式，其原则和编制过程都基本相同。

(1) 提出目标和要求。由饭店决策层管理人员根据饭店经营决策、饭店计划、服务质量计划、质量目标进行深入的分析研究后，提出本饭店服务规程应达到的目标和具体要求，并将其布置落实到饭店每一相关部门。

(2) 编制服务规程草案。各部门管理者召集下属主管、领班和资深服务人员讨论确定本部门的所有服务内容和服务过程。根据服务内容的不同，把全部工作分为几个服务过程，确定每个服务过程包含的内容及各个服务环节，制定出每一服务过程的规程草案。

具体内容包括：确定该服务过程的主要环节，提出每一环节的具体要求，如仪容仪表、站立姿势、行走路线、言语谈吐、操作内容、顺序及应达到的规格标准等具体细节。规定每一环节之间的衔接内容，以免脱节而造成质量问题等。

(3) 修改服务规程草案。服务规程草案出台后，首先，应交该服务过程所在班组的全体员工进行讨论，修改其中不合理、不可行、不必要或不符合标准和要求的部分，使其更具可操作性。其次，将规程草案在小范围内试行，在实践中进行修改，删除不现实的部分，补充合理的内容，使其更具可行性。再次，将规程草案交饭店决策层审定，饭店决策层应对照目标和要求，聘请饭店管理专家、学者对每一服务规程进行评审。经审定通过的服务规程，作为规章制度予以颁布实施。

(4) 完善服务规程。随着饭店等级的提高、宾客需求的变化及饭店业的发展，饭店服务规程也会随之陈旧老化。所以，饭店应随时调整服务规程，并定期修订，使之更趋于适用和完美。

饭店在制定服务规程时，要注意这样五个问题：第一，饭店必须把服务规程当做饭店实施科学管理的重要组成部分，要给予足够的重视；第二，规程本身要体现科学性和严肃性，经过员工讨论，由饭店管理委员会和职代会讨论通过后，就视同饭店的法规，每个员工都必须按规程进行工作；第三，规程的文字要简练，内容要明确、具体，使大家便于记忆，便于学习；第四，规程是饭店服务质量的下限，每个人必须做到，同时，要积极鼓励和引导员工为把服务工作做得更好，在科学合理的基础上突破规程，把饭店服务质量做得更好；第五，规程的制定不是一劳永逸的，要根据情况的不断变化，进行必要的修改。所以饭店应该以实事求是的态度，不断完善服务规程，使饭店的服务质量得到不断提高。

【案例解读】

小龚的迷茫

服务员小龚第一天上班，被分在饭店主楼12层做值台，由于她刚经过三个月的岗位培训，对做好这项工作充满信心，自我感觉良好。一个上午的接待工作确也颇为顺手。

午后，电梯门打开，“叮当”一声走出两位香港的顾客，小龚立刻迎上前去微笑着说：“先生，您好!”她看过客人的住宿证，然后接过他们的行李，一边说：“欢迎入住本饭店，请跟我来。”一边领他们走进客房，随手给他们沏了两杯茶放在茶几上，说道：“先生，请用茶!”接着她又用手示意，一一介绍客房设备设施：“这是床头控制柜，这是空调开关……”这时，其中一位客人用粤语打断她的话头，说：“知道了。”但小龚仍然继续说：“这是电冰箱，桌上文件夹内有‘入住须知’和‘电话指南’……”未等她说完，另一位客人又掏出钱包抽出一张面值10元的外汇券不耐烦地给她。霎时，小龚愣住了，一片好意被拒绝甚至误解，使她感到既沮丧又委屈，她涨红着脸对客人说：“对不起，先生，我们不收小费，谢谢您!如果没有别的事，那我就告退了。”说完便退出房间回到服务台。

此刻，小龚心里乱极了，她实在想不通，自己按服务规程给客人耐心介绍客房设备设施，为什么会不受客人欢迎呢?

分析：

小龚对客人积极主动的服务热情首先应该充分肯定，她按服务规程不厌其烦地给客人介绍客房设备设施，一般说也并不错(客人给她小费，本身也包含了对她服务工作的肯定，说明她所做的工作并没有错)。但是，服务规程会有因人而异、灵活运用的问题，对服务分寸的掌握也要适度。这样来看，小龚对两位港客太地道的服务确有欠妥之处。

显然，将客房的常用设备设施甚至普通常识详细介绍给并不是初次入住饭店的档次较高的港客，是大可不必的，特别是当客人已显出烦躁情绪时，还是继续唠叨，那更是过头了，也太不灵活了。这些日常的家用电器的使用会让客人感到对方以为他们未见过世面而在开导他们，使其自尊心受到挫伤，或者误解服务员是变相索要小费而看不起她，从而引起客人的不满和反感，好心没有办成好事。这是满腔热情的小龚始料未及的，其中蕴含的服务技巧问题，值得饭店同行沉思和探讨。

3. 饭店服务规程的实施

制定科学合理的饭店服务规程非常重要，更为重要的是饭店服务规程的实施程度。只有切实地实施服务规程，才能保持并不断提高饭店服务质量，否则，服务规程不过是一纸空文。饭店服务规程的实施过程通常包括以下五个方面。

1) 服务质量意识教育

通过服务质量教育树立员工的服务质量意识，使员工认识到服务质量对饭店及员工个人的重要性。让员工重视服务规程，懂得规程，把执行规程看作是自己的基本功和基本技术之一。每个饭店员工必须熟练掌握本岗位的服务规程，以保证服务的一致性和系统性。饭店员工应了解提高服务质量与执行服务规程之间的紧密联系，从而增强饭店员工执行服务规程的主动性和自觉性。

2) 服务规程作业培训

要想让饭店员工自觉执行服务规程，首先要让员工掌握规程，通过服务规程的培训，可以使员工了解到服务规程的适用对象和范围。服务规程作业培训可以分期分批地进行，必须保证饭店所有员工都经过培训，而且培训后必须进行考核，考核合格者才能上岗。使员工熟练掌握服务规程的内容和要求，从而提高员工执行服务规程的规范性和准确性。对不合格者可限期提高、待岗或调离岗位，以维护服务规程的严肃性和服务质量的稳定性，提高饭店服务质量。

3) 服务规程执行过程的监督控制

饭店各级管理者应对所管辖范围员工的服务规程执行情况进行认真、严格地监督、检查和指导。通过服务质量信息系统和原始记录，了解服务规程的执行情况，也可以通过现场巡视检查，及时发现问题并纠正，使员工养成实施服务规程的良好意识和习惯。

4) 建立严格的经济岗位责任制

每个岗位的员工有执行规程的义务，有处理规程事务的职责，员工有权超规程提高服务质量。员工对服务规程有权提出修改意见，但不得擅自不执行规程。每个职工岗位要明确，权责要清楚，把各岗位的规程落实到每一个职工身上。把执行规程和经济利益挂钩，把执行规程当做按劳分配和奖惩的重要依据。

5) 严格考核制度

饭店管理者要按规定的职责，每天对所属员工的规程执行情况逐次进行考核，各部门在制定本部门员工考情考核表或工作手册时要有服务规程考核项目。饭店管理者还应经常进行服务质量的对比与评价，根据实际情况制定出有效的奖惩措施。另外，饭店还应制定内容明确的设备设施质量标准，服务环境质量标准、菜点酒水标准、客用品质量标准、人员素质标准、语言动作标准等，并要求饭店员工不折不扣的执行，使之成为饭店服务质量控制的依据。

3.2.2　建立饭店服务质量管理体系

饭店服务质量与各个部门的工作质量以及服务过程中每一环节的服务质量紧密地联系在一起，因此，优质服务要求饭店内每位员工树立质量意识，关注宾客的需求，并努力提高各自的服务质量。饭店服务质量管理体系正是饭店为提高其服务质量而建立的、由质量管理各要素组成的一个管理系统，其主要内容包括以下几个方面。

1. 建立服务质量管理机构

有效地管理机构是提高饭店服务质量的组织保证。饭店应建立以总经理为首的服务质量管理机构和网络，全面负责饭店的服务质量管理工作。饭店各级管理者在总经理的直接领导下，根据本部门工作的实际情况，组建以各级管理者为首的服务质量管理小组，全面控制本部门或班组的服务质量。

在国际饭店业的质量管理中，往往有两种组织机构形式，一种是单独设立一个质量管理机构，如上海锦江饭店。上海锦江饭店在总经理直接主持下设立专门的质量管理部，全店建立了46个质量管理(QC)小组，基层除部门经理、管理员、班组长外，还有专职的质量管理组长和质量管理员，饭店从上到下建立了店、部门、班组三级质量保证体系和监督检查网络，有计划地、积极地开展各项质量管理活动(图3-6)。

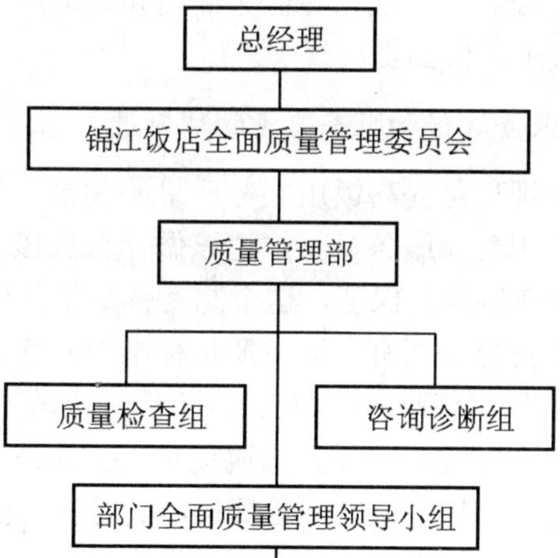

图3-6　锦江饭店质量管理机构

另一种是将饭店质量管理工作纳入饭店行政机构负责人的日常工作之中，不再单独设立全面质量管理委员会这样的机构。同时，考虑到便于加强质量问题的检查、分析和处理，除责成饭店行政机构负责人管理外，可设立下列两种附属机构或岗位。一是由人事培训部经理兼任饭店质量管理小组负责人，各部门经理为小组成员，其主要工作任务是动态分析质量问题与提出改进方案，包括对员工采取培训、调整、辞退和加薪等一系列措施。二是设立服务经理岗位，服务经理实际上就是质量检查警察，每一个大部门都可以设一名，如前厅客房部设一名，餐饮部设一名。他们像保安人员一样要进行巡视，职位相当于某一部门的副经理，受部门经理领导，也可直接受总经理领导，具有服务质量的否决权。

【案例解读】

马里奥特饭店质量管理

维也纳马里奥特饭店，于1988年2月建立了一个质量改进小组，每月开一次会，质量改进小组的成员包括对饭店质量有影响的主要人物。主席是人事部总监，成员是宾客关系部主管，餐饮部总监，工程部主管，花园餐厅领班，厨房清洁主管，销售和营销总监，服务经理，客房部经理，安保部经理等。由于员工要做到第一次工作时就将工作做好，他们可能随时需要询问和指导。他们如果有什么问题，可及时告诉质量改进小组成员。另外，由于员工在第一线工作，易于发现什么地方存在问题，也了解什么是解决问题的方法，因此，饭店鼓励员工积极向质量改进小组提出建议。对员工提出的问题和建议，由质量改进小组整理分析后，报告饭店行政管理委员会做进一步研究和处理。

2. 进行责权分工

责权分工可以使所有的管理者和员工各行其职，有效地避免推卸责任，并使饭店服务质量管理的每一项规定和措施都能得到不折不扣的执行。所以，在饭店服务质量管理过程中，应明确规定饭店总经理、各业务部门和职能部门、各班组及岗位员工对服务质量应尽的责任和权限，做到责权统一。

3. 制定并实施饭店服务规程和服务质量管理制度

制定和实施饭店服务规程是提高饭店服务质量的关键，也是饭店服务质量管理体系的中心内容。有了服务规程，服务员就知道该做什么，该怎么做。但是，饭店仅有服务规程是不够的，还要有制度的保证，这个制度就是服务质量管理制度。

服务质量管理制度的内容主要有：服务质量标准及其实施工作程序、服务质量检查制度、信息管理制度、投诉处理程序以及服务质量考核(奖惩)制度等。饭店服务质量管理制度应详尽具体，但不宜过多，而且应避免重复交叉或自相矛盾而使员工无所适从。服务质量管理制度是贯彻执行饭店服务规程，满足宾客需要的前提和保证。

4. 重视质量信息管理

服务质量信息是饭店进行服务质量决策的基础和前提，是计划、组织服务质量管理活动的依据，更是质量控制的有效工具，因而也是饭店服务质量管理体系的组成部分。

1) 信息的收集

服务质量信息有着极其广泛的内容，大致上可分为两类：一类是饭店内部质量信息，如质量文件、原始记录、统计数字、投诉记录等；另一类是饭店外部质量信息，如国内外饭店的服务质量标准、国内或国际上同类同级饭店的质量现状和质量管理动态等。饭店应注意收集各类质量信息，并汇总到饭店，以便加工和充分利用。

2) 信息的加工和传递

饭店应将收集的各种各样的信息进行汇总、归类，并加以分析，进而加工整理出有利用价值的内容，并迅速传递至相关部门和管理人员，为其进行质量管理提供充分可靠的依据。同时，饭店要每天、每周、每月对饭店的服务质量情况进行加工整理，及时把结果发布到饭店各部门，使饭店和各部门对服务质量有一个全面的认识。

3) 信息的反馈

使用质量信息的部门和人员应将质量信息的使用结果反馈给饭店，饭店应将此结果作为新的质量信息加以整理分析，并重新传递至有关部门和人员，这就是饭店质量信息的反馈过程。

4) 服务质量信息的储存

饭店质管部应将所收集和处理过的各种质量信息储存保管起来，这些信息可用来总结服务质量管理经验，分析质量管理成果，有利于饭店决策层对信息的总体把握和进行饭店质量管理的决策，从而不断提高饭店服务质量。

【案例解读】

东方饭店的客户关系管理

于先生因公务经常出差泰国，并下榻在东方饭店，第一次入住时良好的饭店环境和服务就给他留下了深刻的印象，当他第二次入住时几个细节更使他对饭店的好感迅速升级。

那天早上，在他走出房门准备去餐厅时，楼层服务生恭敬地问道："于先生是要用早餐吗？"于先生很奇怪，反问："你怎么知道我姓于？"服务生说："我们饭店规定，晚上要背熟所有客人的姓名。"这令于先生大吃一惊，因为他频繁往返于世界各地，入住过无数高级饭店，但这种情况还是第一次碰到。

于先生高兴地乘电梯下到餐厅所在的楼层，刚刚走出电梯门，餐厅的服务生就说："于先生，里面请。"于先生更加疑惑，因为服务生并没有看到他的房卡，就问："你知道我姓于？"服务生答："上面的电话刚刚下来，说您已经下楼了。"如此高的效率让于先生再次大吃一惊。

于先生刚走进餐厅，服务小姐微笑着问："于先生还要老位子吗？"于先生的惊讶再次升级，心想："尽管我不是第一次在这里吃饭，但最近的一次也有一年多了，难道这里的服务小姐记忆力那么好？"看到于先生惊讶的目光，服务小姐主动解释说："我刚刚查过电脑记录，您在去年的6月8日在靠近第二个窗口的位子上用过早餐。"于先生听后兴奋地说："老位子！老位子！"小姐接着问："老菜单？一个三明治，一杯咖啡，一个鸡蛋？"现在于先生已经不再惊讶了："老菜单，就要老菜单！"于先生已经兴奋到了极点。

上餐时餐厅赠送了于先生一碟小菜，由于这种小菜于先生是第一次看到，就问："这是什么？"服务生后退两步说："这是我们特有的某某小菜。"服务生为什么要先后退两步呢，他是怕自己说话时口水不小心落在客人的食品上，这种细致的服务不要说在一般的饭店，就是美国最好的饭店里于先生都没有见过。这一次早餐给于先生留下了终生难忘的印象。

后来，由于业务调整的原因，于先生有三年的时间没有再到泰国去，在于先生生日的时候突然收到了一封东方饭店发来的生日贺卡，里面还附了一封短信，内容是："亲爱的于先生，您已经有三年没有来过我们这里了，我们全体人员都非常想念您，希望能再次见到您。今天是您的生日，祝您生日愉快。"于先生当时激动地热泪盈眶，心想如果再去泰国，绝对不会到任何其他的饭店，一定要住在东方，而且要说服所有的朋友也像他一样选择这一家饭店。于先生看了一下信封，上面贴着一枚六元的邮票。六元就这样买到了一颗心，这就是客户关系管理的魅力。

东方饭店非常重视培养忠实的客户，并且建立了一套完善的客户关系管理体系，使客户入住后可以得到无微不至的人性化服务。迄今为止，世界各国的约 20 万人曾经入住过那里，用他们的话说，只要每年有十分之一的老顾客光顾饭店就会永远客满，这就是东方饭店成功的秘诀。

现在客户关系管理的观念已经被普遍接受，而且相当一部分企业都已经建立起了自己的客户关系管理系统，但真正能做到东方饭店这样的还并不多见，关键是很多企业还只是处在初始阶段，仅仅是上马一套软件系统，并没有在内心深处去思考如何贯彻执行，所以大都浮于表面，难见实效。客户关系管理并非只是一套软件系统，而是以全员服务意识为核心贯穿于所有经营环节的一整套全面完善的服务理念和服务体系，是一种企业文化。在这方面，泰国东方饭店的做法值得我们很多企业去认真地学习和借鉴。

5. 处理服务质量投诉

饭店管理者应正确认识和妥善处理投诉，把宾客投诉视为发现问题、改善服务质量的机会和动力。处理好宾客投诉，可消除宾客的不满，其本身也是饭店服务质量管理的重要内容。所以，饭店应制定处理服务质量投诉的原则、方法和措施等。

饭店处理宾客投诉的原则通常有：不争论原则，即树立"宾客永远是对的"的意识，即使宾客是错的，也要抱着宽容的态度，不与宾客争辩；隐蔽性原则，即处理投诉时应尽可能减少对其他宾客的影响；及时性原则，即投诉的处理应以第一时间处理为好；补偿性原则，即给予宾客适当的情感补偿和实物补偿的原则。在处理宾客投诉之后，管理者还应及时对所发生的问题进行深入调查，追根究源，以找出问题的关键成因，采取措施，如修改质量标准、工作程序，进行培训等，防止同类问题的再次出现，最终使饭店服务质量趋于"零缺点"。

3.2.3 提高饭店优质服务意识

饭店服务质量教育的内容应包括上岗前的教育，包括饭店员工手册、礼貌礼节、职业道德、语言艺术、宾客习俗等；质量意识教育，包括服务规程、设备设施标准、服务环境标准、实物产品标准、劳务服务标准、质量等级标准等；服务技能培训，包括饭店全面质量管理、质量问题分析、零缺点质量管理、服务质量控制等；投诉处理教育，包括服务质量投诉的原因、投诉处理的原则和程序等内容。

饭店服务质量教育可更新员工的质量观念，树立质量意识，提高员工整体素质，从而提高饭店服务质量，是一种非常有效的质量管理手段。

3.2.4 饭店服务质量管理的方法

饭店只有采取有效的服务质量管理方法，才能真正提高饭店服务质量，为宾客提供令其满意的服务，使饭店取得良好的经济效益。目前，饭店通常采取服务质量管理的方法主要有以下几种。

1. 饭店全面质量管理

全面质量管理(total quality control，Tqc)起源于20世纪60年代的美国，首先在工业企业中应用，后又推广到服务性行业，取得了良好的效果。它是把经营管理、专业技术、数据统计和思想教育结合起来，形成从市场调查、产品设计、制造直至使用服务的一个完整的质量体系，使企业质量管理进一步科学化、标准化。日本在推行全面质量管理中取得了卓越的成果，并使之有了很大发展。我国在1978年引入目标管理等的同时引入了全面质量管理的方法，并开始在工业企业中推行，后又将其引入商业、饭店业等服务性行业，现已在各行业得到广泛应用，并取得了一定成效。

1) 饭店全面质量管理的含义

饭店全面质量管理是指饭店为保证和提高服务质量，组织饭店全体员工共同参与，综合运用现代管理科学，控制影响服务质量的全过程和各因素，全面满足宾客需求的系统管理活动。它要求以系统观念为出发点，通过提供全过程的优质服务，达到提高饭店服务质量的目的。

2) 饭店全面质量管理的特点

(1) 全方位的管理。饭店服务质量不仅包括有形产品质量，还包括无形产品质量，既有前台服务质量，又有后台工作质量，所以，饭店服务质量包括饭店工作的各个方面。全面质量管理就是针对饭店服务质量全面性的特点，对所有服务质量的内容进行管理，即全方位的管理，而不是只关注局部的质量管理。

(2) 全过程的管理。因为饭店服务质量构成内容的全面性，且饭店服务质量是以服务效果为最终评价标准的，所以，影响服务质量的因素是全方位的，既有服务前的组织准备，又有服务中的对客服务，还有服务后的善后处理，而这三者构成了不可分割的完整过程。饭店服务质量管理正是对此全过程的管理，形成了全面质量管理有别于传统管理的两个观念：一是侧重预防为主，防患于未然，服务质量管理的重点从“事后把关”转变为更重视现预防。事实上，饭店服务出现问题，其事后的弥补是非常困难的。二是要求饭店内部树立“如果你不直接为宾客服务，那么，你就应为宾客服务的人服务”的观念，即强调工作的下一个环节就是你的宾客，就是你的服务的对象，就必须负责让其满意。最终使得饭店服务过程中的每一个环节都符合饭店服务质量管理的要求，即全过程管理。

(3) 全员参与的管理。饭店服务基本上是通过员工的手工劳动来完成的，因此，饭店中的每位员工及其工作都与服务质量密切相关。饭店所提供的优质服务也不仅仅是前台人员努力的结果，同时也需要后台员工的配合才有保障。所以，全面质量管理要求全体员工都参与质量管理工作，并把每位员工的工作有机地结合起来，从而保证饭店的服务质量。所以说，饭店服务质量管理是全员参与的管理。

(4) 多种方法的管理。饭店服务质量的构成丰富，影响质量的因素复杂，既有人的因素，又有物的因素；既有客观因素，也有主观因素；既有内部因素，又有外部因素。要全面系统地控制这些因素，就必须针对具体情况采取灵活的管理方法，才能使宾客全面满意。因此，全面质量管理要求饭店管理者能够灵活运用各种现代管理方法，从而提高服务质量。

综上所述，全面质量管理是饭店以宾客需求为依据、以宾客满意为标准，以全过程管理为核心，以全员参与为保证，以科学方法为手段，运用全面质量的思想和观念推行的服务质量管理，它是达到饭店预期的服务质量管理效果的一种有效的管理方法。

2. 服务质量的分析

进行饭店服务质量分析，可以帮助饭店管理者找出存在的质量问题及其产生原因，从而找到有针对性的解决问题的措施和方法，以保证同类的质量问题不再出现。饭店应根据自身的特点，采用适合饭店的质量分析方法分析质量状况，从而不断提高服务质量。

1) 自查分析法

自查分析是饭店在服务质量分析时使用最多的方法，这种方法是在一定的时期内，由饭店的三级组织(饭店、部门、班组)在所辖范围对服务质量进行自我检查和分析。检查和分析是以饭店的服务质量标准和服务规程为依据，以实际服务工作和由此产生的服务质量为对象，进行对照检查分析。通过检查分析，对本范围内的服务质量有一个基本的评估，同时要分析服务质量的优点是什么，服务质量的缺陷是什么，宾客的评价是什么，产生服务质量现状的原因是什么，今后的服务质量需要做哪些工作，怎样实施服务质量计划等。

自查分析法的优点是比较切合实际，问题分析得比较透彻，对本部门员工的教育也比较现实而深刻。

2) 对比分析法

对比分析法，顾名思义，就是通过对比以发现本饭店在服务质量上的长处和短处，扬长避短，提高本饭店的服务质量。对比分析法有几个要求：第一，要对比就必定要有一个参照物，饭店通常会以饭店的规范标准、饭店的阶段质量计划、同档次饭店和相关行业的质量情况、市场信息为参照物。第二，饭店在现阶段服务质量的实际情况，这个实际情况要有具体的记录，还要有一定的数据。第三，对比要有一个指导思想，就是饭店所要达到的服务质量水准、饭店产品的质量标准、市场的需求情况。有了这三个要素，饭店就可以进行服务质量的对比分析。

对比分析的重点是清楚地了解饭店的服务质量优势和特点，检验饭店的指导思想是否正确，从而发扬饭店服务质量的长处，显示自己的特点。对比分析法能清楚地知道饭店的不足和弱点，特别是宾客反映比较多，或者反映比较集中的问题。对于本饭店员工和管理层反映的问题，通过对比，发现问题的距离和影响程度。对比还要看到随着时代的发展，现在饭店服务质量的趋势是什么，本饭店哪些方面存在不足和危机，这样饭店就有了一种危机感。通过对比，做到心中有数，然后要分析产生现象的原因，分析现状后面深层次的问题，从而能够改进服务和管理，有效地提高服务质量。

3) 排列分析法

排列分析法主要是通过对影响饭店服务质量因素的统计分析，找出影响饭店服务质量的主要因素。可分以下四个步骤进行分析。

(1) 收集服务质量问题信息，通过宾客意见书、投诉处理记录、各种原始记录等方式收集有关服务质量的信息。

(2) 分类分析，制作服务质量问题统计表，将收集到的质量问题信息进行分类统计、排列、制作统计表。

(3) 根据统计表绘制排列图，一侧表示问题数量，一侧表示累计比率。

(4) 分析找出服务质量的主要问题。

4) PDCA 管理循环法

PDCA 循环法是质量管理的基本工作方法。PDCA 是 plan(计划)、do(实施)、check(检查)、action(处理)四个词首字母的组合。它反映了做工作必须经过的四个阶段，这四个阶段循环不停地进行下去，所以称为 PDCA 循环(图 3-7)。

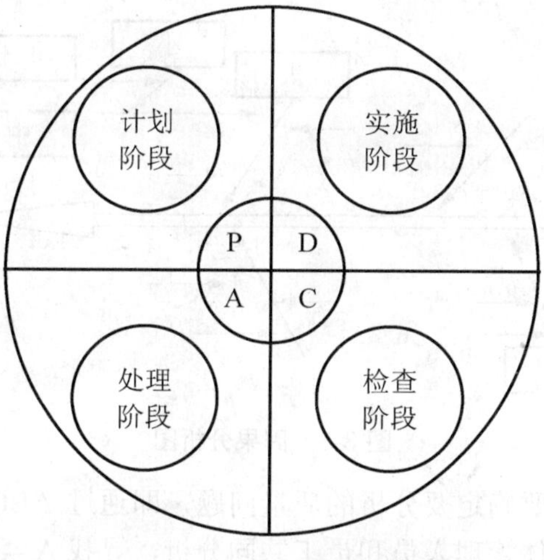

图 3-7 PDCA 管理循环

第一阶段，计划。提出一定时期内服务质量活动的主要任务与目标，并制定相应的标准。

第二阶段，实施。根据任务与标准，提出完成计划的各项具体措施并予以落实。

第三阶段，检查。包括自查、互查、抽查与暗查等多种方式。

第四阶段，处理。对发现的服务质量问题予以纠正，对饭店服务质量的改进提出建议。

5) ABC 分析法

ABC 分析法是意大利经济学家巴雷特分析社会人口和社会财富的占有关系时采用的方法。美国质量管理学家朱兰把这一方法运用于质量管理。运用 ABC 分析法，可以找出饭店存在的主要质量问题。

ABC 分析法以“关键的是少数，次要的是多数”这一原理为基本思想，通过对影响饭店质量诸方面因素的分析，以质量问题的个数和质量问题发生的频率为两个相关的标志，进行定量分析。先计算出每个质量问题在质量问题总体中所占的比重，然后按照一定的标准把质量问题分成 A、B、C 三类，以便找出对饭店质量影响较大的一两个关键性的质量问题，并把它纳入饭店当前的 PDCA 循环中去，从而实现有效的质量管理。用 ABC 分析法分析饭店质量问题的过程共分三个步骤：确定关于饭店质量问题信息的收集方式；对收集到的有关质量问题的信息进行分类；进行分析，找出主要质量问题。

6) 因果分析法

因果分析法是利用因果分析图(图 3-8)对产生质量问题的原因进行分析的图解法。用 ABC 分析法虽然找出了饭店的主要质量问题，但是却不知道这些主要的质量问题是怎样产生的，对产生这些质量问题的原因有必要进行进一步的分析。因果分析法是分析质量问题产生原因的简单而有效的方法，因果分析图形同鱼刺、树枝，因此又称为鱼刺图、树枝图。

利用因果分析图，可以对影响质量(结果)的各种因素(原因)之间的关系进行整理分析，并且把原因与结果之间的关系用带管线(鱼刺图)表示出来。

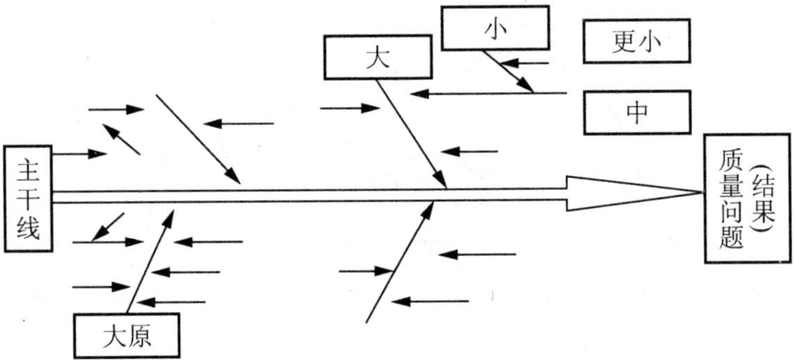

图 3-8　因果分析图

运用因果分析法先要确定要分析的质量问题，即通过 ABC 分析法找出 A 类质量问题，然后发动饭店全体管理人员和员工共同分析，寻找 A 类质量问题产生的原因。

3. 零缺点质量管理

零缺点(Zero Defects，ZD)是美国克劳斯比于 20 世纪 60 年代提出的一种管理观念，主要用于控制企业的产品质量。在“零缺点”理论中认为“质量就是符合要求标准”。这个要求标准不是以“自我”为中心，而是“以顾客为导向”是以满足顾客的需求为前提的。他认为，低质量产品需要花费大量的人、财、物力，增加企业的经营费用，并导致消费者不满，其成本远远大于保证一次性完成的优质产品的投入。因此，饭店必须以零缺点的要求来控制产品质量，追求完美。饭店服务不可弥补的特点，使得零缺点质量管理成为饭店服务质量管理的一种重要的管理方法。

饭店服务质量具有显现的短暂性特点，因此，饭店服务质量管理必须坚持“预防为主”的原则，通过全面检查的方式，确保各岗位员工在进行正式服务前就已做好充分的准备，防患于未然。为此，饭店应建立服务质量检查制度，如有的饭店根据其自身特点，建立了自查、互查、专查、抽查和暗查等五级质量检查制度，督促员工执行质量标准，预防问题的出现。

饭店服务具有不可弥补性的特点，所以每位员工都应使每项服务符合质量标准，这是改善饭店服务质量的基础。为此，要求饭店管理者做到：制定科学合理的服务质量管理标准，并要求“零缺陷”。

4. 现场巡视管理

饭店员工手工劳动的特点以及宾客需求的不断变化，使饭店服务质量管理的难度增加。不同的饭店员工或同一员工在不同时间、不同场合的手工劳动或多或少存在差异。宾客自身的差异造成的需求变化也要求员工在短时间内适应并给予满足，由于员工差异造成的不同处理，使宾客的满意程度也存在差异，这就形成饭店服务质量不稳定和难以控制的特点。

不同的饭店管理者有其不同的巡视管理范围，在现场巡视中，应随时倾听宾客的要求和意见，并给予反馈，还应注意听取员工的意见和建议。现场巡视过程中如发现员工工作不符合质量要求，如违反服务规程，应及时指出并纠正。

5. 优质服务竞赛和质量评比

饭店还可定期组织和开展优质服务竞赛和质量评比等活动，以使饭店全体员工树立质量意识，提高执行饭店服务质量标准的主动性和积极性，“比、学、赶、帮、超”，形成努力提高饭店服务质量的良好氛围。

1) 定期组织，形式多样

饭店应定期组织和开展丰富多样的优质服务竞赛和质量评比等质量管理活动，如“零缺点工作周”、每月“服务明星”或“微笑大使”、各部门的“技能比武”等。这类活动要求做到明确范围和意义、确定参与对象及要求、制定评比标准和方法，能够激发广大员工的参与愿望。

2) 奖优罚劣，措施分明

这类活动的开展有利于饭店提高服务质量、经济效益和管理水平，所以还应制定出具体的奖惩措施，一般应遵循“奖优惩劣，以奖为主”的奖惩原则，如给优胜者发奖金、授予荣誉称号、以 VIP 身份免费入住饭店一天、去国外或外地考察旅游等。

3) 总结分析，不断提高

每次活动结束后，所有质量管理人员都应认真总结和分析，总结经验加以推广应用，提出不足以便改进提高，从而不断改善饭店服务质量。

6. 服务质量控制

饭店质量管理的目的是为了有效控制饭店服务质量，一般来说，服务质量的控制主要包括以下三个方面的内容。

1) 事前质量控制

随着全面质量管理和零缺点管理的推广，事前质量控制日益受到饭店管理者的重视。事前质量控制要求饭店根据服务质量管理标准，贯彻“预防为主”的方针，做好有形产品和无形劳务两大方面的充分准备，以确保在宾客到来之前有备无患。

2) 服务过程质量控制

服务过程质量控制是根据饭店服务质量管理体系的要求，通过各级管理者的现场巡视管理和严格执行服务规程，确保宾客满意度的提高。

3) 事后质量控制

事后质量控制应根据饭店服务质量信息，即服务质量管理的结果，对照饭店服务质量标准，找出质量差异及其产生的原因，提出有效的改进措施，避免过错的再次出现，确保饭店服务质量管理工作的良性循环。

【知识链接】

里兹－卡尔顿饭店全面质量管理的黄金标准

一个信条：

在里兹－卡尔顿，真诚的关心与顾客的舒适是我们的最高宗旨，我们发誓为我们的顾客提供最个性化的设施与服务，让顾客享受温暖、放松而高雅的环境。在里兹－卡尔顿的经历使顾客充满生机，给顾客带来幸福，满足顾客难以表达的愿望与需要。

一句座右铭：

“我们是淑女和绅士，为淑女和绅士服务(We are ladies and gentlemen serving ladies and gentlemen)。”

这一座右铭表达两种含义：一是员工与顾客是平等的，不是主人与仆人，或上帝与凡人的关系，而是主人与客人的关系；二是饭店提供的是人对人的服务，不是机器对人的服务，强调服务的个性化和人情味。这表明了公司以人为本，注重人在公司中的作用以及人对公司生死存亡的重要性。

三步服务：

热情真诚的迎接，如果可能则称呼客人的姓名；

预期并迎合客人的需要；

深情地向客人告别，热情地说声再见，尽可能称呼客人的姓名。

并且告诉员工：“我们不希望你们为本公司工作，而是希望你们成为公司的一部分。我们共同的目标是建立卓越的饭店，控制世界饭店业的高档细分市场，这需要你们大家的帮助，饭店的未来掌握在你们手中。”

20项基本要求：

(1) 要做到使每一位员工都知道、掌握和履行饭店的信条。

(2) 我们的座右铭是“我们是为女士和绅士提供服务的女士和绅士”。

(3) 全体员工都应该执行三步服务的服务程序。

(4) 所有员工必须完成培训证书课程以确保掌握里兹－卡尔顿服务标准。

(5) 每一位员工都必须了解自己的工作职责与饭店的目标。

(6) 所有员工都要知道内部宾客(员工)与外部宾客(客人)的需求，并要注意使用宾客偏好卡记录宾客的特殊需求。

(7) 每一位员工都要不断地检查整个饭店存在的缺点。

(8) 任何员工接到宾客投诉都应该接受投诉并及时进行处理。

(9) 全体员工要保证使投诉的宾客立即得到安抚。对宾客的问题做迅速的反应，20 分钟后要电话追踪，确认宾客的问题得到满意的解决，尽一切可能，决不失去一个宾客。

(10) 用宾客事件处理表来记录与交流每个宾客不满意的事件，每一位员工都授权解决宾客的问题以防止问题的重复发生。

(11) 严格遵循清洁卫生标准是每一位员工义不容辞的职责。

(12) “要微笑——我们是在舞台上表演”，要与宾客积极沟通，使用适当的语言。

(13) 店内店外都是饭店的大使，要多做正面的赞许，决不做任何消极的评论。

(14) 店内要为宾客引路而非只指方向。

(15) 熟悉饭店信息以回答宾客的查询，优先推荐饭店的商品与服务，然后才推荐宾客到店外购买。

(16) 使用合适的电话礼节，铃响 3 声必须有人接，要面带微笑，必要时可对客人说“请稍等”。不筛选电话，尽可能不插转电话。

(17) 制服必须整洁，鞋袜要得体安全，佩好自己的名牌，注重个人仪表，要以自己的仪表为骄傲，遵循所有的修饰标准。

(18) 要十分清楚紧急情况下员工的角色作用，知道对火灾、急救的反应程序。

(19) 发现存在危险情况和设备受到损坏时，需要各种帮助时，要立即通告管理人员，要注意节约能源，维护、保养好饭店的设施设备。

(20) 保护里兹－卡尔顿饭店的资产是每一位员工的职责。

里兹－卡尔顿通过培训、日常会议、袖珍卡、张贴物等不断地向员工灌输黄金标准，因此，所有员工都能彻底了解公司的背景、价值和质量目标。

3.2.5 提高饭店服务质量的有效途径

饭店开展服务质量管理活动，以及所采取的质量管理方法，其目的都是为提高服务质量和宾客满意度，最终赢得忠实宾客。饭店服务质量管理难度较大，为了达到饭店服务质量管理的目标和要求，饭店一般采用以下途径提高服务质量。

1. 对员工进行有效培训

优质的服务是发自内心的服务，要使其成为员工自觉的意识和行为方式。饭店员工和顾客的距离是最近的，特别是一线员工，只有一线员工才能感知客人的心理变化和需求，因此，需重视对服务一线的员工进行培训来提高优质服务意识。

服务是通过人来操作的，只有在发自内心为客人服务的前提下，服务人员才能将服务发挥到极致。服务人员如果在服务过程中，多投入一份情感，将客人当做自己的亲朋好友一样来对待，那么便能使客人在自尊、情绪、癖好等方面得到最大的满足。员工只有拥有了正确的服务意识，才能在用心服务的基础上体察客人的各种需求，有时客人的一个眼神，一个手势，一个神态都可能是在传达着他的某种需求。只有提高了服务意识，用心服务了才能产生优质服务。因此，对员工进行培训的重点应该是，向员工强调饭店的价值观、信念和行为准则，使员工增强服务意识，树立优质服务的思想，形成优质服务的工作态度。

2. 启动微笑服务

服务是什么？松下幸之助说：以笑脸相迎，这就是服务。此解释简单地表明了服务的内涵，微笑服务是一种境界，始终微笑着为顾客服务也是一种境界，而将微笑服务内化于心、外化于形是饭店服务的最高境界。紧紧围绕着服务的灵魂——“微笑”，从本质上提高服务水平，饭店应该如何启动微笑服务呢？可以通过以下方法来开展。

1) 有力地宣传并倡导微笑氛围

首先，进行深刻的思想动员，思想上重视，行动才能有动力。通过员工培训使广大员工深刻领悟微笑服务的真谛，把微笑服务活动作为培养自身职业修养的方式积极投身到活动中，让“微笑服务”的意识深入到每一位员工的思想中。

其次，开展礼仪培训。微笑服务不仅是一种服务精神，同时也是一种服务技巧，有些饭店员工能领会微笑服务的内涵，却因为个性、习惯或者其他方面的原因无法很到位地表现出来，这就需要辅之以有效的培训，训练员工掌握必要的技巧。

再次，广泛宣传、营造氛围。饭店可以在员工通道或活动区域设立“微笑服务专栏”，张贴有关“微笑服务”的文章、案例、员工个人感想、部门先进事例等，通过制作“今天你微笑了吗？”等各种充满人性化的宣传标语和图画，张贴在员工经常经过的地方，让员工沉浸在“微笑服务”的氛围中，耳濡目染，时刻提醒自己保持职业化的微笑，逐渐把微笑训练作为一种习惯。

2) 建立积极有效的激励机制

饭店可以通过“微笑大使”、“服务之星”等评选活动，对这些公认的“微笑大使”、“服务之星”给予物质和精神上的奖励，调动广大员工参与“微笑服务”的积极性。评选活动不仅可督促员工将微笑带上工作岗位，将微笑带给顾客，而且可以向顾客展示饭店追求微笑服务的宗旨。此外，饭店还可以通过各种举措激发员工微笑服务的技能，将微笑甜美的员工照片用橱窗的方式作为模范展示出来，在员工中形成“比、学、赶、帮、超”的良好局面。

3. 认真对待客人的投诉

在饭店行业，往往会接到一些客人的投诉，而这些投诉也往往会促进一个饭店的发展。面对投诉首先不能将投诉当成是一件不好的事情，对饭店出现投诉问题时，不能产生排斥的心理。投诉并不是一件坏事，从心理学的角度来说，客人之所以投诉是因为在享受他应享受的服务中没有得到应有的满足而产生的一种不满情绪。所以，客人的投诉正是指出了我们工作中的不足，合理采纳客人的投诉，将会进一步促进饭店服务质量的提高，更是饭店整体素质提升的一个重要因素。正确处理客人的投诉，是饭店在服务行业中立于不败之地、持续发展的根本。

【知识拓展】

投诉处理十步骤

(1) 注意倾听。

(2) 保持冷静。

① 如有条件，将客人请到办公室内，这样不至于影响其他客人。

② 保持冷静，切勿与客人争吵，牢牢记住“客人总是对的”。

(3) 同情客人。

① 理解客人当时的心情和情绪，使客人感到有人理解和同情他。

② 说话时尽量用“我理解您的心情”“我也曾经经历过此类的事情”“我感到…..”等语气，使客人明白你的确是在设身处地地为他着想。

(4) 维护客人的自尊心。

① 尽量维护自尊心，用类似“非常抱歉，这件事给您带来不利”的语句，让客人感到你对他提出的问题很重视。

② 尽可能多地使用客人的姓名。

③ 不能小看客人的投诉。

(5) 给客人以足够的重视。

集中精力解决问题，如果把责任推卸给前班次或别人，是不利于解决问题的，只会使问题激化。

(6) 记录。

记录投诉的主要内容，客人在情绪激动时，说话一定很快，但他意识到你做记录时，会放慢速度，从而激动的情绪会有所减轻；另外，更重要的是，饭店记录客人的投诉，本身就说明饭店对其投诉给予足够的重视并将解决问题。

(7) 将要采取的措施告诉客人。

① 告诉客人将采取何种补救措施，并征求客人的意见。

② 对超越权限或解决不了的问题，不能向客人做任何保证，只能尽最大努力帮助解决

(8) 确定解决问题所需的时间。

告诉客人将采取的措施需花多长时间。

(9) 监督补救措施的执行情况。

(10) 信息反馈。

课后习题

一、思考题

1．如何理解饭店服务质量的概念？

2．饭店服务质量的内容包括哪些方面？有何特点？

3. 饭店服务规程的含义是什么？

4. 饭店服务质量管理的方法有哪些？

5. 提高饭店服务质量有哪些途径？

二、案例分析题

陈女士是B城市喜来登饭店出色的餐饮部经理，喜来登为她提供了领导技能、培训员工的技能、沟通与展示、激励下属员工、餐饮管理等方面的培训。经过几年实践，她深知“没有不好的员工，只有不合格的管理者”这个道理。她尊重员工，认为只有为员工提供学习与提高的机会才能调动员工的积极性。同时，她本身也以身作则，关注理解顾客的需求。

后来，陈女士被派往另一城市的 G 饭店协助饭店进行餐饮部的管理。上任的第一天，当她在人事部门经理陪同下走进能容纳 400 人进餐的中餐厅时惊讶地发现，近 20 个服务员(包括一名领班)，在刚刚结束早餐服务的餐厅里尽情享用本该是客人享用的食品，而餐厅开餐后的杯盘狼藉尽收眼底。陈女士没有说什么，在当天的餐厅例会上发表的就职演说时也没有提及早餐的事。在三天后的员工第一次培训时，陈女士强调了饭店的纪律，但还是没有对三天前的事提出批评。她认为，员工都是有觉悟的，惩罚只会伤害他们的自尊心，她想用管理原饭店的方法来处理问题。但随着时间的推移，员工不断发生违纪问题和服务不规范怠慢客人的问题，陈女士仍以加强培训(由一周一次改为一周三次)来处理，但并没有解决根本问题。

思考：

1．陈女士的行为为什么没有引起员工的自我反省？

2．这个案例对我们从事饭店服务质量管理工作有何借鉴意义？

三、实训题

1．调查某饭店服务质量管理的内容。

实训目的：使学生熟悉饭店服务质量管理的重要性，掌握饭店服务质量管理的具体内容。

实训要求：

(1) 将学生分组(3～5 人)；

(2) 各组调查饭店的各个部门服务质量管理的内容及具体要求，并做好相应的记录；

(3) 各组整理汇总调查结果，并以 ppt 的形式汇报调查结果。

2．制定某饭店服务规程。

实训目的：掌握饭店服务规程制定的步骤。

实训要求：

(1) 学生分组(5～7 人)；

(2) 各组收集某饭店不同部门的服务规程；

(3) 每组汇报自己调查的成果，其他组研讨该成果是否符合该饭店的实际情况，并给予评分；

(4) 教师指导每组根据修改意见修改该部门的服务规程。

3．对某饭店进行服务质量管理检查。

实训目的：掌握饭店服务质量管理的方法。

实训要求：

(1) 学生分组(3～5 人)；

(2) 各组运用不同的服务质量管理方法检查饭店各部门服务质量管理中存在的问题；

(3) 针对存在的服务质量管理问题，提出整改意见；将全部过程(运用的方法、存在的问题、整改意见)以 PPT 形式汇报。

4

饭店公共关系管理

学习目标

- 知识目标：掌握饭店公共关系管理的含义、公共关系的构成要素、公关的基本程序及饭店 CIS。
- 技能目标：能够运用公共关系管理的基本知识分析饭店公关的对象，并根据饭店公关的基本程序策划公关活动。
- 能力目标：具有一定的公共关系知识，能够把饭店公共关系人员素质要求与饭店公共关系工作具体实践相结合，逐步形成从事饭店公关工作的实际能力，并能够运用公共关系手段树立企业形象。

导入案例

长城饭店的公关意识

北京长城饭店是1979年6月由国务院批准的全国第三家中外合资企业。1983年12月试营业，是北京6家五星级饭店中开业最早的饭店，也是北京第一座玻璃大厦，北京在20世纪80年代十大建筑之一。长城饭店之所以能成为京城饭店的佼佼者，除了出色的推销工作和优质的服务外，公共关系工作在塑造饭店形象上也发挥了重要的作用。

长城饭店成功策划了举世闻名的里根总统的答谢宴会、北京市副市长证婚的95对新人集体婚礼、颐和园的中秋赏月和十三陵的野外烧烤等一系列使长城饭店声名鹊起的公关活动。大量公关工作源于它围绕对客服务而展开的周密系统的调查研究。长城饭店的调查研究包括每日的对客问卷调查和接待投诉调查，每月的顾客态度调查、市场调查以及每半年一次在喜来登总部召开的全球情形调研会。这种全方位的调研制度使饭店决策者在宏观上了解全世界旅游形势和本地区行情，微观上了解本店每个岗位、每项服务乃至每个员工的工作情况，从而使决策有的放矢。

思考:

1. 何为饭店的公共关系？
2. 如何根据饭店的经营特色开展公关活动？

现代企业间的竞争，不仅表现在产品质量、价格等硬件方面，也反映在企业形象等软件方面。随着高新技术突飞猛进的发展，企业间在硬件方面的差距逐渐缩小，竞争的焦点逐渐集中在企业形象上，饭店这种类型的企业更是如此。公共关系作为一门塑造形象的艺术，将在饭店竞争中发挥更大的作用。

4.1 饭店公共关系概述

公共关系在现代企业的发展中起着越来越重要的作用，一个企业要发展，优质的产品和服务是基础，同时还应该创造出良好的社会关系和社会舆论环境。企业与公众之间的关系搞好了，知名度提高了，企业的发展就有了保证。随着改革开放的进一步深入，公共关系在各行各业得到广泛的认同，公共关系的作用也越来越受到广泛的重视。在现代饭店管理中，如果没有较强的公关意识就不可能赢得顾客的信赖，不掌握一定公关知识和技巧的管理者也不可能成为一个好的经营管理者。

4.1.1 饭店公共关系的概念

饭店公共关系属公共关系的一个行业分支，是公共关系在饭店中的具体应用，因此，在学习饭店公共关系之前，首先应对公共关系这一概念进行基本了解。

公共关系(public relations，PR)简称公关。需要特别注意的是“relations”是复数形式，表明公共关系是多种关系的集合。

饭店公共关系是指饭店在激烈的市场竞争中，为建立信誉、塑造良好的组织形象，运用传播沟通手段，影响相关公众的科学和艺术，它是饭店的一种管理职能。

饭店公共关系是一门新的管理科学，它要求饭店在发展过程中，应具备良好的公关意识，切实开展各类公关活动，以便保持一个良好的公关状态。

【知识链接】

艾维·李简介

艾维·李生于 1877 年，是美国佐治亚州一位牧师的儿子，毕业于普林斯顿大学，又在哈佛大学学习过一段时间。他早期受雇于《纽约时报》，后在《纽约世界报》当记者，潜心研究公共关系学。1906 年，他提出了“说真话”的公共关系基本思想和“公众必须被告知”的公共关系基本原则。他还和朋友合作开办了世界上第一家真正的公关公司——新闻宣传事务所，成为世界上第一位职业公关人士。

他常用的一个做法是新闻界免费提供新闻公报，并坚持在公报中标明作者及所代表的组织名称。

他的重大贡献，是将公共关系引上职业化轨道。其实事求是的公关思想，至今也是公关工作的基本原则。但一般认为他的思想停留在直觉的、感性的认识阶段；在他的实践中，只强调单向性的为公众提供真实的信息，并没有对公众的舆论进行科学的调查。

4.1.2 饭店公共关系的特点

饭店是我国最早与国际接轨、多种经济成分并存的行业之一，也是公共关系引进最早和应用最广泛的领域之一。饭店作为一个稳定的、开放的经济实体，积极探索与实践公共关系，在市场竞争中根据自身的状况，逐步形成了特色独具的饭店公共关系体系。饭店公共关系具有以下几个基本特征。

1. 以公众为对象

公共关系是一个社会组织与其相关公众之间的相互关系，公共关系事实上就是公众关系。主体和客体是相互依存的，没有了客体(社会公众)，主体也就不存在。饭店公关活动的客体包括企业外部的顾客、竞争者、生产协作者(如设在饭店的银行、航空公司售票处、邮局以及饭店食品饮料和其他用品的供应厂商等)、新闻界、金融界、政府各有关部门及其他社会公众，又包括企业内部职工、股东。这些关系影响和制约着饭店的经营活动，成为饭店生存和发展的人事环境、社会气候。可以这么说，饭店公共关系实际上是指饭店赖以生存和发展的整个社会关系网络。

如果没有员工，饭店就只能是一个空架子，没有满意的员工，又何以向宾客提供优质的服务？如果没有满意的宾客，饭店产品无人消费，何以出现对饭店产品的重复购买？世界上最成功的饭店公司之一——美国马里奥特公司的董事长比尔·马里奥特先生向许多经理职位的申请者提问：“我们的公司要使三类人满意，他们是顾客、员工和股东。我们应该按什么样的顺序来使其中的每一类人满意呢？”大多数经理职位申请者的回答是：“首先必须使顾客满意。”马里奥特先生却有不同的观点和理由，他说：“首先必须使员工满意，如果员工热爱他们的工作，以在马里奥特饭店工作为骄傲，他们就会很好地为顾客服务，满意的顾客会经常光顾马里奥特饭店。而且，接待幸福愉快的顾客也将使员工更加满意，由此产生更好的服务和更多的回头客。所有这一切都将创造使马里奥特公司股东满意的利润水平。”因此，饭店每一次策划和实施公共关系活动，都要把社会公众放在首要位置。

2. 以传播为桥梁

传播是公共关系的主体和客体之间的一座桥梁。通过传播，饭店把组织的信息送达相关的公众，扩大了企业的知名度；另一方面，通过传播又收集了公众的反馈信息，以调整自身的行为，根据顾客需求和公众意愿去设计自身的形象，使自己的方针、政策、产品和服务等更加符合公众的利益，这是建立良好公共关系的基础。公关的本质就是在公关主体与其相关的公众中开展双向的信息沟通活动，因此，饭店必须运用各种传播媒介，如新闻、事件特写、新闻发布等进行宣传报道，建立饭店与内外部的信息沟通网络，与自己的公众进行沟通，使得公关目标及时得以实现。例如，丽都饭店、金陵饭店十周年店庆的经验总结等宣传材料，对于公众了解饭店是十分有益的。

【知识链接】

新锦江大酒店的公关之道

毗邻上海锦江饭店的上海新锦江大酒店，开业头两年，由于受老锦江的影响，被公众误认为是老锦江的分支。针对这一情况，新锦江的公关人员利用各种机会，举办中外食品节、承办大型国际研讨会等一系列公关活动。通过新闻媒介介绍饭店，扩大饭店的影响，提高饭店的知名度，从而赢得了社会公众的关注，市场也被逐渐打开，使饭店效益出现了一个良好的势头。

上海新锦江大酒店与台湾顶级五星级酒店之一、WORLD HOTELS 豪华系列的台北福华大饭店都是在美食领域有着丰硕建树与独特创意的酒店，两家酒店在上海强强联手，举办台湾美食节(图 4-1)。

图 4-1　新锦江大酒店举办“2011 台湾食尚秀”

3. 以形象为目标

塑造形象是公关活动的根本目的。形象是公众对饭店的发展史、管理人员、团体气氛、行为准则、物质条件、产品、服务、饭店名称、店徽等的总体认知，反映了公众对饭店的整体特点、总体精神的了解和情感倾向。饭店的形象包括美誉度和知名度两个指标，即该企业被社会公众知晓及社会影响的程度和该企业获得社会公众赞美的程度。高美誉度和高知名度是理想的良好形象的标志，它是企业生存和发展的出发点和归宿点。当今市场竞争中，良好的形象已经成为一个有力的竞争资本，人们常把良好的形象和信誉称为饭店“无形的财富”。“饭店是船，品牌是帆”，饭店良好的形象是吸引客人的至关重要的因素。因此，公关活动要始终围绕企业形象的塑造而展开工作，以利于最终达到饭店产品销售的经营目的，如绿色饭店形象的树立(图 4-2)。

图 4-2 绿色饭店标志

4. 以未来为导向

公关活动必须具有连续性和计划性。公关不是一项短期行为，它不是为了一时一刻的眼前利益，也不计较一城一池的得失功利，而是经过周密计划、科学运筹而妥善实施的一系列战略战术，是公关主体为了追求长期的、稳定的、战略性的合作关系而进行的长期性的努力。作为营利性的饭店，追求利润与效益是必然的、正常的，但是，饭店在公共关系策划和实施中，既然是以共同利益为联系纽带，就不能急功近利，企图事事立竿见影，更不能单纯为了追求眼前利益而杀鸡取卵。饭店公共关系的基本方针应当是“着眼于长远打算，着手于平时努力”，应当未雨绸缪，通过平时点滴的努力，在公众中确立起总体组织形象。只要持续不断地努力，付出总有回报，如美国的蓝鸟饭店以优质服务形象享誉世界，而它的优质服务形象则是由一件一件小事积累起来的。

【知识链接】

着眼于长远打算，着手于平时努力

香港半岛饭店有 340 间客房，当客人来到这家饭店时，服务员会及时送上一杯中国茶；客人没有放到柜内的皮鞋，服务员会主动给皮鞋擦油并放入柜内；有下雨的征兆时，服务员会把雨衣送到客房；客房内提供吹风机。此外，客人可以要求住没有烟味的房间。

东京大仓饭店有 900 间客房，电子计算机记录着每位客人的特殊爱好(如对房间式样、食品、饮料、报纸的偏好)；饭店有夜间熨衣服务；设有一个办公服务大厅，可以为客人提供翻译、打字服务等；图书馆里备有商业出版物和录像带；带幻灯机和电影放映设备的会议室可免费使用。

曼谷东方饭店有 406 间客房，客人到达时服务人员就端上一杯新鲜橘汁，另外还有数不清的其他细小服务。这些细小的服务包括每个房间都放一篮当地出产的水果，旁边放有说明；每个房间都有专门播放音乐的音响设备；提供叫醒服务的话务员，会在提供叫醒服务几分钟后再一次用电话询问客人是否真正醒来。饭店经理说，这些服务是使客人感到“宾至如归”的特殊工作方法。

启示：有的饭店在经营步入正轨时，往往就忘记了公关为何物，而当饭店出现危机陷入困境时，就幻想着公关一到，万事大吉。其实，公共关系应该是“着眼于长远打算，着手于平时努力”。

5. 以诚实为信条

自从“现代公关之父”美国人艾维·李提出讲真话的原则以来，真诚守信一直是公共关系尊奉的不二信条。尤其是当今信息社会，传播手段空前发达，任何组织都很难控制信息，欺骗公众。真诚老实应当成为一个组织的品质，它最终将取信于公众，为饭店塑造一个诚实的形象。如果在公共关系活动中和企业经营活动中弄虚作假、坑蒙拐骗，最终是搬起石头砸自己的脚。

6. 以创意为亮点

饭店公共关系是一门科学，同时也是一门艺术，它注重创意，提倡积极创新，大胆想象，以新、奇、特取胜。1986 年 10 月，高莉莉就任上海金沙江大饭店公关部经理时，该饭店还默默无闻。1987 年秋，她得知著名的日本影星中野良子将携她的新婚丈夫来北京、上海访问。当时，《追捕》中真由美的形象已经深入人心，她马上意识到这是饭店开展公共关系借以提高知名度的好机会。于是，她直接给尚在北京的中野良子打电话请她来上海时下榻“金沙江”，对方应允后，高经理立刻带领工作人员进行策划和准备。客人晚上到饭店，等待他们的是一个洋溢着浓烈的喜庆气氛的“迎亲”场面：在一片热烈的鞭炮声里，中野良子夫妇被 40 多位中外记者及饭店上百名员工簇拥进一个中国传统式的“洞房”——正墙上大红“喜”字熠熠生辉，两旁的对联上写着“富士山紫燕双飞白头偕老，黄浦江畔鸾凤和鸣永结同心”，笑声、掌声此起彼伏的“闹洞房”仪式中，新婚夫妇还品尝了象征“甜甜蜜蜜”“早生贵子”的哈密瓜、桂圆、红枣等，在异国他乡度过了一个难忘的欢乐之夜。当晚，在场的记者们纷纷报道了这则饶有情趣的新闻，上海金沙江饭店也随着这些报道在一夜之间扬名海内外，这个原本默默无闻的饭店声名鹊起，成了上海公众津津乐道的热门话题。如今，酒店举办创意活动已经成为吸引顾客眼球的一个好办法，各种创意活动层出不穷，如金茂北京威斯汀大饭店举办的地球一小时活动(图 4-3)。

图 4-3　地球一小时活动

4.2　饭店公共关系要素分析

公共关系活动是由一定的社会组织来具体组织和实施的社会活动，它由主体、客体和手段三个基本要素组成。

4.2.1　饭店公共关系的主体

饭店公共关系的主体是饭店，饭店要有效地开展公关活动，就必须科学设置机构，配备高素质的公共关系人员，以使公关工作经常化和职能化。

1. 饭店公共关系机构

公共关系工作是一项有计划的工作，为了使饭店公关工作更有预见性，更加经常化和职能化，就必须有专门的机构从事这项工作。

1) 饭店公共关系机构设置的原则

饭店公共关系机构，通常称为公关部。饭店公关部的设置，一般要遵循专业性、协调性、权威性、服务性和适应性的原则。

(1) 专业性。饭店公关部是贯彻饭店公关思想，实现饭店公关目标的专业性机构，因此，必须从组织上和工作内容上保证其专业化性质。首先，饭店公关人员，必须由受过专业训练的人员来担任，一个由公关专职人员组建的工作班子，是饭店公关部有效运转的基础。其次，饭店公关部一定要从事与实现饭店公关目标有关的活动或事务，不能把公关部视为“办公室”、“销售部”、“接待部”，要体现公关部的专业性质。

(2) 协调性。饭店公关工作是一项整体性工作，实现公关目标要靠饭店各个部门的相互配合、共同努力，公关部在其中起重要的协调、组织和沟通作用。因此，公关部必须与饭店各部门保持密切、良好的工作关系，依靠各部门的相互配合，来实现饭店的公关目标。要选择熟悉饭店各部门业务和情况的人员组建公关部，才能在组织上保证这种协调性。

(3) 权威性。公关部是饭店的参谋部、智囊团，因此要使公关部具有一定的权威性。公关部的负责人，应有直接向饭店决策层汇报情况、提出建议和参与决策的权利。饭店公关人员可以作为饭店领导的发言人，代表饭店对外发布消息、处理问题。

(4) 服务性。饭店公关部的主要工作，是为了实现饭店的公关目标，为饭店创造良好的经济效益和社会整体效益服务的。因此，公关部既不是领导部门，也不是直接的经营部门，而是具有服务性质的高层次经营管理部门。

(5) 适应性。饭店客观上存在着规模大小、星级高低、所有制性质不同和经营范围不同的情况，因此，饭店公关部的设置要与本饭店的实际情况相适应。这样，饭店的公关工作才更实用、更有效。

2) 饭店公共关系机构的设置

饭店应根据自身的实际情况设置公关机构。

规模较小的饭店，可将公关机构设在总经理办公室，由该部门负责日常性的公关事宜，包括宣传资料的编辑和汇总、对外联络协作工作、礼宾接待工作、内部信息沟通等。公关塑造形象、拓展市场等功能，要协调饭店前厅、销售等部门共同完成。

中等规模的饭店可将公关部与营销部或前厅部合为一个部门，根据饭店实际情况而定。

规模较大的饭店可设立单独的公关部，根据任务的多少分设新闻宣传组、公共事务组、内部协调组等。公关部一般设部门经理一名，其主要任务是负责拟定饭店公关计划、指导本部门的工作、协调饭店及饭店与外部有关组织的关系、定期向饭店决策层汇报工作、提供各种咨询决策。

3) 饭店公共关系机构的工作内容

饭店公共关系部的工作内容极为丰富。一般而言，饭店公共关系部的工作内容，包括日常工作、定期工作和专门活动三个方面。

(1) 公共关系部的日常工作。公共关系部有大量的日常工作，这些日常工作完成得好坏，直接关系到公共关系部的定期工作和专门活动能否顺利进行。其日常工作有以下 10 个方面。

① 随时搜集饭店内外公众的各种意见。

② 编写并向新闻界散发新闻稿、照片和特写文章，汇编有关报刊目录。

③ 协同摄影制作人员拍摄、整理、保存资料图片。

④ 同各种传播媒介的新闻记者保持紧密的联系。

⑤ 同有业务往来的公共关系顾问公司保持联系。

⑥ 同主管部门、政府有关人员保持联系。

⑦ 对饭店在公众中的形象做出评价。

⑧ 设计、筹划、监制饭店的各种宣传品和赠品。

⑨ 接待国家、政府代表团和重要宾客时，落实各项迎接和服务措施。

⑩ 代表饭店接受公众对饭店的各种投诉和有关咨询，对合理的要求通知有关部门协助解决。

(2) 公共关系部的定期工作。公共关系部的定期工作是系统完成公共关系工作目标的主体工作。定期工作的反复开展，可以确保饭店分步骤地完成任务，不断积累工作成果。公共关系部的定期工作主要有以下 10 个方面。

① 组织记者招待会，接待参观访问。

② 编辑出版以旅行社、旅客为对象的对外刊物。

③ 编辑出版供饭店员工阅读的报纸和刊物，组织其他各种形式的内部宣传。

④ 编写并提供各种资料，诸如饭店历史、年度报告、饭店介绍等。

⑤ 参加各种管理会议，了解饭店内部的管理状况。

⑥ 参加市场营销调研活动，了解饭店同行业的竞争情况。

⑦ 为管理部门安排各类媒介记者的采访。

⑧ 同饭店所在社区的公众代表进行定期接触。

⑨ 组织安排饭店员工的集体娱乐活动。

⑩ 分析、反馈、评估为实现既定目标所做努力的结果。

(3) 公共关系部的专门活动。公共关系部的专门活动，是为达到若干特定目的而集中人力、物力和经费所安排的活动。每一次公共关系专门活动，都应取得一些明显的效果。公共关系部的专门活动主要有以下 10 个方面。

① 设计并委托制作饭店的店徽、标志和吉祥物等。

② 筹备和组织饭店的开业典礼、店庆活动，力求使这些活动产生强烈的社会影响。

③ 委托制作有关饭店情况的影视作品，诸如纪录片、配音幻灯片、录像带，并负责编目和播放等。

④ 筹划和监制广告，编制广告预算，监督广告的实施，测定广告的效果。

⑤ 在饭店内组织各类展览和演出活动。

⑥ 组织饭店新的服务设施、服务内容，以及饭店产品的推广和介绍。

⑦ 代表饭店参加社会公益活动，力求给社会公众留下深刻印象。

⑧ 代表饭店与社会知名人士建立和保持密切联系，主动邀请他们参加饭店的重要活动，并突出他们在饭店活动中的地位。

⑨ 预防并及时处理饭店的意外事件和危机事件。

⑩ 策划专题性的公共关系活动并组织实施。

2. 饭店公共关系人员的素质

在欧美国家，对公共关系人员的称呼有 PR Practitioner(公共关系从业人员)、PR Man(公关人员)、PR Officer(公关官员)，指的是以从事公共关系理论研究、教学活动和实践工作为职业的人员。我国国内学者喜欢把这些人员统称为公共关系工作者。

公共关系人员作为饭店的形象代表，对于开展卓有成效的公共关系活动起着决定性的作用，公众对公共关系人员有很高的角色期望，因此，饭店对公共关系人员的素质必然有很高的要求。根据饭店公共关系工作的实际要求，饭店公共关系人员的基本素质应包括公关意识、心理素质、知识和能力等三个方面。

1) 公关意识

公关意识也称公共关系思想或公共关系观念，公关意识是公关人员最基本的素质。公关意识主要包括形象意识、公众意识、协调意识、传播意识、互惠意识、服务意识和信息意识等。形象意识指组织在自身的行为中高度重视声誉和形象，自觉进行形象投资、形象设计、形象塑造、形象传播和形象维护；公众意识指组织重视公众利益，将满足公众的意愿作为自己的经营准则，按公众的需求修正自己的经营方针和经营决策；协调意识指组织重视和善于协调与方方面面的关系，广交朋友，为自身创造一种和谐的生存与发展空间；传播意识指组织具备强烈的传播欲望，持续不断地将组织的信息经统筹归类后传播给社会，积极利用一切机会去影响公众、感染公众、引导公众，争取公众的合作；互惠意识指组织与相关公众的交往中，将平等互利、互惠合作当成处理一切关系的准则，谋求与相关公众的共同发展；服务意识指组织应当对社会有责任感，通过对社会的奉献来获取信誉；信息意识指组织应当重视对信息的采集。

2) 心理素质

科学研究证实，人的心理素质和事业成功之间有密切的关系。作为组织管理者之一的饭店公关人员，也应该具备相应的心理素质。根据实践经验，饭店公关人员应具备热情、自信和开放的心理素质。热情的人人缘广，容易被公众接受，沟通工作容易展开。成功的公关常常是长期作用的结果，要实现公关目的，就需要有一种持久的激情，保持热情和创新，能够面对可能出现的挫折，有百折不挠的坚持和耐力。同时，热情的心理，能使公共关系人员兴趣广泛，对事物的变化敏感，充满想象力和创造力。一个人有了自信，才会产生自信力，并进而激发出极大的勇气和毅力，才能超水平发挥。具有自信的心理，才敢于开拓新局面，并能在危机中处变不惊。这样的公共关系人员塑造的企业形象，必然是良好的形象。当然，自信应建立在周密调查、全面了解情况的基础上，并非是盲目的自信。公共关系工作是一种开放型的工作，从事这种工作的人，需要有开放的心理，宽广的胸襟。开放的心理能很快接受新事物、新知识和新观念；有更多的容人情怀，善于容纳不同性格的人，与各种类型的人建立良好的关系；能冷静地对待和处理工作中所遇到的困难和挫折，而不会计较一时一事的得失。

3) 知识和能力

饭店公共关系工作是一项具有艺术性的科学工作，要处理对内、对外错综复杂的关系，必须以广泛的科学知识为基础。饭店公关人员的知识结构包括基本理论知识和基本实务知识两方面。基本理论知识主要指公共关系学、心理学、组织行为学、传播学、市场营销学、广告学、经济学、社会学等方面的知识。基本实务知识主要指一定程度掌握写作、摄影、演讲、编辑、外语等知识，同时对风土人情、风俗习惯、礼貌礼节、外交政策等有所了解，对文学、音乐、绘画等艺术领域有所涉猎。总之，饭店公关人员文化素养越高，社会知识越丰富，在开展公共关系工作时就越得心应手。

饭店公关人员所需具备的专业技能是多方面的，多才多艺才能更好地胜任公共关系工作。实践证实，饭店公关人员必须掌握六种能力：组织能力、交际能力、策划能力、应变能力、表达能力、创新能力。

(1) 组织能力。公关工作的本质属性是管理，通过公关工作促进组织目标的实现。饭店公关工作千头万绪、具体繁杂，没有良好的组织能力是很难顺利做好工作的。为此，公关人员应具备激励员工积极性，协调各类公众关系，搜集信息，制订公关计划与方案，组织实施各类公关活动及大型专题活动，进行有效传播沟通等能力。

(2) 交际能力。饭店公共关系就是要为组织广结良缘，广交朋友，在组织与公众之间架起沟通的“桥梁”，形成“人和”的氛围和环境。为此，它需要公关人员正确认识公众，把握交往的技巧、艺术、原则，了解公众的行为特点，学会与各种类型和特点的公众友好相处。

(3) 策划能力。公关人员是组织的宣传员，要善于周密策划、精心设计组织形象，善于运用各种传播方式、传播媒介展现组织形象，宣传推广组织形象。

(4) 应变能力。公关活动中经常会出现一些突发事件和事先难以预料的问题，需要公关人员根据实际情况，灵活从容地应对，以有效地解决问题。

(5) 表达能力。公关工作是通过传播沟通与公众建立良好的关系，能写会说，能很好地运用语言传达组织的有关信息，与公众有效沟通，是公关人员的一项基本素质要求。它主要有口头语言表达能力、文字语言表达能力、体态语言表达能力。口头语言用于与公众的直接的面对面的交往中；文字语言用于与公众的文章、书信、宣传资料等的沟通中；体态语言用于与公众的直接交往中，它能在一定程度上补充口头语言的不足，并和口头语言相得益彰。

(6) 创新能力。公关工作是一项极富挑战性和创造性的工作，公关人员是组织与公众的中介者，但绝不是“传声筒”，必须以自己的想象力和创造能力来影响和感染公众。不满现状、不断超越、追求卓越、追求创新是公关人员的应有素质。

4.2.2 饭店公共关系的客体

饭店公其关系的客体，特指公共关系指向的对象，即公众(public)，具体来说，是指与特定的饭店公关主体相互联系及相互作用的个人、群体或组织的总和。

1. 饭店公众的基本特征

1) 同质性

公众不是一盘散沙，而是具有某种内在共同性的群体。当某一群人、某一社会阶层、某些社会团体由于某种共同性而发生内在联系时，便成为一类公众。这些公众存在着某些相同的地方，如共同的需求、共同的利益、共同的问题、共同的目的、共同的兴趣、共同的意向、共同的背景等。这些相同的地方，使一群人或一些团体(组织)具有相同或相似的态度和行为，构成特定饭店所面临的特定公众。由于有同质性，公众便是具体的、特定的、可以量化的、可以划分的。同质性的存在，为我们确定公众提供了根据。

2) 群体性

饭店公关工作是与公众群体打交道的，而不是仅仅与一两个人发生关系。饭店在运行中面对复杂多样的社会关系和公众舆论，其生存和发展离不开形形色色的公众，包括各种各样的与饭店相关的社会组织、初级社会群体组合(即由面对面互动所形成的、具有亲密的人际关系的社会群体，如家庭、邻里、同龄群)和其他同质群体。饭店公关工作不能只重视某些公众而忽略其他公众，致使公众环境恶化。在开展公关活动时，应该将饭店面对的公众当做一个整体网络系统，要用系统的、全面的观点来分析饭店所面对的公众。

3) 相关性

公众与特定的公关主体具有相关性。饭店公关的目的是要维持和处理饭店与公众的良好关系。公众与饭店既是相关的，又是互动的。公众的意见、观点、态度和行为，对饭店的目标和发展具有现实的或潜在的影响，甚至决定饭店的兴衰成败；同样，饭店的政策和行为也会对相关的特定公众施加实际的或潜在的影响，制约着公众利益的实现、需求的满足、问题的解决等。这种互动的依据在于双方在需求上有所差别，在利益上要求平衡。利益的相关性导致了互动，这种互动是通过饭店与相关公众之间的双向信息沟通来实现的。饭店开展公关活动，首先就必须寻找、分析、确认这种相关性与互动性，从而确认并制定饭店的公关工作目标。

4) 多样性

饭店公众是复杂多样的，牵涉人际关系、群体关系、团体关系、组织关系，即便是同一类公众，也可能有不同的存在形式。例如，饭店消费者作为一类公众，其中包括无组织消费者市场中的个体与家庭，也有组织市场中的购买者，以及一些特殊的利益团体(如消费者委员会)。饭店与公众的关系，可能在利益上是一致的、互补的(如饭店集团与子公司的关系，股份公司与股东的关系等)，也有可能是冲突的(如销售劣质饮食品的饭店与抱怨的顾客之间的关系)。公众的多样性决定了公关活动的复杂性。饭店在处理公众关系时，必须充分考虑公众的多样性，采用多种传播媒介与沟通方式，提高沟通效果。

5) 可变性

公众是一个开放的系统，是不断变化发展的。今天是某个饭店的公众，明天就可能不是了，到后天又可能变成另一个饭店的公众。因为公众的形成取决于共同问题的出现，一旦问题解决了，公关意义上的公众便不复存在。实际上，任何饭店面对的公众都是可变的。有的公众关系在成长，有的公众关系则在消失；有的公众关系越来越强大，有的公众关系则越来越微弱；有的公众关系越来越稳固，有的公众关系则越来越动荡，甚至在性质上都发生了改变——竞争变为合作，冲突变为妥协，友好变为敌对等。公众的范围、公众的组成及公众对饭店的态度都在不断变化。公众的变化会导致饭店的变化，饭店的变化也会导致公众的变化。这种可变性与前面讲到的互动性是相联系的。在开展饭店公关活动时，我们要以发展的、变化的观点来对待公众、研究公众，既要考虑公众的确定性，又要考虑公众的可变性。

2. 饭店公关关系的内部公众

饭店的内部公众，包括员工和合资饭店中的股东，他们与饭店有最直接、最密切的利益关系，与饭店同呼吸共命运，是饭店公共关系的重要目标公众。

1) 员工

员工是与饭店组织发生紧密联系而最接近的公众，他们是企业赖以存活的细胞，与饭店的目标和利益关系最为密切。满足员工的物质需要，是调动员工积极性、维持劳动热情的基本保证。饭店必须通过工资、奖金、福利、保险等手段，满足员工衣、食、住、行、安全等基本的物质需要。公共关系部应通过内部的信息交流，随时了解员工的各种物质需求，并及时反馈到决策层，对员工正当合理的物质需求，力求迅速、主动地予以解决，竭力消除员工的误会，变消极情绪为工作热情。

2) 股东

股东即投资者，股东关系即饭店与投资者的关系。股东的显著特点，是普遍存在着一种“主人意识”和“特权意识”。要做好股东公共关系工作，首先，应当尊重股东的特权，有的放矢地开展公关工作；其次，应该视股东为最知己的内部公众，同心同德地塑造饭店的优良形象。

3. 饭店公关关系的外部公众

饭店的外部公众，主要是指与饭店有着较紧密联系和较重要利益关系的社会群体。现代社会能否处理好与外部公众的关系，是衡量一个组织机构素质的重要标准之一，也是饭店能否取得成功的重要条件。

1) 顾客

饭店必须拥有自己的客源市场，才可能实现自己的产品价值；失去了顾客，饭店就失去了服务的对象，也意味着饭店赖以生存的基础发生了动摇。没有顾客就没有饭店，顾客对于饭店来说，具有极其重要的意义。做好顾客公共关系工作，一是要树立正确的经营思想；二是摸清顾客的消费心理；三是塑造最佳的服务形象。

2) 社区

饭店与社区是一种相互依存、相辅相成的关系。饭店的生产经营活动，依赖于社区的各项服务，如交通管理、水电供应、治安保卫、防火等；饭店的员工及家属的日常生活，依赖于社区的商贸、教育等企事业单位；饭店的许多员工，尤其是旅游旺季请来的临时工、季节工，多半来自社区内的居民，饭店既可以节省从外地招工所需要的食宿投资，又可以消化社区待业人员，加深饭店与社区的睦邻关系。饭店要搞好社区关系，就必须抓住社会利益这个根本，满足社区对饭店的基本要求；积极参与社区的社会公益事业；不断传播饭店信息，抓住各种特殊事件，如开业庆典、周年纪念、重要节日等，扩大饭店的影响；利用饭店自身的优势，兴办“附属”企业，解决社区居民的就业问题，帮助社区居民改善生活，增加福利。

3) 媒体

从主体与客体的角度来分析，传播媒介可谓具有双重性。一方面，传播媒介是饭店公共关系的对象，是饭店必须争取的重要公众。这是因为媒介所从事的传播工作，是影响和引导民意的主要力量，其权威性是显而易见的。另一方面，媒介又是饭店开展公共关系活动的重要工具。饭店一切信息的传导与回收，都要依赖于传播媒介，都要借助于传播媒介的力量。此时，传播媒介又成了公共关系的操作者。因此，从这个意义上讲，媒介既是饭店公共关系的主体，又是饭店公共关系的客体。媒介这种具有特殊意义的双重性，是区别于其他公众的显著特征。

饭店公共关系人员要积极主动地保持与新闻界的联系，不是把公关工作做在事后，而是做在事前，及时提供有价值的信息材料，主动邀请有关记者来饭店采访、检查促进工作，时时注意保持与新闻界的密切合作，寻找一些双方都感兴趣的话题，为新闻工作者创造良好的工作环境。对有利和不利于饭店的报道都要以正确、认真、友善的态度对待。

4) 政府

政府是饭店的权力公众，它是代表国家对社会方方面面进行统一管理的权力性机构。任何企业都必须在政府的宏观管理下进行生产经营活动。饭店是自主经营、自负盈亏的旅游企业，与各级、各类政府的职能机构有着不可分割的关系。因此，协调和改善与政府的关系，对饭店的生存与发展至关重要，是饭店外部公共关系的重要任务。

【知识链接】

公务饭店

图 4-4　广州大厦

广州大厦(图 4-4)最初定位为商务饭店。由于广州商务饭店竞争激烈，饭店陷入困境，只好寻找新的市场定位。于是他们创立了全国首家以规范化的饭店服务为基础，以鲜明的公务接待为特色的“公务饭店”。这一全新的公务饭店形象拥有独特的优势：占有独特的公务饭店市场；有一套完整的适应政务接待、公务活动的人员、设备和程序；依靠与政府职能部门的密切关系，为客人提供更多的政治、经济等方面的咨询服务；承担着政府对外联络的职能，起到“窗口”和“桥梁”作用。饭店为了塑造“公务饭店”的品牌形象，采取了一系列公关策略：①创造良好的人际传播渠道，确定了以公务客人为主、商务客人为辅的目标公众群，制定出一整套密切联系目标公众的方法，以保证饭店与目标公众的双向沟通；②强化公务公共关系，争取政府支持，拓展公务市场，重点做好政府职能部门的公关工作，使其以主人的姿态扶持饭店，并通过政府公众的特殊影响力，拓展公务市场；③在服务中传播，在传播中营销，以实际行动宣传自身特点，通过口碑宣传自身形象，通过新形象的不断深化，使目标公众对饭店产生识别和认同，从而创造顾客的忠诚度，提高饭店的社会效益和经济效益。

启示：正确认识和理解公众是开展饭店公关活动的前提条件。找准目标公众，就找到了市场，找到了本饭店的发展空间。

4.2.3 饭店公共关系的手段

饭店的公共关系工作，是通过各种传播媒介与社会公众保持信息沟通的，传播是饭店与社会公众保持信息沟通的中介要素。在公共关系学中，传播是个相当重要的概念。它是连接公关主体和与之相关客体的纽带，起着相当重要的作用。饭店公共关系人员必须重视传播的中介作用，充分利用这个公关手段，了解传播的基本构成要素、特征及传播效果，从而在进行传播活动时，增强其灵活性和针对性，减少干扰因素，提高传播效率。

1. 新闻发布会

新闻发布会(图 4-5)也称记者招待会，是饭店与公众沟通的例行语言的传播方式。新闻发布会就是新闻发布人代表饭店向新闻媒介公布某种消息、传播饭店宗旨、阐述饭店意愿、接受提问并回答问题的一种活动。它是一种两级传播：先将消息告知记者，再通过记者所属的大众传媒告知公众。新闻发布会可用于树立或维护饭店形象、协调公共关系、引导舆论倾向。由于这种活动的传播形式直接面对新闻媒介进行，宣传力度大，传播范围广，是常用的语言传播媒介之一。当饭店准备举办一项重要活动时，或要将有社会影响的突发事件的处理情况向各界公众通报时，或其他有新闻价值的消息需要发布时，多采用召开新闻发布会的形式。新闻发布会的最大特点是气氛宽松，富有人情味，信息传播迅速，反馈快。记者可根据自己感兴趣的方面和自己关注的角度提问，记者之间可相互激发灵感，更好地挖掘消息。这种新闻发布方式比其他形式的新闻传播方式在内容的广度和深度上更胜一筹。

图 4-5　新闻发布会现场

【知识链接】

公关部安排酒店的新闻发布会的程序

(1) 依发布新闻的性质、内容和范围拟定所请的新闻记者的名单，并逐一发出邀请函，并进行电话确认。

(2) 估计新闻发布会的预算，其中包括会议本身、记者纪念品(如有必要)和会后工作餐(如有必要)，并积极与餐饮部门配合，落实场地等一系列接待工作。

(3) 布置检查会场，确保会议横幅，酒店标牌包括麦克风标牌，主席台或发言台，指示牌等准备齐全。

(4) 准备会议的新闻稿，并安排至会场。

(5) 确定会议发言人。通常是由公关部负责人主持，酒店总经理或其指定人做主要发言。发言稿应由公关部撰写。

(6) 公关部人员拍照存档备案。

(7) 选择与重点媒介载体的记者交谈，就某些情况做进一步解释，甚至安排单独或独家采访。

2. 录音、电话

录音是指饭店公关人员在调查采访过程中，将有关重要人物的关键语言进行录音，以确保其真实性的一种传播方式。饭店公关人员在对被采访对象进行录音之前应征求对方同意，当对方不同意录音，而内容又确实对饭店公关工作有益时，则必须运用速记和心记的方式。公关人员在录音过程中，要尽量创造一种和谐、轻松的谈话氛围，使访谈和录音工作顺利进行。电话联系也是一种通过语言进行的现代通信方式。饭店公关工作中的人际沟通和业务接洽，许多都是通过电话联系进行的。在打电话时，饭店公关人员的态度要热情、诚恳、友善、亲切，声音要明朗，吐字要清晰，用语要礼貌。接电话时，要先做自我介绍，然后弄清对方要找谁，并尽快将电话转给有关人员。如果此人当时不在，可以请对方留下姓名及电话号码，并请有关人员尽早答复。如果需要，还可以将对方想谈之事的要点记下来，以便及时处理，这样会给对方留下深刻而美好的印象。每一位电话接听者都要有代表本饭店的意识，认真接听每一个电话。

3. 协商、谈判

饭店与公众既有协调和谐的一面，也有对立冲突之时。协商和谈判就是解决饭店与公众之间矛盾和冲突的手段。协商是饭店与某类公众就存在的问题共同商量，以便取得一致的活动方式。协商所解决的矛盾，通常是非原则性的或利害关系较轻的。协商是谈判的非正式形式。谈判则是有关方面就共同关心的问题相互磋商、交换意见，寻求解决途径和达成协议的过程。谈判通常用以解决组织之间利害冲突较大的矛盾。谈判是一种以协商为手段，比较注重形式的语言沟通方式。

4. 会议、会谈

会议和会谈均是有组织、有目的的语言沟通方式。会议是围绕一定目的进行的、有领导、有控制的集会。有关人士聚集在一起，围绕一个主题发言，可以插话、提问、答疑、讨论，通过语言相互交流信息、交换意见、议论问题并最终解决问题。策划和召开各种会议，利用会议的形式来传递信息、沟通意见，是饭店公关工作常用的传播方式。会谈是会议的一种形式，它是双方或多方相互会面、交换意见的行为。组织会谈有一些具体的技术性要求，如主人和主宾及陪同人员的座位编排、合影的安排、对客人礼貌周到的迎来送往等。

5. 文字传播

文字是一种书面语言，是有声语言的符号形式，具有相对稳定的规则和方法，借助文字可以有效地记录、传递、交流信息。公共关系所使用的传播媒介中，运用文字符号的媒介占了大多数。

1) 宣传册、服务产品推广手册

宣传册、服务产品推广手册(图 4-6)都是饭店为了让公众了解饭店的产品和服务，向公众介绍、宣传产品信息的手册。这些手册不仅能向客人及公众提供旅游方面的详细介绍、旅游新动向，同时可为客人选择饭店产品提供帮助，为旅游决策提供参考，还为宣传当地旅游形象、提高知名度发挥重要作用。宣传册、服务产品推广手册应图文并茂，简明扼要，突出主题形象，集中反映当地旅游特色和本饭店的文化。目前，酒店设计精美的宣传册已经成为推广的一种手段。

图 4-6 酒店宣传册

2) 饭店报刊、板报

饭店为了弘扬企业精神、宣传企业文化，一般都定期出版自己的报刊。同时，为了及时反映饭店管理者的决策及员工工作动态，丰富职工生活，许多饭店还在员工的活动区域定期出板报。一个饭店要想在激烈的市场竞争中生存和发展，就必须注重饭店文化建设。饭店报刊和板报能充分发挥其传播信息形式多样、灵活多变的优势，多层次、多角度地反映饭店动态，为饭店树立形象打下良好的基础。

3) 饭店书籍、杂志

书籍作为一种文字传播媒介，具有提供信息、教育劝服和娱乐服务等功能。书籍对信息内容的处理有一定深度，因此，具有一定的资料价值和收藏价值。书籍这种媒介适宜对某一专题作深入探讨和介绍，信息全面、详尽、有深度，具有便于储存、查阅等特点。饭店公关人员使用书籍媒介可制造和影响舆论，向公众提供持续性的信息，还能宣传新风尚，赢得社会的支持和关注。

6. 电子媒介传播

英国作家约翰·克罗斯比说过："20 世纪是喧嚣的时代——物质之声、精神之声和理想之声——我们掌握着所有这些声音的历史记录。事情毫不奇怪，因为我们几乎所有令人惊叹的技术力量，都已投入到当前反对寂静的攻击中去了。"广播、电视、电影、幻灯片和其他电子媒介正是这个"喧嚣"时代的产物，同时也是现代公关工作最有效的手段。广播和电视媒介的特点，将在后文详细说明。自办电台或电视台作为自控媒介，是饭店公关宣传的主要手段。随着现代科技的发展，饭店为了更好地传播、沟通信息，常建立自己的有线广播系统，有些还有自己的闭路电视系统。它们都具有可控性强、可调动手段多、传播信息迅速及时的特点，对于及时沟通饭店内部信息，强化饭店向心力和凝聚力具有重要作用。例如，长城饭店的"长城之声"广播电台，就是一家很有代表性的饭店自办电台，在饭店管理中发挥着积极的作用。

7. 图像与标志

视觉形象是最生动的语言，图像和标志就是以视觉形象为主要手段进行信息传播的一种符号。图像和标志能集中、生动地再现事物的某一方面，表现饭店的某种特征，并以特定的视觉标志吸引公众的注意力、强化公众的记忆，帮助公众在众多商品信息中识别出该饭店及其产品和服务。

1) 照片、图画

照片和图画均属图像的范畴，都是通过平面构图造成视觉上的空间感和立体感，用来传播特定的形象信息。饭店公关人员在公关活动中经常使用照片和图画，以强化传播效果。如在制作各类宣传册和举办各种展会时，要大量地使用照片和图画，并配上必要的文字说明，生动形象地介绍饭店的有关情况，使读者、观众一目了然并留下深刻的印象。为了设计和制作好图画与照片，公关人员应掌握美术方面的基本知识，文字说明要与图画、照片相互配合并形成互补，力求语言亲切、通俗、流畅、简练。在公关活动中使用照片和图画，一定要符合经济、实用的原则，表达的思想或表现的事物要突出、清晰。

2) 饭店标志系列

作为标志系列的商标、品牌名称和徽记、门面包装与代表色等都是以特定的文字、图案、色彩等符号设计的，向公众提供本饭店有别于其他饭店的有关信息，形成本饭店的形象标志。第一，商标。通常以文字、图案或符号构成，具有标记、服务、传播、促销、保护的功能。在设计商标时，必须突出饭店的特征和优点，简练、醒目、美观大方、构思新颖、易于识别。第二，品牌名称。在给饭店或产品定牌子、取名时，一定要语感好，具有独特性，寓意美，且容易为顾客所接受。第三，徽记。徽记指饭店的标志，是饭店的"商标"。例如，中国旅游的标志源自甘肃武威雷台东汉砖墓出土的

“马踏飞燕”，它是我国古代绘画、雕塑、冶炼铸造艺术的结晶，集中代表和体现着炎黄子孙的聪明和才智，堪称国宝。用它作为中国旅游的标志，象征着中国旅游业的奋进和前程似锦。第四，包装。是指产品的外衣，主要起保护产品使用价值和促进产品销售的作用。包装涉及产品形象，对顾客具有“第一印象”的作用。包装设计应注重实用性和创意性。第五，门面。是饭店的包装，每个饭店都会根据自身特点来设计自己的门面。例如，饭店的大堂以及外装修，就是饭店的形象和“脸面”。第六，代表色。即饭店选定的有代表意义的色彩。在饭店公关活动中，产品、建筑、员工服饰、广告宣传等有传播意义的物品，都应使用代表色。代表色一经选定就应相对稳定，设计时应注意其形象内涵、美学效果、情感象征、文化格调等因素。

4.3 饭店公共关系的基本程序

为使饭店公关活动顺利开展，必须对饭店公共关系进行全面筹划，制定一个完整的实施方案并付诸实施，保证饭店公关工作按照一定的程序和步骤有序运行，即收集信息、拟定计划和实施管理。其中，收集信息是饭店公关活动开展的基础；计划是整个工作程序的全盘规划；实施管理是对计划的实践开展。

4.3.1 收集信息

在经济发达的现代社会，信息是战略资源，是饭店提高竞争力和占领市场的前提条件。收集信息是饭店公共关系的重要职能。饭店必须通过有效的手段，在全国采集有关饭店的信息，经过分析、处理后，选择有价值的信息，作为调整和完善饭店经营决策的依据，确保饭店目标的准确性与科学性，保证饭店在强手如林的竞争中立于不败之地。

1. 收集信息的内容

饭店公共关系收集信息的重点是组织形象，即饭店形象。所谓饭店形象是指社会公众对饭店组织的总体评价，是饭店组织的表现与特征在社会公众心目中的反映。简而言之，饭店形象是社会公众对饭店的印象。饭店形象的构成要素主要有以下几个方面。

1) 硬件形象

硬件形象是指饭店的设施水平、装饰工艺、建筑艺术、布局安排等，给公众留下的感性印象，这种感观形象往往成为公众对饭店规格、档次进行评判的依据。硬件形象是饭店外部的总体特征和风格，既可以让人“一见钟情”，也可以使人“望而却步”。它极易给公众造成第一印象，是组织形象特色的直观反映。例如，北京的明苑饭店，外观是典型的明代装潢，黄砖红墙琉璃瓦、水榭楼阁和亭台，一副皇家气派；它鲜明的硬件形象特色，与长城、十三陵交相辉映，形成了中华民族古文化的氛围，深刻地影响着游客的心境与情绪。饭店外观形象设计要多层次、多风格，具有独特性；还要考虑客源的特点、客源国的风俗人情，以及对颜色、装潢、数字、图案等方面的禁忌。在规划布局时，努力使饭店外观形象既适应国际游客的品味，又符合我国人民的审美情趣；还要具有“仅我这一家”的独特风格，竭力给公众留下鲜明、生动、独特的直观印象。

2) 软件形象

软件形象是指饭店内在的总体特征和风格，一般包含以下内容。

(1) 服务质量。是饭店工作的中心，经营饭店就是推销服务。饭店销售的商品，是有形的设备和无形的服务感受。有形的设备是指饭店独特而优美的硬件形象；无形的服务感受，则是顾客对无微不至、真诚亲切、周到细致的服务的一种心理体验。

(2) 管理水平。饭店管理水平的优劣表现在决策方向是否正确，是否符合市场发展的规律；目标是否合理，是否符合饭店的实际情况；决策方案有无创新，是否满足了员工的理想和需要；选才、用人标准如何，是否切合现代饭店管理对人员素质的要求；管理者是否具有科学态度、创新精神、开拓意识和民主作风；饭店机构是否健全、设置是否合理、人员安排是否恰当；饭店经营是否灵活、市场预测是否准确、公关活动是否新颖等。

(3) 饭店信誉。评价饭店信誉有两个标准，即知名度与美誉度。知名度是饭店被公众知晓的程度，它是评价饭店“名气”大小的标准；美誉度是饭店获得公众赞许的程度，是评价饭店“名声”优劣的尺度。知名度和美誉度构成饭店的信誉。良好的信誉是一项无法估量的无形资产，它不仅是饭店员工自信心、自豪感、凝聚力的源泉，而且是吸引人才的法宝。它在公众心目中树立起了一座形象的堡垒，构成公众的特殊心理定式，对新的竞争者具有强大的威慑力量。

(4) 饭店精神和文化。饭店精神和文化客观上显示了员工们的精神风貌、开拓进取精神，表现了饭店组织的凝聚力、向心力，是组织实力强弱、组织形象优劣的最好体现。此外，收集信息的内容还包括市场信息、竞争者信息和政治环境信息。饭店是旅游业的三大支柱(旅行社、旅游交通、饭店)之一，与旅游市场盛衰紧密相连，饭店的经营决策必须在了解自己的公众、了解客源市场和动态的基础上进行。收集市场信息，要善于摸清消费者的各种心理，了解由于心理变化而产生的消费动机；预测客观环境变化可能造成的消费趋势，并将这些有价值的市场信息及时反馈给决策层，为饭店根据市场动态调整经营方向，提供科学的依据。另外，竞争者情况、投资者动态、合作者意向、时尚和潮流，都是公共关系人员应详细了解并掌握的信息，这些信息经过去粗取精、去伪存真的筛选，可以成为饭店预测市场趋向和修正经营方针的依据。政治环境信息的采集，一般包括两个方面：一方面是了解党和国家的方针、政策、立法信息，由此可以预计其对饭店工作产生的影响，并根据国家的大政方针，制定饭店组织的长期目标和近期措施；另一方面，由于饭店是涉外企业，因此，还要了解国际政局动荡的情况，尤其是对象国、客源国的经济政策、对华方针，以及法律的变动情况，以便使决策者及时掌握由于政治形势变化所导致的国际市场的变化情况，并及时确定相应的对策。

2. 收集信息的作用

公共关系人员通过对饭店信息的采集，实现对饭店环境的监视和预测，这对饭店能否知己知彼、有的放矢地面向市场，具有十分重要的情报作用。

1) 通过对饭店形象的监测，找到不足

通过公众对硬件形象的评价，可以了解饭店外观形象的优劣。公众对软件形象的评价，一般表现为对菜肴酒水和服务质量的评价、对饭店文化和精神风貌的评价、对饭店勇于承担社会责任的评价、对饭店在传播媒介上出现的频率和褒奖程度的评价、对饭店总经理管理水平和业务能力的评价等。通过这些评价，公共关系人员可以了解公众的要求与希望，完成对饭店形象的监测，帮助饭店顺应强烈的公众导向，塑造优良的组织形象。

2) 通过对外部环境的监测，找到目标

公共关系人员通过对市场信息、竞争者信息和政治环境信息的采集，可以有效地对饭店环境进行监测，成为饭店社会环境的预测员。他们从公共关系的角度出发，自觉地站在社会利益和公众利益的立场上，对饭店经营决策、管理水平、发展方向做出冷静、客观的评议，有助于饭店目标的完善。这种评议可使饭店目标既符合社会环境的需要，又符合饭店的利益，进而使饭店利益与社会利益保持平衡，从而获得公众的信任、好感与合作。

3. 收集信息的方法

常用的饭店信息收集方法如下。

1) 实际参与法

实际参与法是指公共关系人员亲临现场收集信息，参加消费者座谈会、国际(国内)旅游展销会、公众代表恳谈会等，直接收集公众对服务质量、饭店信誉等关系饭店形象的信息。这种方法的好处是可以不受信息传递过程中多种因素的干扰，直接了解公众对饭店的评价与看法，以及事情发展的来龙去脉，把第一线的真实信息提供给饭店领导，成为饭店经营决策的依据。但收集信息数量的多少、是否具有代表性，取决于公共关系人员的经验、阅历、知识水平和语言艺术。

2) 调查专访法

调查专访法是指公关人员对某一类或某一个被访问者进行有目的的访谈，调查了解公共关系状态的一种方法。调查专访法一般采用面谈方式，这样有利于感情交流，具有人情味，使被访问者心理上容易接受，从而乐于合作。调查专访也可采用电话访谈方式，这样速度快、范围广，如果语气、语言处理得当，可以获得虽闻其声、犹见其人的好效果；还可就某一问题召开恳谈会，只要公关人员具有较高的谈话艺术，具有吸引公众的组织、宣传鼓动能力，同样可以取得传播面广、传播速度快、增进情感交流的效果。

3) 问卷征询法

问卷征询法是通过请公众回答与公共关系研究课题有关的问题，广泛了解民意和社会舆论的一种方法。可以询问公众对饭店服务质量的意见；也可询问公众对饭店的要求与建议；还可以根据某一服务项目，对需要层次不同、经济状况不等、宗教信仰有差异的人进行询问。如果饭店公共关系人员从公众的切身利益出发，采取生动活泼的询问方式，就会得到公众的合作，从而达到收集信息的目的。

4) 资料摘录法

资料摘录法是从报纸、杂志、档案和各种报告中收集所需信息资料的一种方法。例如，广州中国大饭店公关部就设专人负责收集有关该饭店的一切新闻报道、图片、资料，并按日期剪贴成册，成为该饭店形象评价的重要参考资料。这种方法一是要注意信息的真实与准确；二是要注意时机，如果错过良机，再有价值的信息也会毫无意义。

4.3.2 拟定计划

拟定计划指饭店公共关系人员根据饭店面临的问题，通过对现有条件和具体情境的分析，借助一定的科学方法和艺术，对即将开展的饭店公共关系工作进行主题构思、方案设计、策略谋划的思维运作过程。公共关系既是一门科学，又是一门艺术，其科学性和艺术性的统一，最集中、最明显地体现在计划的拟定中。所谓“运筹帷幄之中，决胜千里之外”，就说明了策划对活动的重要作用。饭店日常公关工作由于内容和形式相对简单，运作起来容易计划和控制，但重大公共关系战略或专题公共关系活动，因其内容复杂、形式特殊、涉及面广、影响力大、意义深远，为确保效果，饭店公关活动策划也要遵循一定的步骤。

1. 确立公关目标

公关目标是饭店在一定时期内通过公共关系活动要达到的目的，以及衡量这一目标是否达到的具体指标。它是饭店开展公共关系工作的行动纲领。公共关系目标多样，按其作用大致可分为以下若干类型：一是以传播信息为目的的公关活动。这类活动的目的是向公众传播信息、宣传企业，以期引起媒介的注意和报道，属于最基础、最简单的目标，如新闻发布会、记者招待会、制作印发宣传资料等。二是以联络感情为目的的公关活动通过举办座谈会、邀请知名人士的联谊会、内部参观体验等活动。增进与公众的感情，赢得公众的好感。三是以改变态度为目的的公关活动为了转变公众对饭店整体形象的某一方面的看法和态度，向新闻机构发稿或开展社会公益活动；四是以激发行为为目的的公关活动在取得公众理解和支持的基础上，促使公众产生饭店期望的行为，这是公关活动的终极目标。例如，在全国性的重大节日或传统节日举行活动，在企业周年举行庆典活动都属此类。需要注意的是，对于特定的一次公共关系活动，只应设定一个基本目标，这个目标必须明确具体，不可贪全图大，结果顾此失彼。

2. 锁定目标公众

公关活动的对象公众是广泛的，但某一项活动不可能以所有公众为对象，准确界定公共关系活动所针对的公众的种类、范围及主次，是确定饭店公共关系活动的具体形式、预算经费、传播测量及实施技巧的前提。只有辨认了相关公众，才能有的放矢，确定工作程序和重点，才能科学地分配、使用有限的经费和资源，并在饭店公关活动中突出公众利益，才能得到公众的支持与合作，与公众建立起协调沟通的关系。

3. 拟定主题

主题是公关活动中联结所有项目、统率整个活动的思想纽带和思想核心，是饭店公关计划的总纲领。主题可以是一句口号，也可以是一句陈述，但它必须要能起到统率、联结整个公关活动的作用。尤其是大型公关活动，通常包括一些子活动项目，要使这些活动围绕实现公关活动的目标而展开，必须有一个主题统率整个活动。公关活动中的每一篇演讲稿、每一张宣传画、每一条广告，都要体现这一统一的主题。主题是策划的灵魂、核心，也是饭店公关策划中最富创造性的一环。如果说确立公关目标相当于饭店要“说什么”，那么锁定目标公众则是饭店要“对谁说”，拟定主题则是确定要“如何说”。就像人际交往中的谈话艺术一样，“如何说”往往对“说什么”的效果影响巨大。拟订主题和活动形式对于整体公共关系活动的效果起着至关重要的作用，也是公共关系人员想象力和创造力的自由驰骋空间。公关人员就是要通过主题和形式的确定，把枯燥的、普通的、不易被公众关注的信息，变成能引起公众关注、激发公众兴趣的信息。

4. 实施步骤设计

由于饭店公共关系活动尤其是大型公关活动，包含众多的系列活动，为保证整个活动协调有序地开展，必须对每一步都制订详细的操作要点和计划，并把策划活动的全过程拟成时间表，来保证实施过程的顺畅无阻。实施步骤设计主要包括以下内容：活动大纲及活动时间表安排；媒体计划及时间表安排；对整个公关计划的实施所需要的人员从数量、结构到职责分工的计划安排；对诸如保安、防火、人身安全、意外情况人员疏散、硬件设备、户外活动天气变化等应对措施、应急方案的计划安排。

5. 编制预算

饭店公共关系活动的开展是一种市场行为，市场行为就要考虑投入和产出。编制预算的意义在于，在保证方案的切实可行的前提下，对活动的轻重缓急妥善安排，把钱花在刀刃上，使资产的投入产生最佳的效益。活动完成后，通过审视、考核预算内各个项目之间分配比例是否合理，还能为后期工作提供参考意见。因此，编制预算是饭店公共关系策划必须重视的一个环节。

6. 撰写计划书

饭店公共关系策划者对计划的拟订有两大类。一类为总体战略规划，其内容大致包括年度公共关系具体目标、年度公共关系的主题、年度公共关系活动项目和传播计划、各项目和传播计划的财务预算、各项目的计划及组织保证与人员分工。另一类为单次公共关系活动的具体策划。

策划书的写作格式与内容一般包括以下六点。

(1) 封面。一般注明策划的项目名称、策划的主体名称、策划日期、策划书编号等内容。

(2) 摘要。即把策划书的核心内容用简明扼要的文字提炼概括，便于决策者了解计划书的精神实质，形成深刻印象。

(3) 目录。列出策划书正文的章节名称。

(4) 前言。即策划书的大纲，包括策划书的宗旨、背景和意义等主要内容，以展示策划的合理性和重要性。

(5) 正文。这是策划书的主体，要求层次分明、逻辑性强、重点突出，切忌过分详尽冗长。一般包括标题、主题、目标、综合分析、活动日程、传播方式、经费预算、效果预测等方面。

(6) 预算。按照策划确定的目标列出细目，计算出所需经费。

4.3.3 实施管理

公关计划的实施过程是整个公关活动的中心环节，是饭店运用各种现代传播技术和沟通手段，把预期的信息传达给目标公众，借此改变目标公众的态度，促成目标公众的行动，创造对饭店有利的各种环境。由于外部环境具有不可控的特点，饭店在实施计划过程中，要随时注意新情况、新问题、新动向，必要时对公关计划做出及时调整。

4.4 饭 店 CIS

饭店的公共关系目标，就是要建立饭店的良好形象。饭店形象的概念，是饭店公共关系理论的一项核心概念，一个饭店的形象可以通过知名度和美誉度来反映。饭店的公共关系活动，可为饭店提高知名度与美誉度，创造知名度与美誉度的和谐统一，从而为饭店的经营和发展创造良好的内外部环境。

4.4.1 CIS 的含义

CIS 简称 CI 或 CI 战略，它是英文 corporate identity system 的缩写。有人译为“企业形象设计系统”、“企业形象战略”，现在常翻译成“企业识别系统”。根据 CIS 的内涵，CIS 的定义可表述为将企业的经营理念与精神文化，运用行为活动、视觉设计等识别系统，传达给广大公众，促使公众对企业产生一致的认同感与价值观的一整套识别系统。CIS 是一种由欧美企业开发出来的经营技法，是现代企业经营发展的一种全新概念，是一种借改变企业形象，注入新鲜感，使企业更能引起外界注意进而提升业绩的经营技巧。它是以结合现代设计观念与企业管理理论的整体性运作，是以刻画企业的个性，突出和显示企业的精神，使消费者产生深刻的认同感，从而达到促销目的的设计系统。CIS 将企业作为设计对象进行整体设计，使社会大众易于识别企业性质。它的设计不是零碎的、不规则的、单一的形象显示。CIS 强调统一化、规范化、标准化，旨在强化企业形象，使企业得到外界关注，让人产生一种新鲜感和亲近感，进而提高知名度，获得更好的经济效益。

4.4.2 CIS 的构成要素

CIS 是一项系统工程。CIS 主要是由理念识别(mind identity，MI)、行为识别(behavior identity，BI)、视觉识别(visual identity，VI)三个子系统组成的。

1. 理念识别

理念识别是指企业的内在精神、企业信条、企业目标和座右铭，它蕴涵着企业文化，浓缩着企业宗旨，是“企业形象”的灵魂，是 CIS 的核心。企业理念系统主要包括四个基本内容：企业使命、经营理念、企业精神、行为准则。理念识别是 CIS 运作的原动力和实施基础。企业理念虽然看不见，摸不着，却足以影响企业的兴衰成败。企业的生存就是一种理念的维系。就企业内部而言，一群素不相识的员工集合在一起，必须有一个共同的追求，因此一个杰出的企业除了实质性的目标追求外，一定要构建实现实质性目标的理念，通过这种理念来引发和调动全体员工的责任心，并以此来约束和规范全体员工的行为。另外，市场经济的竞争日益激烈，同类产品之间的技术差距越来越小，企业的竞争力主要表现在信息传达量和企业理念识别中所体现的人格力量和文化力量。因此，完整的企业识别系统的建立，首先有赖于企业经营理念的确立。例如，建国饭店的温馨与长城饭店的严谨就反映了两个饭店不同的经营理念：建国饭店推崇“温暖如家”的经营理念，使它在众多大饭店的包围中仍能独占风骚；而长城饭店对服务质量、服务规范的一丝不苟则体现了喜来登饭店管理集团物有所值的经营理念。

2. 行为识别

行为识别是企业整体形象的动态识别形式，它规范企业内部的组织、管理、教育以及对社会的一切活动。行为识别是企业理念的具体化，是企业理念的表现，当企业的理念确定后，就要通过一切渠道或方式把信息传递出去，行为识别就是信息传递的渠道之一。行为识别系统主要包括对内行为识别和对外行为识别。内部行为规范包括组织结构、管理导向、运作流程、人事政策、培训制度、奖惩制度、福利政策、职业道德、行为准则、沟通方式、公司礼仪、文化活动、环境规划等；外部行为规范包括市场推广、售后服务、物流处理、招聘方式、竞争行为、协作方式、公众咨询、社区服务、公益活动、环保措施、展示规则、外交活动、宣传广告等。对内行为识别是对外行为识别的基础，对外行为识别是对内行为识别的延伸。例如，现代许多饭店开展评选优秀员工、微笑大使、服务标兵的活动，就是一种典型的企业行为识别。

3. 视觉识别

视觉识别是企业的静态识别系统，它是运用视觉传达整体形象设计的方法，采用直观设计上的差别将企业理念系统的内容用企业的标志、标准字、标准色等视觉形式，更准确、更快捷、更凝练地传达出来。它使社会公众一目了然地掌握企业的信息，产生认同感，从而达到识别的目的。视觉识别是企业建立 CIS 的中心环节和重点，视觉识别系统包括基础要素和应用要素两类。基础要素：企业名称、企业标志、企业名牌专用字体、企业标准字体、企业标准色、企业象征图案、企业专用印刷字体、企业宣传标语和口号等。应用要素：广告媒介、交通运输工具、事务用品、制服设计、室内设计、建筑设计、展示设计、包装设计等。基本要素为企业进行视觉形象设计提供了基本规则和要求，因而在对应用要素包括的内容进行视觉形象设计，就必须恪守基础要素的规定，以使应用要素中的内容形成统一的视觉形象。心理学的研究表明，一个人在接受外界信息的时候，视觉接受的信息占全部信息量的83%，11%的信息来自听觉，3.5%的信息来自嗅觉，1.5%的信息来自触觉，1%的信息来自味觉。因此，在塑造企业形象的过程中，视觉识别占有十分重要的地位。它是企业文化、企业理念的重要载体。例如，雅高集团的标识(图 4-7)来自于一种加拿大野生大雁，使用蓝色为标准色，这个识别有以下三种含义。象征：开放，自由，旅行，互相支持，多种专业技能的交融。表明：持久，全力以赴，友好，团队精神。标志：充满活力，精于传承，体现宁静而温暖的情怀。

图 4-7 法国雅高酒店标志

4.4.3 CIS 的运作程序

为确保 CIS 的顺利实施，饭店必须明确导入 CIS 的步骤，导入 CIS 的分为五个阶段。

1. 导入准备阶段

1) 提案阶段

由饭店的总经理或外界的 CIS 专家提出导入 CIS 的建议，利用翔实的数据和严密的分析，阐明饭店导入 CIS 的必要性。

2) 阐明概念阶段

组建 CIS 培训小组，向公众解释 CIS 的基本概念以及功能，在全体员工中，做好五个转变，树立五种观念。一是转变导入 CIS 是花钱、开支的观念，树立导入 CIS 是投资行为的观念；二是转变导入 CIS 是领导行为的观念，树立导入 CIS 是群体行为的观念；三是转变导入 CIS 是短期行为的观念，树立导入 CIS 是需要长期坚持的观念；四是转变导入 CIS 是装点门面的观念，树立导入 CIS 是系统工程的观念；五是转变导入 CIS 是见效甚微的观念，树立导入 CIS 是综合获益的观念。

3) 组建 CIS 委员会

由饭店高层领导、CIS 专家、财务主管、相关职能部门人员组成饭店的 CIS 委员会，具体负责制定 CIS 的推进计划，监督各项措施的落实，检查各项工作的开展情况等。

4) 选择协作单位

导入 CIS 会涉及一些专业性很强的知识，如各种色彩语言、符号语言、字体语言等的设计。因此，饭店应根据自己的专业人才情况来决定是否需要聘请专业公司协助完成。

5) CIS 提案修正

准备工作的最后一个阶段，就是对原始提案进行具体、细致的修正，着重说明导入 CIS 的流程及各个流程的具体内容、时间进度、经费预算、主要负责人等，使之成为 CIS 导入的纲领性文件，同时为以后的监督评测提供可对比的依据。

2. 调查分析阶段

1) 明确调查研究的必要性

通过饭店发展的纵向比较以及与竞争对手的横向比较，为饭店把脉并找出症结，重视调查研究的重要性和迫切性，明确调查研究是导入CIS的基础。

2) 确定调查内容和对象

调查的内容主要是饭店形象现状以及饭店视觉识别要素所涉及的情况。调查对象是饭店众多的内外部公众，主要是员工和宾客。

3) 调查阶段

采用各种调查方法，深入调查，收集各类与调查主题相关的翔实资料。

4) 形成调查报告

以规范、严谨的文字说明调查的经过，重点分析调查发现的各类问题，以建议的形式提出饭店今后的形象目标和努力方向。

3. 设计综合阶段

这一阶段就是对饭店形象系统中的三个子系统(理念识别、行为识别和视觉识别系统)的设计及综合筹划过程，是一项专业性较强的工作。饭店的理念与一般企业理念有相似之处，是一种组织、经营理念，主要由宗旨使命、经营思想、行为规范和活动领域等组成。饭店行为识别系统规划着饭店内部的组织、管理、教育以及对社会的一切活动，是支撑饭店形象识别系统的第二大支柱，主要由服务行为识别、社会行为识别两部分组成。视觉识别是饭店的一种外在的静态表现形式，它能准确快速地传递饭店的信息和形象。

4. 实施推广阶段

落实饭店形象筹划方案，就是要将设计内容和操作细则以文本的形式编制出来，做成手册，作为饭店的一种纲领性文件。当筹划开发取得阶段性成果后，就应有计划、有目的地对内、对外进行饭店形象的公关传播活动了。饭店形象的传播途径很多，主要有网络传播、社会传播(非商业性传播)、文化传播(饭店介绍、图册、画册、电子出版物等)、人际媒介传播(邀请专家学者、权威人士参观访问、组织各类明星协助宣传等)、常规媒介传播、公共活动媒介传播、户外媒介传播等传播途径。

5. 评估改进阶段

1) 经营实绩测评

经营实绩测评主要是对饭店市场占有率、销售额、利税指标等的计算比较。

2) 识别度测评

识别度测评主要包括对饭店知名度、美誉度、认可度等的计算比较。知名度主要指旅游者(包括潜在旅游者)对本饭店识别、记忆的状况。美誉度主要指旅游者(包括潜在旅游者)对本饭店褒奖、赞赏、喜爱的情况。认可度主要指旅游者把本饭店纳入自己消费的对象或消费目标的程度。

课 后 习 题

一、思考题

1. 你是如何理解饭店公共关系的内涵的？

2．你认为饭店公共关系最重要的工作对象是谁？有何理由？

3．饭店管理者如何有效开展饭店公共关系？

4．饭店在收集信息时，应采用哪些方法？

5．如何正确理解饭店 CIS 的含义？CIS 的构成要素有哪些？

二、案例分析题

中国“绿色饭店”的先行者

2006 年 11 月，来自美国朗讯公司的李先生入住南京金陵饭店后，发现沐浴的感觉较上周来有了很大的不同，莲蓬头喷出的水量适中、力道均匀，非常舒适。李先生询问了客房服务员后才知道，饭店已对全部客房的沐浴系统进行了升级改造，选用了一种最新的喷淋系统并加装了节水装置。使用这种新型进口节水装置的节水率达到 18%，一年可节水近 2 万立方米，大大降低了水资源的浪费。李先生感叹道：“这真是一举两得，客人感觉好了，饭店又降低了成本。”李先生所了解到的只是金陵饭店创建“绿色饭店”活动的其中一项内容，这一活动包括两项内容。

1．环保小组倡导“绿色”意识，节能降耗效益显著

从 1999 年开始，金陵饭店便开展了以“拥抱绿色生命，热爱金陵家园”为主题的系列环保活动，与宾客共同致力于保护自然资源、改善饭店环境，将生态理念融入日常的经营管理。同年，饭店成立了环保小组，组员来自饭店各个岗位。环保小组通过开展丰富多彩的活动，倡导社会责任感，加强全体员工和宾客的绿色环保意识，培养“绿色”的生活习惯和消费观。环保小组充分利用金陵饭店网站、店报、橱窗等工具宣传年度主题环保活动，并通过定期举办员工“绿色环保书画摄影作品展”的进一步增强员工的环保意识。2006 年，环保小组还开展了“拥抱绿色生命”的金点子征集活动，员工们积极参与，当年就收到“金点子”近 300 条。环保小组精心设计的环保卡放在客房最醒目的位置，引导客人节约使用棉织品、日用消耗品。在环保小组的建议下，饭店降低了织物、餐具洗涤剂用量，并开始使用不含磷的洗浴、洗涤用品。金陵饭店长期以来把节约能源、降低能耗作为首要任务常抓不懈，对不符合绿色环保要求的设备设施坚决进行改造，提高设备运行效率。2005 年，仅使用不含氟冰箱、变频空调就节约费用 150 万元，通过技术革新自制配件、修旧利废而节约设备维修费用 20 多万元。2006 年，金陵饭店安装了中央空调节能控制系统和生活水泵变频恒压供水系统，一年节电 40 万度；客房新风系统开始采用热回收设备，一年节电 11.4 万度。

2．绿色食品引领美食风尚

自 1983 年开业以来，金陵饭店就一直大力推广绿色食品。推出的绿色食品均选用国家专门等级评定机构认证的无公害农产品、绿色农产品和有机农产品，这些产品均出自良好的生态环境。深受宾客喜爱的“葱爆牛柳”采用的牛肉就来自山东郓城，“宫保鸡丁”所采用的鸡肉来自山东沂南，而被广为称道的“东坡肉”、“金陵排骨”等所采用的猪肉来自苏州著名品牌产品“苏太猪”。连最常见的大米使用的都是来自淮北地区的有机大米，这种大米完全采用自然农耕法栽培，种植的土壤三年都没有撒过一点

化学农药，用这种大米煮出的饭晶莹剔透、香润软糯，一直得到客人的赞赏。“金陵盐水鸭”则严格选用 4 斤左右、生长在无污染环境中的麻鸭的鸭胚精制而成，这款“招牌菜”招待过无数政要名流，广受好评。除此之外，芋头来自江苏靖江，玉米来自江苏宜兴，鱼虾选自洪泽湖，羊肉则来自无污染的内蒙古大草原。每年中秋，金陵月饼都会在南京市场引起不小的轰动，绿色、健康的月饼馅料是客人选择金陵月饼的重要理由。每年金陵饭店都将原生态的健康原料入馅，尤其是 2005 年根据厦门南普陀寺著名的“素饼”改良的金陵酥皮月饼一上市就受到客人的欢迎，销售量年年攀升。2006 年的金陵月饼销售量更是突破了 12 万盒。金陵饭店还根据不同的节气、节日适时推出不同的“厨师长特选”，要求餐饮服务人员和厨师学会做客人的“营养师”，前台的服务人员在为客人点餐的时候都会根据客人的需求，为客人建议合理、健康的菜肴搭配，减少浪费。

思考：

1．金陵饭店是以何理念开展此次公关活动的？

2．金陵饭店的做法迎合了客人的哪些需求？

三、实训题

1．根据自己的身份和经历，列出你曾参加的组织和所属公众的类别。

实训目的：了解不同组织的目标公众有何差别。

实训要求：列举准确；选取两三个目标组织；分析充分。

2．以所在地一家五星级饭店为调查目标，设计一套完整的调查计划；利用课堂或实地进行模拟操作，实施调查计划；分析调查结果，并以此为依据编制一份该饭店近期的公共关系活动策划书。

实训目的：通过调查分析了解拟定公共关系调查计划的程序。

实训要求：小组调查；分析调查结果；编制活动策划书。

5

饭店营销管理

学习目标

- 知识目标：掌握饭店营销的概念与特点，了解饭店营销观念的演变和发展，饭店营销的方法与策略。
- 技能目标：根据饭店自身的条件及服务对象分析饭店的营销方法及策略。
- 能力目标：能够运用饭店营销管理知识为饭店如何开展营销活动提出相应的策略和方法。

导入案例

南京古南都饭店的总机接线员

某年圣诞节前午夜时分，南京古南都饭店总机当班的小李接到某外资公司一位客人的电话，询问圣诞活动预订事宜，并说曾打电话给另一家饭店，因该店总机接线员告之订票处已经下班，于是便打电话到古南都询问。

小李想到尽管此事并非她直接的工作范围，但意识到这事关饭店形象，做好咨询服务是自己应尽的责任和义务，处理得当还能促进饭店的圣诞销售。小李是一个有心人，平时已将饭店的圣诞活动安排了解得一清二楚，于是她马上热情、细致地把有关情况向客人一一做了介绍。客人听后非常满意，并表示他们公司将平安夜活动就定在古南都了，若中了奖就送给总机小姐。第二天，他们果然来饭店买了 160 张欢度“圣诞平安夜”的套票。

思考：饭店如何根据自身的情况制定营销策略？

人员推销是饭店促销手段之一，通过人际交往的方式向宾客进行介绍、说服等工作，促使宾客了解、喜爱、购买本饭店产品或服务，有利于培养稳定的交易关系。本案例中的总机接线员小李正是采用了传统的人员推销方式，使得饭店抓住了一次商机，带来了利润。

饭店市场营销活动是在一定经营观念指导下进行的，因此，准确把握市场营销的核心概念，了解饭店营销理念以及饭店营销的方法与策略，对于饭店做好市场营销、加强管理，提高经济效益具有重要意义。

5.1 饭店营销概述

饭店市场营销就是从确定饭店目标市场的需求开始，进行设计、组合和创造适当的饭店产品，以满足这个市场的需要。饭店营销不是经营销售，它所具有的功能了解、调研宾客的合理需求和消费欲望，确定饭店的目标市场，并且设计、组合、创造适当的饭店产品，以满足其目标市场的需要。

5.1.1 饭店营销的概念

饭店营销是指饭店在变化的市场环境中，综合运用各种营销手段，以满足顾客需要和实现饭店目标。把饭店产品和服务整体地销售给顾客的一系列市场经营活动与过程。饭店的营销，必须与饭店内其他部门密切配合，如住宿与前台客房，用餐与餐厅，会议与工程、音响等。营销的作用在于沟通饭店和客源市场的供求关系，以求饭店的最佳效益，因而饭店的市场营销是饭店经营管理的核心。饭店营销具有以下特点。

1. 包括饭店营销战略决策、生产、销售等阶段在内的总循环过程

第一阶段——营销战略决策。主要是解决制定或调整经营方向、进行经营规模的

合理优化、选择有利的经营时机、评价营销战略方案的经济效益等重大战略问题。营销战略决定着饭店营销活动的方向和效果。为保证战略决策的科学和正确，必须进行科学的市场调查和预测，在市场细分的基础上选定目标市场，根据目标市场的需求决定饭店的经营方向和经营规模，制定相应的营销战略方案。因此，顾客需求是饭店开展营销活动的起点和制定营销战略的根本依据。

【知识链接】

2012 中国酒店营销高峰论坛

2012 年 5 月 15 日，以“数字时代的酒店营销”为主题的“2012 中国酒店营销高峰论坛”在上海东锦江希尔顿逸林酒店举行。论坛为期一天，通过主题演讲、嘉宾座谈、CEO 对话等形式，分析和探讨全球酒店的在线营销新趋势、酒店在线营销策略、新兴模式对酒店收益及渠道管理带来的机会和挑战，以及如何利用社会媒体和用户点评来提升酒店销售、分销和收益管理的绩效等精彩议题。此次论坛有超过 400 位全球酒店业的高层参加，锦江酒店集团、开元酒店集团、希尔顿酒店、金陵酒店管理公司等的 40 余位酒店营销业高层受邀在此次“酒店营销高峰论坛”演讲或参与座谈，与业界精英分享其对酒店营销的独到观点和经验。

第二阶段——生产阶段的营销活动。此阶段主要的营销活动在生产领域进行，重点是根据市场分析与预测的结果确定饭店产品品种组合决策，制订饭店新产品开发计划，注重饭店生产和经营的数量、质量、品牌、形象等方面的设计与实施。同时加强生产过程中的各项管理，降低成本和经营费用，为提高饭店的市场竞争力和饭店经济效益奠定坚实基础。

第三阶段——销售阶段。主要在销售领域完成，同时向消费领域延伸。在竞争激烈的市场环境中，产品能否销售出去，直接决定饭店营销活动的成效与经济效益。为此，在这一阶段需要综合运用价格、促销、渠道、广告、服务等各种营销手段和策略，在全面满足顾客需要的基础上，促成饭店产品和服务的最终销售。

以上三个阶段在时间上继起，在空间上并存，既紧密联系，又相互制约，从而实现和保证营销过程的循环往复，连续不断。

2. 以顾客需求为基础和中心的饭店经营行为

与传统的经营活动相比，现代市场营销的一个显著特点是以顾客需求为中心，需求成为左右饭店一切生产经营活动的出发点。饭店市场营销活动是以赢利为基本目标的，但这一目标的实现，必须以满足顾客需求为基础，获取利润的手段必须有利于顾客消费需求的满足。因此，在营销活动中，饭店追求的首先是产品或服务对满足顾客消费需求的功效，然后根据需求的被满足程度来确定饭店的赢利。

事实上，满足需求与获取赢利并非相互对立，而是彼此依存、相辅相成的。顾客需求被满足的程度越高，饭店的赢利随之越多。基于上述认识，饭店在市场营销中，无论从事市场调研、产品开发或是制定价格、广告宣传都强调以饭店顾客的需求为出发点，不仅满足已有的现实需求，还要激发、转化各种潜在需求，进而引导和创造新的需求；不仅满足顾客的近期、个别需求，还要顾及广阔的长远需求，维护社会公众的整体利益。

3. 以整体营销组合作为运行手段和方法的有机系统

在传统的经营活动中，饭店往往集中运用一种或几种经营手段达成预定目标。例如，仅借助产品本身来扩大市场，只依靠推销手段来促进销售。与传统方式不同，市场营销不主张采用单一手段从事经营活动，而认为应在产品设计、 品牌形象、商标、定价、财务、销售、服务、公关、分销渠道等各个环节和方面都要制定相应的营销策略，以综合性的策略组合进行整体营销，这些策略和手段又归结为几个方面，即产品策略、定价策略、分销渠道策略、促销策略，以及近年来迅速发展的公共关系策略、财务控制策略、服务营销策略、信息化营销策略等，整体营销组合即由这些策略组合而成。

5.1.2 饭店营销的特点

饭店的产品是有形设施和无形服务的结合，这就导致了饭店产品具有特殊性。

1. 综合性

客人对饭店的需求除了住宿的基本需要外，还包括美食、购物、娱乐、信息交流、商务活动等综合需求。这为饭店的经营提出了挑战，更带来了商机。

2. 无形性

服务是饭店的主要产品，饭店所有的产品都伴随服务出售。饭店产品与其他产业产品的最大的不同之处就在于饭店产品被客人购买后，只是在一定时间和空间拥有使用权，而无法占有它们。饭店产品的无形性特点使饭店的销售活动带有相应的脆弱性。客人在购买饭店产品前无法具体接触或明确地感觉它们，这就给饭店的营销活动带来很大的难度。

3. 不可储存性

饭店产品具有不可储存性，“今天卖不出去的客房就永远也卖不出去了”是饭店经营的至理名言。饭店产品的这个特点向饭店的营销人员提出了挑战，它要求饭店的营销部门一定要把握市场机会努力多推销饭店产品，尽可能地减少饭店损失，获得更大的利润。

【知识链接】

客房销售的技巧——任选法

饭店产品具有不可储存性，使用这一技巧时，前台服务员先向客人提供几个可供选择的价格，然后再问客人：“请问您喜欢哪一种？”这样，服务员没给客人施加任何压力，客人会给自己施加一种压力，从而会选择一种中档价格的客房。

一般来说，人们一般都不愿意走入极端。他们会认为，选择最便宜的客房会使其有失体面，而选择最昂贵的房间会显得过分奢华。客人不由得内心产生一种压力驱使他们选择中档价格，同时也对自己及他人显示了自己的合理性和某种让步。

任选法的运用可以有效地把握住客人，使其选择中档价格，而不至于滑到最低价格。

4. 易波动性

饭店业的经营对外部条件有很强的依赖性，是社会中高敏感度的行业，它会受到很多因素的影响而发生波动，如政治、经济、社会及自然因素等。这就要求饭店管理者必须对客观环境保持高度敏感，并对环境的变化做出快速的反应，以减少饭店经营的风险。

5. 生产和销售的局限性

客房的数量以及服务人员服务的有限性决定了饭店生产和销售的局限性。为了解决这个问题，饭店协会通过组建地区饭店联盟等形式，统一服务标准、服务程序、服务风格，从而达到团队促销，使得饭店产品可以规模生产、规模销售。

5.1.3 饭店营销观念的演变和发展

饭店市场营销管理是为了在目标市场上达到预期的交换目的而做出的努力。那么，这些营销活动的指导思想是什么？如何摆正饭店与顾客、社会三者之间不断变化有时甚至是相互冲突的利益关系呢？显然，饭店市场营销活动应该在某种思想的指导下进行，这种指导思想便是饭店的市场营销观念。

1. 饭店营销观念的演变

现代饭店的市场营销观念可归纳为五种，即生产观念、产品观念、推销观念、市场营销观念和社会市场营销观念(图 5-1)。

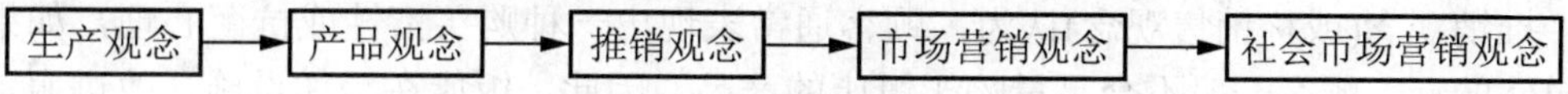

图 5-1 饭店营销观念的演变

1) 生产观念

生产观念是指导企业行为的最古老的观念之一，从传统企业管理的发展看，这种观念产生于 20 世纪 20 年代前。那时，企业经营观念不是从顾客需求出发，而是从企业生产出发的。

生产观念在饭店业的经营中主要表现为“我的饭店能提供什么，我就销售什么”。持有生产观念的饭店认为，顾客喜欢那些大众化的而且价格低廉的饭店，饭店应致力于提高效率，扩大饭店规模，降低成本以扩展市场。显然，生产观念是一种重生产、轻市场营销的商业观念。

生产观念是在卖方市场条件下产生的。饭店业发展早期，饭店产品和服务供不应求的现象在许多地方普遍存在。饭店设施简陋，服务项目单一，服务水平低下，但前来投宿的顾客却源源不断，尤其在旅游旺季，形成严重的供不应求。由于客房不足，能找到下榻之处，顾客就心满意足。至于饭店的设施、服务只能退而求其次。于是饭店只需关心如何增加饭店的床位和餐位，无需考虑改善设施、增加服务项目和提高服务质量等，形成了饭店能提供什么，顾客便购买什么，顾客的需求完全被忽略了。

1978 年，我国实行对外开放的政策后，外国旅游者大量涌入，主要旅游目的地都出现了饭店供不应求的现象。除了淡季之外，饭店几乎从来不为客源发愁，从而使饭店管理不自觉地进入生产观念阶段。

随着市场供求形势的变化，生产观念的适用范围必然受到极大的限制，由于对市场需求和变化缺乏应变能力，因而缺乏市场竞争力，这种陈旧的观念最终将使饭店失去属于自己的客源市场。但是，在我国还有相当一批饭店持有生产观念这一落后的经营思想，所以，转变观念，加强培训和不断学习，始终是饭店管理者的长期任务。

2) 产品观念

产品观念也是一种较早的企业经营观念。产品观念认为，顾客最喜欢高质量、多功能和具有某种特色的饭店，饭店应致力于提供良好的设施和优质的服务，并不断加以改进。与生产观念相比，产品观念无疑是一种进步。就客人而言，他们下榻饭店能保证其获得最基本的需求满足。饭店若能提供良好的设施和优质的服务，客人一般来说即会感到满意。然而，产品观念的最大不足之处是容易导致“市场营销近视症”，即不适当地把注意力放在饭店产品和服务上，而不是放在顾客需求上，在市场营销管理中缺乏远见，只看到自己的产品质量好，看不到市场需求在变化，致使饭店经营陷入困境。“酒香不怕巷子深”便是产品观念的集中体现。实际上，顾客来自不同地域，他们的需求千差万别并且不断变化。饭店的设施与服务再好，若不考虑客人的需求及其变化，也是得不到市场认可的。产品观念在现代市场营销中是难以立足的。在竞争激烈的买方市场环境下，忽视对市场需求的研究和其他营销手段的配合，饭店产品在市场竞争中很难获得成功。

3) 推销观念

推销观念(或称销售观念)认为，顾客通常表现出一种购买惰性或抗衡心理，如果顺其自然的话，顾客一般不会足量购买饭店的产品。因此，饭店在增加设施、改进服务的同时，必须积极推销和大力促销，以刺激顾客大量购买饭店产品，并在竞争中战胜对手。

推销观念的产生一则是由于技术进步、设施改善，再则是由于饭店数量增加、竞争加剧。此时，供不应求的局面已不复存在。相反，供大于求迫使饭店把经营重点从生产转向销售。只是这种销售的努力主要是从饭店自身利益考虑，并没有把顾客的需求放在最重要的位置上。销售人员四处奔走，但是他们并没有做过周密的市场调研，不了解顾客的真实需求，因此他们的努力并不能保证给饭店带来更多的客源与利润。

这种观念虽然比前两种观念前进了一步，开始重视饭店广告及推销，但其实质仍然是以生产为中心的。所以，它仍然是一种传统的市场营销观念。

4) 市场营销观念

市场营销观念是作为对上述诸观念的挑战而出现的一种新型的企业经营观念，这种观念以满足顾客需求为出发点，即“顾客需要什么，企业就生产销售什么”。市场营销观念认为，实现企业各项目标的关键，在于正确确定目标市场的需要和欲望，并且比竞争者更有效地提供目标市场所期望的物品或服务，进而比竞争者更有效地满足目标市场的需要和欲望。饭店首先考虑的不是饭店有什么可提供销售，而是客人对饭店有哪些需求。了解了顾客的需求，努力满足这些需求，饭店才能创造利润，才能在激烈的市场竞争中获得发展。

市场营销观念是在饭店市场供过于求的情况下出现的。随着饭店业的迅速发展，市场趋势表现为供过于求的买方市场，同时顾客收入迅速提高，有可能对饭店进行选择，饭店之间为实现产品销售的竞争加剧，许多饭店开始认识到，必须转变经营观念，才能求得生存和发展。

市场营销观念的出现，使饭店经营观念发生了根本性变化。市场营销观念同推销观念相比具有重大差别。推销观念注重饭店需求；市场营销观念则注重顾客需求。推销观念以饭店需求为出发点，考虑如何把饭店产品变成现金；而市场营销观念则考虑如何通过生产、提供产品和服务以及与最终消费产品与服务有关的所有事物，来满足顾客的需求。可见，市场营销观念的四个支柱是以市场为中心、顾客导向、协调的市场营销和利润。推销观念的四个支柱是饭店、产品导向、推销和赢利。从本质上说，市场营销观念是一种以顾客需要和欲望为导向的哲学，是消费者主权论在饭店市场营销管理中的体现。

【知识链接】

希尔顿饭店的营销观念

许多优秀的饭店都是奉行市场营销观念的。例如，希尔顿国际饭店集团认为："顾客的需求便是我们的经营、服务方向。"希尔顿曾经说过："我们的旅馆向什么方向发展，我们不能边走边看，而要先听听旅客们的意见。他们最明白自己需要什么样的消费。"希尔顿自己不仅时常找顾客聊天，了解他们的消费倾向，而且要求店员们也在不影响、不干涉顾客私生活的前提下，向他们了解饭店服务方面的细节，听取顾客的意见。希尔顿国际饭店集团正是由于奉行"顾客就是上帝"的经营信条，根据顾客的需求，不断变换、更新服务内容和方式，才建立了庞大的连锁式全球旅游网络系统。

5) 社会市场营销观念

社会市场营销观念认为，饭店在确定顾客的需求、实现饭店赢利的过程之中，不能孤立地追求一己的利益，而必须使自己的行为符合整个社会与经济发展的要求，以保护或提高顾客和社会利益的方式，比竞争者更有效、更有利地向顾客提供能够满足其需求的产品或服务。

社会市场营销观念是对市场营销观念的修改和补充。它产生于20世纪70年代西方社会出现能源短缺、通货膨胀、失业增加、环境污染严重、消费者保护运动盛行的新形势下。因为市场营销观念回避了顾客需要、顾客利益和长期社会利益之间隐含着冲突的现实。社会市场营销观念要求市场营销者在制定市场营销政策时，要统筹兼顾三方面的利益，即企业利润、顾客需求的满足和社会利益。

【知识链接】

"绿色营销"已成为国际饭店业的一种潮流

一些国际饭店集团在这方面已经开始做出值得赞赏的努力。例如，为了节约纸张而减少森林砍伐，他们提供的卫生纸是用再生纸做的；办公室的一些非正式文件使用电传纸的反面；在客房里放置小册子，宣传保护环境与资源的日常方法；为节约水资源而减少棉织品的洗涤次数，取消一次性牙具；组织员工参加植树活动，等等。世界旅游组织为了鼓励饭店业参与环境保护，曾在1990年表彰了在这方面做出成绩的美国华美达(Ramada)饭店集团。许多国际饭店集团积极开展ISO 140000环保认证，以期提升其在环境管理方面的水平。

上述五种饭店营销观念的产生和存在都有其历史背景和必然性，都是与一定的条件相联系、相适应的。当前，西方大部分饭店已经完成了从生产型向经营型或经营服务型的转变，在其经营与发展中树立了具有现代意识的市场营销观念、社会市场营销观念。但是，必须指出的是，由于诸多因素的制约，当今世界上的饭店不是都树立了与之相适应的市场营销观念和社会市场营销观念。事实上，还有许多饭店仍然以产品观念及推销观念为导向。

目前我国仍处于市场经济初级阶段，由于受社会生产力发展程度及市场发展趋势、经济体制改革的状况及广大居民收入状况等因素的制约，我国饭店经营观念仍处于多种观念并存的阶段。

2. 饭店市场营销过程

现代饭店市场营销的目的：寻找、服务和满足消费者需要的同时，实现企业自身的目标，饭店市场营销过程(图5-2)如下。

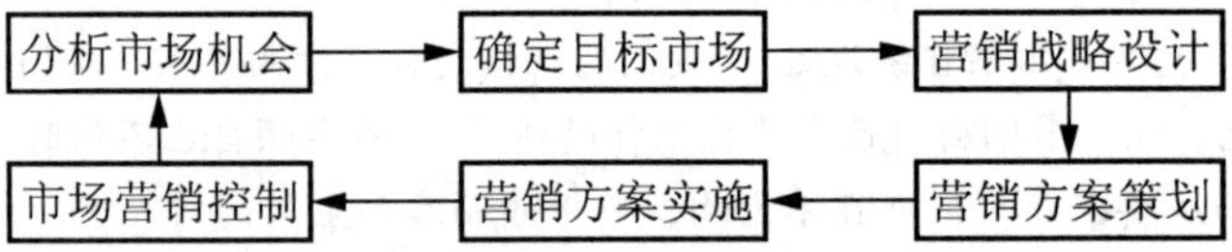

图5-2 饭店市场营销流程

分析市场机会：通过分析饭店所处的宏观和微观环境明确自己的优势与劣势，避开威胁因素，找到有吸引力的市场营销机会，同时其他部门及时提供信息反馈。

确定目标市场：通过分析市场机会，可掌握总体的市场需求状况。不同顾客有不同需求，饭店应该根据顾客的群体特征进行饭店市场细分，选择对本企业最有吸引力而饭店可为之提供有效服务的细分市场为目标市场，实行目标市场营销。

营销战略设计：确定目标市场后，为进入这一市场设计营销战略。进行市场定位，就是在这一市场的所有竞争对手中确定自己饭店的独特地位，树立本企业的独特形象。

营销方案策划：营销方案涉及营销费用、营销组合和营销资源的分配。营销组合就是综合地、动态地把各种营销策略有机地配合运用，在营销方案中应使各种营销策略具体化。

营销方案实施：就是把营销方案转变为市场营销行动的过程。

市场营销控制：在市场营销方案实施过程中，会遇到各种意外情况使实施行动偏离既定目标，就要通过市场控制来弥补和校正，包括月度、年度计划控制、赢利能力控制、战略控制等。

3. 饭店营销的发展趋势

1) 顾客消费趋于流行化

和时装消费一样，人们的饭店消费观念已经发生了很大的变化。顾客的品位变化极快，新颖的、借助某些抽象化的题材来迎合人们心理的服务，可能会成为时尚而风行一时，但它们犹如昙花一现，旋即淹没在变化的海洋之中。快速的变化、预测的难度，使得饭店的市场营销工作变得非常具有挑战性。

2) 市场细分越来越个性化

随着经济的发展，人们的收入水平和消费水平同步上升，消费需求也向高级阶段发展，消费者已从原有的数量消费、质量消费向个性化消费转变。消费个性化使得饭店在设计产品和服务时，必须考虑“量身定制”的问题。

3) 顾客预期不断上升

21世纪饭店的竞争会更加激烈，为了吸引顾客，各饭店将不断创新，激烈的竞争使得饭店提供的产品质量、服务质量不断提高。消费者对所提供的产品和服务的期望也随之提高，顾客需求变得更加多样化，饭店要真正令顾客满意越来越困难。

4) 饭店之间的竞争加剧

随着应用技术能力的提高和市场信息的快速传递，市场障碍不断弱化，行业渗透性越来越强，饭店业的竞争会愈来愈激烈。竞争加剧使得饭店面临更大的压力。因此，饭店必须加强与上下游企业的互惠关系，这成为饭店未来营销工作的重要内容之一。

5) 饭店产品和服务很容易被模仿

由于盈利性产品和服务很快被模仿，今日看是特殊服务，明日就成了标准化服务。模仿能力强、模仿速度快使得饭店通过开发新产品来开拓新市场的难度加大，只有维持一定数量的忠实顾客才能保证饭店获取稳定利润。在营销战略上，饭店将把顾客置于组织结构的中心，通过向顾客提供超值服务来与顾客建立长期的伙伴关系。

另外，网络化、全球化以及政治经济形势和社会的变化等各种因素也会给营销环境带来变化，从而对饭店营销战略和策略产生不可忽视的影响。要适应这些变化，饭店必须时时注意市场变化，了解顾客需求变化，高瞻远瞩，立足于今天，放眼于未来，这样才能使饭店立于不败之地。

5.2 饭店营销的方法

销售策略是饭店营销中的重要环节，在饭店营销活动中起着举足轻重的作用，并贯穿整个营销过程始终。每家饭店都有销售机构，每个销售机构都应该有一套适合自身经营特点的严密的营销组织和一批分工明确的销售人员。饭店的销售策略中有许多具体的方式和方法，饭店业可以根据各自的实际情况，确定自己的营销方法，达到饭店的营销目标。

5.2.1 文化营销

所谓文化营销，实质上是指充分运用文化力量来实现企业战略目标的市场营销活动，即在市场调研、环境预测、选择目标市场、市场定位、产品开发、定价、渠道选择、促销、提供服务等营销活动流程中均应主动进行文化渗透，提高文化含量，以文化作媒介与客人及社会公众构建全新的利益共同体关系。21世纪的饭店更要高度重视文化营销策略，以文化去适应和影响客源市场，创造竞争优势。

文化营销是无形的，其作用是不可估量的，越来越多的企业已认识到高品质高层次的企业文化是成为企业生存立足和谋求制胜市场的根本。具体来说，企业文化营销有以下三个层次。

1. 产品和服务文化营销

产品和服务文化营销，是依托产品和服务，通过产品和服务来具体表达价值观和其文化倾向。可以说产品和服务是价值观的实体化，它包括了室内装饰、室外环境、菜肴和人员服务等客人能直接接触到的事物和现象。例如，天津喜来登饭店的一位客人在外出前将一件掉了扣子的衣服放在房间里，当天晚上回房休息时发现纽扣已被钉好，衣服整整齐齐地摆在那里。原来是客房服务员整理房间时，发现客人衣服上少了一枚纽扣，便主动取来针线，选取了一枚相同的纽扣钉上了。这位客人非常感动，他说："我的这颗纽扣丢失已久，没想到住进贵店的第一天，服务员小姐就主动给钉上了，你们的服务真是无微不至呀！"

【知识链接】

饭店蜜月度假产品营销

蜜月度假产品只向新婚夫妇提供，一般需要漂亮而宁静的客房以及一些特殊的服务，如一间布置漂亮的洞房，免费床前美式早餐，免费奉赠香槟酒，客房里供应鲜花、水果篮。

这类产品适应消费的心理，强调喜庆的气氛，吸引消费，以鲜花和双喜横幅布置房间，根据具体要求制造结婚喜庆气氛，洞房花烛夜免费提供新婚套房、鲜花、水果和香槟酒，免费美式早餐送到客房。

2. 品牌文化营销

品牌文化营销是在产品文化基础上进一步发展的结果，它既包括饭店创立品牌的行为，也包括社会对饭店品牌的认可和市场对品牌的选择。饭店品牌通过饭店的名称、标志物、标志语让客人认知和区别不同于别家饭店的定位。饭店品牌所体现的质量主要透过饭店表象特征传达给客人，具体表现在价格、服务人员的仪容仪表、建筑物外观以及明显能使客人产生第一印象的其他方面，这些方面的形象提升和特色显现对打造饭店的知名品牌尤为重要。

品牌营销的目的在于不断提升品牌，品牌所体现的质量是影响消费者购前感知和购买决策的关键因素。在消费者的消费行为追求日益多元化、个性化的情况下，品牌的功能愈显重要。饭店可以利用品牌延伸产品，渗透市场，树立客人的消费偏好，增强消费者的认同感和对品牌的忠诚度，从而达到营销目的(图5-3)。不过，知名饭店品牌的形成不是一蹴而就的，是依靠饭店长期的科学管理和坚持不懈的营销努力取得的，品牌营销本身就是名牌创建的过程。

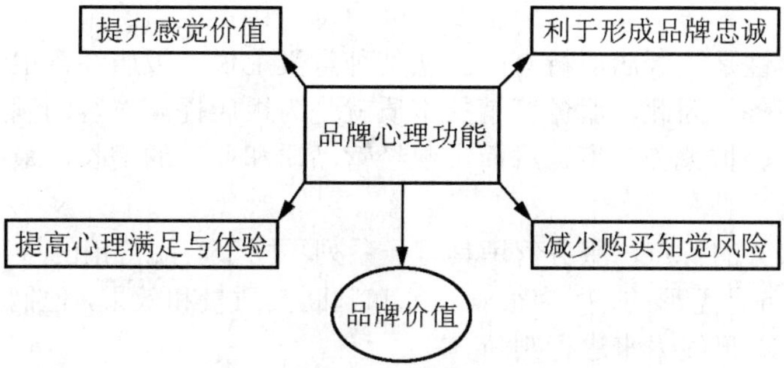

图 5-3 品牌价值与消费者关系

【知识链接】

饭店品牌营销策略

饭店品牌树立能够引发顾客的消费偏好，与顾客建立友好感情，增强消费者的认同感和对品牌的忠诚度，从而达到营销目的。饭店品牌通过饭店名称、标志物、标志语让顾客认知和区别不同于别家饭店的定位。饭店品牌的树立建立在服务质量上，饭店品牌体现的质量主要透过饭店表象特征传达给顾客，具体表现在价格、服务人员仪表、建筑物外观以及明显能对顾客产生第一印象的其他方面。品牌营销本身就是名牌创建的过程，其目的在于不断提升品牌，形成名牌。

3. 企业文化营销

企业文化营销是指将企业文化传播介绍给消费者，让企业文化成为社会文化的一个有机组成部分，引起消费者的认同或满意。企业文化营销是企业根据自身文化内涵的特色，选择恰当的方式进行系统的革新与有效沟通，以在消费者心中树立起有鲜明个性的企业形象，并以此达到企业经营目标的一种营销方式。企业文化营销是建立在对企业文化分析基础之上的一种营销方式。优秀的饭店文化只有通过主动的营销活动才能被目标市场的消费者所了解，与他们原有的价值观和个人愿望相融合，进而成为饭店和客人共有的愿望。

企业文化的营销功能是通过组成企业文化的企业价值观念、企业精神风貌、企业的视觉形象、企业的服务文化、企业的信誉度等核心要素从不同的角度和侧面综合体现出来的。

5.2.2 服务营销

服务营销是企业在充分认识满足消费者需求的前提下，为充分满足消费者需求，在营销过程中所采取的一系列活动。服务作为一种营销组合要素，真正引起人们重视的是 20 世纪 80 年代后期，这个时期，由于科学技术的进步和社会生产力的显著提高，产业升级和生产的专业化发展日益加速，一方面使产品的服务含量，即产品的服务密集度日益增大。另一方面，随着劳动生产率的提高，市场转向买方市场，随着收入水平的提高，消费者的消费需求也逐渐发生变化，需求层次也相应提高，并向多样化方向拓展。

在新经济时代，随着社会开放程度和信息化程度的日趋提高，人们交往的日趋频繁，饭店业有形产品尤其是硬件设施日趋同质化。这越来越使得大多数饭店的有形产品不可能只为某一家饭店所独有，同时也越来越使无形产品或者说饭店产品的无形部分——服务的价值、作用显得尤为重要。因为每一特定饭店的服务个性和所形成的服务品质、品牌个性是该饭店所特有的。从某种意义上说，饭店经营很大程度上是在经营一种独特的服务。因此，服务营销的本质就是为饭店提高宾客的满意度、增加信任度、培养忠诚度、扩大美誉度，进而实现经营品质和业绩的增长，最终为宾客和企业创造更高的价值。

由于饭店服务的特点，服务营销具有一系列不同于产品营销的特征。

(1) 由于服务是无形的，顾客很难感知和判断其质量和效果，他们将更多地根据服务设施和环境等有形线索来进行判断。

(2) 顾客直接参与服务的生产过程及其在这一过程同服务人员的沟通和互动行为向传统的营销理论和产品质量管理理论提出了挑战。

(3) 与有形产品相比，服务的不可储存性要求对服务的供求进行更为准确的平衡。差异性易使顾客对企业及其提供的服务产生“形象混淆”。

(4) 由于服务不具有实体特征，因而不能运输，从而使得服务的分销不同于有形产品。服务不能储存或运输的特性给大规模生产和销售服务带来了限制，所以，饭店服务要获得规模经济的效益就必须比制造企业付出更多的努力。

针对饭店服务产品的特点，饭店营销应该注重服务营销的理念，在传统的 4Ps 营销组合的基础上增加三个 P，即员工(people)、有形展示(physicalevidence)和过程(process)策略，这就是饭店服务营销 7Ps 组合策略。

传统 4Ps 策略。包括产品(product)、价格(price)、渠道(place)、促销(promote)策略。在服务营销策略中，饭店依然依赖这些传统的营销手段。在产品策略中，对于饭店餐饮产品、客房产品、康乐产品等的设计都应该充分考虑顾客的需要。饭店应认真研究市场需求，做好市场调研，根据宾客消费行为的变化趋势设计新的饭店产品。

1) 员工管理策略

饭店属于劳动密集型企业，员工素质和能力至关重要。我国饭店存在的问题是人才素质需要进一步提高，人才结构需要进一步合理化。在饭店服务利润链中，顾客满意和顾客忠诚取决于饭店为顾客创造价值，而饭店为顾客创造价值的大小又取决于员工的满意与忠诚。只有满意和忠诚的员工才能提高其服务效率和服务质量。

2) 有形展示策略

由于服务的不可感知性，不能实现自我展示，它必须借助一系列的有形证据才能向顾客传递相关信息，顾客才能据此对服务的效用和质量作出评价和判断。由于饭店行业竞争激烈，饭店更应在以下三方面做好有形展示。

3) 服务过程策略

饭店作为综合性服务的企业，为宾客提供一系列服务，包括售前的信息咨询，售中的住宿、餐饮、娱乐、旅游、购物、会议、商务等各项服务以及售后的客户关系维护服务。饭店应确定各种情况下的服务流程并将其制度化，增加服务人员与消费者之间的交流与互动，提高服务质量，做好以全员、全程、全方位为特征的全面质量管理。

5.2.3 关系营销

关系营销是在 20 世纪 90 年代伴随着大市场营销理念的发展而产生的。所谓关系营销，是把营销活动看成一个企业与消费者、供应商、分销商、竞争对手、政府机构及其他公众发生互动作用的过程。

1. 关系营销的层次

饭店与营销对象之间关系的稳定程度，通常是用关系营销级别来表示的。按照关系的稳定程度，关系营销可由浅入深地分为三个层次。

1) 购买关系型

购买关系型是关系营销的最低级别层次，又称为频繁市场营销或频率市场营销。这是只在发生交易行为时才建立起来的一种较为和善的关系类型，它维持客人关系的主要手段是利用价格上的刺激来增加目标市场客人的财务利益，如饭店向客人提供的各种优惠、折扣等。换句话来讲，它是通过纯粹的金钱与客人建立的一种瞬时、不稳定的关系。奖励常客是回报的一种形式，它是关系营销的最低层次。

目前，我国不少饭店推出了“奖励计划”，希望培养对本饭店忠诚的客人。例如，某些饭店与一些航空公司开发了“里程项目”计划，住这些饭店可以得到航空公司的里程积累。还有的饭店集团实施常客计划或成立常客俱乐部，对常客或大客户在价格上给予更多的折扣和优惠。

这种方式的关系营销可以建立起客人对饭店产品的偏好，但也很容易被竞争对手模仿。由于客人只是被单纯的价格折扣所吸引，所以较易于受到竞争者类似促销方式的影响而转移购买。由此可见，单纯依靠经济杠杆是无法打造客人忠诚度的，还必须通过其他营销方式，创造无法模仿的客人独特价值。

2) 社交关系型

此种类型的关系营销在增加目标客人的财务利益的同时，也增加他们的社会利益。与购买关系型相比较，社交关系型营销更重视发展饭店与客人之间的长期关系，通过了解客人的需要和愿望，提供相应的个性化服务，从而增加客人对饭店的满意度，加深饭店与客人的社会联系。

饭店可以通过各种信息渠道，收集客人的个人资料，准确地了解他们的消费爱好。当他们下次住店时，不需要登记，服务人员就会恰当地称呼他们，并引客人直接入住，并且各项服务均符合这些客人的要求。例如，客房的朝向和内部布置，及时接通长话和提供商务支持，床上和洗浴用品也符合他们的个性化要求等。许多客人都有这种与饭店建立友好关系的潜在要求，他们希望能长期从该饭店获得个性化服务，希望服务人员熟悉他们、关心他们、主动与他们联系，为他们提供高质量的服务。另外，饭店建立完善的回访机制，与客人建立持续对话的通道，妥善处理客人投诉，及时发现饭店服务中的差错和不足，改进服务质量，也是关系营销中非常重要的内容。

【知识链接】

饭店如何推行关系营销

饭店正如其他普通企业一样，其成长壮大都无法脱离整个社会系统的支持，加上饭店本身经营管理的特殊性，关系营销对饭店而言就更具实践指导意义。在饭店的关系营销过程中必须要考虑到众多关联对象，与他们建立长期密切的关系，包括顾客、旅行社、竞争对手、政府机构以及内部员工等。饭店关系营销围绕关系展开，力求关系各利益方面的协调发展，为饭店的发展建立良好的内外部环境，并从中获利。

3) 忠诚关系型

这是级别最高的一类关系营销，其核心是客人忠诚。忠诚的客人是指他们在众多的产品和服务面前，在长期、大量的购买消费中，绝不会转而购买或消费别的产品和服务，他们与饭店建立起长期的友好关系，形成一种稳固的关系，进而发展到对品牌的偏好。在市场经济中，客人是饭店生存发展的基础，是企业最为宝贵的财富。例如，为了维系忠诚客人，北京王府饭店规定，凡入住王府饭店20次以上的客人，就列入“王府常客”名单，并可享受下列特殊待遇：拥有一套烫金名字的个人信封、信纸、火柴，一件量身定制的专用浴衣，浴衣上用金线绣着客人的名字，客人离店时收起，下次来店入住时，客房部又取出为客人挂好。只要可能，饭店尽量安排客人中意的同一间客房。

忠城关系型关系营销还有一种方式，就是根据自身客源结构的特点，通过客人组织化的形式，建立特殊的团队，并为这个团队提供特别的服务，使客人感觉饭店销售的不仅仅是一种产品，还是一种生活方式以及社会认同感。例如，上海和平饭店组织了一个“金融家俱乐部”，饭店为专业会员免费定期提供专业论坛、洽谈会、优惠卡和组织一些文体活动等，深受客人欢迎。

2. 关系营销的手段

1) 追加附加值

饭店追加的附加值常常体现在以下几个方面。

(1) 物质利益的追加。物质利益的追加即饭店通过提供某种特殊的物质实体来更好地满足客人的需要，如客房内免费提供果盘。

(2) 财务利益的追加，对于忠诚关系型客人，在同等价格水平的前提下，使其享受更多更好的产品和服务。如客房升级服务。

(3) 社会利益的追加。所谓社会利益的追加是通过提供专门服务、个性服务、超前服务、癖好服务等方式实现的。饭店为重要客人建立客史档案，据此提供具有针对性的服务，以增加客人的自豪感和成就感。

2) 减少客人购买总成本

饭店利用减少购买总成本来增加客人的满意程度主要体现在以下五个方面。

(1) 货币成本。客人购买、消费饭店的产品所支付的货币总额。

(2) 时间成本。时间成本是指客人在购买产品时所付出的时间代价。

(3) 体力成本。体力成本即客人在购买饭店的产品时所消费的体力价值。

(4) 精力成本。客人在购买饭店产品时所承受的心理代价和压力在此过程中消耗的精神损耗和成本。

(5) 信息成本。客人在收集饭店信息时所花费的成本。

总而言之，通过上述措施，追加附加值，减少购买总成本，使消费者需求得到满足，最终获得物质和精神的实惠。

饭店关系营销的目的在于提高常客的忠诚度、巩固市场份额，其核心是建立和发展同相关个人与组织的兼顾双方利益的长期联系。与传统营销相比较(表 5-1)，关系营销更关注提高客人满意度，保持客人以及培育客人忠诚。它的营销重心放在吸引更多的客人重复使用或购买饭店的产品或服务。它注重饭店与客人关系的稳定化，以建立长期的交易关系作为营销的目标。

表 5-1 传统营销与关系营销对比

传统营销特点	关系营销特点
重视单项经营	重视营销合作
关注短期销售	重视长期销售
强化产品	强化服务
经营部门重视质量	所有职工重视质量
轻视与客人持续联系	与客人持续联系
重视产品个性	重视客人价值
有限的服务承诺	高度服务承诺

5.2.4 绿色营销

20 世纪 80 年代后期，基于环境、能源、人口等世界性问题日益严重，人们的环保意识、可持续性发展的呼声日益高涨。对于饭店旅游业来讲，可持续发展就是要保护自然与人文环境，为旅游者创造自我实现的机会，保护与提高社区福利。而解决环境、旅游者与东道社区之间的利益冲突是绿色旅游或旅游可持续发展的核心哲学。正是在这种背景下，绿色营销应运而生了。

1. 绿色营销的内涵

饭店的绿色营销是指饭店以环境保护观念作为其经营哲学，以绿色文化作为其价值观念，以消除或减少对地球生态环境的破坏为中心，以满足消费者的绿色消费为出发点，创造和发掘市场机会，并采取适宜的营销手段获取赢利和谋求发展的一种新型营销观念与营销策略。绿色营销的焦点是谋求消费者利益、饭店利益、社会利益和生态环境利益的统一，既要充分满足消费者需求，实现饭店利润目标，也要充分注意自然生态平衡。这就要求饭店在营销活动中对产品的创意、设计和生产，以及定价与促销的策划与实施都要以保护生态环境为前提，力求减少或避免环境污染，保护和节约自然资源，维护人类社会的长远利益，实现经济与市场的可持续发展。

绿色营销是一种产业伦理，是可持续发展观在产业界的具体表现。绿色营销观念认为，饭店的服务对象不仅仅是单一的客人，还包括整个社会、整个环境。它要求饭店在营销活动中，关注下一代人的利益，既要保护环境、节约资源、保存与发展当地文化，促进社区发展，又要不应以短期的狭隘的利润作为行为导向，而应具备强烈的社会意识和环保意识，维持社会、环境和企业的和谐、均衡、再生、发展。绿色营销概念把企业利益、消费者利益、社会利益有机地统一起来。它是现代社会市场营销观念的高度体现，也是在可持续发展的大前提下，创造和发展市场机会，采取相应的市场营销方式以满足客人需求并从中获利发展的过程。

2. 绿色营销的方法

1) 树立绿色形象

绿色企业形象是高素质企业形象的象征。以人类社会可持续发展为目标，注重环境保护、注重社会公益的绿色企业形象的树立，是企业及其经营者注重社会效益、注重企业的社会责任、注重企业和社会的长远发展的高尚的思想境界的体现。追求绿色形象的企业，其理念和行为符合现代社会发展的根本利益，是现代企业的楷模。企业的绿色形象必将成为现代社会的最佳企业形象。

要制定绿色饭店形象战略，就要统一绿色产品标志形象识别，加强绿色产品标志管理。通过绿色企业精神、绿色产品质量、周到的售后服务、广泛有效的广告、各种公共关系、统一标志等方面实现绿色内外管理要素的有机整合，由内而外塑造饭店绿色形象，从而得到社会各界的认同和肯定。

2) 营销绿色产品

无论是绿色客房，还是绿色餐饮，产品的成本除了要考虑传统经济核算中的各种成本外，还有环境成本、绿色研发成本及建立绿色组织机构和行政管理等方面的成本，因此其价格往往高于一般产品。这种略高于一般产品的绿色产品，对于一部分高收入的绿色意识消费者和那些收入不高、但环保意识极强的消费者来说，是乐于购买并接受的。而对于那些虽具备一定绿色意识，同时又对价格较为敏感的消费者以及绿色意识不足者而言，会减少购买的可能性。如何对这批价格弹性大的消费者进行营销，是难点也是重点。

饭店可以进行物质和精神两方面的激励。在物质方面，可以对购买绿色产品的客人实行累计积分制，当分数积到一定数量时给予实物或旅游等奖励，也可在初期实行一定的打折，以刺激消费。在精神方面，可以采取表彰、发荣誉证书或冠以“绿色大使”等称号的方式积极进行内外宣传。这样便会起到既愉悦客人又扩大影响的作用。例如，杭州海华大饭店在“世界环境日”推出“让绿色环保主义者享受总统级服务”的活动，发动市民提出环保建议，进行评奖，让获奖者免费入住总统套房。这就是一个很好的方法。

【知识链接】

世界环境日

世界环境日为每年的 6 月 5 日，它确立反映了世界各国人民对环境问题的认识和态度，表达了人类对美好环境的向往和追求。它是联合国促进全球环境意识、提高政府对环境问题的注意并采取行动的主要媒介之一。

1972 年 6 月 5 日，在瑞典首都斯德哥尔摩召开了联合国人类环境会议，会议通过了《联合国人类环境宣言》，并提出将每年的6月5日定为“世界环境日”。同年10月，第27届联合国大会通过决议、接受了该建议。世界环境日的意义在于提醒全世界注意地球状况和人类活动对环境的危害。要求联合国系统和各国政府在这一天开展各种活动来强调保护和改善人类环境的重要性。

联合国环境规划署在每年6月5日选择一个成员国举行“世界环境日”纪念活动，发表《环境现状的年度报告书》及表彰“全球500佳”，并根据当年的世界主要环境问题及环境热点，有针对性地制定每年的“世界环境日”主题。2011年世界环境日的中国主题为“共建生态文明，共享绿色未来”。

3) 引导绿色消费

节约能源，保护环境，积极倡导绿色消费是绿色饭店的服务宗旨。除了绿色营销、绿色管理及新技术采用外，在经营和服务中，如何有效的引导绿色消费，让更多的消费者参与到绿色行动中来，如何让绿色服务展现出高层次的服务气氛及标准，如何把绿色服务内容与星级服务有机结合起来等都是值得饭店管理者认真思考的问题。

饭店可以通过很多方式引导客人进行绿色消费，其中绿色服务是最好的方式。绿色服务旨在保护自然资源、生态环境和人类健康，与客人的消费行为是同一性的。在餐饮服务中，要积极向客人推荐绿色食品和饮料，不能只考虑销售额。饭店从实际出发，为客人介绍经济实惠、营养均衡、不浪费资源的菜式组合。当发现客人菜食过量时，适当地予以提醒，同时不忘为客人提供“打包”和“存酒”等服务。在客人购买绿色客房时，应详细向客人介绍客房的特殊性以及对生态和客人自身健康的重要性。提供清洁打扫等服务时，饭店应引导客人更好地遵循4R原则，只有员工自身具备深厚的绿色理念和扎实的绿色技巧，才能使服务变成有利的营销手段，促进绿色消费的产生，推动绿色管理工作不断走向深入。

【知识链接】

4R原则

4R，又称环保4R，环保四用，是解决环境问题的四个原则。4R分别是指减少使用(reduce)、重复使用(reuse)、循环使用(recycle)、替代使用(replace)。其着眼点在于全人类未来总体的生存和发展：选择可循环使用的餐具、杯碟；以耐用的用具代替用完即弃的物品，如以有柄大杯、玻璃杯代替纸杯；以干风机或毛巾代替纸巾；尽量选用环保的代替品，如可天然分解的清洁剂和垃圾袋；使用毒性较弱的化学物质等。

4) 提倡绿色服务

提倡以人为本的绿色服务。保护环境就是保护人类自己，以人为本是提供绿色服务的根本所在。减少自然界的污染是重要的，饭店要开展绿色服务与营销，就应该为客人的起居环境多加考虑。例如，饭店靠近铁路、马路，就要考虑采取有效措施减少噪声。要考虑客房里迷你冰箱的起动声，饭店后面的冷却塔电动机的噪声，歌厅、舞厅及保龄球厅的噪声是否会影响客人的休息空气质量，也常常是不为人们重视的环境问题，地上铺着地毯、墙上贴着布艺软包的餐厅包厢、卡拉OK包厢、棋牌室等公共区域的浓烈气味是否会影响着客人的健康。饭店员工仅仅知道野生食用菌类是绿色食品是远远不够的。游泳池中，还在使用含氯的对人体有害的消毒剂是不足取的。提供绿色服务，确实应该更多地关注人类自身的健康，这些除了需要技术进步，资金投入，更需要以人为本的绿色服务理念。

【知识链接】

马尔代夫度假酒店的绿色设计

绿色饭店的设计在饭店建设阶段就将节约、环保、安全、健康等因素纳入建筑与服务流程的设计之中。

马尔代夫度假酒店(图 5-4)就地取材，用椰树干做柱，用树皮、树叶编织成席子盖房顶，用珊瑚碎石砌墙。度假酒店的遮阳篷、茅草屋、木制码头及栈道均为当地材料。道路指示牌、客房门牌等多是木雕小品，客房门外摆放着陶制的水缸和用椰壳制作的水瓢，供游客海水浴后冲洗沙尘。

图 5-4　马尔代夫度假酒店

客房内部装修和装饰尽量采用藤、木、草等天然材料，客房用品也以藤编家具、陶质容器居多。

5.2.5　网络营销

随着全球性竞争的加剧，以网络技术、电子技术和数字交互式媒体为手段的网络营销应运而生，它是借助网络、电子通信和数字交互式媒体的威力来实现营销目标的一种营销方式，它为饭店增加了一种富有竞争力的营销手段。饭店通过互联网宣传企业形象，比传统的宣传方式更快捷、更清晰、更全面、更互动，使无形服务有形化。互联网络作为一种功能强大的营销工具，同时兼具渠道、促销、电子交易以及市场信息收集分析与提供的多种功能。它所具备的一对一营销能力，正符合营销的未来发展趋势。与其他营销相比较，网络营销包括以下两个方面的特性。

1．可随时提供不限地域的营销服务

饭店利用多媒体网络技术，可以把饭店外观环境、内部装饰、设施设备、服务特色等饭店产品在互联网上动态地表现出来。客人可以更快、更便捷地了解饭店，足不出户便可以在自己的家里或办公室里得到视觉上的形象化的享受，获得身临其境的感觉，从而产生消费的欲望。

2. 互联网为饭店提高服务质量提供更好的技术支持

饭店可以广泛收集、记录客人的爱好及要求，对这些信息进行分析，根据客户需求的变化不断开发特色服务，为客人提供个性化服务。在满足个性化消费需求的驱动下，随着饭店对客人信息的积累，饭店可以针对不同客人的不同需要，设计、生产个性化产品，实现大规模定制化服务。例如，在客人离店后，饭店通过 E-mail 询问他对饭店客房的意见；在节假日，通过 E-mail 向会员发送精致的贺卡以示祝贺；当饭店推出新的服务项目以及将对客房进行重新设计前，也可通过网站、E-mail 的方式告知客人，使得他们产生一种被尊重、被重视的感觉，从而成为饭店的忠实客人。

【知识链接】

“7 天连锁酒店”的网络销售渠道

7 天连锁酒店(图 5-5)约有 40%的客房订单是通过网站直接获得的。经济型酒店行业黑马 7 天连锁酒店的快速成长取决于他们成功地把电子商务应用到酒店经营领域当中。与传统酒店运营模式不同，7 天连锁酒店以会员制直销模式为主，大力发展电子商务平台的同时，还建立了国内独家集互联网络、呼叫中心、短信、手机 WAP 及店务管理为一体的系统，为消费者提供最便捷的网络预订服务。很多消费者选择 7 天连锁酒店都是因为它的网络预订非常方便，24 小时沟通无间断，实现实时信息对接。无论何时何地，只要登录 7 天连锁酒店的网站，都可以进行实时查询、预订、确认、支付等流程。

图 5-5　7 天连锁酒店

据相关数据表明，互联网已经成为酒店经营重要的营销渠道，80%的顾客采用提前预订的方式入住，其中三成顾客选择网络预订，并呈逐步扩大趋势。“在每一次的网络浏览和点击背后，都蕴藏着线下的真实消费。”7 天连锁酒店 CEO 郑南雁表示，目前 7 天连锁酒店约有 40%的客房订单是通过网站直接获得的。

5.3 饭店营销组合策略

市场营销组合就是对饭店可控因素进行最佳组合和运用，以适应市场环境不断变化的营销战略。市场营销组合的基本要求及目的就是要用最合适的饭店产品及服务、最合适的价格、最合适的销售方式和渠道、最合适的促销方法及最佳组合，最好地满足宾客的需求，以取得最佳经济效益。

5.3.1 产品策略

饭店的市场营销活动以满足顾客需求为中心，而顾客需求的满足只能通过饭店提供的产品和服务来实现。因此，产品是饭店市场营销组合中的一个重要因素。产品策略直接影响和决定着饭店对其他市场营销因素的管理，对饭店市场营销的成败关系重大。在现代市场经济条件下，每一家饭店都应致力于产品质量的提高和组合结构的优化，以更好地满足顾客需求，取得更好的经济效益。

1. 饭店产品概念

饭店产品是指能提供给市场，用于满足顾客某种欲望和需求的任何饭店吸引物，包括提供饭店服务的载体、饭店服务、饭店消费场所等。饭店的整体产品包括核心产品、有形产品和附加产品三个层次。

1) 饭店核心产品

核心产品指消费者购买某种产品时饭店所追求的利益，是顾客真正要购买的产品，因而在整体产品概念中也是最基本最主要的部分。消费者购买某种产品，并不是为了占有或获得该产品本身，而是为了获得能满足某种需要的效用和利益。饭店的核心产品主要是无形的服务，包含了顾客感受到的基本需求或追求的基本利益。

2) 饭店有形产品

有形产品是核心产品借以实现的形式，即向市场提供的实体和服务的形象，它具体说明了在具体时间以具体价格所提供的产品。有形产品是实体物品，它在市场上通常表现为产品质量水平、外观特色、式样、品牌名称和包装等，产品的基本效用必须通过具体的形式才能得以实现。饭店市场营销者应首先着眼于顾客购买产品时所追求的利益，设计产品以求更完美地满足顾客需要，去寻求利益得以实现的方式。

3) 饭店附加产品

附加产品指饭店消费者购买有形产品时所获得的全部附加服务和利益，包括赠送产品、售后服务等。附加产品来源于对市场需求的深入认识，因为购买者的目的是为了满足某种需求，因而他们希望得到与满足该项需求有关的一切。饭店产品中的附加产品包括能为顾客带来附加价值的要素，通常通过由基本产品延伸的服务体现出来。

2. 饭店产品组合

饭店产品组合是由饭店经营者生产的，提供给顾客的全部产品线的组合方式和主要涉及产品线的广度、深度和关联度。饭店产品组合是指饭店经营者根据经营目标、资源条件以及市场需求和竞争状况，对饭店产品线的广度、深度和关联度进行组合的过程。

饭店产品线是指在产品功能、性质及价格等方面有一定的相似性，能满足同一类顾客需求的一系列饭店产品。例如，一家度假型饭店主要接待度假型顾客，则为度假者提供的住宿产品就是它的一条产品线。同一家饭店所经营的产品线的数量称为产品线的广度，如同一家饭店同时经营客房、餐饮、娱乐、疗养等产品，就是这家饭店的产品线的广度。同一产品线所包含的产品种类的多少称为产品线的深度，如一家饭店经营的客房包括豪华套间、单人间、标准间、普通多人间，则说明该客房产品线深度较深，如果经营的客房只包含标准间，则说明此客房产品线深度较浅。产品线之间相互关联的程度称为产品线的关联度，若一家度假饭店提供温泉疗养与健身运动设施，则此饭店的产品关联度高。

常见的产品组合策略有以下几种。

1) 多线深线型

多线深线型是指饭店同时经营多条产品线，产品线的宽度较宽，在每一条产品线中又增加产品的种类，即产品线的深度也较深。例如，有些饭店既经营住宿业务，又经营餐饮和旅游景点。各大著名饭店集团，都在原有产品基础上进行产品延伸。例如，“假日”由经济型的假日饭店延伸到豪华型的“假日皇冠”。“万豪”更是将自己的品牌扩展到上自里兹·卡尔顿，下到经济型的福菲贝德。这种策略有利于饭店满足不同市场的需求，分散经营风险。但经营成本较高，且容易造成资源的过度分散，难以实现规模经营，同时导致品牌形象不清晰。

2) 市场专业型

市场专业型是指饭店面向同一市场提供不同产品，以满足其多样化及细致化的需求。例如，青年旅馆只为青年人市场提供不同种类的住宿产品，有单人间、双人间和多人间。实施这一策略有助于集中力量了解某一目标市场的需求特征，开发满足这些需求的多样化、多层次的旅游产品，也有利于市场渗透。但由于目标市场单一，客观上限制了规模的不断扩大，而且，若此市场出现较大的变动，则经营者承担的经营风险较大。

3) 产品专业型

产品专业型指饭店专门经营某一类型的产品来满足不同市场的同一类需求。例如，某一饭店餐饮方面只经营韩国料理，来满足所有顾客的需求。因为产品单一，所以经营成本低，有利于对产品进行深度开发，同时，有利于饭店树立鲜明的品牌形象。但经营风险较大，一旦这种产品受市场影响波动而受停滞，可能导致饭店难以维持。

3. 新产品开发

当今时代，唯一不变的事情就是变化，创新已成为时代发展的主旋律，大多数企业销售收入的三分之一多来自新产品及新服务。对饭店而言，开发新产品具有重要的战略意义，它是饭店生存和发展的重要支柱。新产品创意包括三个方面的内容：产品构思、构思筛选和产品概念的形成。

1) 产品构思

构思是对新产品进行设想或创意的过程，一个好的新产品构思是新产品开发成功的关键，进行新产品的构思是新产品开发的首要阶段。饭店通常可从饭店内部和外部寻求新产品的构思，饭店内部人员包括饭店各生产部门、职能部门和市场营销部门的人员，外部人员包括顾客、中间商、竞争对手、饭店外的研究和发明人员、咨询公司以及营销调研公司。

2) 构思筛选

新产品构思筛选是运用一系列评价标准，对各种构思进行比较判断，从中找出最有成功希望的构思的 “过滤”过程。进行构思筛选有以下目的：第一，权衡各创新项目的费用、潜在效益与风险，尽早发现和放弃不良构思，找出可能成功的构思；第二，筛选的过程有助于对原有构思做出修改与完善；第三，筛选可促进跨职能的联系与交流。

在构思筛选过程中，应遵循以下原则。

(1) 可行性原则。这是新产品构思必须满足的标准，它包括技术上的可行性、经济上的可行性与政策法规上的可行性。

(2) 效益性原则。根据市场调研的结果，对市场潜力、回报周期、盈利幅度等做出判断。

(3) 适应性原则。新产品开发工作必须与饭店现有的研究开发力量、生产力量、销售力量以及顾客需求相适应，与饭店长期目标一致，这种适应性是新产品构思能顺利实施的保障。

3) 产品概念的形成

经过筛选后的构思仅仅是设计人员或管理者头脑中的概念，离产品还有相当的距离，还需要形成能够为消费者接受的、具体的产品概念。产品概念的形成过程实际上就是构思创意与消费者需求相结合的过程。

5.3.2 价格策略

在营销组合中，价格是唯一能产生收入的因素，也是营销组合中最灵活的因素。因此，价格策略是饭店营销组合的重要因素之一，它直接决定着饭店市场份额的大小和赢利率的高低。随着营销环境的日益复杂，制定价格策略的难度越来越大，不仅要考虑成本补偿问题，还要考虑顾客接受能力和竞争状况。

1. 饭店产品价格的概念

饭店产品价格是顾客在饭店消费时所购买的饭店有形产品和无形服务的价格。饭店产品的价格是针对某一种或几种产品或服务而收取的金钱的数量，和其他商品的价格一样，也是由供求状况决定的。

2. 饭店产品价格的类型

1) 根据购买产品的方式划分

因为饭店产品有包价产品和单项产品之分，所以价格也有包价和单价之分。如果顾客通过旅行社或其他中间商购买饭店包价产品，其价格除包含构成此包价产品的各单项产品，如住宿产品、餐饮消费等的价格外，还包含饭店的服务价格和利润。如果顾客采取零星购买或多次购买的方式在饭店消费，则饭店产品价格以单项价格的形式出现，如客房价格、餐饮价格等。

2) 根据产品销售的方式划分

旅游产品价格除一般价格外，还有旅游差价和旅游优惠价两种特殊形式。差价和优惠价在饭店产品方面表现得比较明显。饭店差价是指同种饭店产品由于地点和时间的不同而存在一定差异的价格，有地区差价和季节差价，如同样的标准间在不同的区域价格有所不同。某些饭店为了刺激需求，扩大销售，在旅游淡季客房价格明显低于旺季价格。饭店优惠价格是指在明码标价的基础上给予顾客一定比例的折扣或其他形式的价格优惠，主要包括三种：一是根据顾客购买产品数量的多少实行优惠，如旅游团队享受的优惠；二是给特殊市场群体如同行业者、退休人员、残疾人等的优惠；三是在举行促销活动时，往往以价格折扣为主要手段的优惠。此外，提前预订也越来越受到经营者的重视，他们往往愿意以一定的折扣换取可观的预订量。

3. 决定饭店产品价格的因素

决定饭店产品价格的因素主要有以下几个方面。

1) 产品成本

产品成本是决定产品价格的重要因素，只有当产品价格超过产品成本时，企业才能赢利。饭店产品的成本包括固定设施成本、产品材料成本与员工服务成本等三项主要成本，这三者之和是饭店供给价格的最低限。饭店供给价格是饭店把产品销售给顾客所愿意接受的最低价格。旅游产品的销售价格除了包含产品成本之外还应包含企业的经营利润。一般而言，饭店产品成本影响饭店价格，而饭店价格又影响饭店需求，所以，饭店应努力降低经营成本，制定有竞争力的价格，巩固产品在市场上的地位。

2) 顾客对饭店产品价值的理解

对任何旅游产品，消费者都会根据自身的价值观念和消费经验形成一个理解价值，如果产品的市场价格超过了消费者理解价值决定的价格，消费者就会取消自己的购买行为。所以理解价值对应的价格是旅游产品供给者所能出的最高限制价格，如同样的星级饭店、同样的硬件设备设施，甚至服务也相同，顾客对它们的产品理解价值会大相径庭，最终导致价格也出现差距。在激烈的市场竞争中，饭店的经营都要以顾客为导向，深入分析本饭店在目标市场中的市场形象，了解顾客对饭店产品的价值评估，以合理的价格满足顾客的需求。

【知识链接】

高价房间的营销技巧

一分钱一分货。高质即高价。对于一位新入住的宾客而言，饭店产品的优点是不能一下就认识到的，而价格却一目了然。在接待过程中，经常听到这样的抱怨：“价格太高了，能不能打折？”在此情况下，接待员要向宾客指出为其提供的产品售价高的理由，讲清因为什么价格高，如理想的位置、新颖的装潢、优雅的环境、美丽的外景、宽敞的房间等。尽可能多地向客人介绍本店的优点和独到之处，以化解客人心里的价格障碍，进而为饭店创造最佳的赢利机会。

3) 市场供求状况

饭店产品被推向市场后，其价格要随着市场的不断变化予以一定的调整。决定调整的方向和幅度的就是市场供求关系。当供过于求时，饭店在经营上就不得不通过降价或其他价格措施来抢占市场份额，当供不应求时，在经营上又可以适当抬高产品价格。饭店价格非常容易受到需求变动的影响，而旅游的季节性和脆弱性决定了它的需求的易变动性。因此，饭店可以根据旅游的淡旺季来调节客房与餐饮等产品的价格，同时也可通过调节产品供应来适当调节供求关系，如在旅游旺季把单人间改成多人间，既可以满足市场的需求，稳定目标市场的占有率，又可以增加营业收入。

【知识链接】

合理做好超额预订

超额预订是指饭店在一定时期内，有意识地使其所接受的客房预订数超过其客房接待能力的一种预订现象，其目的是充分利用酒店客房，提高开房率。

超额预订应该有“度”的限制，以免出现因“过度超额”而不能使客人入住，或“超额不足”而使部分客房闲置。通常，酒店接受超额预订的比例应控制在10%～20%，具体而言，各酒店应根据各自的实际情况，合理掌握超额预订的“度”。

4. 饭店产品定价策略

1) 新产品定价策略

新产品刚投放市场时，一般没有政府的限制，也没有竞争对手，所以定价可以比较灵活。既可通过价格来弥补开发成本，又可采取价格优势限制竞争。新产品定价策略有市场撇脂定价策略和市场渗透定价策略两种。

(1) 市场撇脂定价策略。此策略是指在产品投放市场时制定大大高于成本的价格。采取这种策略的经营者一般认为产品刚刚进入市场，替代品较少，价格弹性较小，可以在市场上一部分消费能力较高的顾客中，树立高价值高质量的独特产品形象。这种策略的优点还在于能使饭店迅速回收产品或服务的开发费用，提高现金流量，并可迅速积累资金。此外，由于最初的基本价高，可以使饭店在竞争者进入市场时有一个降价的空间，获得价格竞争优势。

(2) 市场渗透定价策略。市场渗透定价策略是将饭店新产品以低价格投放市场。目的是为了迅速占领市场，取得较高的市场份额。较低的价格还能有效地排斥竞争者进入市场，从而能在较长时间内占据市场领袖地位。采用市场渗透定价策略时，新产品的价格有可能低于当时的成本，但随着市场份额的不断扩大，生产规模也必然扩大，从而产品的成本可以降低，企业可以获得长远利润。

(3) 满意定价策略。满意定价策略是一种介于撇脂定价策略和渗透定价策略之间的价格策略。其所定的价格比撇脂价格低，而比渗透价格要高，是一种中间价格。这种定价策略由于能使生产者和顾客都比较满意而得名。有时它又被称为“君子价格”或“温和价格”。满意定价策略尽量降低价格在营销手段中的地位，重视其他在产品市场上更有力或有成本效率的手段。当不存在适合于撇脂定价或渗透定价的环境时，饭店一般采取满意定价策略。

2) 心理定价策略

心理定价策略要求饭店经营者在制定产品价格时要关注顾客的购买心理，利用顾客的心理特征制定有利于提高利润的价格。心理定价策略主要有尾数定价策略、整数定价策略、习惯定价策略、声望定价策略和产品线定价策略。

(1) 尾数定价策略。尾数定价策略也称非整数定价策略，即给饭店产品制定一个零头数结尾的非整数价格。心理学家的研究表明，消费者习惯上和心理上总是乐于接受尾数为非整数的价格。因为整数价格容易使消费者认为是概括性价格，定价不准确。一般来说，在中低档饭店，定价为 29.80 元的菜肴可能比定价 30 元的菜肴有更好的销路。

(2) 整数定价策略。整数定价策略是指饭店在定价时，制定整数价格。整数价格能给顾客，尤其是高消费水平的顾客以高质量的印象。饭店给豪华旅游团报价和高星级饭店客房价格通常采用这种策略。

(3) 习惯定价策略。某些产品可能在市场上已经形成了一个习惯价格，购买该产品的顾客已经习惯这种价格，不愿意接受其他任何一种价格。如果产品价格高于这一价格，顾客会认为不值；如果产品价格低于这一价格，顾客又会认为生产商降低了产品的质量。对于这类产品的定价，一般应按习惯进行，不宜随便改动。

【知识链接】

休布雷公司的定价策略

休布雷公司在美国伏特加酒的市场中，属于营销出色的公司。其生产的史密诺夫酒，在伏特加酒的市场占有率达 23%。20 世纪 60 年代，另一家公司推出一种新型伏特加酒，其质量不比史密诺夫酒差，每瓶价格却比它低一美元。

按照惯例，休布雷公司的面前有三条对策可用：

低一美元，以保持市场占有率；

维持原价，通过增加广告费用和推销支出来与竞争对手竞争；

维持原价，听任其市场占有率降低。

由此看出，无论该公司营销人员采取上述哪种策略，休布雷公司似乎输定了。但是，该公司的市场营销人员经过深思熟虑后，却采取了对方意想不到的第四种策略。那就是，将史密诺夫酒的价格再提高一美元，同时推出一种与竞争对手新伏特加酒价格一样的瑞色加酒和另一种价格更低的波波酒。

这种产品价格策略，一方面提高了史密诺夫酒的地位，同时使竞争对手新产品沦为一种普通的品牌。结果，不仅度过了难关，而且利润大增。实际上，休布雷公司的上述三种产品的味道和成本几乎相同，只是该公司懂得以不同的价格来销售相同产品的策略而已。

(4) 声望定价策略。声望定价策略适用于那些经营时间长、在行业中居于领导地位而且声誉极好的饭店。由于饭店在本行业中有极高的声望，顾客按思维定式认为，该饭店的所有产品都是高质量产品。

(5) 招徕定价策略。这是适应消费者“求廉”的心理，将产品价格定得低于一般市价，个别的甚至低于成本，以吸引顾客、扩大销售的一种定价策略。采用这种策略，虽然某种低价产品不赚钱，甚至亏本，但从总的经济效益看，由于低价产品带动了其他产品的销售，企业还是有利可图的。

3) 折扣定价策略

折扣定价策略是指对基本价格做出一定的让步，直接或间接降低价格，以争取顾客，扩大销量。其中，直接折扣的形式有数量折扣、现金折扣、功能折扣、季节折扣；间接折扣的形式有回扣和津贴。

(1) 数量折扣。数量折扣指按购买数量的多少，分别给予不同的折扣，购买数量愈多，折扣愈大，其目的是鼓励大量购买，或集中向本饭店购买。数量折扣包括累计数量折扣和一次件数量折扣两种形式。数量折扣的促销作用非常明显，饭店因单位产品利润减少而产生的损失完全可以从销量的增加中得到补偿。此外，销售速度的加快，使饭店资金周转次数增加，流通费用下降，产品成本降低，从而导致饭店总赢利水平上升。运用数量折扣策略的难点是如何确定合适的折扣标准和折扣比例。如果享受折扣的数量标推定得太高，比例太低，则只有很少的顾客才能获得优待，绝大多数顾客将感到失望；购买数量标准过低，比例不合理，又起不到鼓励顾客购买和促进饭店销售的作用。因此，饭店应结合产品特点、销售目标、成本水平、资金利润率、需求规模、购买频率、竞争者的手段以及传统的商业惯例等因素来制定科学的折扣标准和比例。

(2) 现金折扣。现金折扣是对在规定的时间内提前付款或用现金付款所给予的一种价格折扣，其目的是鼓励顾客尽早付款，加速资金周转，降低销售费用，减少财务风险。采用现金折扣一般要考虑三个因素：折扣比例、给予折扣的时间限制和付清全部款项的期限。

(3) 功能折扣。功能折扣的比例，主要考虑中间商在分销渠道中的地位、对饭店产品销售的重要性、购买批量、完成的促销功能、承担的风险、服务水平、履行的商业责任以及产品在分销中经历的层次和在市场上的最终售价。功能折扣的结果是形成购销差价和批零差价，鼓励中间商大批量预订、扩大销售、争取顾客，并与饭店建立长期、稳定、良好的合作关系是实行功能折扣的一个主要目标。功能折扣的另一个目的是对中间商经营的有关产品的成本和费用进行补偿，并让中间商有一定的赢利。

(4) 季节折扣。饭店产品和服务的消费具有明显的季节性，为了调节供需矛盾，饭店采用季节折扣的方式，对在淡季购买饭店产品的顾客给予一定的优惠，使饭店产品的销售在一年四季能保持相对稳定。季节折扣比例的确定，应考虑成本、基价和资金利息等因素。季节折扣有利于加速销售，迅速收回资金，促进饭店均衡生产，充分发挥生产和销售潜力，避免因季节需求变化所带来的市场风险。

【知识链接】

凯悦淡季营销

暑假、春节期间是一些饭店的淡季，为了在淡季也能吸引消费者上门，凯悦饭店曾在春节期间和迪斯尼合作，将饭店和电影票一起做促销，一个月内便卖掉近两千个房间，为凯悦饭店开发出许多原本较少进饭店的消费族群。

(5) 回扣和津贴。回扣是间接折扣的一种形式，它是指顾客在按价格目录全部付给饭店以后，饭店再按一定比例将款项的一部分返还给顾客。津贴是饭店为特殊目的，对特殊顾客以特定形式所给予的价格补贴或其他补贴。

上述各种折扣价格策略增强了饭店定价的灵活性，对于提高饭店收益和利润具有重要作用。但在使用折扣定价策略时，必须注意国家的法律限制，保证对所有顾客使用同一标准。

5.3.3 渠道策略

营销渠道又称为分销渠道，是指宾客从产生消费动机、进入饭店，到最终消费饭店服务产品整个过程中所经历的线路以及相应的一切活动的总和。在市场经济条件下，市场的容量很大很广，大部分饭店产品必须依靠一定的销售渠道，才能将产品转移到宾客手中，它既是饭店产品商品化的必由之路，也是连接产品和宾客的中介。不同的营销渠道，决定着营销活动的质量和效果。

1. 营销渠道的种类

饭店产品的营销渠道主要包括直接营销渠道(表 5-2)和间接营销渠道两种。

1) 直接营销渠道和间接营销渠道

根据饭店在产品的销售时与消费者联系过程中，按是否有中间商参加，可分为直接营销渠道和间接营销渠道。

直接营销渠道也称零层次渠道，是指饭店不通过任何一个中间商，直接把饭店产品销售给顾客的销售渠道。

表 5-2 直接营销渠道

直接营销渠道模式	说明
1. 饭店——顾客(饭店)	上门购买，饭店经营者扮演零售商角色
2. 饭店——顾客(客源地或顾客家)	顾客通过各种直接预订方式或饭店直接把产品送给顾客
3. 饭店——自设销售网——顾客(销售点现场)	饭店拥有自设零售网系统

2) 长渠道和短渠道

按饭店将产品通过多少环节销售出去，可将营销渠道分为长渠道和短渠道。长渠道指饭店在产品销售过程中利用两个或两个以上的中间商分销产品，这种营销渠道在涉外饭店较为常见。主要类型如下：①生产者→批发商→零售商→消费者；②生产者→代理商→批发商→零售商→消费者。

短渠道是指饭店仅利用一个中间商或自己销售产品。短渠道的类型主要有两种：①生产者→消费者；②生产者→零售商→消费者。

3) 宽渠道和窄渠道

当饭店将产品销向一个目标市场时，按使用中间商的多少，可将营销渠道划分为宽渠道和窄渠道。营销渠道的宽度是指营销渠道的每个环节或层次中，使用相对类型的中间商的数量，同一层次或环节使用的中间商越多，渠道就越宽，反之渠道就越窄。

2. 营销渠道的选择

饭店在选择产品的营销渠道时要受到很多因素的影响和制约，这些因素主要有以下三种。

1) 产品因素

饭店不同产品适合采用不同的营销渠道，一般说来，餐饮部的零点餐宜采用短渠道，尽量减少中间环节，降低营销费用；而大型旅游团的客房，则宜采用较长和较宽的营销渠道，为旅游者提供更体贴的住店服务。

2) 饭店资源因素

如果饭店规模大，实力雄厚，通常能够有效地控制营销渠道，当然安排渠道体系就会短些，反之就应选择长渠道。饭店声誉越高，选择的余地就越大，反过来，声誉不好选择的余地就越小，营销水平较高、营销能力较强的饭店，就可以选择自己认为合适的营销渠道。否则，就应充分利用中间商的作用。

3) 市场因素

市场状况直接影响饭店产品销售，因此，它是影响营销渠道策略选择的又一重要因素。一般目标市场范围大的产品，如豪华客房，宜采用长渠道；目标市场范围较小，宜采用短渠道；市场比较集中的产品，可采用短渠道；反之宜采用较宽较长的渠道。

此外，市场竞争状况、顾客购买习惯、需求的季节性都将影响到渠道的选择。中间商的数目、利益与责任、国家政策等也将对分销渠道产生影响。

5.3.4 促销策略

所谓促销，即“促进销售”，指饭店通过一定的手段，将有关饭店及其产品的信息传递给消费者，从而促进消费者对饭店产品的了解、偏爱，以达到销售的目的。促销策略，是指信息沟通手段和过程的系统化、规范化，即对促销对象或领域、促销任务、促销目标、促销效果、促销投入、各种限制条件等进行科学的选择、分析、配置、控制，尽量提高促销活动的效果和效率，使之低投入高产出。促销的实质是宣传和沟通产品信息，通常通过广告活动、公共关系、营业推广、人员推销等方式实现信息沟通。

饭店营销组合策略：饭店对自己的可控制的各种营销因素进行分析，本着扬长避短的原则进行优化组合和综合运用，使各个因素协调配合，发挥整体功效，最终实现营销目标。

1. 饭店广告

所谓饭店广告，是指饭店用付费的方式选择和制作有关饭店产品的信息，使用媒体发布，以传递习惯信息，唤起宾客注意，说服宾客购买或使用，扩大影响达到促销目的的一种广告形式。为强化广告效果，饭店应遵循真实性、艺术性两大基本原则。

2. 公共关系

公共关系是指饭店为了与公众沟通信息，使饭店与公众相互了解，协调各方面关系，树立良好形象，提高饭店知名度和声誉，为饭店的市场营销活动创造良好的外部环境而开展的一系列专题性或日常性活动的总和。这些活动始终贯穿于饭店的发展过程，既包括各项专业色彩浓厚的专题活动，如新闻发布会、大型庆典活动、大型酬宾活动等，还包括所有日常性的活动，如日常的服务活动、礼仪活动等。公共关系的优势在于其浓厚的“感情色彩”，往往能达到“以情动人”的效果。

3. 营业推广

营业推广是企业用来刺激早期需求或引发强烈市场反应而采取的各种短期性促销方式的总称，目的在于劝诱消费者购买某一特定产品。饭店的营业推广包括产品展销、现场操作、赠送样品等多种促销方式。营业推广的各种方式能使消费者产生强烈而又快速的反应，能表现产品的特点，也能通过刺激使即将低落的销售回升，其推广效果往往是短期性的。

4. 人员推销

人员推销是一种古老的推销方式，也是效果最好、费用最高的促销手段。饭店的人员推销指通过人际交往的方式向宾客进行介绍、说服等工作，促使宾客了解、爱好、购买本饭店产品或服务，如联系走访代理商、中间商、机关、团体、VIP及零散宾客。这种促销方式的优势在于强化了交易过程中的感情色彩，有利于培养稳定的交易关系，但促销人员的成本较高。

饭店人员推销的步骤通常为，寻找确定潜在宾客、做好推销前准备工作(了解宾客需求、确定访问目的、接触方法与时间、构思推销策略)、接近宾客(以合适的方式同宾客会面)、介绍和论证产品、处理开议、结束推销访问、善后工作(应重视访问后的工作，以保证宾客满意，并再度购买饭店产品)。

【知识链接】

成功地推销茶叶

几位客人到杭州某饭店商场购物，在茶叶专柜前，他们看了看标价，便议论道：“这儿东西贵，我们还是到外面去买吧!”这时，服务员便走上前，关切地说：“先生们去外边买茶叶一定要去大型商场，因为市场上以次充好的茶叶很多，一般是很难辨别的。”客人立即止步问道：“哪家商场比较好？茶叶又怎么进行选择呢？”于是服务员便告知客人茶叶等级的区分，如何区分茶叶好坏，又介绍了本商场特级龙井的特点，价格虽略高于市场，但对游客来说，买的称心、买的放心是最重要的。几位客人听了服务员的介绍，都爽快地买了几斤茶叶，由此，饭店服务员做成了一笔较大的生意。

产品策略、价格策略、营销渠道策略和促销策略犹如饭店这辆汽车的四个轮子，共同决定着饭店营销活动的成败。饭店应加强对这四大策略的有效实施和控制，提高整体营销效果。

饭店产品是由多种利益所组成的组合型产品，从而提供多种经营项目如餐饮、客房、娱乐及各种服务等。

饭店产品组合可概括为饭店提供给市场的全部产品线和产品项目的组合和搭配，即经营范围和结构。饭店产品线指相互关联或相似的一组产品，如饭店的餐饮产品线包括自助餐、快餐、零点、多功能宴会厅及早茶等。

【知识链接】

餐饮人员推销

餐饮人员推销是指餐饮推销人员通过面对面与客户洽谈业务，向顾客提供信息，诱导顾客光临本餐厅，购买餐厅产品和服务的过程。

餐饮人员推销的优势在于：可以直接接触顾客，给顾客留下较好的印象；可以加深顾客对餐饮产品和服务的印象；可以有机会纠正顾客对本餐厅菜肴和服务的偏见，改善其印象；可以即时回答顾客的询问；可以从顾客那里得到明确的许诺和预订。

5. 饭店销售渠道选择的因素

饭店销售渠道的选择需综合考虑以下几个方面因素。

(1) 市场特点：旅游市场容量、购买率的高低、各细分市场的地理分布、人口分布以及不同市场对不同营销方式反应如何等都会影响饭店销售渠道的选择。

(2) 饭店产品与服务的特点：商务饭店宜采用直接销售或较短渠道，直接与目标市场接触；休闲度假饭店利用旅行社代理。

(3) 饭店自身条件与经营意图：饭店的规模决定了它的最大接待能力，所接待的顾客规模及层面分布又影响了它的渠道选择，饭店的财力也决定了对营销渠道的选择与控制。

课 后 习 题

一、思考题

1. 何为饭店营销？其特点是什么？
2. 新开业的五星级饭店可以采取哪些促销方式？
3. 饭店绿色营销对于旅游业发展有何意义？
4. 试述饭店的新型营销策略，并举例说明其具体应用。

二、案例分析题

洲际酒店的营销策略

洲际酒店集团利用数字式营销来加强与现有和潜在客户的沟通。对洲际酒店来说，要建立以客户为中心的营销策略依赖于各不相同、却又相互联系的三个方案：投资技术开发、拓展新的营销领域和建立集中管理的客户关系组织结构。

洲际酒店执行此项方案的第一步，是要建立新的数据库和实时数据库(real-time data mart)，使洲际酒店可以把来自酒店本身和第三方来源的数据与现有的客户信息进行匹配。这一做法也使该酒店在进行市场分析或者策划营销活动时可以获得即时的数据——这是对洲际酒店原系统功能的巨大升级。原来的系统只能够批量更新数据，而且客人活动(如入住)的数据也要在30天后才能提供。

第二步是扩大除电子邮件以外的其他对外营销活动(利用Unica进行的)。技术升级让内部营销活动流程变得自动化，并且使特许经营酒店可以根据当地情况和客户关系定制合适的项目，从而实现本地化营销。同时，这次升级还可以通过对外的营销活动管理来对呼叫中心的数据和活动进行整合。另外，洲际酒店还通过这次升级以流水线操作的形式把之前的多重代理模式转化成单一的全球代理模式。

目前，洲际酒店正在进行接下来的第三步，也就是对多渠道的协调性做进一步发展。在这项工作中，洲际酒店计划把日渐增多的渠道进行整合，同时开始通过不同渠道来优化内容、产品和信息发布的时机，从而实现回报率和客户相关性的最大化。

思考：

1．洲际酒店是如何体现以客户为中心的营销策略的？

2．讨论一家饭店如何使互动营销产生更多不同的方式以增加饭店收入、提高忠诚度和提升顾客满意度？

三、实训题

选择当地不同类型的几家饭店，调查该饭店所采用的营销方法、策略及效果，并分析原因。

实训目的：通过调查了解饭店营销方法及策略在实际中的应用。

实训要求：分组调查；提交报告并展开交流与讨论。

6

饭店人力资源管理

学习目标

- 知识目标：了解饭店人力资源管理的概念、目标及内容，掌握饭店人力资源的利用与开发、员工的激励、职业经理人的能力培养等内容与方法。
- 技能目标：能够运用饭店人力资源管理知识，对饭店人力资源进行合理招收与配置，能有效激发员工的工作积极性，不断提高员工素质与工作水平。
- 能力目标：能运用饭店人力资源管理知识，找出饭店在人力资源管理中的不足及失误，并能提出有效的改进办法。

导入案例

饭店员工的流动问题

员工的高流动率一直是困扰企业管理者的难题。在其他行业，正常的员工流动率一般应为5%～10%，作为劳动密集型企业，饭店的员工流动率也不应超过15%。但根据中国旅游协会人力资源开发培训中心对国内23个城市33家2～5星级饭店人力资源的一项调查，近5年饭店员工流动率分别为25.64%、23.92%、24.2%、22.56%、23.41%，平均流动率高达23.95%。随着饭店业竞争的日趋激烈，员工的流动率一直居高不下。适度的员工流动可以优化饭店内部人力资源，增强在职员工的工作积极性和提高员工工作效率。但过度的员工流动会造成饭店生产率和服务质量的下降，员工替换成本提高，甚至会导致饭店客源的流失。

思考：

1. 你怎样看待饭店员工流动问题？
2. 作为人力资源管理者，面对频繁的员工跳槽，应该怎么做？

在市场经济条件下，人力资源是最宝贵的资源，是饭店在竞争中生存与发展的最重要的物质基础，案例中饭店员工的高流动率带来的高人才流失率无疑会增加饭店的管理成本和管理难度，给饭店的竞争带来重要影响。饭店只有高度重视人力资源管理，学会改善人力资源管理的理论与方法，并将人力资源的管理提高到战略管理的高度，才能提高员工素质，为饭店创造持续的竞争力。

6.1 饭店人力资源管理概述

饭店管理无论是对饭店财力资源的管理，还是对饭店物力资源的管理，都是以人为主体和由人来进行的。一家饭店无论其组织如何完善，设备如何精良，如果饭店员工没有足够的动力和士气，就不可能成为一流的饭店。所以说，人力资源管理是决定饭店经营成败最关键的因素。

6.1.1 饭店人力资源管理的含义

1. 饭店人力资源管理的概念

人力资源管理理论是随着企业管理理论的发展，从传统的人事管理经验发展升华而形成的。到今天人力资源管理已经与生产、营销、财物管理等具有同等的职能地位，成为企业组织的一项必不可少的基本管理职能。饭店资源可以分为两大类，即物质资源和人力资源，而人力资源是指能够推动整个经济和社会发展的劳动者的能力，它反映了一个国家或地区人口总体所拥有的劳动能力。

从企业的微观角度，可以将人力资源管理定义为，根据企业经营发展的需要，通过不断地获得人力资源，并把得到的人力整合到组织中而融为一体，保持和激励他们对本组织的忠诚和积极性，控制他们的工作绩效并做相应的调整，尽量开发他们的潜能，以期达到人力与企业共同发展的一些活动、职能、责任和过程。

人力资源管理的具体任务源于传统人事管理，而又超越传统人事管理。人力资源管理关心的是“人的问题”，其核心是认识人性、尊重人性，强调现代人力资源管理的“以人为本”。在一个组织中，围绕人，主要关心人本身、人与人的关系、人与工作的关系、人与环境的关系、人与组织的关系等。

饭店人力资源管理就是恰当地运用现代管理学中的计划、组织、领导、控制等职能，对饭店的人力资源进行有效的开发、利用和激励，使其得到最优化的组合并且积极性得到最大限度发挥的一种全面管理。

2. 饭店人力资源管理的特性

与饭店的物质资源相比，饭店的人力资源具有自身的特殊性。

1) 饭店人力资源的层次性

人的禀赋差异使人力资源具有高层次性。根据知识水平、完成特定工作的能力、组织管理能力以及资源配置能力的不对称分布，可以将饭店内的人力资源分为两类：一类是生产型人力资源，即具有社会平均的知识和能力水平的人力资源，是饭店基础服务产品的提供者；另一类是经营管理型人力资源，即饭店的管理人才，是饭店创新和经营效益的重要来源。这两类人力资源具有不同的知识层次，并且对饭店的贡献也不同。

2) 饭店人力资源的创造性

人力资源与物质资源最大的区别在于人力资源具有创造性，作为可变资本的人力资源不仅能创造价值，而且能创造出比自身价值更大的价值。但作为不变资本的物质资源却不能创造价值，只能把自身的价值一部分一部分地转移到新产品中去。饭店主要是通过“人”提供服务来创造价值。由于人的能动性和不同的人力资源其自身的知识水平、专业技能、工作经验和适应能力的不同，在价值的创造中实现各自不同的价值增值，饭店的利润就是这些价值增值的结果。饭店的核心竞争力就来源于拥有一组区别于其他饭店的人力资源。

3) 饭店人力资源所有权的不可交换性与流动性

人力资源以人为载体，人力资源所有权与劳动者是不可分割的。客观地讲，人力资源的法律所有权属于人本身，它不可能为其本身之外的任何人所拥有。当某员工被饭店聘用时，饭店一方面要向该员工支付工资等费用，另一方面也就取得或控制了该员工人力资源的使用权，饭店将有权支配和影响该员工为饭店提供劳动，促使其发挥劳动潜力。但是，饭店所拥有或控制的不是该员工本身，而是通过该员工所体现的人力资源。这就是说，人本身并不是饭店的资产，他可以重新择业，享有绝对的人身自由。正是由于这个载体的流动性，导致饭店人力资源也具有很大的流动性，这也成为饭店人力资源管理上的一大难题。

4) 饭店人力资源的自我增值性

一般情况下，饭店的建筑、设施设备会逐年老化，有时会被更先进的设施设备所代替，从而加速折旧。如果把人力资源视同物质资源一样，认为饭店人力资源会随着年龄的增长因年老体弱而逐年贬值，这种说法并不完全成立，饭店员工完全可以通过自己的努力实现自我更新和自我增值，尤其在饭店行业对培训工作的一贯性和长期性的行业特点下。饭店的工作虽然标准化程度很高，但因为工作的对象是千差万别的不同宾客，随时会有突发状况和宾客投诉，要求具备较强的应变能力，而这往往来自更丰富的阅历和经验。因而，饭店人力资源的价值能够通过员工本身教育程度的提高，饭店的业务培训和实际服务经验的丰富而增加。

5) 饭店人力资源的能动性

人力资源是一种能动资产，人力资源成本与人力资源的作用之间并不存在必然的因果关系，这就是饭店人力资源和饭店物质资源相比的较显著的区别。实物资源对财富创造的贡献在于价值的转移，而人力资源的贡献主要在于价值的创造。于是，对物质资源的投入往往伴随着相应的物质资源的价值增值，并最终可以相应地转化为财富的增加。而对人力资源，因为人是具有主观能动性的，对人力资源的开发和利用不单是金钱和物质能够独立发挥作用的。在饭店，人力资源潜力的发挥与其本人的素质有关，同时也与饭店的其他因素密切相关，如饭店的文化、相关的管理制度，尤其是工作环境等。饭店人力资源的价值恰恰是这些因素影响的总和。例如，一个好的用人机制，一套公平的奖惩制度，一个实用的培训体系，一个融洽的人际关系氛围，对员工充分发挥自身的才干十分重要。

由于人力资源具有其自身区别于物质资源的显著特点，同时饭店行业的产品的特殊性决定了饭店人力资源自身的特点，所以饭店人力资源的计量模式和方法必须符合其特点，才能科学、合理地反映饭店人力资源的信息。

6.1.2 饭店人力资源管理的目标

管理是一种通过人去做好各项工作的艺术。饭店人力资源管理的目标在于吸引、保留、开发、激励饭店所需要的人力资源，维持和提高饭店员工的工作效率，保证饭店经营与管理目标的实现，使饭店在竞争中保持相对优势。具体包括以下几个方面。

1. 建立一支高素质的员工队伍

饭店史中的著名人物塞萨·里兹有一句名言：“好人无价(A good man is beyond price)。”这说明优秀的员工是饭店的财富。管理者应重视人才，善于发现和提拔人才。

饭店要正常运转并取得良好的经济效益和社会效益，不仅要有与饭店各个岗位相适应的一定数量的员工，而且这些员工的素质要符合饭店业务经营的需要。任何一家饭店想在竞争中取胜，就必须造就一支高素质的专业化员工队伍。简单地说，专业化的员工是指具有饭店意识和良好职业习惯的员工。专业化的员工队伍是不会自发形成的，必须通过管理者有意识地挑选、培养和激励，即进行人力资源开发与管理，并经过一定的时间熏陶和锻炼才能逐渐形成。

因此，饭店管理者首先要根据饭店的特点和经营发展的需要，精心挑选适合且乐于从事此项工作的员工；其次，要加强对员工的培训和提高，不仅要进行业务技能的培训，更要培养员工的饭店服务意识和职业自豪感。另外，管理者还应通过科学的管理和有效的激励，激发员工的工作热情，最终形成一支高素质的专业化员工队伍。

2. 形成最佳的员工组合

员工组合是人力资源管理的一项重要工作。组织如果实行的是最佳的人员组合，组织的运行就有效率、有价值，组织就能更快、更好地实现其预订的目标；否则组织的运行就无效率、无价值，从而组织的目标就无法实现。人员组合理论中有一个“1＋1＞2”的效应，说的是在组织的人员组合中要追求组合效应大于单体效应之和，这样的人员组合是组织最为希望的人员组合效果，因为只有这样，组织的目标才能实现得最为有效率、最为有价值。因此，在饭店经营管理活动中，管理者应制定明确的岗位职责，并使每个员工权责相当，能够各尽所能，形成最大的工作效能，进而形成一个有序、高效的饭店组织。

3. 充分调动员工的积极性

“天时不如地利，地利不如人和。”人的管理实质上并非管人，而在于得人，谋求人和事的最佳配合。因此，饭店人力资源管理的最终目标就是充分调动员工的积极性，即“得人”。饭店应通过各种有效的激励措施，发挥最佳的群体效应，创造一个良好的人事环境，使员工安心工作，乐于工作，最大限度地发挥员工的积极性和创造性。为达到这一目标，饭店应建立一套科学的人力资源管理体系，包括招聘员工的程序和方法、培训制度以及优化结构、发挥最佳群体效应的措施等。

6.1.3 饭店人力资源管理的内容

饭店人力资源管理虽然涉及饭店管理的方方面面，其主要内容包括饭店人力资源规划的制定、员工的招聘与录用、员工的教育与培训考核奖惩体系的建立和健全、薪酬福利制度的建立，以及高素质管理者的培养等内容。

1. 人力资源规划的制定

人力资源规划是一种战略性和长期性的活动，与饭店的总体战略目标有着很大的关系，是饭店发展战略及年度计划的重要组成部分，是人力资源管理的各项工作的依据。

人力资源规划必须保持与内、外部环境协调一致，从组织的目标和任务出发实施动态的规划，在使饭店内部员工的招募、甄选、配置、培训以及绩效考评等人力资源规划的设计相互匹配和协调的同时，还应与外部的业务动态和人力资源市场相一致，从而保障饭店未来发展所需的人力资源配置，实现饭店与员工个人的同步发展。饭店人力资源规划具体包括人员招聘计划、员工培训计划、薪酬福利计划、绩效考核计划等有关人力资源的行动计划及预算，其实质在于选择所追求的饭店发展目标和实现目标的最佳方案。

2. 员工的招聘与录用

饭店为了实现其经营目标，在不同的发展阶段和时间段，必须有足够的、能够胜任所设工作岗位的员工。聘用合适的员工离不开人力资源的招聘与录用。

招聘工作的具体内容包括确认饭店中有人力资源需求的岗位或部门的具体工作要求；对所提出的人力资源需求数量和详细用工条件做出准确的判断；选择适当的媒体在一定范围内公布饭店当前人力资源的需求情况，吸引符合条件的人士提出申请；对有资格的工作申请人提供均等的雇佣机会。

录用是从饭店角度出发，从所吸引的工作申请人中选择那些最适合饭店及其招聘岗位的人员的过程。从事饭店录用工作的管理者要有较高的职业素质和一定的饭店专业知识，能够通过各类信息、各种渠道发现和挖掘工作申请人的能力水平，并结合饭店经营、发展的具体情况和水平鉴别人才。

3. 员工的教育与培训

通过培训提高员工个人、群体和整个组织的知识、能力、工作态度和工作绩效，进一步开发员工的智力潜能。饭店的许多工作，如餐厅服务、客房服务、烹调加工等，要求员工不仅掌握标准的操作流程，而且还要具备与之相适应的理论知识。因此，饭店培训更强调实用性，注重员工动手能力和应变能力的培养。同时，饭店培训要强调针对性原则，即根据不同员工的技术水平和素质差异采用不同的训练方式和培训内容，提高他们完成任务所需的知识、技术、能力和工作态度，进一步开发员工的潜能。

【知识链接】

饭店整体概念的培训

两位客人走进一家三星级饭店大堂，正好碰上刚送完行李的行李员。行李员以为客人要住店，就指引他们去总台登记。未料客人并不是住店，而是来就餐的。客人问：“你们旋转餐厅很有名，在几楼？”行李员答：“28 楼，请乘左边的快速电梯上去。”客人问：“是广帮菜吧？”行李员答：“有粤菜，也有淮扬菜，实际上，像上海这样开放的城市饭店，菜肴已是集各帮之长，像这里也有北京烤鸭，也有四川火锅。很难绝对说只是哪一帮，你们不妨上去试一试。”客人又提出第三个问题：“价钱贵不贵？”行李员答：“旋转餐厅和二楼的潮州餐厅一样很豪华，档次高，价格比较贵。一般吃吃，平均每位的消费总要 100 多元，如果点海鲜或高档菜的话恐怕要 200 多元了。底楼东侧的百花厅也可以吃，价格适中，你们两人去吃，100 元出头就差不多了。”两位客人得到了准确的信息，相互商量了一下，决定还是直奔 28 楼旋转餐厅。拔腿之前，又问行李员一句：“旋转餐厅开到几点？”“晚上 11 点。”行李员不假思索地回答。这家饭店的每位员工——无论是哪个部门、哪个岗位，也无论是前台，还是后台——进店之后都必须进行饭店整体概念培训。

4. 考核奖惩体系的建立和健全

考核奖惩是对员工成绩、贡献进行评估的方法，又是饭店人力资源开发管理效能的反馈。定期对员工的工作做出正确的考核和评估，是员工提升、调职、培训和奖励的依据，做到奖勤罚懒、鞭策鼓励。

【知识链接】

二级考勤

“人事培训部办公室吗？我是客房部9楼领班振华。上午我匆匆上班时忘了电脑考勤，但在班组内还是签到了。我没在考勤机上打卡是我的错，我愿意接受饭店对我的处分。”这是某天早上9点稍过时，宁波新园宾馆人事培训部经理接到的一个电话。

新园宾馆地处宁波闹市区，宾馆豪华的设施、高档的装修，以及较高的管理服务水准在宁波市已赢得许多美誉。尽管宾馆开业不到一年，其社会影响和经济效益已引起同行们的关注。在宁波市，饭店同行几乎都知道新园宾馆的二级考勤制度。

每个新园宾馆员工上班时，首先必须在员工通道处接受电脑考勤。考勤卡上用蓝色印迹记录上班的精确时间，下班也是由电脑考勤，不同的是用红色记录下班时间，这是第一级考勤。员工还要经过本班组或本部门的签到考勤，由考勤员记录上、下岗的精确时间，这是第二级考勤。

新园宾馆的二级考勤制度规定，即使员工在规定的时间内经过了一级考勤，如果在进入本班组或本部门之前到别处去转悠，未能在规定时间内准时上岗，一律作为迟到处理。制度明确规定：所谓准时上岗是指必须在规定时间内更换好工作服，正式上岗；所谓准时下岗则指必须在规定时间之后再换下工作服离店。制度又进一步规定，若遇员工忘记电脑考勤，则以班组或部门考勤为准，但该员工必须按有关规定受到处罚。

客房部9楼领班忘记在上班时打卡，上岗后方才想起，于是向人事培训部主动报告，请求处罚。

5. 薪酬福利制度的建立

薪酬福利对员工基本生活需要的满足至关重要，饭店可根据自身的情况选用适当的工资形式，实行合理的奖励和津贴制度，其劳动保险和福利待遇对员工工作积极性的发挥具有重要的激励作用。

6. 高素质管理者的培养

管理人员的素质和工作能力的高低，对员工工作积极性的调动及饭店经营活动的正常运转具有重要影响，饭店管理人员必须掌握有效的领导方式和激励、沟通技巧，培养“企业文化”，增强饭店凝聚力，调动员工工作积极性，以提高企业的效益。

【知识链接】

饭店企业文化

饭店企业文化是饭店员工共同拥有的价值观、饭店精神、经营哲学等，是一种渗透在企业一切活动之中的东西，是企业的灵魂所在。美国管理学家劳伦斯·米勒在《美国企业精神》一书中说：“未来将是全球竞争的时代，这种时代能成功的公司，将是采用新企业文化的公司。”

饭店文化对饭店竞争力的强弱起着举足轻重的作用，无论是洲际集团、希尔顿集团、还是万豪集团、雅高集团，其在全世界范围内的迅猛发展，无不在于蕴藏着一种优秀而雄厚的饭店文化。一个成功品牌首先必须培育卓越的品牌文化，要求和促使饭店的所有员工都遵从基于饭店特定品牌的信念和行为，以带有高度价值和附加值的服务质量，向顾客兑现饭店的品牌承诺，达到百分之百的顾客满意。

假日集团的分公司汉普顿饭店向入住客人提出了“无条件的”满意保证，即由客人自主决定是否感到满意，饭店在保障度上决不与客人讨价还价，该服务承诺在当时饭店业是史无前例、闻所未闻的。正是这百分之百顾客满意的服务承诺，使汉普顿饭店赢得了顾客，并在整个饭店市场中拥有了强大的竞争优势。在这里，该饭店的文化——也是最原始的动机，就是要让顾客满意。

里兹·卡尔顿饭店公司在企业文化管理上堪称典范，饭店告诉员工：“我们不希望你们为本公司工作，而是希望你们成为公司的一部分。我们共同的目标是建立卓越的饭店，控制世界饭店业的高档细分市场，这需要你们大家的帮助，饭店的未来掌握在你们手中。”万豪集团的里兹·卡尔顿饭店公司正是利用饭店的价值观、理念和目标来管理员工的，其文化管理更是集中体现在它的黄金标准，这一黄金标准包括一个信条，一句座右铭，三步服务和20项基本要求。饭店要求员工必须熟记并理解这一黄金标准，时刻以黄金标准约束和规范自己的行为，以达到饭店经营的目标：绝不失去一个顾客。

6.2 饭店人力资源的开发与利用

人力资源的开发是人力资源管理的重要内容之一。饭店的经营管理活动能否正常进行，饭店能否为宾客提供高质量的服务，取决于饭店员工的素质。而饭店员工素质的高低，又与饭店员工的招收、培训等方面息息相关。

6.2.1 饭店人力资源的开发

饭店人力资源开发，就是通过选择合适的员工、对员工进行培训等工作，使饭店员工具备饭店从业人员的素质，适合其特定的工作内容。

1. 饭店员工招聘

饭店员工招聘是根据饭店的经营目标、人力资源规划及业务部门对所需员工的工作要求，由饭店人力资源部门主持进行的招聘、考核与挑选优秀、合适员工的过程。员工招聘是确保员工队伍良好素质的基础，关系到饭店的生存与发展。

1) 员工来源和招聘渠道

饭店员工招聘主要有外部招聘和内部招聘两种方式。

(1) 外部招聘。主要是利用人才市场交流中心(图 6-1)、招聘洽谈会、传统媒体广告(图 6-2)、网上招聘、校园招聘、人才猎取和员工推荐等渠道和方式从饭店外部招聘员工。它具有很多优点：来源广泛，选择空间大，特别是在组织初创和快速发展时期，更需要从外部大量招聘各类员工；可以避免“近亲繁殖”，能给组织带来新鲜空气和活力，有利于组织创新和管理革新；可以要求应聘者有一定的学历和工作经验，因而可节省在培训方面所耗费的时间和费用。缺点是外部招聘员工需要一段时间熟悉饭店作业流程及工作环境；可能因为对外部员工不够了解，导致招到不合格的员工；招聘成本较高。

图 6-1　人才市场交流中心

图 6-2　饭店招聘广告

(2) 内部招聘。就是将招聘信息公布给公司内部员工，员工自己可以来参加应聘。内部来源选聘有许多优点：选任时间较为充裕，了解全面，能做到用其所长，避其所短；他们对组织情况较为熟悉，了解与适应工作的过程会大大缩短，上任后能很快进入角色；内部提升给每个人带来希望，有利于鼓舞士气，提高工作热情，调动员工的积极性，激发他们的上进心。内源选聘也有其缺点：容易造成“近亲繁殖”；老员工有老的思维定势，不利于创新；容易在组织内部形成错综复杂的关系网，任人唯亲，拉帮结派，给公平、合理、科学的管理带来困难；内部备选对象范围狭窄；如果内部提升牵涉到人情关系，容易作弊；内部提升不利于企业员工之间的团结。

2) 员工招聘的程序

员工招聘主要包括两个环节：招募和甄选。招募是饭店为吸引更多更好的人员前来应聘而进行的一系列前期活动；甄选则是通过各种方法和手段，选取最符合工作需求的应聘者。员工招聘可分为四个阶段。

(1) 筹划阶段。这一阶段是员工招聘的起点。主要包括根据饭店经营情况和内、外劳动力资源情况，制订招聘计划；根据招聘量的大小和招聘对象的重要程度成立招聘小组，并挑选和培训招聘工作人员；确定招聘途径，是内部选拔还是外部聘用，是员工推荐还是广告招聘等，并拟定招聘简章。

(2) 宣传阶段。这一阶段承上启下，直接影响着招聘的效果。主要包括大力宣传、吸引和鼓励求职者踊跃应聘；应聘者填写求职申请书，通过求职申请书，饭店可大致了解应聘者的基本情况。

(3) 测试阶段。这一阶段是招聘工作的关键所在。主要包括检查应聘者个人资料；初次面谈，确定应聘者仪表、表达能力等是否符合饭店要求；通过测试了解应聘者的知识和专业技能水平。

(4) 录用阶段。将多种测验和考核结果进行综合评定，确定录取人员的名单。主要包括任用面谈，在基本确定录用后，在正式任用之前还要对应聘者的个性、经验、兴趣、技能等做进一步的了解，确保人适其职；体格检查；审查批准，确定录用名单；以书面形式通知应聘者，签订劳动合同；进行岗前培训、试用与安置。

【知识链接】

层层筛选

在香格里拉酒店，员工被分为5个级别，1～3级都是中高层的管理人员，他们的面试分为3轮：第一轮的面试官是人力资源部，第二轮为部门主管，第三轮则由总经理亲自面试。“面试的时候，会给他们一些案例进行分析，主要是观察他们的反应能力。然后会通过电话求证其跳槽原因以及前老板对他的评价，香格里拉不希望拥有一个频繁跳槽和不忠诚的员工。”

4～5级为基层员工，他们中除了厨房和客房人员外，其他各部门的员工必须熟练掌握英语。这些人员主要来自于应届毕业生，由于考虑到招聘数量的巨大，上海地区可能无法满足，他们每年会去大连、沈阳、青岛等地招聘所需要的员工。一般是3月，人力资源部会派同事去当地的大学或高职学校招聘学生，或是借用当地香格里拉饭店的场地举行一场招聘会，以此吸引更多的求职者来应聘。

这些人会被派往饭店的各部门进行实习，在此期间，会有专门的老师对他们进行带教和考核。每月或者每两个月，老师会将所有学员的表现向人力资源部做汇报。基本上80%的学员能够期满转正，然后正式进入饭店工作。

2. 饭店员工培训

饭店员工培训是现代饭店人力资源管理的一项重要内容。饭店是劳动密集型的服务型企业，仅有豪华的硬件设施和先进的技术装备是不够的，还需要员工有较高的服务技能和服务水平。随着人民生活水平的不断提高，顾客的需求呈现多样化与个性化，要求饭店员工不断地提高自身的素质和能力以适应各种新变化和新情况。因此，饭店需要对全体员工进行培训。

饭店员工培训是指饭店及其有关部门根据市场的发展变化及饭店实际工作的需要，通过各种教导或经验的方式在知识、技能、态度等方面对员工进行培养和训练的活动。

1) 员工培训的意义

在现代饭店中，对人力资源进行有效培训与开发，无论对饭店组织，还是对员工个人，均有重要、积极的现实意义。其目的是为了提高饭店员工的知识水平和从业能力，以适应当前岗位工作和未来发展的需要。

从饭店角度看，员工培训可以使饭店的市场竞争水平不断提升，竞争的重心转移到人才的竞争；可以提高管理人员的管理决策水平；可以降低损耗和劳动成本；可以促进员工掌握新技术和先进正确的工作方法，大大提高服务质量等。

从员工角度看，员工培训可以提高员工综合素质，通过“培训—工作—再培训—再工作”持续的循环不断增强员工素质；可以为员工的自身发展提供条件，通过为员工提供的人本增值服务，使其不仅能出色地完成本职工作，还能为晋升创造条件，促进其职业发展。

2) 饭店员工培训的类型

员工培训的一个重要原则是根据工作需要进行培训。首先应以各个岗位的岗位职责和工作要求为基础，分析各岗位员工需要掌握的知识、态度和技能，然后根据这些要求制定培训目标和内容。饭店员工培训从总体上可分为职业培训和发展培训两大类。职业培训主要是针对操作人员，而发展培训主要针对管理人员。

(1) 职业培训。职业培训的主要对象是饭店操作层的员工，培训的重点应放在培养和训练员工操作方面的能力，使他们能够熟练掌握所需的知识和技能。职业培训通常有以下几种。

① 岗前培训。是新员工上岗前的培训，可以帮助员工尽快适应饭店，尽快适应将从事的工作岗位的要求。岗前精心的培训和正确的引导将为员工以后良好的表现打下基础。岗前培训的内容通常包括本饭店的历史和现状、饭店的经营宗旨和重要方针政策、饭店的组织机构和管理者，使新员工尽快熟悉工作环境。岗前培训还包括职业道德、饭店服务观念和意识、饭店服务礼貌礼仪，及饭店规章制度、组织纪律、安全知识等的教育。岗前培训后，将新员工分配到岗位，再由所在部门进行基本业的务知识和技能培训。

② 岗位培训。是指员工不脱离工作岗位、利用空闲时间所接受的培训，这是员工培训最常用的方法。因为在培训过程中，受训人也在履行自己的工作职责，所以需要的费用相对较少。岗位培训一般由各级管理人员和经验丰富、技术熟练的老员工来担任培训者，也可有针对性地外请一些旅游院校、培训中心的教师和专职培训人员进行。岗位培训应特别注意培训的针对性，尤其是外请教师进行培训之前，应先对本饭店具体情况和实际培训需求有所了解，否则难以达到培训的效果。

③ 持续培训。员工经过岗前培训和岗位培训后，已可基本胜任服务工作。但随着饭店各种内外因素的影响，员工在饭店工作过程中，还要不断地进行培训，即持续培训，以适应饭店的发展和工作环境的变化。持续培训包括再培训、交替培训和更换培训。再培训又称重复培训，其目的是使上岗后的员工通过再学习，把已掌握的技能与技巧再提高一步。另外，若饭店的服务规程、操作方法等有了新的改变，或使用新的设备，也需要对员工进行再培训。交替培训的目的是为了防止员工临时因故不在工作岗位时由于无人替代而引起工作混乱。交替培训可以使员工成为多面手，掌握两个以上工作岗位的技能，使管理者在特殊需要时可以进行合理的人力调配，保证工作有序地进行。交替培训还有利于提高员工的工作兴趣，增强其与相关部门或岗位员工进行合作的团队精神。更换培训是指将已经上岗、但不称职的员工及时换下来，对他们重新进行其他工种的培训，使其能够寻找到合适的岗位，做到人尽其才。

(2) 发展培训。职业培训的对象是员工，培训时只需分工种进行即可。而管理者的发展培训则应根据不同管理层次予以区分，不同层次的工作侧重点不一样，培训的内容也就不相同。

① 基层管理者的培训。基层管理者如领班、主管等，其工作重点是执行中、高层管理者的指示和决策，从事具体的管理工作，直接面对员工。因此，其培训应着重于管理的技能、技巧的把握，使之能够创造一个良好的工作环境，让每个被管理者都心情舒畅地工作。

② 中、高层管理者的培训。中、高层管理者的培训应注重其发现问题、分析问题

和解决问题的能力，用人能力，控制和协调能力，经营决策能力，以及组织设计能力的培养。其中，中层管理人员，如各部门经理，对其所在部门的经营管理具有决策的权力，因此，对于本部门的经营管理必须十分精通，应熟悉本部门工作的每个环节和具体的安排，除此以外，还必须了解与本部门业务有关的其他部门的工作情况。饭店高层管理者的工作重点在于决策，他们所要掌握的知识更趋向于观念技能，如经营预测、经营决策、市场营销和公共关系等知识。

3) 培训的方法

(1) 案例讨论法。是针对一些工作中的重要问题进行集体讨论的培训形式。在对特定案例的分析和辩证中，受训人员集思广益、畅所欲言、各抒己见，不断汲取新的思想，让员工开阔视野，学习经验和方法。案例讨论法的案例要具有典型性、普遍性和实用性，从中提高员工解决实质性问题的能力和技巧。

(2) 角色扮演法。角色扮演法是在一个虚拟的任务或场景下，由受训者扮演其中的角色以完成既定任务为目的的培训方式。培训者可以选取工作中主要的、常见的、特殊的场景，要求员工扮演工作中所涉及的不同角色，实现角色互换，让受训者体会到工作的不同侧面，从而提高服务的质量和水平。

(3) 操作示范法。操作示范法是对专业操作技能要求较高的岗位培训所设置的，为了使受训者熟练掌握正确的操作方法，安排部门中专业操作技能好的员工在工作现场或模拟的工作环境中进行讲解和示范的培训方法。

(4) 远程培训法。远程培训指利用计算机互联网开展远程职业培训，是国际教育和职业培训改革的潮流和发展方向。学员不受地域的限制，可以足不出户地坐在家中，利用业余时间参加远程培训学习。目前，国内已有多所大学被教育部认定为远程教育学院试点学校，可以通过网络进行教学和考试。国内外的某些组织也开始采用网上培训的形式，如平安保险公司近几年通过内部的局域网开展公司业务、举行会议或进行网上员工培训，取得了比较好的效果。

(5) 工作轮换法。工作轮换是将员工由一个工作岗位调到另一个岗位以扩展其经验的培训方法。这种知识的扩展对完成更高水平的任务常常是很必要的，可帮助员工理解他们工作领域内的各种工作。但这种方法也有一些潜在的问题，如轮换者的工作水准不高，引起员工的不满等。

(6) 视听培训法。视听培训法是运用电视机、录像机、幻灯机、投影仪、收录机、电影放映机等视听教学设备为主要培训手段进行训练的方法。随着声像资料的普及与广泛应用，许多饭店的培训工作已采用电化教学手段，并取得了较好的效果。有的饭店还运用摄像机自行摄制培训录像带，选择一定的课题将饭店实务操作规范程序、礼貌礼节行为规范等内容自编成音像教材用于培训中。运用现代高科技电子技术运用于培训中，可以提高培训的质量和效率，从而降低成本。

【知识链接】

麦当劳的全职生涯培训

人们一定会感到很惊讶，一个麦当劳餐厅(图 6-3)经理的诞生，需花费数十万元的投资和接受超过450小时的训练。这是因为，麦当劳(图6-3)强调全职业规划培训，也就是“全职业培训”。在麦当劳，从计时员工到高阶主管，结合他们的职业生涯规划，都有不同的培训计划。通过各区域的训练中心以及汉堡大学进行阶梯式培训，使得麦当劳的员工能够持续不断地学习、成长。由此不难发现，麦当劳非常重视员工的成长与生涯规划，在培训上投入巨资也是情理之中的事情了。

图6-3　麦当劳餐厅

麦当劳的计时员工分为服务员、训练员、员工组长与接待员。麦当劳为什么要培育他们？为什么要给他们这么多的训练？实际上，除了传递全球一致的产品与服务以外，更重要的是促使麦当劳的员工持续不断地学习，并最终成为国际型企业的优秀员工。

以经理这个职业为例，在麦当劳，经理不只是从计时员工晋升，也有直接从实习经理培育而成的。当麦当劳在招募实习经理这个职级的时候，更关注其是否具有做餐厅经理的潜能。在餐厅经理培育的一连串训练计划中，就是要将实习经理训练成餐厅经理。其具体内容非常丰富，诸如怎样进行最基本的餐厅运作、怎样使顾客的就餐非常顺畅、怎样订货、怎样排班、怎样领导餐厅、怎样建立团队、怎样经营企业等。

在成为经理前，主管要接受不同阶段的培训。中层主管的职责和餐厅经理有所不同，着重表现在两个方面：一个是顾问的技巧；另一个是部门的领导。除了训练、营运之外，还有很多其他的专业职能的训练。

麦当劳的高层主管，必须在汉堡大学接受一系列的训练课程。只有在某种程度上把握从基层到中阶主管的发展历程，才能成为高阶主管。麦当劳的高阶主管训练有三个方面，即全球讨论会、外部发展讨论会、执行辅导。

麦当劳的管理人员95%要从员工做起。每年，麦当劳北京公司要花费1 200万元用于培训员工，包括日常培训或去美国上汉堡大学。麦当劳在中国有三个培训中心，培训中心的老师全都是公司有经验的营运人员。一般说来，餐厅部经理以上人员都要到汉堡大学学习。

一旦员工加入管理组，麦当劳就会向他提供一套结合国内外资源的训练计划。除了在麦当劳训练中心接受营运及管理方面的教育外，当他晋升至餐厅经理时，还能到汉堡大学深造，接受更专业、更全面的训练。

在麦当劳，无论职位高低，给员工的训练永远是现在进行时，员工的成长也因而持续不断。在迈向个人成功之路上，员工将亲身参与麦当劳独特而完整的训练课程，体验成为麦当劳经理人的特殊荣耀。

在麦当劳，培训就是要让员工尽快得到发展。很多企业的人才结构就像金字塔，越往上越小。而麦当劳的人才体系则像棵圣诞树——如果员工能力足够大，就会让他升一层，成为一个分支，再上去又成一个分支，员工永远有升迁的机会。

6.2.2 饭店人力资源的利用

饭店通过招聘和培训，拥有了一批符合饭店需求的饭店员工，而这些员工能否有效地发挥其应有的作用，关键在于饭店管理者是否擅长人力资源的利用。饭店人力资源的利用，就是对员工科学地进行排列和组合，形成合力，发挥出群体的最佳效应，同时使每个人各尽所能。其主要包括编制定员、合理用人两大方面的内容。

1. 编制定员

饭店的编制定员，是本着节约用人、提高效率的宗旨，根据饭店的经营方向、规模、档次、业务情况、组织机构、员工政治思想和业务素质等，在建立岗位责任制的基础上，确定必须配备的各类人员的数量。编制定员是饭店制订人力资源管理计划的基础，是科学安排各类人员的依据，对于合理使用人力资源、提高工作效率具有重要意义。

1) 编制定员的依据

饭店在进行编制定员时，饭店的经营思想和经营模式对编制定员起着决定性的作用。一般来说，编制定员应既要符合精简、高效、节约的原则，又要保障饭店的正常运转和员工的身心健康。因此，管理者必须考虑对编制定员可能造成影响的各种具体的因素。通常主要有以下几个方面。

(1) 饭店的等级与规模。饭店的等级或星级是根据其设施设备的档次和完好程度以及饭店的服务水平来评定的。通常，星级或等级越高，其服务设施就越多，客人对饭店的服务要求也越高，用人的比例就越高，反之亦然。

饭店规模大小也会对编制定员造成影响。规模小，其用人的绝对数量就少，而规模大，则用人数量必然会增加。饭店的布局设计的合理程度，不仅影响其服务质量，而且影响工作效率和编制定员。因为，为了保证饭店服务质量，一些不合理的布局设计只能用增加一定数量的员工来弥补。所以，合理的布局设计是用工效率的基础。

(2) 饭店的组织机构与岗位设置。饭店不同的组织机构和岗位设置会造成不同的用人数量。例如，客房部设立客房中心或在各楼层分设服务台，其用人数量大不相同。另外，组织机构的层次越多，相对用人数量也会增加。随着饭店业的发展，组织机构扁平化已经成为一种发展趋势，这除了可以加速信息的有效沟通外，还可以提高工作效率，节省人力资源。

(3) 饭店实施与设备状况。通常，饭店设施设备的配备越现代化，其用人就越少，反之，用人就多。例如，饭店的通信系统、电脑系统的使用，使饭店节约大量人力。因此，在编制定员时，饭店的设施设备状况也是依据之一。

(4) 饭店劳动效率。饭店劳动效率主要是劳动定额的高低，也是编制定员的依据。劳动定额高，用人少，反之，则用人多。劳动定额的高低应经过科学的测算之后再予以确认，而且随着员工熟练程度等各种因素的变化，也应进行相应的调整。

(5) 饭店经营状况。饭店经营状况，例如，客源流量会因季节、气候、交通、经济、政治等因素的影响而变动。饭店设施利用率是一个变量，饭店编制定员自然也应随之而有所变化。为了保证编制定员的科学性和合理性，管理者必须对上述各个因素予以综合考虑，并结合本饭店的经营思想和经营模式合理地编制定员。

2) 编制定员的方法

饭店编制定员的方法有很多，最为常用的主要有以下几种。

(1) 岗位定员法。岗位定员法是根据饭店的组织机构、岗位设置以及岗位职责的要求，结合饭店各岗位的工作量、工作班次、劳动效率和员工出勤情况等因素来确定不同岗位所需人员数量的编制定员方法。这种方法通常适用于前厅部、采购部、工程部等部门员工和管理人员的编制定员。

(2) 设备定员法。设备定员法是根据饭店设备数量和员工工作量，结合设备的运行次数和员工的出勤情况等因素来确定所需人员数量的编制定员方法。这种方法一般适用于工程部、洗衣房部分员工的编制定员。

(3) 比例定员法。比例定员法是根据实际工作量、劳动定额、劳动效率等因素，按一定的配备比例计算所需人员数量的方法，即按照员工总数或某一类人员数量的比例来计算人员数量的方法。这是依据饭店内部客观存在的一定比例关系提出的，如厨房炉台与切配人员的比例。

(4) 效率定员法。效率定员法是根据劳动效率，结合实际工作量、工作班次、出勤情况等因素来确定所需人员数量的方法。凡是实行工作定额管理并以手工操作为主的工种，都可以用这种方法进行编制定员。工作定额主要有工时定额和工作量定额两种：工时定额是指完成一定量的工作所需花费的工作时间；工作量定额则是指在单位时间内所必须完成的合格工作量。饭店可以通过统计分析、技术分析、经验估计以及比较类推等方式制定合理的工作定额。

2. 合理用人的原则

饭店人力资源管理的关键在于合理用人，只有合理地使用人力资源，才有可能发挥其特长、有效地调动其积极性，达到饭店人力资源管理的目标。为使饭店有限的人力资源发挥尽可能大的作用，管理者在人力资源的使用中应掌握以下原则。

1) 用人所长的原则

在饭店管理中，首先应坚持用人所长的原则。有一句格言：“垃圾是放错位置的宝物。”即一切要素都是有用的，这是要素的共性。就某一个要素(包括人或事)来看，在某种条件下或某一方面可能发挥不了作用，但在另一条件或另一方面可能发挥的作用就很大。因此，管理者在选拔任用人才时，应该坚持“无一人不可用”的原则，尽可能避其所短，扬其所长。

【知识链接】

用人之道——弥勒佛与韦陀

去过庙的人都知道，一进庙门，首先是弥勒佛，笑脸迎客，而在他的北面，则是黑口黑脸的韦陀。相传在很久以前，他们并不在同一个庙里，而是分别掌管不同的庙。弥勒佛热情快乐，所以来的人非常多，但他什么都不在乎，丢三落四，没有好好地管理账务，所以依然入不敷出。而韦陀虽然管账是一把好手，但成天奋拉着脸，太过严肃，使得人气越来越少，最后香火无几。佛祖在查香火的时候发现了这个问题，就将他们俩放在同一个庙里，由弥勒佛负责公关，笑迎八方客，于是香火大旺。而韦陀铁面无私，锱铢必较，则让他负责财务，严格把关。在两人的分工合作中，庙里一派欣欣向荣的景象。其实在用人大师的眼里，没有废人，正如武功高手，不需名贵宝剑，摘花飞叶即可伤人，关键看如何运用。

2) 按能授职的原则

按能授职即管理者经过综合考查，根据每个人的才能，把他放在与之相适应的岗位、职位上，使工作的职位与人的能力相匹配的原则。不同层次的管理岗位，由于其工作任务的不同、管理范围的不同、被管理的对象不同，因而对管理者的能力要求也就不相同。对饭店的高层管理者，对其技术能力的要求较低，而对其理性思维能力、领导能力、管理能力的要求较高。相反，对饭店的基层管理者，则对其技术能力的要求较高，而对其管理能力的要求相对较低。饭店的各种岗位有不同的能力要求，员工也有不同的才能，从而要求饭店的管理者根据不同的职位对能力的要求，配备具有相应能力的人，真正实现在其位、谋其政、尽其责、得其利、获其荣，这样才能充分发挥每个人的才能和积极性。

【知识链接】

所长无用

有个鲁国人擅长编草鞋，他妻子擅长织白绢。他想迁到越国去，友人对他说："你到越国去，一定会贫穷的。""为什么？""草鞋，是用来穿着走路的，但越国人习惯于赤足走路；白绢，是用来做帽子的，但越国人习惯于披头散发。凭着你的长处，到用不到你的地方去，这样，要使自己不贫穷，难道可能吗？"

这个故事告诉人们：一个人要发挥其专长，就必须适合社会环境的需要。如果脱离社会环境的需要，其专长也就失去了价值。因此，我们要根据社会的需要，决定自己的行动，更好地发挥自己的专长。

3) 公平竞争的原则

在饭店业竞争日趋激烈的情况下，管理者在招聘一些职位的员工时，可以采取从内部公平竞争的方式提升员工。通过员工之间的公平竞争，可以激发其工作热情，促使其主动地开拓新领域和解决新问题，也使新的人才脱颖而出。公平竞争的关键是竞争的公平性，否则会适得其反。另外，员工之间公平竞争、奋发向上，客观上也会促进饭店的经营管理和服务质量水平的不断提高。竞争的法则是无情的，竞争的结果必然是优胜劣汰，饭店管理者在鼓励优胜者的同时，也应注意失利员工的情绪。作为管理者，有责任在发现员工情绪低落时帮助他们尽快消除心理压力，保持良好的心态投入到工作中来。

【知识链接】

老鹰喂食的启示

老鹰是所有鸟类中最强壮的种族，根据动物学家所做的研究，这可能与老鹰的喂食习惯有关。

老鹰一次生下五只小鹰，由于它们的巢穴很高，所以猎捕回来的食物一次只能喂食一只小鹰，而老鹰的喂食方式并不是依照平等的原则，而是哪一只小鹰抢得凶就给哪一只小鹰吃。在此情况下，瘦弱的小鹰吃不到食物都死了，最凶狠的存活下来，代代相传，老鹰一族愈来愈强壮。这个故事告诉我们，“公平”不能成为组织中的公认原则，组织若无适当的淘汰制度，常会因小仁小义而耽误了进化，在竞争的环境中将会遭到自然淘汰。

4) 不拘一格的原则

用人应该有“格”，即基本的德与才要具备，但不拘泥于传统的不合时宜的条条框框。当遇到具有真才实学的员工时，甚至可以破格提升，不必过分考虑诸如个人经历、工作年限、学历等条件，不论资排辈，以求为饭店选出真正适合的人才。

5) 结构优化的原则

饭店管理者在进行员工配置时，要重视员工组合的互补性，实现结构优化，形成最大合力。在员工组合上，同样数量和素质的一群人，由于排列组合不同就会产生不同的效应。人们常说“团结力量大”，然而这是有条件的，只有在人的组合产生合力的情况下，“团结力量大”才有可能成立。当事物处于某种无序或不协调的状态下，其内部各组成部分间的作用就会相互抑制和相互冲突，使各种力量相互抵消，产生内耗。因此，要想使饭店人力资源的群体结构最优，达到互补的目的，在人员构成上就应注意知识结构、专业结构、智能结构、年龄结构、性格结构等的互补与合理组合。

6) 动态管理的原则

从饭店人力资源的现实来看，由于各种原因，还存在着各种专业技术人员分布不合理、人员比例失调，以及压制人才、闲置人才和用非所长等不合理现象。这些现象应该通过有计划的合理调配或流动加以解决。从人力资源管理角度来说，人员不流动，最优配置是不可能实现的。动态管理就是在人员调配和流动的动态中使用和管理好人力资源，充分发挥个人的积极性、创造性，最终达到吸引人才、培养人才、留住人才的目的。

6.3 饭店员工激励管理

饭店管理，以人为本，通过各种方式激励员工，调动员工的积极性，激发员工的工作热情，促进员工的工作行为，是饭店人力资源管理的中心内容。

饭店管理目标的实现需要通过饭店全体员工的努力方可完成，也就是说，饭店员工对待工作的积极性、投入工作的热情程度以及完成工作的决心，对饭店目标的实现具有决定性作用。现代饭店管理者必须擅长采用各种方式激励员工，最大限度调动其工作积极性，以求为饭店创造出良好的经济效益和社会效益。

6.3.1 饭店员工激励管理的含义

激励，顾名思义，激就是激发，励就是奖励或鼓励，激励是指激发人的动机，使人产生内在的心理活动的过程，也就是调动人的积极性的过程。

从激励的定义可以看出，尽管每个员工都可能朝着组织的目标而努力工作，但他们之所以愿意这样做，是因为这样做的同时也能够满足他们个人的需求。对管理者而言，在清楚地了解员工个人的需求和动机之后，就有机会引导员工的行为方向，使之与组织的目标相一致，并通过有效的刺激措施，帮助员工通过努力工作去实现这一目标。

饭店作为劳动密集型行业，通常把人的管理放在中心位置。饭店希望每位员工都能成为优秀员工，这就要求饭店人力资源管理要运用科学的激励手段，把员工的价值实现引导到饭店目标上，激发员工的工作积极性和进取心，促使员工自觉地发挥自己的主观能动性和创新性，为实现饭店的经营目标努力工作。

6.3.2 饭店员工激励的作用与原则

在现代饭店的人力资源管理中，要利用各种尽可能充分的条件激励员工，促使每个员工自发地、最大限度地发挥他们的聪明才智与潜在能力，可以提高员工对饭店的参与感和归属感，可以增加员工的群体意识，可以使他们保持充足的动力和高昂的士气，齐心协力为提高整个饭店的经济效益、实现饭店目标而努力工作。

在饭店人力资源管理工作中，运用激励手段的根本宗旨是调动员工积极性，提高饭店群体的士气。为此，在采用激励手段时还应遵循以人为本、因人而异等基本原则。

1. 激励的作用

1) 挖掘员工的内在潜力

激励就是创设满足职工各种需要的条件，激发员工的动机，使之产生实现组织目标的特定行为的过程。管理人员对下属进行激励，就是使下属的需求和愿望得到某种程度的满足，并引导下属积极地按组织所需要的方式行动。美国哈佛大学教授威廉·詹姆斯通过对员工的激励研究发现，实行计件工资的员工，其能力只发挥20%～30%，仅仅是保住饭碗而已；而在其受到充分激励时，其能力可发挥至80%～90%，其中，50%～60%的差距是激励的作用所致。

2) 吸引人才，保持组织人员的稳定性

随着社会的发展，智力劳动的作用日益显著，组织内所拥有的各种专门人才的数量和质量对组织作用的发挥已经成为决定性的因素。因此，许多企业都在进行生产经营的同时，运用各种有效的激励方法来吸引人才，如支付高额报酬，提供良好的工作环境和生活条件，给予继续学习提高的机会等。同时，管理者有效地运用各种激励方法，也可以消除职工的不满情绪，增加其安全感、满意感，增强组织的吸引力，保持组织内人员的稳定性。

3) 鼓励先进，鞭策后进

任何一个组织的人员的表现都有好、中、差之分，对不同的人运用不同的激励方法，可以使先进的人受到鼓励，继续保持其积极行为。也可以使表现一般和较差的人受到鞭策，认识到自己的不足从而主动改变自己的行为。

4) 使员工的个人目标与组织目标协调一致

个人目标是由个人需要所决定的，它往往与组织的目标和要求相矛盾。运用激励方法进行目标管理，让员工参与自身目标和组织目标的制定。在设置组织目标的时候，尽可能地考虑个人目标，可以使个人目标和组织目标很好地结合起来。同时，运用激励方法满足员工的合理需求，减弱或者消除其不合理要求，也可以调节员工的行为，更好地实现组织目标。

2. 激励的原则

1) 以人为本的原则

人类社会的存在和发展要以人为本，就是说，要满足人的物质文化需要，满足人的根本利益需求，即以人为人类社会生存和发展的价值取向。员工不是简单的“经济人”，更是“社会人”，有各种各样的需要。饭店应把员工当成合作者，建立适应时代特点和员工需求的人性化激励机制。

2) 因人而异原则

不同员工有不同特点，在员工类型、价值和文化等方面也存在诸多差异。不同个体有不同的需要，同一个体在不同时期也会产生不同需求，只有当激励与需要找到结合点时才能发挥作用。要清楚地认识员工的个体要求，进行有效的激励。

3) “三公”原则

激励中要做到公平、公正、公开，管理者切忌凭主观臆断和喜恶来评价员工，必须对每一位员工一视同仁、赏罚严明、不分亲疏，才会形成竞争向上的工作氛围。

4) 及时适度原则

激励必须及时，迟来的激励有时会让员工觉得失去激励的意义，及时地激励才能起到强化作用。另外，激励要适度，掌握激励火候才能产生良好效果。奖励过重会使人感到得来轻而易举，失去进一步提高的欲望，奖励过轻则可能使员工产生消极情绪。

6.3.3 饭店员工激励的基本形式

激励方式是饭店管理者在激励员工工作积极性过程中所采用的具体形式，常见的有目标激励、物质激励、竞争激励、奖惩激励、情感激励、晋升激励等。饭店管理者应对需求层次理论、双因素理论、公平理论、期望理论、目标理论等各种激励理论进行灵活运用，采取各种有针对性的激励方式对员工进行管理并激发其工作热忱，自觉自愿地完成各项任务。具体的激励方式常见有以下几种。

1. 目标激励

目标激励，就是确定适当的目标，诱发人的动机，以调动人的积极性。没有目标就没有管理，管理就是朝着目标步步实现的过程。在目标激励的过程中，要引导员工个人目标与饭店目标同向，使员工的个人切身利益与饭店的集体利益一致。目标的激励作用＝目标价值×期望概率，这个目标不能太高、太大，否则就只是一句空话了。同时这个目标还应该是多层次，即将目标进行分解，如果只有总目标会使人觉得遥不可及，而目标是多层次的活，员工就可以一步一步地去实现，并将该目标转化为工作压力和动力。

【知识链接】

彼得·德鲁克的目标激励

彼得·德鲁克，现代管理学之父。德鲁克1954年在《管理实践》一书中，首次提出目标管理的概念，它不仅对企业管理产生了巨大的推动，而且在人力资源开发方面也有着积极的意义。一个人、一个团队在丧失目标、目标恍惚的状态下，常常会表现得无所事事、无进取心，是很难有工作热情的。明确的目标可以催人奋进，树立信心。目标激励要处理好企业目标和个人目标的关系，在确定目标时，应充分考虑目标的难易程度，要把目标确立在经过努力可以达到、可以实现的程度。目标过高或过低，都会影响激励的作用。

2. 物质激励

马克思说过，“人们奋斗所争取的一切，都同他们的利益有关”。物质激励是指运用物质的手段使受激励者得到物质上的满足，从而进一步调动其积极性、主动性和创造性。物质激励有资金、奖品等，通过满足要求，激发其努力工作的动机。它的出发点是关心群众的切身利益，不断满足人们日益增长的物质文化生活的需要。

3. 竞争激励

竞争激励实际上是荣誉激励。竞争是一种比较，在比较中发现差距，在比较中明确方向，有比较才有优势与劣势之分，才有前进与淘汰之别。在饭店人力资源管理中，实行比较与竞争，让好的管理与服务展现在大家的面前，让差的管理与服务也展现在大家面前。竞争产生压力，在压力下形成相互促进、不甘落后的局面。饭店可以经常举行一些竞赛活动，不仅可以调动员工的积极性，也可以提高员工的素质。例如，华为集团就采用经常招聘新人，开除一些不合格员工的办法实行激励。

4. 奖惩激励

在管理工作中奖励是肯定，惩罚就是否定。恰如其分的惩罚不仅能消除消极因素，还能变消极为积极，两者相结合的激励方式的效果更佳。运用这一方式时要注意以下问题：及时性，对成绩及时肯定，对错误及时惩罚、批评，“雨后送伞”的事情不要做，否则事过境迁，效果会大打折扣；准确性，无论是奖还是惩，都要实事求是、恰如其分、力求准确，否则只能招来反感和不良后果；艺术性，很多事情都要因人而异，奖惩激励也不例外，要根据不同对象的心理特点采用不同方式。

5. 情感激励

情感激励是对员工工作上严格要求的同时，在生活上关心、尊重员工，以“情”

动人的一种方式。尊重员工就是尊重员工在饭店的主人翁地位；理解员工就是理解员工的精神追求和物质追求；关心员工就是要心系员工，尽可能解决员工的实际困难。只有员工真正意识到自己受到了尊重，真正是饭店的主人，他们才会以主人翁的精神积极工作。

6. 晋升激励

利用人们的上进心理，给予员工职位上的晋升，无疑是一种极为有效的方法。在饭店中及时给表现优秀且可塑的人才晋升机会会使员工感受到工作的价值。除了对工作表现好的员工晋升外，还可通过饭店内部调换员工的岗位来激励员工。通过调换岗位不仅可以充分利用人力资源，还可以激励员工，给企业带来更大收益。

【知识链接】

跳槽的力量

A对B说："我要离开这个公司。我恨这个公司！"B建议道："我举双手赞成，不过你现在离开，还不是最好的时机。" A问："为什么？" B说："如果你现在走，公司的损失并不大。你应该趁着在公司的机会，拼命去为自己拉一些客户，成为公司独当一面的人物，然后带着这些客户突然离开公司，公司才会受到重大损失，非常被动。"A觉得B说的非常在理。于是努力工作，事遂所愿，半年多的努力工作后，他有了许多的忠实客户。

再见面时，B问A："现在是时机了，要跳赶快行动哦！"A淡然笑道："老总跟我长谈过，准备升我做总经理助理，我暂时没有离开的打算了。"其实这也正是B的初衷。一个人的工作，只有付出大于得到，才会给自己更多的发展机会。

6.4 饭店职业经理人能力的培养

职业经理人起源于20世纪50年代，到现在已经发展成为一个全球性的概念。饭店职业经理人就是指为饭店制定发展战略、落实饭店政策、从事饭店经营管理活动的饭店中高层管理人才，饭店职业经理人是饭店人力资本的主要组成部分。目前，随着国外各大饭店集团纷纷进驻我国饭店业市场，我国饭店职业经理人呈现出增多的趋势，饭店业竞争的加剧对饭店职业经理人的个人素质和职业能力也提出了更高的要求。

6.4.1 饭店职业经理人能力培养的意义

虽然在中国出现职业经理人这个说法才不过10年左右，然而对职业经理人的需求已变得愈来愈迫切。目前，除了IT业内的一些成熟企业和为数不多的民营企业外，我国饭店业中绝大多数企业管理层的职业化程度都不高。缺乏职业经理人已成为制约我国饭店旅游业持续健康发展的障碍，成为饭店提升经营管理水平的瓶颈。实现饭店管理者职业化是提升我国饭店业整体经营管理水平的必由之路。

1. 提升饭店核心竞争力

饭店职业经理人直接或间接地参与饭店的投资、发展战略、饭店经营管理决策等关系饭店发展的重大问题，直接操纵整个饭店的日常经营管理事务。因此，饭店职业经理人的领导能力和管理能力至关重要。在竞争日益激烈的饭店市场，饭店职业经理人的素质能力起着决定性作用。从某种意义上说，饭店职业经理人是饭店核心竞争力的体现。因此，提升我国饭店职业经理人的能力，不断培养并塑造高素质的饭店职业经理人才，是我国饭店是否具有核心竞争能力的关键。

2. 创造和实现饭店价值

饭店是一个服务性行业，为顾客提供的产品和服务主要通过饭店员工的对客服务来体现。员工的服务技能和服务水平直接关系到饭店产品和服务的质量。饭店职业经理人操纵饭店的日常经营管理事务，有效地组织饭店员工从事饭店服务的生产与销售，对员工的工作进行标准化和规范化的管理，不断考核评估员工的工作。通过全面的质量管理真正保证饭店的产品和服务质量，从而创造饭店的价值。

3. 推动饭店持续发展

随着中国加入世界贸易组织(world trade organization，简称 WTO)，我国饭店业逐渐实现与国际接轨。当前，洲际、万豪、希尔顿、喜来登等众多国际著名的饭店品牌纷纷落户中国，中国饭店业市场竞争将更加激烈，同时饭店消费者对饭店服务的要求也不断提高。在这样的市场环境下，饭店职业经理人通过有效的管理实现自己的职业能力和自身价值，推动饭店业快速发展的步伐。

6.4.2 饭店职业经理人能力模型的构建

饭店职业经理人的自身价值即道德价值、资源价值和能力价值是实现饭店组织目标的条件。这三大价值是以饭店职业经理人所具备的能力为根基的，因此，饭店职业经理人所具备的综合能力是饭店组织目标能否实现的关键。

1. 能力模型的构建要素

饭店职业经理人所具备的能力是一个系统工程，涉及的内容和要素众多，其主要核心要素由如下两大部分组成。

1) 个人能力

个人能力包括素质能力、心理能力、演讲能力、沟通能力、倾听能力和学习能力。其中素质能力指饭店职业经理人所具备的个人素养、思想品质、职业道德、敬业精神等方面的综合能力；心理能力指饭店职业经理人要具备承受来自饭店内部员工、饭店外部市场竞争以及处理饭店突发事件时保持积极心态的能力；演讲能力指饭店职业经理人要善于表达自己，同时具有感召力和影响力，能够带动饭店员工的积极性和工作热情，激发他们的创造性，形成凝聚力；沟通能力指饭店职业经理人有较好的人际交往能力，善于与顾客沟通和交流，能够在饭店内建立畅通的信息沟通渠道，得到顾客和员工的信任；倾听能力即饭店职业经理人能认真倾听下属员工的意见，对上级的指示和指令、对饭店消费者的投诉和建议等能虚心倾听；学习能力指饭店职业经理人不仅仅要学习专业理论知识，还要向国内外先进同行学习，目的是厚积薄发，不断创新，为饭店创造价值。

【知识链接】

饭店职业经理人的“跳槽病”

在饭店业工作的老朋友见面时总要问上一句：“现在在哪儿工作呢？”在饭店行业从业的人都知道，饭店职业经理人的流动量几乎是大家共同的讨论话题，漂浮不定的工作场所已经让大家对稳定有了特殊的向往却又显得很不得已。

说到经常外出，饭店职业经理人的感悟比任何一个行业都要深，身边不只一位朋友已经结婚，家庭成员不仅仅是自己，多了爱人、孩子，甚至还有需要照顾的老人。有朋友告诉我：“在外面饭店工作的时间长了，爱人在家里很孤独，与父母一年见不了几次面，甚至子女都需要很长一阵子才能熟悉自己的脸。回家时年龄不大的孩子对我没有亲切感，抱抱还不能走的孩子就能引起一场家里的‘闹剧’。对从事饭店行业的男人来说，不得已的东西太多。”

到底谁让饭店职业经理人这么不稳定？是谁让他们抛家舍业漂流在外？又是谁促使他们不得不跳槽？

雇主们对发达城市里的职业经理人的偏爱是有史以来的，他们的视野开阔，同时，他们还是行业中新流行理念的跟随者，能接触到行业中不断进步的最新理念。故此，雇主们喜欢他们能为自己的饭店做出贡献。因为他们的理念也许能为二线或者三线城市带来最新的行业标准和趋势。

老板喜欢这些从大城市来的饭店管理者，老板们喜欢他们把好东西带过来。可是，老板们却不知道在他们的城市里欲望的控制是没有边境的，他们知道什么是让自己心动的待遇，他们也知道什么样的老板是好老板。不管是小城市还是大城市里的饭店职业经理人都有同样的特点，那就是他们都是为了不再奔波而奔波，城市小了竞争自然就小了，当然发展空间也就小了。对大城市的向往也是很多饭店职业经理人年轻时的梦想。

“我对找工作的厌烦可以排列在我的生活烦恼中的第一位。”我的一个饭店朋友这样告诉我，虽然他在国际联号饭店工作超过10年，现在的他已经是很不错的总监助理，但联号饭店的工作还是不能让他满足，在那里工作时间长了，自豪感在慢慢地减少，生活压力却在不断地增加，跳出那里是他最新的决定，离开后他可以得到更多的收入，可以得到更宽松、自由的空间，也许他仅仅就是为了这个。

饭店老板都是有钱人，以至于这些有钱人把饭店当做游戏一样。目前，朋友中也有不少是因为饭店老板投资项目有变化而被迫离开，不知道这当中会不会有不利于职业经理的履历从而被下一个用工单位挑剔。“我们也不想跳槽!”一个饭店朋友这样说，对于跳槽的话题我们无可奈何，逼迫更多的饭店人不断地将自己融入到饭店关系网中，强健的关系网是职业未来的保证，也是生活的保证，不得已也得为之。

未来饭店职业经理人如何跳槽？往那里跳槽？不少的饭店人才网不断的提供招聘信息，一个岗位吸引数百名应聘者很正常，面对竞争对手，具有华丽的履历和资历的应聘者往往有更多的优势。但从网站上招聘到的工作人员的在职时间却令招聘单位伤心，因为他们的胃口总是过大。没有联号饭店工作经验的应聘者就好像注定要离开饭店行业，在那么多简历中，没有人会关注到他们。

就是这样，有良好资历的职业经理人需要不停地投简历，没有良好饭店工作经历的人就要不断地编织饭店关系。

短时间内，没有任何魔法和秘籍可以解决饭店职业经理人的能力问题，这本来就是个浮躁的世界，在饭店的世界里，更多的年轻人花一辈子时间才做到总经理的岗位上，他们用年龄不断地诠释着不可能的可能。未来的我们该如何摆脱“跳槽病”，这是研究饭店职业经理人幸福和行业健康发展的关键!

2) 职业能力

职业能力由决策能力、经营能力、激励能力、协调能力、控制能力和应急能力六部分组成。决策能力说明饭店职业经理人首先是一位饭店的领导者，他必须有协同制定饭店发展的战略性决策和指导饭店具体经营管理的战术性决策的能力、处理个人决策与集体决策以及应对重大决策与日常决策等的能力；经营能力要求饭店职业经理人作为一位管理者应具备处理饭店日常运行中的各项大大小小事务的能力，包括对饭店的理财能力，资产运作的能力，发展市场、开拓市场的能力，树立饭店品牌、培植饭店核心竞争力的能力，以及管理饭店员工的能力等；激励能力指饭店职业经理人要善于不断激发饭店员工工作的积极性和创造性，把握好激励的时机，综合运用有形激励和无形激励等方法，使全体员工发挥最大潜力为饭店创造价值；协调能力要求饭店职业经理人要有稳定员工队伍，协调不同管理层及饭店全体员工与之同心同德，齐心协力共同为饭店创造价值的能力；控制能力说明饭店职业经理人不仅要能经营管理饭店，同时还要能控制饭店的发展方向、控制饭店人员的工作，使饭店的全体资源都在可控范围之内，以监督和督促饭店在正常的轨道上运行发展；应急能力是饭店职业经理人必须具备的能力，饭店业的高风险性和不确定性决定了饭店职业经理人必须在面对危机时能冷静、正确地分析问题，做出正确的战略和战术决策，以应对风险、化解危机，从而维持饭店正常运作，提高饭店竞争力，不断实现饭店组织目标。

【知识链接】

提拔新人

某位新到饭店的负责人，他的前任经理向他推荐了饭店的两名员工，认为他们中的一个可以担任人事主任，另外一个可以担任人事经理，并且建议这位新到的负责人考察他们三个月，如果觉得他们合格就提拔。三个月很快就过去了，这位负责人觉得前任经理推荐的这两个人的工作确实达到了标准要求，于是将他们一个提为主任，另一个提为副经理。

这位新到饭店的负责人对这件事情感触很深，因为前任经理把提拔员工的机会留给了自己。这两名员工觉得是现任负责人提拔了自己，所以要好好工作来报答现任负责人。而前任经理这样做，实际上是一个精心的安排，是帮助其他经理的一种非常好的方式。

3) 能力模型的构建

通过对饭店组织目标实现过程的分析，可以构建起饭店职业经理人的能力模型(图 6-4)。该模型充分展示了饭店职业经理人在饭店组织目标实现过程中所发挥的作用，体现了其作用的机理以及各要素之间的关系。

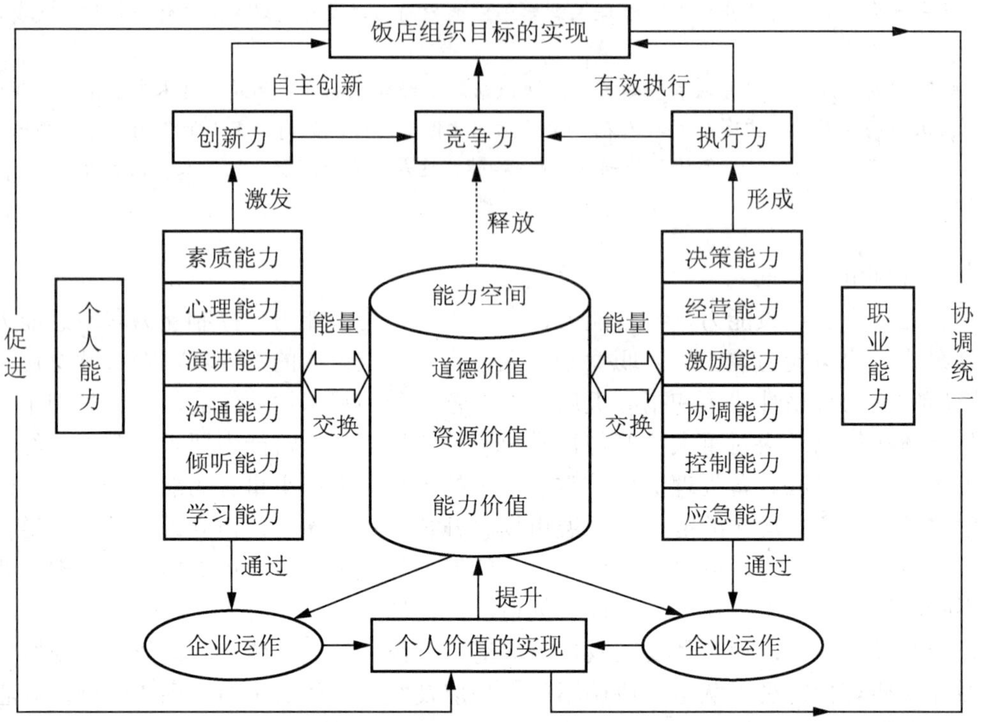

图 6-4　饭店职业经理人能力模型

该模型的核心是饭店职业经理人的自身价值即其能力空间的形成，能力空间能量的积聚需要从饭店职业经理人的个人能力和职业能力中提炼和获取，同时三者之间也在不停地进行着能量交换，彼此间相互促进和提高。个人能力和职业能力是一位合格的饭店职业经理人必须具备并能不断提升的能力，正是它们激发了饭店职业经理人的创新力，使饭店各项工作都能有效执行，从而获得持续竞争力，实现饭店组织目标。

2. 能力模型要素间的相互关系

个人能力和职业能力是饭店职业经理人能力模型的两大主要构成要素，这两大要素各自又由 6 个子项构成，这是饭店职业经理人能力模型的 12 个基本构成因子。饭店职业经理人的价值诉求即道德价值、资源价值和能力价值组成了一个整体的能力空间，它是实现饭店价值的源动力。这个能力空间来源于个人能力和职业能力，并与其 12 个基本因子之间有着紧密的联系，它们通过饭店职业经理人对饭店日常的生产经营活动而不断地发生能量交换，从而使能力和价值都得到提升。其中，个人能力激发饭店职业经理人能动的创新力，而职业能力则形成饭店职业经理人强大的执行力。饭店职业经理人能动自主的创新力和积极有效的执行力一起，与饭店职业经理人能力空间的能力释放结合起来综合作用，最终形成饭店的核心竞争力，从而实现饭店的组织目标。另外，饭店职业经理人的个人能力、职业能力与自身的能力空间结合在一起，在饭店职业经理人对饭店的操纵和正常的生产经营活动中逐渐实现其个人价值。个人价值的实现又反过来提升饭店职业经理人的能力空间，从而又开始制造新一轮的饭店组织目标的实现过程。因此，饭店职业经理人的个人价值与饭店组织目标之间有着一定的关系，饭店职业经理人个人价值的实现是建立在饭店组织目标实现的基础之上的，饭店组织目标可以促进饭店职业经理人个人价值的实现，两者的价值取向必须协调统一，不能发生背离。

课后习题

一、思考题

1．你是如何理解饭店人力资源管理的内涵的？
2．饭店人力资源管理的内容有哪些？
3．如何招聘饭店员工？有哪些渠道？
4．如何对饭店员工进行培训？常用的培训方法有哪些？
5．有效的激励方法有哪些？在实行激励时要注意什么问题？
6．你是如何理解饭店内职业经理人的能力的？怎样培养这些能力？

二、案例分析题

海景花园塑造高效团队

有人说："海景是一块生长人才的文化沃土。"许多单位在招聘员工时，只要在海景工作三个月以上者均可以免试录用，人们把这种现象称为"海景效应"。

海景要求员工第一是会做人，第二是会做事，并按照"品德高尚、意识超前、作风顽强、业务过硬"模式塑造人、锤炼人。每一个管理人既要接受塑造和锤炼，又有责任塑造和锤炼好自己的下属。

海景对员工实行学校式的素质化培训，员工的企业文化学习和技能培训都是高强度的，多年来一直坚持不懈，海景以其成功的魅力吸引了一大批大学生加盟。海景的领导对他们倾注了大量心血，用良好的企业文化学习和严格的实践锻炼，使他们中的绝大多数成为能独当一面的管理骨干。

海景的老总常对员工说："我不要求你们在海景干一辈子，但我希望你们人人成为人才!能为社会培养有用之材，是我们企业的荣耀"。

曾经有一个部门经理离开海景到另一家饭店去做，并且得到了"升迁"，一年多以后，他又回到海景。几年来，有好几名高级管理人员走了又要求回来，海景以博大的胸怀接纳了他们，并予以重用。他们为什么要"燕子归巢"？有人说出了心中的秘密：海景是一个团队，一个有凝聚力的集体。

海景非常重视团队塑造，每一个员工对海景都是至关重要的。海景认为，一个群体不能没有尊重、沟通和协作。海景有一个多层次沟通网络，总经理与部门经理、总经理与员工、部门经理与下属、班组长与员工、职能部门之间都有定期沟通的制度，以增进了解达成更多的共识。与众不同的是，他们特别擅长"理念沟通"，从价值观、理念和行为准则上追寻共同语言。

思考：

1．海景花园在人力资源管理方面有什么独到之处？

2．这种做法对海景花园有什么样的影响？

三、实训题

1．实地观摩当地某家饭店前厅部的运营，根据前厅部员工的工作情况，制定相应的培训方案。

实训目的：掌握饭店员工的培训方法与技巧。

实训要求：(1) 分组进行，4或5人为一组。

(2) 每组认真分析员工工作中存在的问题及员工能力缺陷等。

(3) 每组提交一份培训计划，并针对其他组情况展开讨论与交流。

2．根据所学知识，选取某种激励方式，进行情景剧表演。

实训目的：熟练准确的掌握饭店员工激励的方法与技巧。

实训要求：(1) 分组进行，4或5人为一组。

(2) 每组自由设计场景，并选取适当的激励方式。

(3) 每组提交一份情景剧剧本，并进行情景剧表演，角色自由分配。

3．调查访谈某个饭店职业经理人，了解饭店职业经理人的能力要求。

实训目的：了解饭店职业经理人的能力要求及如何培养这些能力。

实训要求：(1) 分组进行，4或5人为一组。

(2) 每组自由选择访谈对象，设计访谈问题。

(3) 每组需提交一份访谈记录，并针对其他组情况展开讨论与交流。

7

饭店物资管理

学习目标

- 知识目标：掌握饭店物资管理的含义、内容和特点，了解饭店采购与验收的主要内容和基本程序，了解饭店仓储的主要内容、基本要求和饭店发放管理的基本原则、程序。
- 技能目标：能够运用饭店物资管理的相关知识和方法，对饭店物资管理中出现的各种问题作出分析和判断，并且能够找到对应的解决方法。
- 能力目标：能够运用所学知识判断饭店物资管理是否科学，能够找到使饭店物资的使用价值发挥最大效用的方法。

导入案例

饭店节能与环保

1991年，“威尔士王子商业领导论坛”创建了“国际旅馆环境倡议”机构，该机构由世界11个著名的饭店管理集团组成，并由英国查尔斯王子任主席。1993年，查尔斯王子倡议召开了旅馆环境保护国际会议，通过了11个国际旅馆集团签署的倡议，并出版了《旅馆环境管理》一书。其目的是为了指导旅馆业实施环保计划，改进生态环境，加强国际合作，交流旅馆环境保护工作的经验，促进政府、社区、行业及从业人员对旅馆环境保护达成共识并付之实践。从那时起欧美许多国家的饭店纷纷重新审视企业的经营方式和服务程序是否符合环境保护的要求，并着手改进经营和服务方式，其中最主要的就是采用先进的节能设备，加强排放物的污染控制，尽量回收可再生的物资，同时倡导绿色消费。在全球性绿色浪潮的推动下，我国一些大城市的饭店也开始重视环境保护，并加强员工的环保意识，注意在经营中节能、降耗、减少污染。

思考：

1. 根据案例可以看出现代饭店经营管理的发展趋势是什么？
2. 结合自己对饭店业的所见所闻，谈谈星级饭店如何做到节能与环保的？

饭店物资管理是饭店经营管理的基础，直接影响饭店的服务质量，如果饭店物资不能按时供应，必然影响饭店的正常经营。如果物资质量较差，必然影响饭店服务质量，如果物资品种不全，必然影响饭店为客人提供高质量的服务。因此，饭店服务质量的优劣与饭店物资管理工作是密不可分的，饭店物资管理在现代饭店的经营管理中占有及其重要的地位。

7.1 饭店物资管理概述

饭店物资管理是指对饭店的物资资料进行的计划、采购、保管、使用和回收，以使它们有效地发挥应有的使用价值和经济效用的一系列组织和管理活动的总称。

饭店物资包括各种小型设备、家具用品、食品原料、餐具器皿、布草及各种日常消耗品等。饭店有许多物资的单价低，但是需求量大，如客房用品中的小香皂、牙刷、梳子等，由于这些物品价值较小，容易被管理人员所忽视。但是，由于这些物品需求量大，如果管理不善造成这些物品的丢失和浪费，势必会加大饭店的成本，影响饭店的经济效益。

7.1.1 饭店物资管理的特点

饭店所需要的物资用品种类繁多，其价值构成和管理要求各不相同，饭店各种物资用品大致有以下几种。

(1) 按物资的价值构成分类，可分为低值易耗品和物料用品。

(2) 按物资的自然属性分类，可以分成棉织品、装饰用品、清洁用品、服务用品、玻璃瓷器、食品原材料、餐茶具(图 7-1)、燃料、印刷品及文具、维修材料及用具、办公用品和消防用品等。

图 7-1 饭店餐具

(3) 按客人消耗和价值补偿方式分类，可分为客用多次性消耗物品和客用一次性消耗物品。

(4) 按物资的使用方向分类，可分为客用物资用品、生产用原材料、办公用品、清洁和服务用品、基建维修用料、安全保卫用品和后勤用品等。

根据饭店物资的不同分类，饭店物资管理具有以下特点。

1. 饭店物资管理的灵活性

饭店物资管理是饭店向客人提供优质服务的基础，而饭店的客人来自五湖四海、各种职业、各个阶层，不同的生活习惯、兴趣爱好以及对饭店各类物资的要求也各不相同，从而对饭店各类物资的需求差异很大，市场需求的多变性决定了饭店物资管理的灵活性。饭店总是选择最适合的物资为饭店所选用，用更好的换代产品取代原有的某项物资，根据客人需要的变化而灵活采用不同的物资。

2. 饭店物资管理的复杂性

饭店客人的不确定性和饭店营销业绩的不稳定性决定了饭店物资管理的复杂性，饭店的物资采购是由饭店客人的消费需求量决定的，这就形成了饭店物资消耗的不确定性，削弱了饭店物资管理的计划性。随着饭店业竞争的日益加剧，以及旅游业所具有的季节性、不稳定性等特点，饭店物资管理的难度不便于把握，这也直接影响着饭店物资管理的计划性。

3. 饭店物资管理的多样性

饭店物品品种繁多，饭店物资的丰富性影响着饭店物资管理方法和技巧的多样性。因此，在饭店物资管理中，为了给客人提供优质服务，一方面要保证物资供应，另一方面还要保证质量，所以对各类物资的管理方法和技巧也不相同，需要因“物”而异，根据物资的多样性特点采用与之适合的管理方法和技巧。

4. 饭店物资管理的时效性

饭店部分物资的相对不可储存性影响着物资管理的时效性。饭店部分物资尤其是蔬菜、鲜鱼、鲜肉、水果和新鲜奶制品等，为了确保品质，需要及时投入使用。对时效性强的物资，为确保品质，需要及时投入使用，而对时效性不强的物资，可适当储存。因此，在饭店物资管理工作中，应了解不同物资在管理上的时效性和不同存储方法进行管理。

【知识链接】

新鲜奶制品的保存

不同包装的液体奶、奶粉、奶酪等奶制品的保存方式和时间各不相同，通常应密封避光保存，开启后要尽快饮完。奶油、奶酪相对不易储存，如果有未用完的奶酪，要密封起来，或用保鲜膜裹紧奶酪，尽可能排尽空气，暴露在空气中就会滋生细菌。动物黄油需冷藏处理，冷冻会出现水油分离现象。

新鲜奶放入冰箱冷藏室，要将温度调至低于 10℃，在此温度下微生物生长速度受到抑制，同时更好地保持乳品的质地均匀、爽滑。鲜奶制品在贮存、运输甚至饮用前全程必须保持冷藏状态，既能保存更多营养，又可以获得新鲜美味的口感，并防止其变质。所以，注意冷藏才是新鲜的保证。

7.1.2 饭店物资定额管理

饭店物资的定额管理主要指饭店物资的消耗定额管理和仓储定额管理。

1. 饭店物资的消耗定额管理

饭店物资的消耗定额是指饭店在一定时期内，为完成某项任务所必须消耗的物资数量标准。饭店消耗物资包括客用物资和自用物资两大类。饭店各部门根据自己的特点详细制定单位产品或单位接待能力所需的物资配备表，注意区别一次性消耗物品和多次性消耗物品。确定客用一次性消耗物品单位时间或单位产品的消耗定额，如客房的茶叶、香皂、牙刷等一次性消耗物品一般按单位时间计量，如“间/天”。餐饮部门则一般按单位产品计算，如有的饭店的食品原料消耗定额以“克/份”为计量单位。确定饭店物资消耗定额的方法有如下几种。

1) 经验估算法

经验估算法一般用于确定某些受各种主、客观因素影响而消耗量变动较大的物资消耗定额。例如，各类随着季节的变化，质量、价格变化较大的食品原料如虾仁、螃蟹等。对于这类物资，饭店只能根据已有的经验，在分析各个餐厅的接待能力和客源旺淡季差别的基础上，作一个大概的估算。这种方法虽然简单、方便，但易受估算人主观因素的影响，因而要求估算人具有丰富的实践经验。

2) 统计分析法

统计分析法将一定时期内实际消耗物资的统计数字进行加工、整理、分析、计算后，根据它所反映的物资消耗规律制定消耗定额。统计分析法主要适用于确定多次性消耗物品的消耗定额，通过分析实际物资消耗的历史资料，找出它们的消耗规律，据此做出科学的推断和预测。这种方法的优点在于摒弃了经验估算法中的主观性，具有一定的准确性和科学性。但这种方法需要借助于大量的历史资料。

3) 实物实验法

实物实验法指按照饭店生产经营的客观条件，通过反复的实地操作、考察，并经过对实际消耗物资的分析汇总，确定物资的消耗定额。这种方法的关键是要选择典型的操作人员和产品，适用于饭店经营中所需燃料消耗定额的计算，如一定时间段内空调系统所需燃料的消耗定额。由于操作人员和产品都有较大的不确定性，所以实验样本的代表性往往不够精确。因此，在采用这种方法确定定额时，需要多次观察，并请不同操作水平的操作人员多次操作后取平均值。

【知识链接】

确定饭店物质消耗定额的工作程序

饭店物质消耗定额确定的工作程序如下。

(1) 考虑到各个部门的具体情况，饭店首先将物质消耗定额的任务下达到各个部门，并详细说明物质消耗定额的意义和内涵以及各部门进行物质消耗定额的工作要求和确定物质消耗定额的标准。

(2) 各部门根据自己的特点详细制定单位产品或单位接待能力所需的物质配备表，注意区分一次性消耗物品和多次性消耗物品。

(3) 确定客用一次性消耗物品单位时间和单位产品的消耗定额。

(4) 确定客用多次性消耗物品在寿命期内的损耗率或一段时间的更新率。

(5) 综合汇总。

2. 饭店物资仓储定额管理

饭店物资仓储定额是指饭店规定的各类物资的最高储备额，即在一定的经营条件下，饭店为保证服务活动的顺利进行所必需的、合理的物资用品储备数量。饭店物资仓储定额可分成不同的种类，各类仓储定额的确定方法如下。

1) 常规仓储定额

常规仓储定额指为满足饭店日常业务需要而建立的物资储备量。影响常规仓储定额的因素是该类物资日消耗定额和两次进货的间隔天数。

常规仓储定额＝物资日消耗定额×两次进货间隔天数

2) 保险仓储定额

保险贮存量是一种后备性的仓储，是为了防止某些物资因运送受阻、交货误期、规格品种不符合要求等原因造成的供需脱节而建立的物资仓储定额。如果某些物资容易因各种原因而延迟交货，则需要在该类物资的经常仓储定额上加上保险贮存量，一般饭店把保险贮存量定为订购期内需用量的 50%。

保险贮存量＝物资的日消耗定额×保险储备天数

3) 季节仓储定额

季节仓储定额是为了克服某些物资因季节变动导致供需脱节而建立的物资储备定额。

季节仓储定额＝平均每天需要量×供应中断天数

4) 订货点贮存定额

为了保证饭店业务不间断地顺利进行，饭店不能等到库存量下降到保险定额再订货，而应该在经常储备中确定一个物资储备点，当某物资的库存量降至这个点时，就必须订货，这个点就是订货点贮存定额。

订货数量＝最高储备量－订货点量＋物资日消耗量×订货期天数

订货点贮存量＝订货天数×物资日消耗量＋保险贮存量

例：某饭店采购黄桃罐头，该罐头日均消耗量为 16 听，订货期为 5 天，最高贮存量为 250 听，保险贮存量为订购期内需用量的 50%，则黄桃罐头的订货点量和订货数量为

订货点贮存量＝16×5+16×5×50%＝120(听)

订货数量＝250－120＋16×5＝210(听)

5) 经济仓储定额

确定经济仓储定额的目的是通过计算经济合理的订货批量，确定物资储存费用和订货费用之和最低时的仓储数量。仓储费用和订货费用是矛盾的，因为每次订货的批量越大，存储的费用就越高。同时，每次订货的批量越大，就意味着全年订货的次数越少，相应的订货费用就会减少。经济仓储定额就是要均衡调节它们之间的矛盾，确定物资储存费用和订货费用之和最低的订货批量。经济仓储定额的计算公式为

$$Q=\sqrt{\frac{2Ca\cdot D}{C}}$$

其中，Q 为经济仓储定额，Ca 为每次订货成本，D 为全年需要量，C 为单位物资年储存成本。这是一个仓储经济批量的一般公式，饭店在物资管理过程中可以使用这个公式来确定饭店物资的经济批量。

【知识链接】

饭店“六小件”的利弊

饭店六小件，泛指顾客入住饭店后，饭店一方为顾客提供的一次性免费洗漱用品。“六小件” (图 7-2) 是指牙刷、牙膏、香皂、浴液、拖鞋、梳子。实际上，目前饭店提供的洗漱用品已突破“六”的数量，还包括洗发水、沐浴露、浴帽等。

利：饭店六小件给入住饭店客房的消费者带来诸多方便，不必再为随身携带洗漱用品而发愁，而且是免费使用。由于需求量大，给一次性消费品的生产厂家带来了大量的利润，企业规模的扩大解决了闲置劳动力的就业问题。

弊：饭店六小件全部为一次性消费用品，使用后就会被丢进垃圾箱，不能反复使用，且回收能力相当差，浪费了大量国家不可再生资源。据统计，全国星级饭店有 1 万多家，每天消耗的一次性洗漱用品 120 多万套，消耗高达 22 亿元。一次性用品没有有效的回收，还面临着二次处理所带来的浪费。

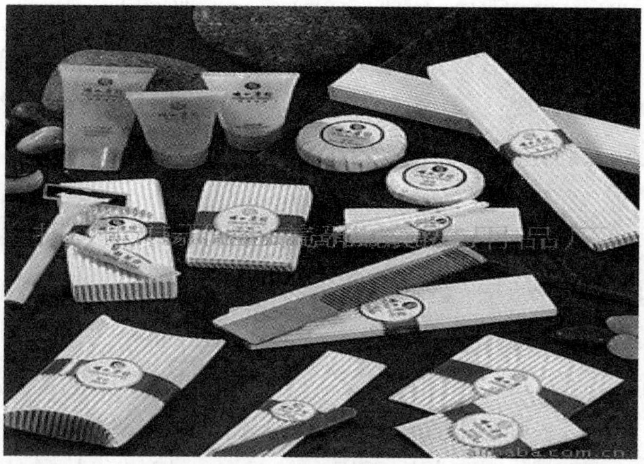

图 7-2　饭店六小件

经国家质检总局、国家标准化管理委员会批准，《饭店星级的划分与评定》于 2011 年 1 月 1 日起实施，取消对牙膏、牙刷、拖鞋、梳子、沐浴液、洗发液等饭店六小件客用品的硬性要求。饭店是服务行业，对高品质服务的追求是每一个饭店，尤其是星级饭店不懈努力的目标。

7.2　饭店物资采购与验收管理

7.2.1　饭店物资采购管理

饭店物资采购管理就是参照饭店既定的物资定额(包括消耗定额和仓储定额)，在规定的时间内，按质、按量采购所需的物资，以保证饭店经营活动的正常运转。

1. 采购的基本程序

1) 确定采购程序

采购程序是采购工作的核心之一。实施采购首先应制定一个有效的工作程序，使从事采购的有关人员都清楚应该怎样做、怎样沟通，形成一个正常的工作流程，使管理者利于履行职能，知道怎样去控制和管理。饭店物资采购程序大致包括以下几个环节。

(1) 各物资使用部门或仓库管理人员根据经营需要填写请购单。

(2) 仓库定期核算各类物资的库存量，若库存降至规定的订货点，仓库向采购部送请购单，申请订购。

(3) 由采购经理通盘考虑，对采购申请给予批准或部分批准。

(4) 采购部根据已审核的采购申请向供货商订货，并给验收部、财务部各送一份订货单，以便收货和付款。

(5) 供货商向仓库发送所需物资，并附上物资发货单。

(6) 仓库经检验，将合格的物资送到仓库，并将相关的票单(检收单、发货单)转到采购部。

(7) 采购部将原始票据送到财务部，由财务部向供货商付款。

在整个运行程序中，应使各部门明确，各项工作均应以向生产部门及时提供适质、适价、适量的物资为唯一目标，各部门在物资从申领到领取过程中都负有各自的责任，管理者应严格按采购过程进行督导和管理。

2) 选择采购方法

选择合适的采购方法是实现采购目标的重要保证。采购方法多种多样，应该根据饭店经营的需求和市场情况选择适宜的采购方法。常用的采购方法有以下几种。

(1) 市场直接采购。市场直接采购指采购人员根据批准的采购计划或请购单的具体要求，直接与供货商接洽，采购所需物资。

(2) 预先订货。饭店采购部根据采购计划及请购单的要求，确定供货商，并与之签订订货合同，使之在规定的时间内将所规定的品种、规格和数量的物资送到饭店的指定地点。

(3) “一次停靠”采购法。饭店选择一家实力雄厚、供应物资品种齐全的饭店物资供应公司，以批发价提供饭店业务所需的几乎全部原料物资或者属于同一类的各种原料、物资。

(4) 集中采购。集中采购是饭店集团常用的一种采购方法，它是指两家以上饭店联合成立物资采购中心，统一为各饭店采购经营中所需的物资。具体做法是，各饭店将需采购的物资报采购中心，采购中心将各饭店的同类需求物资汇总并向供货商订货，统一验收后分送到各饭店。

集中采购的优点是，一次购买量大，可以享受价格优惠；便于与更多的供应单位联系，物资品种、质量有更多的挑选余地，能减少各饭店采购员徇私舞弊的机会。

集中采购也有不足：各饭店或多或少要被迫接受物资采购中心采购的部分物资，不利于饭店按自己的特殊需要进行采购；饭店不得不放弃当地可能出现的廉价物资；集中采购不利于饭店标新立异，不利于创造自己的风格。

(5) 招标采购。招标采购是一种由使用方提出品种、规格等要求，再由卖方报价、投标并择期公开开标，公开比价，以符合规定的最低价者得标的一种买卖契约行为。其优点是公平竞争，可以使买者以合理的价格购得理想的货品，并可杜绝徇私、防止弊端，缺点是手续较烦琐费时，不适用于紧急采购与特殊规格的货品。

【知识链接】

饭店采购招投标管理制度

1. 饭店招投标经济业务范围

(1) 对饭店年预算在人民币陆万元及以上的物资采购和外包服务项目、必须以招投标的方式决定供应商或外包服务单位(重要外包服务项目不限金额，一律采取招标方式)。

(2) 对年预算支出超过人民币伍拾万元的经济业务项目(含伍拾万元)，须在饭店宣传栏、饭店公开网站或相关报刊上发布信息，进行公开招标。

(3) 对年预算支出不超过人民币伍拾万元的经济业务项目，可进行定向邀请招标。

2. 饭店招投标组织机构

饭店成立招标领导小组。该小组由饭店总经理、各部门总监、项目有关部门经理、项目专管员、饭店采购部、集团代表共同组成，饭店总经理任领导小组组长，财务总监任副组长。

3. 饭店招投标程序

(1) 饭店采购部会同使用部门，根据饭店物资采购申请和外包服务申请，具体负责编制招标文件并组织招标。招标文件不得要求或者标明特定的投标人或者产品，不得含有倾向性或者排斥潜在投标人的内容。

(2) 饭店大型设备的维修保养招标，需由饭店工程部提出具体标的要求，明确维修保养单位的资质要求。

(3) 采购部必须结合多方意见，进行广泛的市场调研后，提交六家符合招标资格条件的单位，经招标领导小组进行资质核定，现场考察后，选择三家以上的投标人，向其发出投标邀请书。

(4) 对经济业务在人民币伍拾万元以上的项目，需提前五日将招标相关信息及资格预审公告登在饭店宣传栏，并通过报刊或饭店网站公布投标人资格条件。要求投标人应在资格预审公告期结束之前，按公告要求提交资格证明文件。

(5) 招标邀请书应当包括以下主要内容。

① 投标邀请。

② 投标人须知(包括密封、签署、盖章要求等)。

③ 投标人应当提交的资格、资信证明文件。

④ 合同主要条款及合同签订方式。

⑤ 招标项目的技术规格、要求、图纸及附件等。

⑥ 交货和提供服务的时间。

(6) 根据招标项目的具体情况，可以组织投标人现场考察或者召开开标前答疑会，但不得单独或者分别组织只有一个投标人参加的现场考察。

(7) 开标前，有关工作人员不得向他人透露已获取招标文件的投标人，包括其名称、数量以及可能影响公平竞争的有关招标投标的其他情况。

(8) 采购部负责收取投标文件，在招标文件中明确规定的投标截止时间之后，所有送达的投标文件，均为无效，应当拒收。

(9) 开标时，招标领导小组应到现场监督开标，并由招标领导小组成员检查投标文件的密封情况，经确认无误后，由采购部工作人员当众拆封，宣读投标人名称、投标价格、价格折扣，招标文件允许提供的设备投标方案和投标文件的其他主要内容，开标过程由采购部指定专人负责记录，并存档备查，招标小组应按规定的评标办法进行评标。

(10) 招标领导小组负责编写评标报告，其主要内容包括以下几点。

① 投标人名单及招标操作小组成员名单。

② 开标记录和评标情况及说明。

③ 评标结果和中标候选单位有关资料。

④ 招标领导小组的授标建议。

(11) 评标报告交由招标领导小组汇签后上报总经理审批，年总金额在拾万元(含拾万元)以上的需报集团汇签，审批结果由招标领导小组负责落实执行。

(6) 竞争报价采购。竞争报价采购是采购人员将需要采购的物资通过几个供货商的报价提取样品，从中选取质优价廉的货品为采购对象的一种采购方法。

(7) 成本加价采购。当某种物资的价格涨落变化较大或很难确定其合适价格时可以使用这种方法，这种方法是在供货单位和采购单位双方都不能把握市场价格的动向下采用的，即在供货单位购入物资时所花的成本酌情加上一定百分比，作为供货单位的赢利。对供货单位来说，这种方法减少了因价格骤然下降可能带来的亏损危险。

3) 加强采购凭证管理

设专人专门保管各类凭证，包括供货者的交货通知单、发票、运单、各种费用单据、订购合同、请购单、订货单等。定期将采购凭证按日期装订成册并加具封面，按时归档。凡属因质量差、数量差、价格差等问题所提出的全部或部分拒付理由书，应该附在有关凭证之后。凡向供货商提出索赔的书面异议书，应由采购部门的经办人员妥善保管，以便进一步与供货商协商解决。未经使用的空白购进凭证，如收货单，应由进货部门经办人员妥善保管，防止丢失，并不得私自撕毁和处理。

2. 饭店物资采购的价格控制

有效的饭店物资采购的工作目标之一是用理想的价格采购满意的物资，采购物资的价格受各种因素的影响。诸如市场的供求状况、饭店经营的需求程度、采购的数量、供应单位的货源渠道和经营成本、供应单位支配市场的程度、其他供应者的影响等，针对这些影响价格的因素，可以采取以下方法降低价格、保证物资的质量，以实施对采购价格的控制。

1) 规定采购价格

通过详细的市场价格调查，饭店对日常经营所需要的物资提出购货限价，规定在一定的幅度范围内，按限价进行市场采购。当然这种限价是饭店派专人负责调查后获得的信息。

2) 规定购货渠道和供应单位

为使价格得以控制，许多饭店规定采购部门只能向那些指定的单位购货，或者只许购置来自规定渠道的物资，前提是饭店预先已同这些供应商议定了购货价格。

3) 控制大宗和贵重物资的购货权

大宗和贵重物资的价格是影响饭店经营成本的主体，因此，有些饭店规定由使用部门提供使用情况报告，采购部门提供各供应商的价格，具体向谁购买由饭店决策层确定。

4) 提高购货量和改变购货规格

大批采购可以降低购货单价，饭店根据自身需求，对某种所需要的物资大批采购也可以降低物资的单价。

5) 根据市场行情适时采购

当某种物资在市场上供过于求、价格十分低廉而又是饭店日常大量所需要的，只要质量符合标准并有条件储存，可利用这个机会购进，以减少价格回升时的开支。

6) 尽可能减少中间环节

绕开不必要的供应单位，从批发商、生产商手中直接采购，往往可获得优惠价格。

【知识链接】

选择供应商的原则

供应商开发的基本准则是“Q.C.D.S”原则，也就是质量、成本、交付与服务并重的原则。在这四者中，质量因素是最重要的，首先要确认供应商是否建立有一套稳定有效的质量保证体系，然后确认供应商是否具有生产所需特定产品的设备和工艺能力。其次是成本与价格，要运用价值工程的方法对所涉及的产品进行成本分析，并通过双赢的价格谈判实现成本节约。在交付方面，要确定供应商是否拥有足够的生产能力，人力资源是否充足，有没有扩大生产能力的潜力。最后一点，也是非常重要的是供应商的售前、售后服务的记录。

3. 采购工作的基本要求

(1) 严格遵守财务制度，遵纪守法，讲信誉，不索贿、受贿，与供货单位建立良好的业务关系，在平等互利的原则下开展工作。

(2) 每日审核各部门递交的采购计划单是否符合有关手续规定，确定采购内容，及时安排采购，确保各类物品和原材料的正常供给。

(3) 根据各部门的购货单，核对原材料的名称、型号、规格、产地等项目是否完整。

(4) 认真核实各部门的大宗采购计划，根据仓库存货的情况，提出采购建议，报总经理审核。

(5) 对每日所需的各类物品、原材料，必须选择三家供货商，并协同相关使用部门的经理进行质量、价格评价，确定供应商。制订采购计划，报总经理审核后，签订供货合同。

(6) 采购人员必须协同仓管员及申购部门指定的收货人员做好验收工作，如发现质量或数量问题，要及时与供货商取得联系，按实际情况做拒收或退货处理。

(7) 对每批购进的物品、原材料，必须及时办理入库手续，并立即到财务部报账，不得拖账、挂账。

(8) 定期与财务部等部门一起进行市场物价调查。

(9) 严格遵守物品采购程序。

【知识链接】

合格采购员的条件

采购员的选择对饭店成本控制是很重要的，一个合格的采购员应具备以下条件。

(1) 了解饭店的经营与生产。

(2) 掌握较全面的饭店产品知识。

(3) 了解饭店产品的产品市场。

(4) 熟悉财务制度和财务知识。

(5) 诚实可靠，以单位利益为重，原则性强。

7.2.2 饭店物资验收管理

饭店物资验收管理是指对送达饭店的采购物资进行核实，由饭店验收人员检验物资交货是否准时，质量、数量、品种规格、价格是否与所订要求相符，并详细记录检验结果，对合格物资准予入库或直拨到使用部门，不合格物资则予以拒收。

1. 建立合理的验收体系

1) 称职的验收员

饭店验收部门的设立以及验收部门与其他部门的关系因饭店规模大小而异，大型饭店有专门的验收部，而中型饭店只设一个验收员就可以了，小型饭店没有专职的验收员，可由仓库保管员、成本控制员或财务人员兼任，但不能由采购员、厨师长或一线部门经理兼职。选择称职的验收员是验收控制的首要环节，一名合格的验收员应具备很强的责任心、对验收工作感兴趣；反应灵敏、虚心好学、诚实可靠；具备较丰富的饭店物资管理知识。

验收员应懂得，未经上级主管同意，任何人都无权改变采购规格，遇到特殊情况应及时向上级主管汇报请示，不得擅自做主。验收员在工作时，不受各部门人员的干扰，验收员的相对独立可以对整个采购进行有效的监督和控制。

2) 实用的验收空间和设备

验收的位置和场所的大小直接影响货物交接、验收的效率和工作量。理想的验收位置应当位于货物入口与储藏室之间，这样便于货物的验收，同时可以减少搬运次数，降低工作量。验收场地附近一般设验收办公室，这样验收员就能从办公室观察到从验收到入库的一切活动，便于验收。

验收场地的配置还要同时考虑到车辆进出是否方便，是否有利于卸车搬运、便于验收物资的堆放和使用搬运工具，是否有符合食品卫生要求的环境。验收场地的大小视验收任务量而定，以不影响验收工作为准。为保证验收工作的效率，验收部门应有适当的验收设备和工具。主要的工具有重量级不同的磅秤、温度计、起钉器、纸板箱切割工具、榔头、尖刀、搬运用的推车等，还应有验收单、验收标签、购货发票、收货单、采购规格书等单据、材料。

3) 科学的验收程序和良好的验收习惯

验收程序规定了验收工作的工作职责和工作方法，使验收工作规范化。同时，按照程序进行验收，养成良好的习惯，是验收高效率的保证。

4) 经常的监督检查

饭店管理人员应不定期检查验收工作，复查货物的重量、数量和质量，并使验收员明白，管理人员非常关心和重视他们的工作。

2. 验收的内容

1) 检验

检验主要是指核查有关物资采购的凭证、质量、数量、价格、时间等项目。

(1) 凭证检验。一般来说，采购原始凭证包括发票、结算凭证、提货单据、验收记录、收料单和运杂费收据等，是物料入库的主要依据，也是检查采购物资实际成本的原始资料。

验收人员可以根据发票、费用单据、结算凭证、采购明细账、物料成本明细账等，检查这些单据是否合法。对于未能及时办理托运、中途照管不善、材料到达仓库后不能及时验收入库，以及运输过程中的损坏、遗失和被盗等损失，应分别按照财务规定处理。

(2) 时间检验。对交货时间进行检验，核查交货期是否和订货单上的日期一致。

(3) 数量核查。验收工作中的数量核查应对订货单数量、送货单数量与实际到货量三者作交叉检查，确认是否一致。购入物资的数量是决定物料单位成本的因素之一，验收时必须重点核查。当发现物资凭证数量多，实际验收入库数量少，或者物资凭证数量少，实际验收入库数量多时，应追查计量单位的问题，通过对物资账户的稽查和核对其购买凭证，查明品种的数量。

(4) 质量核查。质量核查是物资验收的核心。饭店物资种类多，且各类物资的质量要求不同，衡量质量高低的标准也多种多样，需要各种专业知识，这些都对饭店物资的质量验收提出了更高要求。

(5) 价格核查。核查价格是否与市场报价一致，一般在保证质量的基础上，价格不得高于市场同类物资的价格。

2) 收货

验收合格的物资，验收员要做详细记录，填写验收清单及进货日报表，并将这些物资分类后及时入库或发放给相关的使用部门。

3. 验收的程序

1) 前期准备工作

采购员采购任务完成后，应及时将订货单转给验收部门，并将采购物资的基本情况通知验收负责人。验收人员将订货单与财务部门批准的请购单相对照，若订购内容与批准的采购内容有出入，应及时向财务部门报告。

验收管理人员应在物资到达验收点前督促下属安排好相应的物资验收位置和具体的验收人员，以便于到店物资核对，同时准备好各类验收设备工具、验收场地，确定验收范围。

2) 验收操作、物资入库

当物资到店后，验收人员要根据订货单或订货合同的内容点数货物的件数，逐个检查密封容器是否有启封的痕迹，逐个称量货物的重量，特别是检查袋装物品的内容、重量是否和袋上印刷的相一致，以防名实不符和短缺。在清点数量时，验收人员要按照饭店采购规格书上所规定的质量标准检查和测试货物的外观及内在质量是否完全合乎要求，此外还要检查物品的规格是否符合要求。

在对全部货物进行测试、检验、清点之后，若发现问题，要当场向送货者提出交涉，并做出相应的处理，包括拒收及由双方签字认可。

3) 记录验收结果

验收人员最终以书面的形式阐述验收情况，包括填写验收单据和形成验收报告及进货日报表。

4. 拒收

拒收是指物资验收人员在验收过程中，对照有关标准，发现有严重出入时，拒绝物资入库。拒收是杜绝伪劣假冒物资流入饭店的有效手段，是维护采购正常权益的有力保证。

拒收应填写拒收通知单，写明拒收理由，经送货方和验收方签字，将拒收通知单和物资以及有关凭证一同退回。在处理拒收问题时，必须特别注意以下几点。

(1) 要认识到这只是交易过程中常见的问题，而不是供购双方的纠纷。故饭店应在坚持原则的前提下保持与供货商及送货者之间的良好关系，以良好的态度向送货人耐心解释拒收的原因，为可能给他们带来的额外工作负担表示歉意。

(2) 在退货通知单上要详尽写明退货的原因，并请送货人签字证明，为与供货商的进一步交涉留下原始凭证。

(3) 要尽快告知饭店的采购部门和相关物资的使用部门，敦促他们及时寻找替代品。

7.3 饭店物资仓储和发放管理

7.3.1 饭店物资仓储管理

饭店物资仓储管理是指从物资验收开始，将各类物资合理分类、存放，保障库存物资的数量安全与质量安全，进行物资出库控制，即入库到出库的整个过程中的管理和控制。

1. 仓储管理的种类

饭店所需物资种类繁多，其重要程度、消耗数量、价值大小各不相同，物资可以分成三类。

A 类物资：数量上只占饭店使用物资总数量的 5%～10%，而资金上占资金总额的 60%～70%，这类物资属于关键的少数物资。

B 类物资：数量和所占的资金一般在 20%左右，属一般物资。

C 类物资：数量占饭店使用物资数量的 60%～70%，而所占资金额却在资金总额的 15%以下，是次要的多数物资。

ABC 分类法选择的两个相关标志是物资数量的累计百分比和资金占用额的累计百分比。

【知识链接】

仓储管理的对象

仓储管理对象是指所有采购后未马上投入使用的仓库物资及与其相关的凭据和信息资料。不经过仓库直接进入使用部门的物资不属于仓储管理的对象，这些物资一般包括以下几类。

(1) 饭店所需要的鲜活类物质，可直接由供货商送到使用部门，以保证物质的鲜活度。

(2) 饭店每日所需但需求量无法准确估计的新鲜食品，包括牛奶、面包等。

(3) 业务部门在经营过程中随市场新形式而产生的新的物质需求，由于不知销售效果如何，只能少量购进试销，因此不必储存。

(4) 供应暂时间断对经营活动的正常进行影响不大而货源又不十分难寻的物质，如操作工具。

2. 仓储管理的内容

1) 安排适当的仓储场所

仓库应设在物资验收和营业点之间，三者离得越近越好，这样可以减少物资的搬动距离，减少人流、物流的拥挤，避免延误物资供应，安排适当的仓储场所要遵循“物资导向原则和就近选库原则”。

2) 入库存放

仓储物资在入库存放时要遵循“经济合理、技术合理、方便点数盘存”的原则。各种物资，不论是零星的或大批的，入库前都要通过严格的验收手续。必要时，有些物资要配合有关部门进行化验或用其他方法进行检验。

3) 物资保管

保证饭店物资先进先出、保持良好的仓储环境、加强仓储物资的养护管理、做好库存物资的检查工作。饭店物资的仓储管理的内容要力争做到“五保”和“三化”，“五保”指保质、保量、保安全、保成本、保急用；“三化”指仓库标准化、存放系列化、保养经常化。

3. 仓储管理的基本要求

(1) 确保储存物资数量和质量的完整无损。

(2) 根据储存物资的特性要求来堆放，堆码要井井有条，整齐干净，便于收发、检验、盘点、清仓。

(3) 物资保管要有专人负责，物资入库要先验收，后收料入账。按重量进库的物资均应过磅点数，定量包装的物资做到点数包装。出入库要有完备的手续和凭证，如入库单、领用单、调拨单等。

(4) 掌握各类物资日常使用和消耗的动态，合理控制库存，节约资金。

(5) 各种物资都应设有明细台账，收入、发出、结存按时登卡记账，要进行不定期的抽查、核对并定期清仓查库，做到账、卡、物(资)、资(金)“四对口”。

4. 仓储管理的工作程序

仓储管理的工作程序见图 7-3。

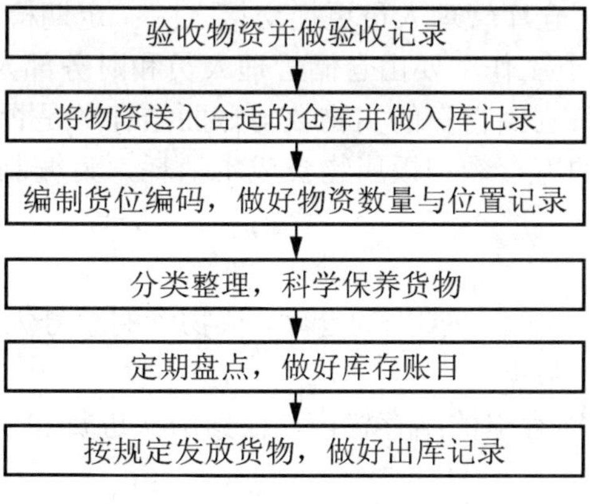

图 7-3 仓储管理的工作程序流程图

5. 仓储管理的防护措施及储存环境

(1) 对所有仓库要保持干燥通风，窗户要经常打开，以防物料变质。

(2) 对易燃物品要注意防火，隔离火源，并要做好消防工作。

(3) 客房纺织用品要经常检查，并做好防霉、防虫、防蛀工作，库房内经常通风，保持干燥整洁，以防霉变。

(4) 各种打开的食品，应储存于贴有标签的容器里，并能达到防尘、防腐、防虫(鼠)的要求。

(5) 所有有毒的货物，包括杀虫剂、去污剂、肥皂以及清洁用具，不要存放在食品仓库。

(6) 食品中的干货、罐头、米面等无需冷藏的食品应在干净、阴凉、通风、干燥处储存，库存温度应保持在10～22℃，湿度应控制在50%～60%的范围内。

(7) 蔬果类、肉、禽、鱼、蛋、奶和熟食品类温度一般控制在4～5℃，使储存食品冷却而不冻结。

(8) 易变质的食品和冷冻食品到货后应置于－18℃以下的冷库中储藏，储藏时要连同包装纸一起放入。

(9) 仓库内不得带入任何易燃危险物品及违禁品，并严禁吸烟，仓库内外应备消防设备。

6. 仓储的财务管理

1) 仓储财务管理

仓储财务管理指为所有仓储物资建立卡、账，设立账务系统，随时记录仓储物资的流动情况及在库情况。

2) 库存盘点

库存盘点是仓储管理人员对库存物资进行仔细的点数清查，将实际库存数与物资保管账目相核对，以保证库存物资不发生数量缺损。通过库存盘点，可以使管理人员掌握饭店物资的使用情况，分析物资管理过程中各环节的现状。

(1) 盘点的时间：财务核算周期末(每年、季、月末)；新开饭店营业前；关、停、并、转企业的清算时期；仓库管理人员更换交接之际；定期检查；不定期检查。

(2) 盘点的内容。盘点工作主要由仓储管理人员和财务部人员联合进行。通过实地清点库房内的物品，检查仓储物资的实物数与账面结存数是否相符，不相符的找出原因；计算和核实每月末的库存额和饭店物资成本消耗，为编制每月的资金平衡表和经营情况表提供依据。

(3) 盘点的程序如下。

① 盘点和制作清单。按不同类别的仓库，依物资的编号大小，在清单上填好货号、品名、单位、单价等基本数据。

② 库存卡结算。在库存卡的结存栏内，根据历次进货和发货数量，计算出应有的结存量和库存金额。

③ 库存实物盘点。实地点数，并将实物数量填入盘点清单。

④ 库存卡结算结果与库存实物盘点结果进行核对。

⑤ 计算盘点清单上的库存品价值。该价值为实际库存金额，它如与账面库存额有出入，要复查。

实际库存金额在月末作为月末库存额记入成本账，并自然结转为下月的月初库存额。

(4) 库存管理效率指标的控制包括以下几个方面。

① 库存短缺率的控制。按照仓储物资实际盘点数量和一定计价方法得出库房月末实际库存额后，为控制实际库存额有无短缺及短缺的程度，需将实际库存额与账面库存额做一比较，分析短缺额和短缺率。

库存短缺额＝账面库存额－实际库存额

账面库存额＝月初库房库存额＋本月库房采购额－本月库房发料额

上述公式中各项目的数据来源是，月初库房库存额来自于上月末的实际库存额结转；本月库房采购额来自于本月验收日报表中库房采购原料金额的汇总；本月库房发料总额来自于本月领料单上的领料金额的汇总。

例：某餐厅 8 月底经月末库存实物盘点，实际库存额为 15 700 元，该月库存相关数据如下：月初库房库存额为 15 000 元，本月库房采购额为 46 000 元，本月库房发料额为 45 000 元。

则：　　月末账面库存额＝15 000＋46 000－45 000＝16 000(元)

库房库存短缺额＝16 000－15 700＝300(元)

库房库存短缺率＝300÷45 000×100%≈0.67%

根据国际惯例，库存短缺率不应超过 1%，否则为不正常短缺，应查明原因。

② 库存周转率。库存周转率反映仓储物资在库存中的周转情况，即消耗量与平均库存量的比例。用公式表示为

库存周转率＝月物资消耗额÷平均库存额

月物资消耗额＝月初库存额＋本月采购额－月末库存额

平均库存额＝(月初库存额＋月末库存额)÷2

库存周转率大，说明每月库存周转次数多，相对库存的消耗量来说，库存量较少。库存周转率应为多大，取决于多种因素，如饭店所处的地理位置，采购的方便程度，企业需储备的物资量等。对管理者来说，重要的是库存周转率的变化。库存周转率太快，有时储备的物资就会供应不求；周转率太低，又会积压过多资金，因此，管理人员应经常分析周转率的变化，保证适度的库存规模。

7.3.2 饭店物资发放管理

饭店物资发放必须按照一定的程序进行严格的控制，达到准确、及时、安全、经济的基本要求，对这一环节的管理主要达到三个目的，即各营业点所需物资得到及时充分的供应；控制各营业点物资消耗的数量；正确记录各营业点的用料成本。

1. 饭店物资发放的原则

1) 先进先出原则

先进先出原则即要求物资发放人在发货时仔细检查进货账目和货架标签，先发早

入仓库的物资，目的是防止物资久置所导致的老化，从而影响物资质量。

2) 保证经营原则

饭店仓库中储存的物资种类繁多，适应不同部门、不同岗位的需求。工作人员在每日规定的发料时间内常常十分繁忙，面临多个部门同时领料的情况。在这种情况下，急用、急需物资应先备料、先分配，以保证生产经营的连续性。

3) 补料审批原则

饭店一线业务部门常常会因为经营业务的变化而出现对某类物资的特急需求。在这种情况下，由于形势紧迫，往往不能够按照常规填制正规的领料单据，并逐项办理领料审批手续。这时需要特事特办，以保障一线业务部门经营业务顺利进行。但即使是特急领料也必须有交接双方的签字和在场的部门管理人员批准的领料单据，并且规定补办手续的时限。

另一种情况是部门工作人员凭手续齐全的请领单到仓库领料时，仓库经审核准予发放。但却发现存货不足，只能发放其中一部分物料。这时，需填制反映实际领料情况的发货单，当仓库进货后，再通知部门补领。补领时虽不用再次履行请领手续，但必须做补领手续。

以上这些解决问题的方法都必须制度化，即建立健全补料制度，才能防止差错和作弊行为的发生。

4) 退库核错原则

有时，由于计划变更或其他原因，物资使用部门发生物资剩余，这时，应将这些剩料退回仓库，并办理退料登记手续。

5) 以旧换新原则

为防止物资未用完就领取新物资的浪费行为，在物资发放管理中应对一些用量较大或价值较高的多次耗用物资采用以旧换新的领用原则。同时，许多物资的盛装器皿具有回收价值，饭店物资管理部门应通过制定以旧换新原则全面回收和处理，减少浪费。

2. 饭店物资发放的基本要求

1) 准确

物资管理人员在向各个部门发放物资时必须做到单货一致，即发放凭证上应明确标明物资的名称、编号、规格、等级、单位、数量等，并在交接物资时通过各种特定的程序保证所发物资的各个方面都与凭单内容相符，无论单据和实物都不出差错。

2) 及时

为了不影响各项经营活动的顺利进行，物资发放工作人员必须提高效率，在接到领料单据以后，以最快的速度组织发货，保证前台业务活动所需的物资全部及时到位。

3) 安全

物资发放人员在发放物资时，不仅要认真清点物资的数量，还必须严格检查物品的质量，保证出库物资的质量完全符合使用要求，不过期、不失效、无残损、无变质，并注意物品清点时的安全操作，防止物品震坏、摔伤、破损，并在必要时改换物品包装以避免搬运过程中的损坏。

【知识链接】

原料的发放形式

原料的发放形式有两种：直接发放和仓库发放。

1. 直接发放的原料

直接发放的原料，主要是易腐败性原料，也就是直接采购的原料。这些原料经验收合格后无须入库保存，从验收处直接发到厨房，其价值按当日进料价格记入当天食品成本账内。食品成本控制员在计算当日食品成本时，只需要从验收日报表的直接进料栏中抄录数据即可。

2. 仓库原料发放

仓库原料发放包括干藏食品、冷藏食品和冻藏食品，这些原料经验收后入库储存，当生产需要时再由仓库发放到厨房和酒吧，在发出当日转入当日食品成本。

3. 饭店物资的发放程序

1) 点交

使用部门在领取物资时必须每次填写请领单。仓库接到请领单后，要认真检查单上所列物品的名称、规格、等级是否与库存物品相符，凭证字迹是否清楚，有无涂改现象，印章是否齐全，领料日期是否正确。审查无误，即可将待发物资发放给请领部门，同时根据实际发出的物资品种、规格、数量等填制必要的物资发放单据。

2) 清理

物资点交工作结束之后，仓储人员需进行内部清理，包括账面上的清理、地面的清理和物资管理。

3) 复核

为防止物资发放过程中出现差错，仓库发货人员必须对物资发放作业过程中的每一个环节仔细地进行自查、复查、层层复核。一方面复核发货单与实发物是否相符，另一方面要复核货位结存量来验证出库物资的品种、数量是否正确。发货人员自查后，还应由专职或兼职的复核员在搬运过程中进行复核。凡未经复核、单货不符或手续不齐全的物资都不能准予出库。

4) 原料计价

原料计价是饭店每日成本核算的重要环节。仓库在发放各类物资时，应在物资请领单上填写各类物资的购入单价，并计算出所领物资的总价，以便成本核算。

4. 饭店物资发放的重点

在物资发放管理中，首先应当抓住人的因素，其次是做好物的管理。

1) 审批人环节

审批人是物资的发放把关人，从根本上控制着物资的发放量。审批人是根据需求量的客观性进行物资审批的。饭店必须以制度的形式确定物资分配的审批人。审批人平时应注意和基层保持密切的联系，掌握物资使用情况的动态信息，以动态的眼光来把握物资分配量。

2) 执行人环节

执行人环节涉及物资发放过程的各个方面的工作人员。在物资发放过程中，核算员要逐一核算已发物资的价值。尤其要注意的是，实物发货人与发货记账人应分岗设置。执行人素质的高低直接关系到发放工作的质量。因此，应加强对这些人员的日常管理。

3) 发货区域

仓库是饭店物资储存的重地，每一种物资对储藏环境和条件都有明确而严格的要求，而大量人员频繁进出仓库会极大地影响应有的储藏环境，同时还会威胁仓储物资的数量安全。因此，有条件的饭店应在仓储空间之外到仓库大门之间设置专门的发货区域。发货人员将需发放的物资搬运到发货区域，领货人在此区域点数交割，而不能直接进入仓库领料。这是防止物资发放出差错的重要手段。

4) 发货时间

发货时间可根据物资的用途，采取定时和不定时相结合的办法。

5) 货物交接

发货人员与部门领货人员之间的物资交接是物资发放管理的最后环节。若这一环节中出现了差错，就会给仓库账目及部门的成本核算等许多管理环节造成混乱，并且当事后发现这种差错时，往往会因为物资已投入使用而难以查清问题及责任所在，使管理工作十分被动。因此，在进行物资交接时，收授双方都必须按照发货单和领料单复核检查，点数所发物资的品种、规格和数量，确保无差错时才准予出库，领取货物。

6) 物资数量短缺的问题

物资发放过程中很容易出现物资数量的短缺，其直接的原因是物资在入库时一般都是批量进，因此一些以重量为计量单位的物资入库时都是大秤进，而在发放过程中由于执行限量分配制度，每次发放量相对于进货量来说是比较小的，即小秤出，这样就会出现重量流失问题。因此，在盘存时很可能会有数量上的出入。

为解决物资量流失问题，可采取以下办法：为每一种物资的收发制定合理的损耗率；对整进零出的物资在进货之后预先进行拆零包装，按照一般的单位需用量将整包物资变为小包装物资。

5. *库存物资发放的控制*

每日库房发出的物资都要记录在“库房物资发料日报表”上，日报表上汇总每日库房发料的品名、数量和金额，并明确领料物资价值分摊的部门，注明领料单号码。每月末，将“库房物资发料日报表”上的发料总额汇总，便得到本月库房发料总额。

1) 定时发料

为使仓库管理人员有充分的时间整理库房，检查各种原料的库存情况，不至于忙于发料而耽误其他工作，应规定每天的领料时间。有的饭店规定每天早上两个小时(如8:00～10:00)和下午两个小时(2:00～4:00)为仓库发料时间，其他时间除紧急情况外一般不予发料。也可规定领料部门提前一天送交领料单。提前送交领料单有以下优点：可以使仓库管理员有充分的时间提前准备，避免和减少差错；能减少领料人员的领料时间；可使各营业点对次日的物资需求做出预测，计划好次日的生产。定时发放还有利于仓库保管，减少库存原料的丢失。

2) 凭单发料

各营业点根据自己所需要的物资填写领料单，仓库必须按领料单备料、发料。领料单有三大作用。

(1) 控制仓库的库存。领料单是仓库发出物资的原始凭证，领料单上详细、准确地记录发放的数量和金额，可以准确地计算账面库存额，是控制库存短缺的工具。

(2) 核算各营业点的经营成本，领料单上清楚地反映各营业点向库房领取物资的价值，是计算各营业点成本的工具。

(3) 控制领料量。领料单是员工向仓库领料的凭证。没有领料单，任何人不得从仓库取走物资，并且员工只能领取领料单上规定的领取物资的品种和数量。

领料单必须由领料部门指定的管理人员签字，仓库才能发料。仓库发料时，领料人和发料人都要签字。领料单上如有空白处，应当着收料人的面划掉以免被人私自填写。领料单一式三份，一联交回领料部门，一联送财务部成本控制员，最后一联仓库留存。

3) 如实记录物资使用情况

饭店各营业部门在承接了大型业务之后，经常提前为数日后所需物资做准备。例如，大型宴会的食品常常需要几天前就准备。因此，如果有的物资不在领取日使用，必须在物资领料单上注明该物资消耗的日期，以便将该物资的价值如实记入当日成本。

4) 正确计价

物资从仓库发出后，仓库保管员应该在领料单上列出各项领取物资的单价、计算金额，并汇总领取物资的总金额。有食品标签的领取物资可采用实际购价计算。如果库房不采用货物标牌制度，可以根据货品库存卡标明的单价，采用先进先出或最后进价法等方法计价。

5) 物资的内部调拨

大型饭店往往有多个部门会发生饭店物资的相互调拨，由于饭店各部门大多是独立核算成本，以反映其真实的经营情况，所以，对这些调拨应进行正确的记录。

饭店内部的物资调拨应使用调拨单，填写后调入和调出部门各留一联，另一联交成本控制员，作为转账处理的凭据。在统计各营业部门的成本时，要减去各部门调出的物资金额，加上调入的物资金额。

【知识链接】

饭店仓库管理员的岗位职责

仓库管理工作是实现食品贮藏的手段，仓库管理员要针对食品腐败的原因并根据食品的具体情况，采取相应的措施和科学的保管方法，搞好仓库管理。仓库管理员的职责是十分重要的，其职责如下。

(1) 保持仓库整洁，达到规定标准。

(2) 合理安排入库食品的贮藏位置。

(3) 保持所有食品的最新价目表。
(4) 确保食品随时充分供应。
(5) 核对订单是否填写正确，及时寄出。
(6) 检查所有入库食品的数量、质量和价格。
(7) 保管所有交货单、发票、赊欠单、收据和财务账单，并存档。
(8) 记录每日库存食品发货单。
(9) 记录箱卡。
(10) 如果领料单没有部门负责人签字，则不发出食品。
(11) 认真保管，退回和赊欠应付费的存货容器，从账目中扣除已付款的袋、盒等费用。
(12) 经常检查库房存货。
(13) 以最低的购买价获取最佳的食品价值。
(14) 熟知各种食品的淡旺季。

课 后 习 题

一、思考题

1．饭店物资管理的内容与特点有哪些？
2．饭店采购管理的基本程序有哪些？
3．验收人员在处理拒收问题时，应特别注意哪些方面？
4．饭店仓储管理包括哪些内容？
5．饭店物资发放的程序有哪些？

二、案例分析题

降低成本，从源头抓起

拥有76家大中型餐馆的北京华天饮食集团公司为使下属各企业在激烈的市场竞争中掌握市场主动权，决定从源头抓起：在保证货源质量的前提下，减少成本，把菜品的价格降下来，服务大众，让利于民。基于此种想法，集团公司推出了进货招标的方案，这个方案得到了供应商的积极响应，前来报名竞标的经销商、厂家有 100 多家。经过筛选，有近 50 家供货商获准参加竞标。中标的原则：同等质量下，选择价格最低的；同等价格下，选择质量最好的。通过质量和价格的认证，28 家供货商以质优价廉取得了向华天企业供货的资格证书。

目前，这些厂商均已不同程度地和华天建立了合作关系，包括酒、饮、蛋禽、蔬菜等七大类 30 多种华天日常所用原料的供应商在内的多家供应商。为了与华天保持长期合作关系，都很注意自身的商誉。这次招标成功，华天不但货源质量有了保证，供货价格也降了下来。

思考：

1．为了降低成本，北京华天饮食集团公司在采购管理中采取了什么策略？

2．你认为北京华天饮食集团公司与其签约供应商是如何实现双赢局面的？

三、实训题

1．上网查找有关饭店节能与环保的典型案例，并结合本章知识加以分析。

实训目的：使学生根据典型案例充分理解“饭店物资管理是饭店对顾客提供优质服务的基础”。

实训要求：学生分组对案例典型进行充分分析，最后以组的形式提交书面的关于饭店节能与环保典型案例的分析。

2．选择当地一家四星以上饭店，调查该饭店物资管理的概况分析是否合理，并提出合理化建议。

实训目的：通过调查分析使学生了解饭店物资管理方法在实际中的应用情况。

实训要求：小组调查、提交报告、饭店选择四星以上饭店。

3．调查当地星级饭店“六小件”客用品的使用情况并分析其利弊，提出合理化建议。

实训目的：通过调查分析使学生把握星级饭店“六小件”客用品的发展趋势。

实训要求：小组调查、提交报告、饭店选择当地星级饭店。

8

饭店设备管理

学习目标

- 知识目标：熟悉饭店设备的涵义及分类，掌握饭店设备管理的内容、任务和系统管理方法。
- 技能目标：能够运用饭店设备管理知识对饭店设备管理中发生的各种问题做出分析和判断，能够做出相应的解决方法。
- 能力目标：能运用所学知识，判断饭店在设备选择与购置、使用与维护、更新与改造过程中是否进行了科学、合理、有效的管理，能对饭店设备资产能源管理提出合理化建议。

导入案例

大堂温度怎么降不下去呢

武汉的夏日虽是早上 7 点，却已经酷热难耐。某饭店工程部电话铃声突然急促响起，是前厅部打来的。前厅部反映中央空调没有制冷效果，大堂温度高，客人抱怨连连。值班人员立即检查中央空调的控制面板，发现中央空调已经处于运行状态，便将这一情况告知前厅部，表示温度下降得有个过程。半小时后，前厅部再次致电工程部，反映温度还是未下降。正在这时，工程部经理来了，知道前厅部反映的这一情况后，重新检查了中央空调的控制面板，发现面板上显示故障代码为“19”即系统水量不足。原来前一天晚上大堂安装了一台风机盘管，安装人员在安装时关闭了中央空调的补水阀门，并将系统的水排放干净。安装人员在安装完毕后未交班，随即就离开了饭店。夜班值班人员也没有及时检查中央空调的补水情况，导致中央空调没有制冷效果。

思考：

1. 饭店设备在饭店运行中起着什么作用？
2. 饭店设备如果没有进行有效的管理会产生什么后果？

现代化饭店都有大量先进、复杂的设施设备，这些设施设备不仅是饭店为客人提供服务的基础，而且也是饭店服务质量的重要组成部分。设施设备是否完善，直接影响饭店的服务质量，影响饭店的声誉和形象。设备是饭店生产力的重要组成部分，离开了设备，饭店将无法正常的运行。

8.1 饭店设备管理概述

设备是固定资产的重要组成部分，凡是直接或间接参与改变劳动对象的形态和性质的物质资料都可以称为设备。饭店设备管理是一种以饭店最佳服务质量和经济效益为最终目标，以最经济的设备周期费用和最高的准备综合效能为直接目标，应用现代科技和管理方法，通过计划、组织、指挥、协调、控制等环节对设备系统进行综合管理的行为。

8.1.1 饭店设备管理的意义与任务

1. 饭店设备管理的概念

在设备工程学中，设备的定义是“有形固定资产的总称”，它包括所有列入固定资产的劳动资料。

具体到饭店企业，饭店设备的定义是，饭店设备是饭店在生产经营活动中长期、多次使用的机器、机具、仪器、仪表等物质技术装备的总称。

饭店设备管理是饭店全体员工在最高综合效益目标指导下，运用科学的管理方法对各种设备系统从选购、安装开始，经过使用、维护保养、更新改造，直至报废为止的全程管理活动。

2. 饭店设备管理的意义

饭店设备运行的好坏，直接关系到饭店的服务质量，关系到饭店的工作效率、利润和社会影响。饭店所提供的各项良好服务与其使用先进完好的设备密切相关。

1) 饭店设备管理是保证饭店正常运转的基本条件

饭店是以设备为依托、向顾客提供各种服务而取得收入的企业。如果离开了必要的设备，服务就成了无源之水、无本之木。饭店的正常运转需要各种设备和能源、一旦设备或能源供应出现问题，饭店就会陷入困境。譬如：饭店电梯不通、浴室无水、空调不制冷等都会导致顾客的不满，影响饭店的声誉。因此，饭店设备设施是否完好，运转是否正常，将直接关系到整个饭店能否正常运转。

2) 饭店设备管理是服务质量的重要保证

饭店的服务质量是由设备设施质量、实物产品质量和服务水平等多方面组成。加强饭店设备管理，提高设备的运行效率以及先进程度，可以为顾客提供更加快捷、周到的服务。设备设施要能够适应不断变化的市场需要，满足客人旅居生活的要求。据世界旅游卫生组织历次调查表明，在一星至五星级饭店的客人中，有55%把设备完好、清洁、卫生视为最重要的要求，是客人决定是否住这家饭店或者以后再来的主要依据。如果设备管理跟不上，必然会影响到服务质量，因此，加强设备管理是提高饭店服务质量的重要保证。

3) 饭店设备管理是提高饭店经济效益的重要手段

设备是饭店开展经营活动必需的一种投入，设备本身并不能直接获取利润，而且在运行过程中必须追加能源支出和维护修理费用。这些费用的支出在饭店成本中占很大比重，如一般饭店设备的购置费占饭店投资的 35%～55%，而运行费用则占经营总费用的15%左右。加强饭店设备管理，可以有效减少设备故障率，降低设备能源消耗，延长设备使用寿命，从而大大降低各项设备费用支出，提高饭店经济效益。

4) 饭店设备管理是提高饭店等级的基本前提

我国饭店的等级是用星级来表示的，要达到一定星级标准，就必须具备一定的条件。从星级评定标准来看，六个项目中有四个都与设备管理有关。对饭店的设备设施、后台供应、维护保养都有明确详细的规定，所以设备管理的好坏，直接关系到饭店等级的高低。

5) 饭店设备管理是创建绿色饭店的重要基础

饭店对环境的影响主要是由设备运行造成的，设备运行消耗能源而且排放大量废气、废水和废渣，直接或间接导致了环境污染和生态破坏。饭店能源消耗是由饭店追求舒适性的客观要求决定的，设备运行效率高、运行状况好将有助于降低能源消耗。21世纪，我国提出绿色饭店的口号，其理念是安全、健康、环保。而环保的要求是减少浪费，将饭店经营对环境的影响和破坏降低到最小，将饭店的物资消耗和能源消耗降到最低点。所以，加强饭店的设施设备管理是保护环境、创建绿色饭店的一项重要内容。

【知识链接】

绿色饭店

由于全球生态环境的日益恶化，保护环境、保障人类健康已受到全世界的关注。各国、各地区、各行业都颁布了相应的法律、法规，出台了各种政策、措施，制定了相应的行业准则以约束并促进组织的环境行为。因此，各类组织越来越重视自身的活动、产品和服务对环境的影响。

旅游业的发展依赖于当地的环境状况，饭店业作为旅游业的支柱产业，在有效保护环境和合理利用资源方面的努力直接关系到旅游业的健康发展，并影响到社会的可持续发展，创建“绿色饭店”是饭店环境管理的重要环节。

绿色饭店是一种新的理念，它要求饭店将环境管理融入饭店经营管理之中，以环境保护为出发点，调整饭店的发展战略、经营理念、管理模式、服务方式，提供符合人体安全、健康要求的产品，并引导社会公众的节约和环境意识、改变传统的消费观念、倡导绿色消费。它的实质是为饭店宾客提供符合环保要求的、高质量的产品，同时，在经营过程中节约能源、资源，减少排放，预防环境污染，不断提高产品质量。绿色饭店是一种方向和目标，是一个不断发展的概念，为指导现阶段的实践，本标准把绿色饭店定义为，以可持续发展为理念，坚持清洁生产、倡导绿色消费、保护生态环境的饭店，其核心就是在生产经营过程中加强对环境的永续保护和资源的合理利用。

绿色饭店的含义如下。

1. 绿色饭店

绿色饭店(green hotel)是以可持续发展为理念，坚持清洁生产、倡导绿色消费，保护生态环境和合理使用资源的饭店。

2. 清洁卫生

清洁卫生(cleaner production)是指不断采取改进设计、使用清洁的能源和原料、采用先进的工艺技术与设备、改善管理、综合利用等措施，从源头消减污染，提高资源利用效率，减少或者避免生产服务和产品的过程中污染物的产生和排放，以减轻或消除对人类健康和环境的危害。

3. 绿色设计

绿色设计(green design)是指在设计阶段就将环境因素和预防污染的措施纳入产品设计之中，将环境性能作为产品的设计目标和出发点，力求使产品对环境的影响最小。在饭店设计中，表现为饭店在建筑设计、室内设计和设施配置等方面充分考虑能源节约和生态环境保护，采用先进的技术和材料，从而使饭店符合绿色饭店的相应标准。

4. 绿色消费

绿色消费(green consumption)指人们在购买物品和消费时，关注商品在生产、使用和废弃后对环境的影响问题，并在消费过程中关注环境保护的问题。

5. 绿色客房

绿色客房(green room)指无建筑、装修、噪声污染，室内环境符合人体健康要求的客房，客房内所有物品、用具及对它们的使用都符合环保要求。

6. 绿色食品

绿色食品(green food)指遵循可持续发展原则，按照特定的生产方式生产，经专门机构评定，使可食用绿色食品商标标志的无污染的安全、优质、营养类食品。

7. 有机食品

有机食品(organic food)是指根据有机农业和有机食品生产、加工标准而生产出来的，经有机食品认证中心认证的食品。

8. 环境标志

环境标志(environment label)是印刷或粘贴在产品或其包装上宣传环境品质或特征的用语或象征符号。环境标志标明产品从生产、使用以及回收处置的整个过程符合环保要求，对生态环境无害或损害极小，有利于资源再生和回收利用。

9. 绿色照明

绿色照明(green lighting)指安全、高效、紧凑型的以节电、保护环境为原则而设计的科学、有益健康的照明器具。

10. 绿色服务

绿色服务(green service)是指在服务过程中使用环保型的设施、设备、用具，并倡导绿色消费的服务。

11. 环境方针

环境方针(environment policy)是组织对其全部环境表现的意图与原则的陈述，它为组织行为及环境目标和指标的建立提供了一个框架。

12. 环境绩效

环境绩效(environment performance)是组织基于其环境方针、目标和指标，对其环境问题进行控制所取得的可测量的管理结果。

3. 饭店设备管理的任务

饭店设备管理的任务是为实现饭店的经营目标提供最优的设备，通过对饭店设备进行系统的管理与维护，保证设备处于良好的运行状态，使饭店的生产经营活动建立在最佳的技术装备基础上。饭店设备管理的任务主要包括以下三个方面。

1) 保证设备正常运行

饭店设备的运行状态决定了饭店管理与服务能否正常进行，饭店设备管理部门应针对不同的设备制定设备完好的技术标准。通过正确使用、定期维护、适时检修、不断更新等手段保障设备处于良好的运行状态，从而保证饭店生产经营活动的正常进行。

2) 提高设备的先进程度

随着现代科技进步速度的加快，饭店原有技术设备只有及时改善和提高才能保证其生产经营效率的不断提高。饭店设备管理要保证饭店设备的更新、改造，不断提高设备的先进程度，一是用先进的新设备更新旧设备，二是应用新技术对旧设备进行改造，提高旧设备的性能。

3) 发挥设备的最大功效

设备功效是指设备的生产效率和功能，设备管理要求设备发挥最大的功效，一方面根据岗位要求选择“最小能耗、最大产出”的设备；另一方面，加强饭店设备管理，减少设备故障发生率，提高设备的性能，进而提高设备的生产效率。

【知识链接】

中外新能源饭店介绍

2011 年 1 月，纽约巴克莱洲际饭店 685 间客房全部实现风能供电，成为纽约市第一批 100%风能驱动的饭店。为巴克莱洲际饭店提供风能发电服务的是一家名为 SterlingPlanet 的清洁能源公司。已经通过可再生能源认证的 SterlingPlanet 为巴克莱环球饭店提供超过 630 万千瓦时的电量，足以抵消该饭店全部的常规用电。根据美国环保局的测算，巴克莱洲际饭店此举将减少 860 万磅碳的排放，其购买风能所产生的环境效益相当于 869 位司机停用私家车、将 1530 吨废弃物进行循环利用，同时也能支持美国国内的新经济和就业。

2009 年开业的中国德州市开发区太阳谷微排国际饭店(图 8-1)应用太阳能集热系统、外墙保温技术，比节能标准低 30%左右；门窗、天窗和幕墙采用了温屏节能玻璃和 BIPV 温屏光伏组件，传热系数降低为国家节能标准的一半；光伏并网发电系统发电量预计达到 20 千瓦。饭店整体节能 70%，加上 60%采暖、制冷，节能效率高达 88%，远远高于国家公共建筑节能 50%的设计标准。

图 8-1 中国德州太阳谷微排国际饭店

8.1.2 饭店设备管理的内容

饭店设备管理的内容包括计划添置设备，对设备购置、安装、调试、使用、维护、更新改造，直至报废的全过程管理(图 8-2)。

1. 计划

由设备使用部门提交设备采购单，设备管理部门对购置设备提供相关技术参数，如技术、价格、适用性、可靠性、维修性评价、投资回收评价等信息。对符合条件的设备进行筛选，最终提出最佳设备采购计划。

2. 购置、安装、调试

饭店设备的选择和购置是饭店设备管理的第一环节，既要根据经济、技术、经营上的需要，还要考虑饭店的等级规格，以适应消费需求，提高服务质量。同时也要对设备的安装调试全过程进行管理与监督。

3. 使用

对饭店各部门使用的设备提供技术指导，并实施监督管理的职能。正确、合理地使用设备能使设备减轻磨损，保持良好的工作性能，更好地发挥设备的效能。

4. 维护

设备维护保养既是设备管理的重要内容，也是饭店全面质量管理的重要一环。对所有设备定期或不定期进行保养、维修以保证设备正常运行。

5. 更新改造

随着使用年限的增加，设备的磨损会日益加剧，维修的间隔期越来越短，维修费用也会不断增加。同时，设备的性能和生产率也不断地降低，再进行维修已经不经济，必须进行设备的改造和更新。采用新技术对旧设备进行改造，用先进的新设备更换旧设备，以提高设备的技术装备素质。

6. 报废

设备由于有形磨损、无形磨损或其他原因，不能继续使用的，应予以报废凡属报废的设备，均属于无修理价值或无技术改造的可能，或即使修理或改造但在经济上不合算，可以先进行报废处理,然后重新提交新的设备采购计划。

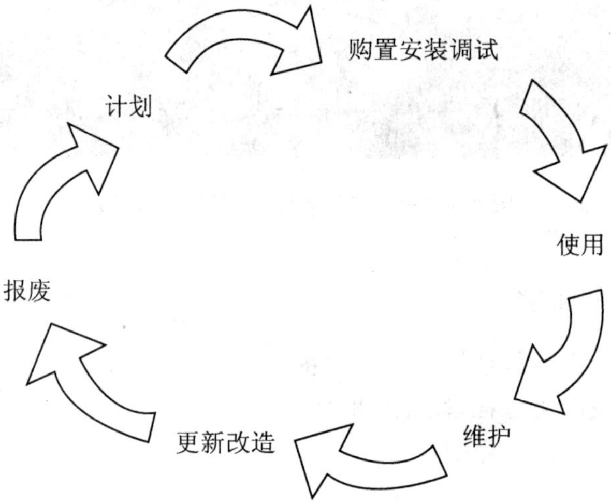

图 8-2　饭店设备管理流程

【知识链接】

饭店新概念——健康饭店

健康饭店是指以关注健康为宗旨，将健康管理融入饭店经营管理之中，运用健康、养生、人本理念，坚持健康管理和以人为本，倡导健康型生活方式，创造和谐幸福环境的饭店。其核心是为顾客提供有利于身体健康、有助于预防疾病的健康客房、健康餐饮和健康服务项目，在生产过程中珍视顾客的健康，不断提高健康服务质量。笔者认为，健康饭店需要符合六大标准，即健康管理、健康环境、健康客房、健康餐饮、健康设施和以人为本。

1. 健康管理

要做到健康管理，需坚持以下几点。

(1) 制定规章和明确的工作计划。

(2) 建立健康饭店质量管理体系，成立健康饭店创建活动领导小组。

(3) 加强健康教育和培训。结合饭店实际，以开办“健康学校”的形式，对饭店内全体员工进行全面的健康意识和养生、保健、疗养的技术培训。每年购买或订阅关于健康养生的手册、书、报刊、杂志、音像资料等，确保员工和顾客易于更新健康信息。每年安排饭店领导、员工参加各类形式的健康培训，不断提高员工的健康意识。

(4) 进行健康宣传。饭店的主要公共场所和相关场所应有体现养生保健、创建健康饭店的宣传栏、广告牌、装饰或资料，在客人活动区域以告示、宣传牌等形式鼓励并引导顾客进行健康消费，使顾客关心健康行动。

(5) 健康档案管理。一方面，建立职工健康档案，进行职工健康跟踪管理；另一方面，为客人建立健康档案，根据运动、膳食、平衡原则向客人提供个体化的运动和膳食分析处方。

2. 健康环境

环境、庭院绿化、美化，应有观赏景物和建筑小品，外环境绿化率大于 35%，不应种植对人体有害、对空气有污染和有毒的植物；室内摆放花木盆景及艺术品，有良好的文化艺术氛围，环境幽雅，视觉效果好；垃圾袋装，分类收运。应设有机、无机和有毒有害废弃物专用箱，袋装垃圾使用易分解垃圾袋；垃圾日产日清，专人管理，各类废弃物容器有盖，无外溢、无滴漏；区域环境噪声符合要求。其中，噪声检测值白天低于 55 分贝，晚上低于 45 分贝；室内空气清新。空气中某些有害气体、代谢物质、飘尘和细菌总数不能超过一定的含量；饭店每个角落采用光触媒处理，催化降解有害物质，以保证客人健康；通风系统良好。采用具有风管的中央通风换气系统，进行定时的通风换气，在厨房、卫生间或吸烟处，设置局部排气设备。

3. 健康客房

客房应日照充足，每天日照时间在三小时以上；客房采光良好，窗户的有效面积和房间地面面积之比应大于 1∶7；微小气候：居室内微小气候的标准以冬夏两季为准。夏季室内温度最适范围为 24～28℃，气湿(相对湿度)为 30%～65%，气流速度为 0.2～0.5 米/秒，最大不宜超过 3 米/秒。冬季室内温度的适宜范围是 18～22℃，气湿为 30%～45%，气流速度为 0.1～0.5 米/秒。客房内应采用符合人体力学的床垫，并提供多种可选择的功能性睡枕；客房迷你吧提供健康食品，引导客人的健康生活习惯；客房内供应直接饮用水，采取独立封闭的循环管网；客房内应有健康提示牌，有养生、保健、防艾滋的宣传资料或相关书籍、报刊等。

4. 健康餐饮

餐厅内应通风良好，并设有无烟区和无烟包厢(厅)；食品原料新鲜，采用绿色有机产品，合理搭配，制作规范；提供营养、滋补、养生菜单，菜单上注明菜品功效以便客人选择；有专业营养师进行膳食指导，引导合理营养；药膳制作保证药材的安全用量，药膳配方经过严格审查，在保证美味的同时又具有食疗作用。

5. 健康设施

(1) 健身设施。健身设施应根据不同年龄、性别、民族以及经济收入等特点，注重以老人、儿童为主体的健身专题。健身设施应能满足不同的健身目的，包括耐力(心肺功能促进)，力量(骨骼、肌肉的能力促进)和平衡、协调的综合健身。

(2) 理疗设施。根据饭店的特色和实际情况，应建设具有康复治疗作用的理疗设施，包括电疗、磁疗、光疗、超声疗、传导热疗、水疗、运动理疗、瑜伽理疗、中医理疗等可选项目，并配备一定数量的理疗师，为客人提供康复理疗指导和帮助。

(3) 护理设施。根据饭店特色和实际情况，配套建设特效专业护理设施，包括面部护理、身体护理、手部护理、足部护理等可选项目，并配备技术精湛的专业护理人员，确保达到护理的最佳效果。

6. 以人为本

以人为本包括以顾客的健康为本，根据顾客的身体健康状况提供个性化产品和服务；关注员工的健康，定期进行员工体检和健康教育培训，提高员工的幸福感和满意度；尊重顾客和员工的各种文化和生活特征。

总之，健康饭店是在人类社会进步但同时面临健康问题的市场背景下发展起来的新型饭店，也是继主题饭店、绿色饭店之后出现的饭店新概念，其理念是健康主题与饭店经营的融合发展。

8.2 饭店设备分类

饭店设备种类繁多，一般可以划分为以下几种设备系统：供配电系统、空调制冷系统、锅炉供热系统、给排水系统、消防报警系统、电梯设备系统、厨房设备系统、音像与通信系统、健身娱乐设备系统等。这里将对各种类型的设备系统做简单介绍。

8.2.1 供配电系统

按照我国目前的供电条件，当某一建筑物内设备总装机容量超过 250 千瓦时，就必须采用高压供电和变电装置，将高压转换成低压后供设备用电。饭店的设备装机容量大多超过这一标准，所以，饭店就必须从高压电网取电(高压供电的电压级别标准一般为 10 千伏)，然后对其进行降压以满足饭店内部的电力使用。为保证供电正常，饭店的供电系统宜采取“一用一备”和自备发电机组的“三电源模式”的供电方案。

1. 变配电设备

饭店供电系统中的主要变配电设备有以下几类。

1) 变压器

变压器是根据电磁感应的原理把电压升高或降低的电气设备，它分为载调压式变电器、油浸式变电器和干式变电器。根据不同设备用电需求，对饭店照明及电梯类用电采用载调压式变电器供电。当有独立变电站时，选用油浸式变电器或干式变电器均能满足饭店用电需求。当变电站位于饭店建筑内时，则选用干式变电器。

2) 高压配电柜

高压配电柜在高压配电中起着控制、保护、监测、计量的作用，它分为柜架式、手车式和抽屉式。

3) 低压配电柜

低压配电柜是按一定的接线方案将有关电器组装起来的一种成套配电设备，在 500 伏以下的供电系统中作动力和照明之用。低压配电柜主要分为开启式配电柜、封闭式配电柜和无功补偿柜等。

2. 输电设备

饭店输电设备主要包括输电线路和接线箱。输电线路由变电站低压柜引出后，经过两个或多个独立的电气竖井引至顶层或中间楼层，用于照明的输电线路在每一层与水平配电线路 T 接，竖井的每一层设电气小室，安装配电箱。送往电梯机房的配电干线直接送往顶层电梯机房，中途不允许 T 接。输电设备主要有母线、电缆和电线以及输电线路的中间接线箱。

3. 用电设备

饭店内所有以电能作动力的设备均是用电设备，主要分为四种类型：机电设备(如电梯)、点燃设备(如电烤炉、微波炉)、电子设备(如电视、音响)、照明设备(如日光灯)。

8.2.2 空调制冷系统

空调系统是一个包括供热、制冷和通风的综合系统，它将室外的空气吸入，经过过滤、降温(或升温)、降湿(或加湿)等程序处理后送入空调室内，同时将室内空气排出。饭店空调系统按照空气处理设备的集中程度可以划分为三种类型：集中式空调系统、局部式空调系统和半集中式空调系统。

1. 集中式空调系统

集中式空调系统是把所有的空气处理设备都设置在一个集中的空调机房里，空气经过集中处理后，再送往各个空调房间，如中央空调主要由以下几个部分组成。

1) 空气处理设备

空气处理设备是中央空调系统的重要设备，它的作用是对空气进行过滤、冷却(加热)、去湿(加湿)等处理的设备，它主要分空气集中处理机组和风机盘管两种。

2) 空气输送设备

空气输送设备主要负责把处理好的空气按照一定的要求输送到各个空调房间，并从房间内抽出一定的空气，它包括进风风道和排风管道。调节风阀的作用是控制风道的开闭和调节风量，如插板阀、蝶阀、防火阀、止回阀。

3) 空气分布装置

根据室内外空气状态的变化，通过空气分布装置调节空调的送风口和回风口以合理分布室内空气。装置调节可以是人工进行，也可以是自动控制。

2. 局部式空调系统

局部式空调系统是把冷、热源和空气处理、输送设备集中在一个箱体内，局部式空调系统又称空调机，它直接安装在饭店空调房间内，具有设备结构紧凑、安装方便、不需专门机房等优点。它由制冷压缩机、节流机构、直接蒸发式空气冷却器及风机、空气冷凝器等部件组成的空调机组成。

3. 半集中式空调系统

半集中式空调系统除了设有集中空调机房外，还设有分散在各个空调房间里的二次空气处理设备，常见的有风机盘管系统，它主要由风机、风机电动机、盘机、空气过滤器、室温调节装置组成。

8.2.3 锅炉供热系统

目前饭店热能供应一般由锅炉系统提供，供热系统的运行状况直接影响到饭店许多设备的正常运行以及服务的开展。锅炉供热系统(图 8-3)主要由锅炉水处理系统、锅炉机组系统和锅炉辅助和附属设备系统组成。

图 8-3 锅炉供热系统

1) 锅炉水处理系统

锅炉水处理系统主要用于对锅炉用水进行软化处理和除氧处理。软化处理一般用离子交换软化处理法，由于自来水中含有一定的钙、镁等盐类(这种水称为硬水)，而锅炉用水必须是软水，因此需要用钠离子交换法对硬水进行软化，经过处理后的水由水泵送进锅炉。除氧处理主要用大气式热力除氧法，利用水温的提高降低水中氧气的含量，从而除去大部分水中的溶解氧。

2) 锅炉机组系统

我国饭店大多使用燃煤锅炉，这种锅炉机组主要由锅壳、前后管板、烟室、大管、水冷壁管及联箱等组件构成。锅炉主体上还有压力表、安全阀、排气阀、水位表、排污阀、给水阀等保障锅炉安全运行的附件。

3) 锅炉辅助和附属设备系统

锅炉辅助设备指给水泵、鼓风机、引风机和分汽缸等；附属设备指省煤器、除尘器等。

8.2.4 给排水系统

饭店给排水系统由给水系统和排水系统组成。

1. 给水系统

饭店给水系统分生活给水系统和热水供应系统两种。

生活给水系统由输水管网、增压设备、配水附件、计量仪器及储水设备设施等组成。给水方式主要分三类：高位水箱式、气压水箱式和无水箱式。高位水箱式给水是在每个给水分区的上部设置一个水箱以保证管网供水的充足压力；气压水箱式给水由气压水箱控制水泵间歇工作，并保证管网供水的充足压力；无水箱式给水采用先进的变速水泵保持管网及恒定水压。

热水供应系统由热源、加热设备和热水管网组成。热水供应方式主要分三类：局部热水供应、集中热水供应和区域热水供应。局部热水供应指各热水供应点自行烧水；集中热水供应指由饭店锅炉房供水；区域热水供应指由各区域统一供应蒸汽式热水。

2. 排水系统

根据不同性质的排水，饭店排水系统可以分为粪便污水排水系统、生活废水排水系统、厨房废水排水系统、洗衣房废水排水系统、屋顶雨雪水排水系统。排水系统主要由污(废)水收集器、排水管道、通气管、污水处理的构筑物组成。污(废)水收集器主要用于收集污水；排水管道用于输送污水；通气管用于防止卫生器具因为水封而使臭气外泄；污水处理的构筑物则用于污水处理。

8.2.5　消防报警系统

饭店消防安全工作十分重要，先进、完善的消防报警设施能够早发现火灾隐患，预防火灾发生，并在火灾发生时及时灭火，保障人员的安全。因此，饭店设置完善的消防设备，保证消防报警系统处于良好的运行状态是其消防安全工作顺利开展的基本条件。

饭店消防报警系统主要包括消防监控系统、消防控制系统、消防灭火系统和防、排烟系统。

1. 消防监控系统

1) 自动报警系统

火灾自动报警系统是在保护对象发生火灾的情况下自动探测、显示发出火灾警报的装置，适用于火灾发生的前期，可通过传感器及时报告火情，以便及时采取有效的扑救措施，特别适用于无人值守的房间。通过火灾报警系统还可以自动或者手动发出指令，启动消防联动设备。火灾自动报警系统由火灾探测器、火灾报警控制器及其联动控制设备组成。

图 8-4　感温探测器

火灾探测器是火灾自动报警系统的重要组成部分，是整个系统性能好坏的关键。火灾探测器是整个报警系统的检测元件，其作用是检测火灾发生前期，燃烧物发生化学变化时产生的各类物质和现象(光、烟、温度、可燃微粒、气体等)而实现报警。因此，火灾探测器按性能可以分为感烟探测器、感温探测器(图 8-4)、火焰探测器(感光探测器)、可燃气体探测器。火灾报警控制器一般分区域报警控制器和集中报警控制器。区域报警控制器是一种由电子电路组成的自动报警和监视装置，它连接一个区域内的所有火灾探测器，能将探测器发出的电信号转换成声、光报警，并能显示出具体的探测区域号码(图 8-5)。因此，每台区域报警器和所管辖区域内的火灾探测器经准确连接后，就能构成完整、独立的自动火灾报警装置。报警区域较多、区域报警控制器超过三台时，采用集中报警系统。集中报警系统至少有一台集中报警控制器和两台以上区域报警控制器，集中报警控制器应设置在有人值班的专用房间或消防控制室内。

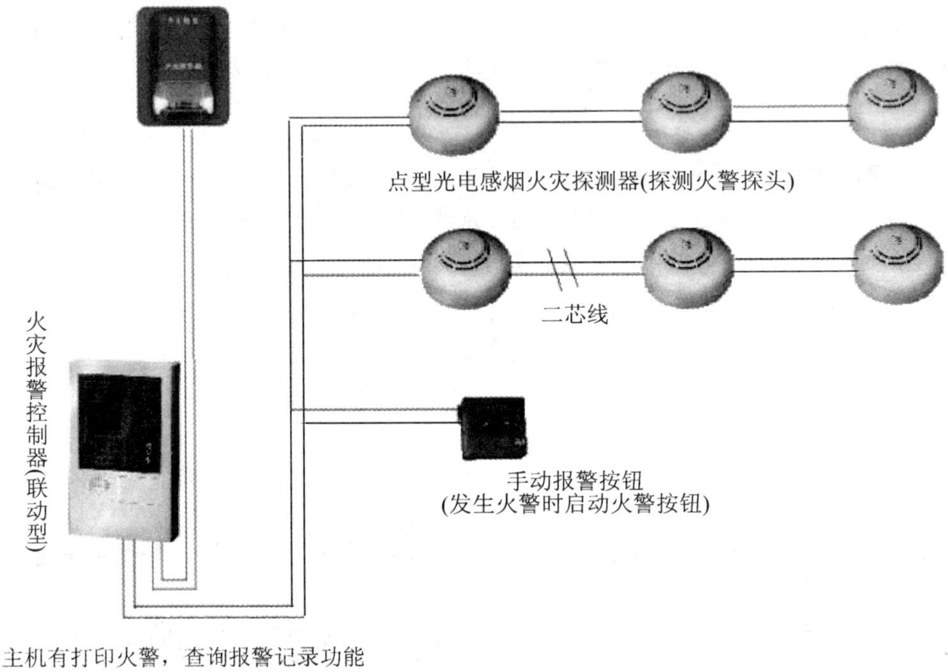

图 8-5　火灾声光报警系统

2) 人工报警系统

虽然饭店有完备的自动报警系统，但由于火灾发生时的情况较为复杂，火灾探测器也不可能遍布在饭店的每一个角落，所以通过人工报警系统进行辅助非常必要。手动报警器安装在公共区域或机房、过道等较为明显的地方。为防止误报报警按钮通常用玻璃罩住；在发生火灾时将玻璃击碎后报警，所以又称破玻璃报警器。手动报警器往往与自动报警系统联网。

2. 消防控制系统

消防控制系统主要根据火灾报警情况，通过消防中心的联动装置，对饭店从发现火灾到灭火结束的一系列消防救援措施进行处理和控制。消防中心报警、控制系统的运行过程：消防中心在接到火灾报警信号后立即核实，然后发出火灾报警，保安人员迅速出动灭火和救援，同时向消防队报警；根据着火地点及火情，向不同区域分别进行紧急广播，帮助员工指挥客人疏散；切断电源(接通消防应急电源)，使电梯迫降，停止空调系统运行，关闭防火门、防火卷帘；启动消防水泵和防、排烟风机。

火灾报警控制器是火灾报警系统的“主机”，也是消防中心最重要的设备。设备运行状态监视屏是为了掌握饭店有关在用设备的运行状态，消防中心设有设备运行状态监视屏。例如，监视屏可以显示电梯运行状态、水泵运行台数和其他需要显示的设备运行情况。

火灾发生后，控制各设备停运或启动的按钮、设备运行状态指示灯都集中显示在总控制台上，此外，总控制台还设有紧急广播、报警直通电话(或119报警电话)、小型电话总机和对讲机等通讯、指挥设备。

3. 消防灭火系统

饭店常用的灭火设备主要包括消防栓、自动喷淋灭火装置、卤代烷灭火装置及小型灭火器。消防栓就是消防用水的水龙头，是一个直角阀门，以简短的支管连接在消防立管上，主要包括消防栓，水龙带和水枪。自动喷淋灭火装置由闭式喷头、报警阀、水流指示器管网和供水设备等组成。当发生火灾时，环境温度升高，使天花板上的喷头自动打开喷水灭火。卤代烷灭火装置用于饭店的自备发电机房、变配电间、电脑房、通信机房等不宜用水扑救火灾的地方，常用的卤代烷灭火剂有三氟一溴甲烷(命名为1301)、二氟一氯一溴甲烷(命名为1211)等。小型灭火器主要有1211灭火器、泡沫灭火器、酸碱灭火器、清水灭火器、二氧化碳灭火器、四氯化碳灭火器、干粉灭火器、轻金属灭火器等。

4. 防、排烟系统

所谓“防、排烟系统”就是一个包括排烟风机、送风风机、风管或风井、各种排烟防火阀门、风口等设施，直接受消防中心控制的，具有独特功能的，与生活空调系统完全分开的独立系统。

许多现代饭店的建筑面积很大，如果建筑物内空间面积过大，发生火灾时扩展就快，受灾面积也大。为了将火灾控制在发生单元内，阻止火势向外蔓延，以免遭受更大损失，因此规定了饭店需设防火和防烟分区。水平防火防烟分区主要由防火墙、防火门、防火卷帘及防火水幕等耐火的非燃烧体分割而成。

火灾发生时往往会产生大量烟雾，若不迅速排出，则烟气会使人窒息。据统计，高层饭店火灾死亡人员有一半以上是因烟气窒息而死的。所以，火灾发生后排烟、通风是保证疏散人员安全的重要措施。

【知识链接】

手提式干粉灭火器及使用方法

灭火器的种类很多，按其移动方式可分为手提式(图8-6)和推车式；按驱动灭火剂的动力来源可分为储气瓶式、储压式、化学反应式；按所充装的灭火剂则又可分为泡沫、干粉、卤代烷、二氧化碳、酸碱、清水等。

碳酸氢钠干粉灭火器适用于易燃、可燃液体、气体及带电设备的初起火灾，磷酸铵盐干粉灭火器除可用于上述几类火灾外，还可扑救固体类物质的初起火灾，但都不能扑救金属燃烧火灾。

灭火时，可手提或肩扛灭火器快速奔赴火场，在距燃烧处5米左右，放下灭火器。如在室外，应选择在上风方向喷射。使用的干粉灭

图8-6 手提式干粉灭火器

火器若是外挂式储压式的，操作者应一手紧握喷枪、另一手提起储气瓶上的开启提环。如果储气瓶的开启是手轮式的，则向逆时针方向旋开，并旋到最高位置，随即提起灭火器。当干粉喷出后，迅速对准火焰的根部扫射。使用的干粉灭火器若是内置式储气瓶的或者是储压式的，操作者应先将开启把上的保险销拔下，然后握住喷射软管前端喷嘴部，另一只手将开启压把压下，打开灭火器进行灭火。有喷射软管的灭火器或储压式灭火器在使用时，一手应始终压下压把，不能放开，否则会中断喷射。

干粉灭火器扑救可燃、易燃液体火灾时，应对准火焰要部扫射，如果被扑救的液体火灾呈流淌燃烧时，应对准火焰根部由近而远，并左右扫射，直至把火焰全部扑灭。如果可燃液体在容器内燃烧，使用者应对准火焰根部左右晃动扫射，使喷射出的干粉流覆盖整个容器开口的表面；当火焰被赶出容器时，使用者仍应继续喷射，直至将火焰全部扑灭。在扑救容器内可燃液体火灾时，应注意不能将喷嘴直接对准液面喷射，防止喷流的冲击力使可燃液体溅出而扩大火势，造成灭火困难。如果当可燃液体在金属容器中燃烧时间过长，容器的壁温已高于扑救可燃液体的自燃点，此时极易造成灭火后再复燃的现象，若与泡沫类灭火器联用，则灭火效果更佳。

8.2.6 电梯设备系统

电梯是现代建筑物中必不可少的配套设施之一，现代电梯普遍采用电脑控制，运行更加安全、舒适、快捷。饭店运送系统包括垂直运送和水平运送，垂直运送设备主要有电梯和自动扶梯，水平运送设备包括自动人行道和旋转餐厅等。

1. 客用电梯

图 8-7 观光电梯

客用电梯是专门供宾客使用的电梯，有些饭店除了一般的客用电梯外，还设专用电梯和观光电梯(图 8-7)。

专用电梯为贵宾或特定场所设置，如为贵宾设置的专用电梯可将贵宾直接送入贵宾套房；也有专门为顶层旋转餐厅设置的专用电梯。

观光电梯属于观光、趣味性垂直运输工具，一般安装在外墙或室内中庭，轿厢围帮是透明的，在缓慢行驶过程中，乘客可以欣赏外景或中庭空间的变幻。

2. 服务电梯

服务电梯供饭店员工使用，包括员工电梯、货梯等。

员工电梯供饭店员工使用，既可以载人，亦可运送物品用具，但运送物品用具时必须有人员同行。

货梯是以运载货物为主的电梯。饭店货梯有两种类型：一种是大型货梯，主要往返于地下层及低层，可以客货两用；另一种为食梯，常用于不在同一层的厨房和餐厅之间食品和餐具的运输，此类电梯空间较小，载重量不大，不能载人，由层站按控制运行。

消防电梯是供消防灭火使用的电梯，供电是由紧急电源供给，它要求在地面层电梯层门旁设有紧急按钮，火灾发生时，当消防人员打碎保护玻璃按动开关时无论电梯处在何种状态，均会返回首层待命，此时消防电梯不再接受任何楼层的呼叫信号，只供消防队员使用。消防电梯在轿厢内设有特定要求的控制开关。例如，可以不关闭电梯门上下运行，以便有效灭火和救护。

8.2.7 厨房设备系统

厨房设备(图 8-8)是饭店提供餐饮服务必须具备的物质条件，种类齐全、性能先进、布局合理的厨房设备能够大大提高饭店餐饮服务的质量与效率。饭店厨房设备种类繁多，按照功能和用途可以分为原料加工设备、烹调加热设备、清洁洗涤设备、冷冻冷藏设备四种类型。

图 8-8 厨房设备

1. *原料加工设备*

现代饭店的原料加工设备大多是自动化的机器设备，主要分为蔬菜加工机械、肉类和鱼类加工机械、面食加工机械。蔬菜加工机械包括切菜机和碎菜机，切菜机用于加工根茎类蔬菜，可以切片、丝、条、块等。碎菜机主要用于把蔬菜加工成小的碎块、菜泥供烹调之用；肉类和鱼类加工机械包括切肉机、绞肉机、鱼鳞清理机，切肉机用于加工肉片、肉丝和肉丁，绞肉机主要用于加工肉馅，鱼鳞清理机用来刮鱼鳞和清腮，面食加工机械分制面团及成型加工两类，和面机用于制面团，而成型加工设备主要有面条机、馒头机、饺子机、馄饨机、春卷机、包馅机、筋饼机等。

2. *烹调加热设备*

烹调加热设备主要分电热器具、煤气器具、蒸汽器具和燃油器具。电热器具主要有远红外线电烤箱、微波炉。远红外线电烤箱主要用来烘烤各种糕点、菜肴、干果和炒货。微波炉是一种利用微波烹饪，加速加热和解冻、脱水及干燥食物的箱式炉灶。煤气器具是饭店普遍使用的加热设备，它是以人工煤气或液化石油气为燃烧对象的灶具，具有操作方便、安全卫生等特点；它主要由炉体、支架、进气弯管、控制阀旋钮，燃烧器、调风板等组成。蒸汽器具主要用来蒸煮、烧汤、煮咖啡等；它的类型多种多样，有汽油、电等不同能源的蒸汽器具。

3. 清洁洗涤设备

饭店厨房的清洁洗涤设备主要有洗碗机、洗碟机、面包房器皿洗涤机、容器冲洗机、淘米机、高压喷射机和清洗机。

4. 冷冻冷藏设备

饭店厨房的冷冻冷藏设备主要有冷库、冰箱、制冰机、冰淇淋机和果汁机等。

8.2.8 音像与通信设备系统

1. 音响系统

饭店音响系统按其功能的不同，可分为扩声音响系统(又称公共音响系统)和舞台音响系统(又称专用音响系统)。扩声音响系统由背景音乐、客房音响和紧急广播组成。舞台音响系统则是用于舞台、会议厅等特定场所的独立小音响系统，包括歌舞厅音响、卡拉 OK 音响和会议同声传译系统。

2. 闭路电视系统

闭路电视系统主要包括卫星电视接收系统、共用天线电视接收系统(CATV)、共用天线等。卫星电视接收系统主要用于接收卫星电视信号，它由极化器、低噪声放大器、下变频器、4G 波段接收电线组成。CATV 系统是由前端设备、信号传播设备、信号分配设备等组成的设备系统，它用于将公共天线上接收到的电视广播信号传送到饭店各客房，共用天线主要用于改善电视接收效果。

3. 通信系统

饭店通信系统可以分为无线通信设备和有线通信设备。无线通信设备主要由饭店工作人员使用，如无线对讲机、无线传呼机；有线通信设备主要由饭店顾客和工作人员使用，如电话交换机、电传和传真设备。

8.2.9 健身娱乐设备系统

健身娱乐设备(也称康乐设备)是具有现代意识的旅游新观念，应予以强调和重视。星级饭店都应该有相应的完善、齐全的健身娱乐设施。如果达不到相应标准，就会“降星”。我国国家旅游局颁布的《旅游涉外饭店星级评定标准》中，对此也做了相应的具体规定。

现代饭店健身娱乐设施主要分为三类：运动类、娱乐类和保健美容类。

1. 运动类设施

饭店运动类设施多种多样，主要有以下几个。

1) 游泳池

饭店游泳池(图 8-9)的大小、形状、深度可以根据饭店实际需要进行设计。游泳池池边平台应不小于 4.5 米，以供人们休息、日光浴等。一般游泳池池底均铺砌蓝色瓷砖，使浅浅的水池有较深的效果。此外，地面需防滑，也可以与健身房、蒸气浴结合，但应设置专用的出入口与淋浴设施。游泳池可分室内、室外和室内外兼用三种类型。室内外兼用，即设天棚可调节开启、关闭。游泳池设备一般有供水的主水泵、循环过滤器、药水泵(循环过滤、消毒池水)、潜水泵(净化池水)等。

2) 健身房

饭店健身房(图 8-10)是设置各种机械器械供顾客健身的场所，其设备较多，如多功能综合训练器、跑步机、健身车、登山机、划船器和举重器等。

3) 保龄球房

保龄球房(图 8-11)是高级饭店的重要娱乐场所之一，其主要设备包括球道、保龄球、木瓶、回球道、竖瓶机和电脑计分系统等。

图 8-9　游泳池

图 8-10　健身房

图 8-11　保龄球

4) 网球场

一片标准网球场地的占地面积不小于 670 平方米(长 36.6 米×宽 18.3 米)，这一尺寸也是一片标准网球场地四周围挡网或室内建筑内墙面的净尺寸。在这个面积内，有效双打场地的标准尺寸：23.77 米(长)×10.98 米(宽)。网球场地主要分为草地、红土地和塑胶场地(又称硬地)等。

5) 壁球房

壁球运动在室内进行，不受气候条件的影响，壁球房占地面积比网球场小得多，因此深受人们喜爱。壁球场的设施，主要是壁球房及室内设施，标准场地一般为 6.4 米(宽)×9.75 米(长)，天花板高度 5～6 米。

6) 羽毛球场

羽毛球场为一长方形场地，长度为 13.40 米，双打场地宽为 6.10 米，单打场地宽为 5.18 米，网高 1.524 米。

7) 乒乓球场

乒乓球台为 2.74 米×1.525 米，球场一般不小于 12 米×6 米。

2. 娱乐类设施

饭店娱乐类设施主要有舞厅、棋牌室。有的饭店的舞厅兼有多重功能，如卡拉 OK

和咖啡厅等功能；棋牌室又分围棋、象棋、麻将、扑克和国际象棋等不同类型。

3. 保健美容类设施

饭店保健美容设施主要有桑拿房、按摩机以及美容美发室等。桑拿房用于在室内进行蒸汽沐浴，主要设备是大功率电炉和温控设备。按摩机是为顾客提供按摩服务的器械，常与桑拿服务配套使用。美容美发室是由专业人员为顾客提供美容美发服务的场所。

8.3 饭店设备系统管理

饭店设备系统管理是以追求设备最高综合效益为目标，运用经济、技术措施对各种设备系统从选购、安装开始，经过使用、维护保养、更新改造，直至报废的全过程管理。设备系统管理的主要阶段有设备的选择与购置、设备的使用与维修、设备的更新与改造、设备的资产管理。

8.3.1 设备的选择与购置

1. 设备的选择

饭店设备选择的标准，重点应考虑设备的适应性、安全可靠性、方便性、节能性、环保性、配套性。

1) 适应性

设备应满足饭店经营的要求，与饭店的规模、档次相适应，同时满足客人享受的需要，有较高的服务能力。

2) 安全可靠性

饭店设备的安全可靠关系到饭店的服务质量，是饭店的声誉和效益的重要保障，必须放在突出地位；设备的安全可靠与否直接关系到客人及饭店工作人员的人身安全，所以在选购时要考虑到设备是否有防止事故发生的各种装置，如自动报警、自动切断电源等装置；设备运行安全可靠与否、故障率高低将决定维修的次数和时间，从而影响客人对服务的满意程度。

3) 方便性

设备操作方便，以适应不同的工作条件和环境，并能减轻操作者的劳动强度，改善劳动条件。在选择设备时应考虑易于使用和修理，以保障饭店能用最少的时间修复有故障的设备，从而避免客人的反感和抱怨。尤其是那些供客人直接使用的设备，更应该方便些。

4) 节能性

能源消耗大是饭店设备运行的一个重要特征，节约能源是饭店设备管理的重要目标。为实现这一目标，在选择设备时就要考虑选择能源利用率高、耗能少的设备。

5) 环保性

设备的环保性是饭店产品质量的要求，也是社会发展的要求。在设备选择中要考虑设备的噪声、震动、泄漏、污染物排放等影响环境的问题。在决策时，设备的环保性是以节能、污染少、噪音小、高效来衡量的。

6) 配套性

饭店设备大部分都呈系统状态运行，因此设备的配套性要求较高。新购置的设备型号、功能、容量要与其相关联的设备配套，不应盲目选购。

【知识链接】

现代化饭店的“科技观”

“科学技术是第一生产力”。当今的饭店业处在一个科技发展的时代，饭店科技取得的丰硕成果令人感到惊叹，智能化、方便化、人性化、节能化是饭店科技的发展方向。每创造发明一项新的技术，又为饭店服务功能多样化开启了一扇大门。

客人对全新的高科技产品的兴趣和需求就意味着将为饭店带来全新的市场和机遇，同时也会带来挑战。当饭店业开始涉足智能化和信息化的领域后，会给饭店业带来一场全新的革命。随着饭店的信息化和智能化形成趋势，传统饭店将会面临不对称劣势和差异化竞争之痛。

不可否认，饭店要保持一定的入住率，提高营业收入，使得利润最大化。那在对客户群体进行重新评估后，科技产品无疑是建立在为客服务基础之上，因此，饭店结合自身的客源群体及竞争优势制定自身的“现代化计划”：与自身的市场定位相吻合；与自身的管理需求相匹配；与自身的发展战略相一致，等等。

1. 科技要与饭店需求相结合

传统的饭店业是劳动密集型的企业，是一个只提供休憩单一功能的“高服务”行业。伴随社会高端消费人群结构的变化，更多高学历的“知本家”成为经济发展的中流砥柱。普通的饭店服务已经满足不了他们的需求。传统饭店逐渐被市场淘汰，饭店不得不与科技公司合作，推出各种高科技设备，提高饭店吸引力。至此，一场由高科技化引发的革命在饭店业内如火如荼地展开、升级、愈演愈烈……

依托强大的高科技设备，饭店逐渐向智能化、科技化发展。例如，波兰波兹南的爆炸旅馆，没有钥匙或门卡，每位客人配有一部 iPhone，根据人脸识别系统，可以打开房门、上网冲浪或者查看本地旅游信息等；再如，东京半岛饭店里无处不在的按钮，在房间里随手可触，以一种“润物细无声”的高科技方式完美地融入了饭店本身唯美华丽的风格。

随后，科技享乐主义成为饭店目前乃至未来招揽顾客的制胜法宝之一。例如，可飞行的明日豪华饭店 Aeroscraft，它是未来值得期待的十大豪华饭店之一。除了让乘客体验飞行的快乐外，还为他们准备了贵宾包房、赌场、饭馆等，让他们尽情享受高科技带来的乐趣。

所以，运用高科技进行饭店业的经营与管理，这是当代饭店发展的必然趋势，也是科技进步的必然结果。

2. 高科技只是手段不是目的

高科技改变生活，饭店因科技而充满魅力。首先，高科技会带给客人与众不同的居住体验，享受最大化的舒适、便捷和乐趣。其次，随着社会的不断发展，饭店的人工成本将不断提高，智能化科技系统不仅能提升员工的工作效率，还能有效控制饭店的运营成本。最后，高科技为饭店带来巨大的经济效益，提升品牌知名度。

高科技的确给我们提供了很大的帮助，虽然高科技让饭店无所不能，但绝不是万能。高科技是为人服务的，饭店也是为人服务的，技术不能够完全代替人。对于管理和经营一家饭店来说，高科技应该是一个手段，而不是一个终极目的。饭店采用高科技的目的，是希望通过它来拉近顾客与服务者之间的距离。如果饭店把手段当成目的去追求，就很容易犯为高科技而高科技的错误。当代饭店除了要有先进的设施设备和完善的服务项目之外，还必须实行电脑化智能管理与销售，广泛利用高科技的信息技术，来促进饭店的经营与发展，从而达到在竞争中求生存发展的目的。

在人力资源及环境资本日益昂贵的今天，高科技饭店已成为发展的趋势和目标。如今的饭店，无论是饭店预订、饭店设计以及入住体验都彰显着高科技的先进及优势，科学技术正在颠覆着饭店业的全新生活体验。那么，未来如何让顾客们更加适应“智能”、使用“智能”，无疑是想要尝试高科技设备的饭店业者们急需解决的问题之一。

3. 饭店需要更深层次的科技

“饭店智能管理”作为一个综合概念，给饭店业带来经营管理理念的巨大变革。这一变革要经过不断的建设和发展，渐渐形成涵盖数据采集、信息保存、信息处理、传输控制等的智能管理系统。从前台客人入住登记、结账到后台的财务管理系统、人事管理系统都将与智能管理系统连接融合，构成一套完整的饭店科学信息化体系。

饭店现代化的一个重要内容，就是要实现“个性化服务”。例如，饭店的会议室采用可视电话系统，可以跨全球同时同声传影传音翻译；基于客户管理积累和建立的“常住客人信息库”记录了每位客人的个人喜好，客房智能控制系统将根据数据库中的信息实现：光线唤醒。由于许多人习惯根据光线而不是闹铃声来调整起床时间，新的唤醒系统将会在客人设定的唤醒时间前半小时逐渐自动拉开窗帘或增强房间内的灯光；无匙门锁系统，以指纹或视网膜鉴定客人身份；虚拟现实的窗户，提供由客人自己选择的窗外风等等。饭店科技最终的目的是为客人提供更为优质的服务，只有挖掘客人的深层次的需求，才能为饭店带来一流的科技。

科技与现代的定义虽然不同，但科技却给饭店业带来了现代化的实际意义。昨天，因为缺乏科技，我们处在无奈与痛苦中；今天，因为拥有科技，我们庆幸；明天的发展仍需要科技，科技会给我们带来发展的动力！

2. 设备的购置

1) 设备的采购方式

设备的采购是一项比较专业的工作，饭店的设备采购一般有两种方式：其一，统一由采购部采购，设备统一由采购部采购便于饭店的采购管理，但设备的质量，特别是适应性会由于采购人员缺乏专业知识而降低。这种采购方法的问题可以通过制定详细的采购标准，对供应商进行有效的评估并在合格供应商中实施标准采购，严格执行操作程序来解决。其二，由工程部自行采购，由于工程部自行采购可以保证采购设备及零配件的质量，但对采购过程不易控制，解决的办法是通过实施严格的采购程序来控制。无论采取哪种形式，都各有利弊。鉴于上述两种采购方式存在的利弊，饭店也可以考虑采取联合采购的形式，即由采购人员和工程人员一起采购，但这种方法在人力资源等方面消耗过大，而且还存在两个部门的协调问题。

2) 设备采购信息

设备的决策和采购需要信息的支持，这些信息不仅仅是指产品的价格、质量信息。对决策而言，重要的是要获得新技术、优良技术的信息和供应商信息。从目前的情况来看，饭店要获得价格、质量信息相对较容易，而获得新技术信息相对较难。所以，饭店应建立有效的信息收集渠道，与饭店设备制造行业多联系，及时获取有效信息。

收集供应商信息一方面是为了了解供应商，提高采购质量，另一方面是通过与供应商沟通，获得技术信息、产品信息。由于饭店设备具有明显的行业特征，所以，通过与供应商的沟通还可以将饭店对设备的要求提供给供应商，使双方都能获益。

3) 设备采购的验收

饭店在购置设备后需要对设备进行验收，它是保证所购设备质量的重要环节。设备的验收一般由工程部牵头，联合财务部、采购部、设备备品仓库、档案室以及使用部门等相关人员进行开箱验收，上述人员分别对设备的价格、单据、合同、质量、技术、备品备件、技术资料及时进行核对，使验收工作充分有效。设备备品仓库、档案室的人员参与设备验收可以及时对设备的备品备件和技术资料进行妥善保管。如果是进口设备，则必须由海关开箱，按合同、报关单、品名、规格、数量进行检查，还应由商检局依法检查设备质量，并出具检验报告。

4) 设备的安装调试

饭店购置设备经过相关部门验收合格后应及时进入安装阶段。设备安装可以由设备供货方或饭店工程部进行，也可以委托给专门的安装单位将设备安装到指定的位置，达到相关的技术规范要求。设备在安装完成后，需要进行调试，以确保设备能正常运转并满足生产工艺的要求。

8.3.2 设备的使用与维护

饭店设备使用期限的长短，生产效率、工作精度的高低，固然取决于设备本身的结构和精度性能，但在很大程度上也取决于对它的使用和维护情况。正确的使用设备，可以保持设备的良好技术状态，防止发生非正常磨损和避免突发故障，延长使用寿命，提高使用效率。而精心维护则起着对设备的“保健”作用，可以改善其技术状态，延缓劣化进程，消除隐患于萌芽状态，从而保障设备的安全运行，提高企业的经济效益。

1. 设备使用管理

1) 设备使用管理的目标

设备使用管理的目标是使设备处于完好的技术状态。设备的技术状态是指设备所具有的工作能力，包括：性能、精度、效率、安全、环保、能源消耗等所处的状态及变化情况。饭店设备的技术状态是否良好，直接关系到饭店的服务质量和经济效益。

设备完好的具体标准包括以下三点。

(1) 性能良好。性能良好是指设备的各项功能都能达到原设计或规定的标准，外表清洁，性能稳定，可靠性高，能满足饭店经营和生产的需要。

(2) 运行好。运行好是指设备零部件齐全，安全防护装置良好，磨损、腐蚀程度在规定的技术标准范围内，控制系统、润滑系统、仪器仪表工作正常，安全可靠，设备运行正常。

(3) 能耗正常。能耗正常是指设备在运行过程中，电能、润滑油、燃料等消耗正常，无跑电、冒气、滴水、漏油等现象。

2) 设备使用管理的要求

根据设备全员管理的思想，设备使用的基本要求是“三好”、“四会”、“五项纪律”。

(1) “三好”设备管理必须全员参与，使用设备的部门要做到“三好”：管好、用好、维护好。

① 管好是指各部门应管好本部门的设备，包括掌握设备的使用、运转、维护等状况，监督和控制设备的使用、维护过程，建立完善的设备档案资料，设施设备的保养计划，培训员工，落实设备责任人。

② 用好是要正确使用设备，每一台设备都应建立操作使用规章、维护保养规章、交接班制度，并对员工进行相应的培训，使他们都能严格按照规章使用和保养设备，杜绝滥用。

③ 维护好是指各部门要建立设备维护保养制度，定期开展维护保养工作，加强设备的动态管理。

(2) “四会”。设备的使用人要做到“四会”：会使用、会维护、会检查、会排除故障。

① 会使用是指设备的使用和操作人员应熟悉设备的原理、用途、性能要求，掌握设备的操作规程，正确使用设备。

② 会维护是指设备的使用和操作人员能根据要求，对设备实施基本的维护工作。

③ 会检查是要求员工了解设备的结构性能、易损零件，熟知设备日常的检查项目、标准、方法，并能按规定要求进行检查。

④ 会排除故障是指使用人员要了解所用设备的特点，能鉴别设备的正常与异常现象，能进行一般的调整和简单故障的排除，自己解决不了的问题要及时报告，并协同维修人员进行检修。

(3) “五项纪律”包括以下五个方面。

① 实行定人定机、凭证操作的制度，严格遵守安全技术操作规程。

② 经常保持设备清洁，按规定加油。要做到没完成润滑工作不开车，没完成清洁工作不下班。

③ 认真执行交接班制度，做好交接班记录及运转记录。

④ 管理好工具、附件，不能遗失、损坏。

⑤ 不准在设备运行时离开岗位，发现异常的声音和故障应立即停机检查。自己不能处理时，应及时通知维修人员检修。

3) 设备使用管理的基本环节

(1) 使用前的准备。饭店设备在使用前应做好以下三方面的工作：一是技术资料的准备，包括操作维护规章、设备润滑卡片、设备日常检查和定期检查卡片等。二是检查，设备使用前要全面检查设备的安装、性能、安全装置、维护仪器等。三是培训，通过技术培训使操作人员熟悉设备性能、结构、技术规范、操作方法及安全知识，使用者在接受技术、安全和业务管理三方面的教育，并且考核合格后方能独立操作使用设备。

(2) 配备合格操作员。饭店应根据设备的技术要求和复杂程度，设置相应的工种，配置相应的操作员，并根据设备性能、精度、使用范围和工作条件安排相应的工作任务和工作负荷，确保生产的正常进行和操作人员的安全。当设备型号更新或改进时，员工应能受到相关培训，以满足设备操作、使用的要求。

(3) 提供良好的运行环境。运行环境不但与设备运转和使用期限有关，还对操作者的情绪有影响。所以应根据设备的需要安装防尘、防震、防潮、防腐蚀、保险仪器等装置，还应有良好的照明和通风等。

(4) 建立设备使用规章制度。设备使用规章制度主要包括凭证操作制度、定人定机制度、设备操作规程、交接班制度。凭证操作制度主要是针对饭店的一些重要设备，如锅炉、配电设备等要求工作人员有专业的操作技术，所以员工必须经过专业培训、考试合格取得相应的上岗证，才能上岗操作设备。定人定机制度是根据岗位责任制，有固定人员操作的设备必须实行定人定机，而多人操作的设备，要制定责任人。设备操作规程是根据设备运行的需要，具体规定操作过程中应该遵守的程序、事项、动作。交接班制度是为了及时掌握设备运行的情况、设备的状况和故障情况，从而保证设备的正常运行，为维护保养提供依据。

2. 设备的维护保养管理

设备的维护保养是操作人员为了保持设备正常的技术状态，延长设备使用寿命必须进行的保养工作。做好设备的维护保养工作，可以减少设备故障，节约维修费用，降低经营成本，保证服务质量且能为饭店带来良好的经济效益。

1) 设备维护保养的基本要求

整齐是设备保养的基本要求，也体现了饭店的管理水平和工作效率。饭店内所有非固定安装的设备和机房里的物品都必须摆放整齐。设备零部件和安全防护装置及工具、工件附件齐全并放置整齐，设备的标牌完善、清晰，各种线路、管道完整。

污染物、尘粒等是设备的磨损源，对设备进行清洁，去除设备表面的尘粒及其他污染物是设备保养中的一项重要工作。要求设备内外清洁，无锈斑；各滑动面无油污，无碰伤；各个部位不漏油、不漏水、不漏气。设备周围场地无积油，无积水，无杂物。

设备的良好润滑可以保证设备的正常运转，杜绝因设备润滑不良而发生事故。同时，能减少磨损，延长设备的使用寿命；减少摩擦阻力，降低能耗。设备润滑工作要求操作人员熟悉设备润滑图表，按时、按质、按量加油和换油，保持油标醒目；油箱、油池和冷却箱应保持清洁，无杂质；油壶、油孔、油杯、油嘴齐全，油路畅通。

设备安全要求遵守操作规程和安全技术规程，防止人身和设备事故。电气线路接地可靠，绝缘性良好；限位开关、档块均应灵敏可靠；信号仪表要指示正确，表盘要干净、清晰。

设备的完好、能正常发挥功能，是设备正确使用、精心维护的结果，也是设备管理的目标之一。

2) 设备设施的维护保养管理

饭店设备的维护保养分为日常维护保养和定期维护保养。使用部门应对设备设施进行检查和维护保养。在作业过程中，随时注意设备的运转工作情况及供应生产情况，如果发现异常情况要及时处理。在各部门的原始记录及日常业务报告表中，必须有设备情况栏目。

日常维护保养有专人负责，并作为员工和部门考核的一项内容。工程部每天应有一定的力量到各部门对设备设施进行检查和维护保养，这种维护保养是常规性的。对工程部直接管理运行的设备设施应按工程部各岗位操作规程进行设备的检查和维护保养。

定期维护保养是计划维修制度的组成部分。定期维护保养是指由工程部承担的定时间、定对象、定内容、定工作量和标准的维护保养。工程部根据各类设备的保养要求和实际使用情况、设备的现状，制定出各类设备的定期维护保养的时间和内容，并由工程部实施维护保养，例如，对客房墙纸、电视机、床头控制柜以及变配电、空调、锅炉、电梯等专业技术性强的设备的维护保养。定期维护保养重要的是制定计划。该计划通常由工程部各主管或专业工程师提出，由工程部门经理和各使用部门协调后决定。

【知识链接】

最牛饭店电梯：87 岁不退休，绕地球运行 1 周

天津利顺德大饭店有部电梯，87 岁了，还能正常运行，给乘客提供上上下下的享受。87 岁的电梯究竟什么样呢？电梯长约 2 米，宽 1 米，高 2.5 米，梯箱外侧设置了两道栅栏门，井道由金属网半封闭构建，梯箱为木质结构，顶部有灯，三面均有镜子。栅栏门外侧有一个红色按钮，为“叫梯”按钮。梯内左侧下方有控制开关，上面清晰地标注着电灯、慢行、信号、电源开关，其中引人注目的是一把手柄，该手柄分为三档，向左搬动为上行，右侧搬动是下行，中间是停止。

图 8-12　利顺德饭店的奥的斯电梯

利顺德饭店始建于 1863 年，1924 年扩建时在原本三层楼的基础上增加了副楼，安装了奥的斯电梯(图 8-12)的第一代产品，最高能升至四楼，使用时需要一名电梯操作手，梯箱内还能容纳 2 或 3 个人，运行速度平稳，噪音很小。由于 1985 年后建设了博物馆，这部古老的电梯一般不对外开放，在正常使用的 61 年间，电梯的运行距离已能绕地球一圈。中国电梯协会颁发证书，认定它为中国现存并仍在正常运行的最古老电梯。电梯还是一部“明星梯”，周总理、十世班禅、梅兰芳等均乘坐过，《阮玲玉》、《玉碎》等影视摄制组纷纷前来采景。这部电梯已作为文物来保护，每次开启都要十分小心，一旦出现机械故障都要请生产企业专业人员进行维修。

3. 设备的维修管理

设备使用过程中多少会发生一些故障，降低或丧失一些功能，这将直接影响饭店产品的服务和经济效益，所以应不断地对设备进行检查，发现设备的技术状态劣化或发生故障，要及时维修，更换或修理磨损、失效的零部件，对设备整体或局部进行拆装、调整。

设备的技术状态劣化或发生故障后，为了恢复其功能和精度而采取的更换或修复磨损、失效的零部件，并对整机或局部进行拆装、调整的技术活动称为设备维修。设备维修是使设备在一定时间内保持其规定的功能和精度的重要手段。

1) 设备的维修方式

设备的维修方式可分为事后维修、预防维修、改善维修。

(1) 事后维修。设备发生故障后或性能、精度降低到合格水平以下时所进行的修理称为事后维修。此时，设备已坏，损失已经发生。事后维修适用于利用率低，维修技术简单、能及时提供用机、实行预防性维修不合算的设备。

(2) 预防维修。预防为主是饭店设备维修管理工作的重要方针，预防维修有定期维修和预知性维修。

定期维修是按事先规定的计划和相应的技术要求所进行的维修活动，是一种以时间为基础的预防性维修方法。它适用于已经掌握了磨损规律的设备。其特点是事先确定修理的类别、修理的周期结构、制定修理的工艺、确定工作量，提出维修所需要的备件、材料计划。

预知性维修是一种以设备技术状态为基础的预防性维修方法，它系统地分析了设备的劣化程度，并在故障发生前有计划地进行针对性的维修，既能保证设备经常处于完好状态，又能充分利用零件的寿命，所以比定期维修更为合理。

(3) 改善维修。为改善和提高设备的功能，在条件许可的情况下，对设备进行改善性维修，可以提高设备的可靠性。

2) 设备的维修类别

设备维修类别有小修、项修和大修。设备小修是工作量最小的一种修理，对于实行定期维修的设备，小修主要是更换或修复在期间内失效或即将失效的零部件，并进行调整，以保证设备的正常工作能力。对于实行预知性维修的设备，小修的工作内容主要是针对日常点检和定期检查中发现的问题，拆卸、检查、更换或修复失效的零部件，以恢复设备的正常功能。

项修是项目维修的简称，是根据饭店设备的实际情况，对状态劣化已经达不到生产要求的项目，按实际需要进行针对性的修理。项修时，一般要进行部件的拆卸、检查、更换或修复失效的零部件，从而恢复所修部分的性能和精度。

大修是对饭店设备进行维修中工作量最大的一种计划维修。大修时要将设备全部解体，修整所有基准件，修复或更换磨损、腐蚀、老化及丧失精度的零部件，使之达到规定的技术要求。大修的费用较高，且性能难以达到出厂时的技术标准，所以，大修要事先进行可行性分析。

3) 设备的维修形式

设备的维修形式有自行维修和委托维修。对于一般设备的常见故障，许多饭店都以自行修理为主。委托修理是指饭店委托生产厂家或专业维修公司对饭店设备进行维修，它是饭店设备修理的发展趋势，适应于专业强、技术要求高的设备。委托修理是饭店设备维修的重要方式。

8.3.3 设备的更新与改造

饭店设备在运行一段时间后，会产生设备的损耗，引起性能下降、结构老化，从而影响设备的使用功能。为了维护饭店的形象，提高饭店的服务质量和竞争力，需要对饭店设备进行改造、更新。

1. 设备改造

设备改造指用新的科学技术、新的工艺流程改变原有设备的结构、工艺流程，以提高其技术性能、工作效率。设备经过技术改造可以改善原设备的技术性能，增加设备的某些功能，提高可靠性，使之达到或局部达到新设备的技术水平，而支付的费用则低于购置新设备的费用。饭店设备的技术改造应遵循以下原则。

1) 适应性

设备改造所采用的技术要先进，更要适用。由于科学技术的迅速发展，设备的技术性能相差很大，技术改造所采用的技术应适应饭店的实际需要，不要盲目追求高指标。

2) 针对性

饭店要从实际出发，按照经营的需要，结合设备在饭店经营过程中所处的地位及技术状况，针对薄弱环节进行设备的技术改造。

3) 可能性

制定设备的改造方案时，对采用的新技术、新工艺一定要有充分的认识，它必须经技术论证或实践证明是可行的。

4) 经济性

在确定设备设施改造时，要考虑经济性，要综合考虑投入的人力、物力、财力和改造后的效益，力求以较小的投入获得最大的产出。

2. 设备更新

设备更新指以技术更为先进、性能更加完善、能耗更为经济的设备代替陈旧设备。就实物形态而言，设备更新是用新的机器设备代替旧的机器设备；就价值形态而言，设备更新是机器设备在运转中消耗掉的价值重新得到补偿。进行设备更新的目的是提高饭店的现代化水平，以适应于饭店发展的需要。进行更新时，既要考虑设备的物质寿命，更要考虑设备的经济寿命和技术寿命。

当出现如下情况时，饭店可以考虑进行设备更新：经多次大修，技术性能达不到要求，无法保证饭店服务质量的；技术落后，经济效益很差的；能耗大且污染严重，进行改造又不经济的；已经不能满足饭店经营需要的。

3. 设备更新改造的程序

设备更新与改造的程序包括四个步骤：编制计划、进行可行性分析、编制任务书和实施更新改造。

根据饭店各经营管理部门工作的重要性以及设备的具体情况，确定设备更新改造的重点以及先后顺序。

对列入改造更新计划的设备需要在技术和经济上进行可行性分析。能够通过大修或技术改造恢复技术性能的设备可以采取改造措施；而对于大修或改造不能满足相关技术性能要求的设备应采取更新措施。对于改造或更新设备的新技术、新工艺应进行相关技术论证以选择最佳方案。

确定了设备技术改造的项目后，必须编制设备技术改造任务书。其主要内容有设备存在的主要问题，历次发生故障的原因分析；设备技术改造的部位和改进的要求；设备改造所采用的新技术和改造后应达到的技术标准，以及采用新技术的可能性；设备改造的估算；设备改造的停运时间和完成改造计划的期限。

设备更新改造项目经相关部门批准后，由工程部组织实施。如果技术改造任务重，技术复杂，可委托专业单位承担。

【知识链接】

星级饭店的节能降耗技术

在国家全面提倡节能减排的大形势和环境之下，在饭店业竞争日益激烈的今天，除了努力销售产品以创造更大的经营业绩是所有饭店必须要做的一项比较显形的工作外，在饭店自身服务保证的基础上，采取必要的技术手段进行节能降耗，是目前各个饭店面临的一个迫在眉睫的任务。如何持续性地做好节能降耗工作，现将一些易于推广、且切实可行的节能降耗措施具体总结并与大家一起分享。

1. 在制度方面

(1) 首先要对节能降耗工作给予足够的重视，明确要求全体员工都重视起来，进行全员贯彻，有必要成立以第一领导为主任的节能委员会，设立专职部门为节能管理办公室，具体负责企业的所有节能降耗工作的全面开展，并督导节能工作的实施。

(2) 制定严格的节能降耗实施细则，诸如人走灯关、水关、空调关、电脑关等这样的“一走四关”措施，对于能源设备的使用进行能源设备所属区域部门管理的原则，即能耗设备在哪个区域放置就由这个区域的管理部门负责节能管理，使节能降耗工作的责任落实到部门，同时要求各部门设立专职节能降耗管理员，责任到人，使饭店内的所有员工都行动起来，在全饭店建立起全员节能意识。

(3) 实施定期召开节能降耗例会制度，与饭店的经营成本分析结合起来，对饭店的每月能耗的使用情况进行通报，由节能管理办公室对本月实际能耗的消耗量进行分析，同时由节能管理办公室每月对饭店内所有区域进行节能检查，并对节能降耗违规的检查结果予以通报和处罚，严格约束员工在工作中使用能耗的行为。

(4) 对饭店夏季和冬季内部室温做出明确规定，对饭店自身可控的办公及公共区域的温度要求夏季不能低于26℃，冬季不能高于20℃。在全面贯彻国家节能降耗的政策方面从饭店内部以制度为保证，坚持在不降低对客服务标准的前提下降低能耗的使用。

2. 在设备运行方面

(1) 饭店的主要耗能设备集中在中央空调的设备和蒸汽设备上，所以对饭店的中央空调系统进行科学的控制尤为重要，经过长时间的探索和试行，决定实行分时段控制运行较为合理。由于室外天气温度直接影响到大厦楼体内的温度控制，根据室外天气情况及大厦内部室温的实时变化情况进行机组运行温度的控制，同时对饭店各区域温度进行实时测量，从而更合理地设置中央空调的水温，以此来调节整个饭店的室内温度，此项措施的实行对饭店科学地进行中央空调的运行和对能源消耗的整体控制都进行了新的尝试和探索，将会更大程度地节约天然气和动力电的使用，为机房能源消耗的控制发挥关键性的作用。

(2) 蒸汽锅炉的使用也是饭店耗能的主要部分。为了控制蒸汽的使用量，根据实际使用情况可以制度性地明确蒸汽锅炉的开启和停用时间，要求饭店的洗衣场集中在一个固定的时间段用汽，对夜间客人提出的洗衣要求，洗衣房可备用一台小的洗衣机，坚决杜绝因为洗一件衣服而启动蒸汽锅炉的情况发生，这种做法一方面提高了洗衣的工作效率，同时也大大地节约了蒸汽，为降低天然气和电的使用做出贡献。

3. 在节能降耗的技术改造方面

(1) 饭店所有客房都可以进行节水龙头和节水喷头的改造，并实行合同能源管理的方式，即无需饭店投资而由节水设备厂家进行节水改造，对节水后的效益成果进行节水分享，对厨房洗菜盆和健身淋浴等独立的水龙头都加装节水器，我们对加装过节水设备的区域进行分区域或分系统地装设了水表，以利于计量和对节水量的核算，此项措施为饭店长远的节水规划开创了新的节能模式。

(2) 对员工浴室实行智能化打卡管理，使每位员工手中都持有饭店统一配发的用水卡，在员工洗浴时必须划卡才能开启水阀放水，同时经过标准用水量的核算后对每位员工每月用水量进行限制。如果水量不够用可再次向饭店购买水量，如果有剩余水量可累计并进行节约奖励。正式实施此项措施以后，没有发生购买水量的情况，此种管理方法的实施有效地控制了员工无意识地浪费水，为饭店节约自来水做出重要贡献；同时对饭店大部分客用公共卫生间和所有员工卫生间都加装感应水龙头，这将杜绝客人或员工由于没有责任意识而浪费水的情况。

(3) 饭店所有员工区域及公共区域的灯光照明一般都是长明灯，这是节能的重要区域，可改为声控照明或声光控照明，使员工宿舍走道和步行梯走道等员工公共区域都能做到人走灯自然关，杜绝人为的浪费，最大程度地节约用电；同时对一些区域在不影响工作的情况下只保证其照度，减少光源，实现节电。

(4) 对一些耗能大的设备进行技术改造，如洗衣干洗设备的改造，通过扩大烘干机蒸汽盘管增大烘干面积，同时可以将除毛时间缩短，如由一个月一次缩短为每周一次，通过对干洗设备的改造，可以使设备每烘干一次衣服需要提供蒸汽的时间缩短三倍以上，大大地降低了蒸汽的使用量。

(5) 对桑拿游泳池设备的加温由通常的蒸汽—水换热改为水—水换热，利用热水锅炉每天 24 小时不间断运转的特性，兼顾做到随时为桑拿泳池设备加温，这样就避免了单独启动蒸汽锅炉为泳池加温，从而使能源利用更合理化。同时，对泳池换热设备进行改造，更换循环泵，增加循环量，这样能够大大地缩短加温时间，从而节约了蒸汽和电。

4. 可以推广的其他节能技术

饭店的节能降耗重点在硬件动力设备上，因此根据每个饭店自身不同的硬件系统配备，以及各硬件系统空间和经营的特点，还可以选择性地做一些节能技术的改造，如多采用 LED 光源、烟气的二次利用、变频的多区域应用、水蓄冷技术的应用等。在实施任何一项节能改造的时候要避免盲目上马的做法，首先要进行投资与回报的分析，做到科学的节能。随着国家对节能降耗力度的不断加大，对能源的需求越来越大，同时对环保的重视程度越来越高，以及节能技术的逐步成熟，这些节能技术也会普及实施。这也是饭店行业所面临的降低成本的必经之路。

实践证明，以饭店制定的强有力的节能降耗制度为保障，在全体员工的共同努力下，通过对设备运行的管理和采取一些行之有效的节能降耗的改造措施，对饭店能源费用的降低起到了实质性的作用。节能降耗工作不是一个人或几个人的事情，节能降耗要从每个人做起，人人有责。当做到全员节能的时刻才是一个企业真正开始节能的时刻。

课后习题

一、思考题

1．饭店设备管理的意义？
2．饭店设备管理的内容和任务是什么？
3．饭店设备使用中的基本环节有哪些？
4．饭店设备的维修方式主要有哪些？
5．如何进行设备能源管理，在现实生活中，你有哪些节能的好方法？

二、案例分析题

供水故障

晚上6点30分正值用水高峰，某饭店工程部接到房务中心的报修电话，有多个楼层热水过小，客人投诉不断。工程部发现热水过小的原因是楼顶层热水箱缺水。由于楼层出水恢复正常需要一段时间，工程部将这一情况告知房务中心，请他们向客人解释并致歉。事后调查发现，白班值班人员是一位新员工，他对设备巡查的方法和技巧还没有完全掌握。他在下午4点对设备巡查时，发现水箱还有水，但是未发现水箱液位控制器被浮球阀卡住了，导致控制失灵，补水水泵不工作，水箱就放空了。

思考：

1．结合所学知识，分析案例中该饭店管理上存在哪些问题？
2．结合案例说说看，该如何对饭店设备进行有效的管理？

三、实训题

1．上网查找饭店星级划分和评定标准，并找出其中与设备管理相关的规定并记录下来。

实训目的：通过资料的查找，了解饭店星级评定标准，对设备管理的重要性有更充分的理解和认识。

实训要求：在网上查找饭店星级划分和评定标准，仔细阅读，并把其中对设备设施有关的项目记录并摘抄下来。

2．结合所查阅的饭店星级划分和评定标准，参观一家当地四星或者五星级饭店，并详细了解其中某设备是如何运行的。

实训目的：通过调查分析，使学生熟悉饭店设备及其运行。

实训要求：分小组分别参观和调查不同设备系统，如供配电系统、空调制冷系统、锅炉供热系统、给排水系统、消防报警系统、电梯设备系统、厨房设备系统、音像与通信系统、健身娱乐设备系统。了解这种设备系统是如何运行的，并提交一份调查报告。

3．分组调查两家相同规模的饭店，他们在节能上有哪些具体措施？效果如何？

实训目的：通过调查两家相同规模的饭店，了解饭店在节能上采取的具体措施。

实训要求：分两组分别调查两家相同规模的饭店，全面了解这两家饭店在节能上采取的具体措施和效果，写一份详实的调查报告。两组学生分别汇报各自的调查结果，并就此进行讨论，尝试为所调查的饭店提出更多节能的合理化建议。

9

饭店安全管理

学习目标

- 知识目标：掌握饭店安全、安全管理的概念和饭店安全管理的特点与手段，了解饭店治安、卫生、消防安全管理的基本知识，掌握饭店安全管理的措施。
- 技能目标：能够运用饭店安全管理知识应对紧急情况和其他常见安全事故，能解决饭店内发生的安全问题。
- 能力目标：能运用所学知识判断饭店存在的安全隐患并给予解决。

导入案例

安全管理，人人有责

刘某晚上赴外沙岛吃海鲜回到饭店后，在一楼大堂休闲岛坐了下来，随即要了一杯开水，并说自己喝多了有点头晕，服务员送开水时发现客人有点醉态(其实是病态)，客人喝了几口就起身离开回房间了。前厅值班经理通过监控确认客人的房间后吩咐服务员留意该客人，当班服务员在等了十来分钟后，给该客人房间打电话时发现电话占线，过了一会重新拨打该房间电话还是占线。这时服务员并没有做简单处理，而是通知总机查看一下客人房间的电话，是未挂还是长时间通话，总机经过查证后，明确无误告知是未挂好。这时，职业的敏感让这位服务员觉得必有异常，于是上房敲门却未见人应答。客人明明是刚刚进房间的，于是服务员果断地开门进房。当服务员进房间后，发现客人痛苦地在床上抽搐，便立即通知保安部送医院急救。经查实，该客人患了一种较为罕见的蛋白质过敏症，这位姓刘的客人事后非常感谢饭店的细心服务。如果不是前厅值班经理留意以及那位服务员发现，后果将不堪设想，这位客人事后给饭店写了感谢信，并登报致谢。

这个案例反映了该饭店员工有很强的安全防范意识，一个小小的“醉态”引起值班经理的注意和楼面服务员的重视，最终挽回了一条生命。饭店安全管理的突发性特点要求每一位员工都有一种责任心，只有全员参与安全管理才能避免一些安全事故的发生。

细节决定成败，饭店安全管理工作也不例外。饭店作为一个整体的消费产品，是由大量琐碎、具体的细小服务按照特定的程序和逻辑构成的。客人是多变的、服务是动态的，因此，经常有大量的细节问题涌现，它需要服务人员利用自己的判断能力进行现场应急处理。此时的服务人员如果安全意识不足、责任意识不强、职业敏感度不高，或者对细节问题不关注，就容易使这些细节问题变成安全隐患，进而成为安全问题。饭店是旅游业发展的重要基础，是游客的旅途之家，每个住店客人对安全都是极其关注的，保证客人的人身财产安全是饭店的基本职责，毫无疑问，饭店安全在旅游安全中占有重要地位。

9.1 饭店安全管理概述

安全是入住饭店客人的基本需求，现代饭店要使客人有“宾至如归”的安全感，就必须做好饭店的安全管理工作。饭店安全管理工作的好坏不仅直接关系饭店的正常运转，而且在很大程度上也影响着饭店的经营效益。

9.1.1 饭店安全管理的概念

“安全”在《汉语大词典》中具有两层意思，一是平安，无危险，没有事故；二是保全，保护。饭店安全是指在饭店所涉及的范围内所有人、财、物的安全及所产生的没有危险，不受任何威胁的生理、心理的安全环境。

饭店安全的类型包括犯罪、火灾、名誉损失、逃账及其他安全问题(如食物中毒、打架斗殴、黄赌毒)等。饭店安全所保护的对象指在饭店所控制的范围内的所有人员及所有财产。“所有人员”不仅是在饭店合法登记入住的客人，还包括在饭店参加各种活动的客人和饭店工作的全体员工。“所有财产”包括住店客人的财物、饭店员工的财物以及饭店本身拥有的财产和财物。

饭店安全的概念有以下四层含义。

一是饭店客人、饭店员工的人身及财物以及饭店的财产和财物，在饭店所控制的范围内不受侵害，饭店内部的服务及经营活动秩序、工作及生产秩序、公共场所秩序保持良好的安全状态。

二是饭店内不存在对饭店客人及员工的人身和财物以及饭店财产造成侵害的各种潜在因素，确保饭店员工和宾客的心理安全。饭店要保证宾客和员工在消费或工作时能保持一种轻松、平和的心境，没有对潜在危险的担心和忧虑，此外，还要确保客人的隐私安全。

三是确保饭店和客人的名誉安全，即确保客人在住店期间不因饭店的行为或他人的行为而受到名誉或人格的损害。例如，由于饭店有卖淫、嫖娼现象的存在，有赌博、打架斗殴等不良行为的存在，导致饭店形象不良而使入住该店的客人被误认为同流合污者，从而使客人认为到此饭店很不光彩，客人名誉受损，人格受伤害。

四是确保饭店的信息网络不被各种病毒及黑客攻击，不会造成饭店网络的安全隐患或信息流失，保证饭店网络正常工作，信息正常流动。

饭店安全管理就是指饭店为保障饭店客人和员工的人身及财物安全以及饭店财产安全而进行的一系列计划、组织、指挥、协调、控制等管理活动。

9.1.2 饭店安全管理的范围和特点

1. 饭店安全管理的范围

饭店安全管理的范围广泛，根据不同的角度，可以分成不同的种类。

1) 按内容和性质分类

按内容和性质不同，饭店安全可以分为生产安全、交通安全、食品卫生安全及社会治安安全等。

2) 按管辖范围分类

按管辖范围不同，可以分为总经理办公室安全、前厅部安全、客房部安全、餐饮部安全、营销部安全、工程部安全、人力资源部安全、采购部安全、商场部安全、财务部安全、安全保卫部安全。

3) 按重要程度分类

按重要程度不同，可以分为要害部位安全和非要害部位安全等。

2. 饭店安全管理的特点

饭店的安全问题类型多样，它关系到饭店的每位客人，同时也关系到饭店的每个部门、每个工作岗位、每个员工。要正确的处理不同类型的饭店安全问题，需要对每种安全问题有全面深入的认识。饭店安全管理有如下基本特点。

1) 国际性

所有涉外饭店的安全管理均具有国际性的特点，随着中国加入 WTO 和全球经济一体化的发展，国际交往越来越频繁。饭店客人来自世界各地，由于各国的法律、道德、准则和行商公约的不同，有的甚至差别很大，因此饭店中的安全管理就需要特别强调国际性。在安全防范政策与措施中，既要不违背我国的法律规定，又要注意内外有别，按国际惯例办事。既要考虑来自不同地区、国家客人的习惯与承受能力，又要遵循国际惯例，以国际性的安全管理政策和条例来满足不同国家和地区消费者的共同需求。

2) 复杂性

饭店安全管理的复杂性体现在两个方面：一是内容的复杂性，饭店安全管理的内容涉及供给方面的安全管理与客人方面的安全管理两大方面，前者包括饭店员工的人身安全，服务用品安全以及设施设备的运作安全，后者除包括客人的生命、财产、隐私安全外，还包括客人的食宿、娱乐安全等内容；二是涉及范畴的复杂性，饭店安全管理的范围既涉及饭店本身，又涉及饭店以外的区域范围，并且各部门、各岗位要通力合作，全体员工还要共同努力配合，把各部门、各岗位的职责和任务结合起来，在饭店内形成一个安全管理的工作体系。现代饭店中的安全问题主要包括 10 个大类、近 20 个小类，具体问题类型如表 9-1 所示。

表 9-1　饭店安全问题的主要类型

饭店安全问题的类型	安全问题的主要表现和特征
1. 火灾安全问题	损失面大、会造成财物和人员的综合损伤、损失难以恢复
2. 犯罪安全问题	偷盗犯罪、打架斗殴、黄赌毒、公共恐怖行为、逃债、欺诈
3. 卫生安全问题	食物中毒、环境卫生问题、服务操作卫生问题
4. 设施安全问题	设施陈旧缺乏安全性，如电梯关人、桌椅缝夹人等
5. 名誉安全问题	名誉损失、隐私安全
6. 心理安全问题	受到心理威胁、陌生感、差别对待、情绪忧郁
7. 主客冲突问题	口角、主客实施暴力、投诉、法律纠纷
8. 施工安全问题	综合性安全问题
9. 饭店行业危机	影响饭店的生存环境、导致客源减少
10. 其他问题	客人伤病及死亡、饭店职业灾害、自然灾害

3) 预防性

饭店安全管理工作应体现预防为主，饭店应建立安全保卫的职能机构，配备专职安保人员，建立涵盖全饭店的安全保卫的工作网络，健全各种有关饭店安全的制度，装备各种安全设施。这一系列工作的着眼点是预防和制止可能出现的各种不安全因素、治安事故以及犯罪案件，而不是事后处理或弥补。

【知识链接】

威尼斯饭店保安的细心谨慎

威尼斯饭店对付饭店的偷包族有一套办法。饭店的保安打扮成普通顾客在餐厅内密切注视可疑人员的动向，一旦小偷出手，“便衣们”便一拥而上，将其拿下。难怪饭店保安部的负责人这么说：“保安工作其实有很多学问，在饭店干这行，不仅要有敏捷的身手，还要了解顾客心理学和犯罪心理学。”

厨房、配电房、锅炉房往往是火灾的重点隐患之地。威尼斯饭店保安部的安检员每天晚上都要巡视这几个地方，查看有无漏气、漏电、冒油烟等情况。在经常举行的消防演习中，只要警报器一响，保安必须在 5 分钟内带着灭火器赶到现场，否则一律视为不合格。为了达到这样的速度，饭店的保安每周都要在17层楼进行跑楼比赛。正因为有了平时的重视，饭店到目前为止，没发生过一起消防事故。

4) 政策性

饭店安全管理的政策性是由饭店安全管理的性质和内容决定的。饭店安全工作涉及范围广，管理内容复杂，这就决定了饭店安全工作具有很强的政策性和法规性。例如，消防安全管理、食品卫生安全管理、治安安全管理等管理内容都具有很强的政策性。在此基础上，饭店应根据国家和有关部门的规定，结合饭店实际(包括饭店的区位条件、楼层、安全设备、人员配置等因素)，拟定各类安全管理制度，并落实到实处。

5) 服务性

饭店是服务型企业，在进行安全管理时，不能破坏服务氛围，不能破坏其他宾客或员工正常的消费心态或工作心态。饭店在开展安全保卫工作的过程中必须贯穿服务的思想，安保人员也必须讲究文明礼貌，尊重客人，把握好内紧外松的原则，以理服人。在饭店安全管理的各个环节中，如制定安全标准和工作程序以及有关安全工作的规定和制度等方面，也都应该体现出饭店以服务为本的宗旨。作为服务型企业，饭店要为宾客和员工创造一个愉快、舒适、宽松的环境。

【知识链接】

服务见真情

新春刚过，天气逐渐转暖，但夜里的寒风吹在身上还是让人感到阵阵凉意。此时，保安员小孙正在大堂值班。这时，从饭店外面走进来三四位客人坐在大堂的休息区。小孙心想，这么晚了，这几位客人可能是来住宿的吧，于是未上前打扰客人，转身到大堂的其他区域巡查去了。过了一会，小孙回来后发现那几位客人还在聊天，此时已经是凌晨 2:30 了。小孙心想，这么晚了他们在谈什么？出于职业的敏感，便上前礼貌性的询问：“对不起，请问几位住在哪个房间？这么晚了，是不是该回房间休息了？”谁知，几位客人只当做未听见，继续聊天。小孙见客人无动于衷，便将声音提高了些，又问了一次。这时，其中一位身穿皮衣的客人瞟了小孙一眼说：“没见我们正在谈事吗？脑子有问题啊？”见客人出言不逊，小孙还是耐心地向客人解释道：“对不起，我们饭店有规定，凌晨之后拒绝访客。”刚说完，客人便发火道：“我说你是不是有病啊，你们开饭店是干什么的，不是说过在谈事情吗？”说完就想上前拉扯小孙。周围几位客人见状忙打圆场，说在等一位客人，随后不久，那位客人下来了，他们与那位客人匆匆聊了几句就乘车而去。此时，小孙看到休息区的桌面上到处是烟灰、报纸丢得乱七八糟，就上前进行整理，突然，发现沙发夹缝内有一部手机，就交给了领班。

大约半小时后，一位客人急匆匆地赶到饭店问保安领班是否捡到一部手机。领班问明情况后交还手机，并说是刚才他们在大堂见到的值勤保安捡到的。客人很惭愧，执意向小孙道歉，并说饭店的保安是好样的，对饭店的安全管理工作非常满意。

9.1.3 饭店安全管理的目标和原则

1. 饭店安全管理的目标

饭店安全管理是一个复杂的系统工程(图 9-1)，它需要方方面面的资源做配合与协调，需要饭店的每个部门、每个岗位和每位员工的参与，同时还需要适当的引导客人进行配合。饭店的安全管理是一种系统管理方式，饭店安全管理的主要问题有 10 个大类、近 20 个小类，从本质上讲，饭店的安全管理工作主要是保障饭店中人的安全、财的安全和物的安全，而在实现这一基本目标的过程中，顾客所能够感知到的饭店消费环境也应该是温馨、安全的。“没有安全，就没有一切”是饭店安全管理的目标。

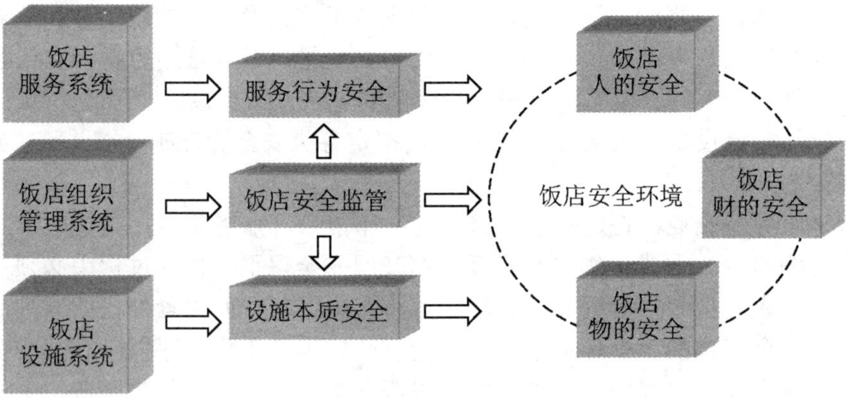

图 9-1 饭店安全管理的传递示意图

2. 饭店安全管理的目标和原则

饭店安全管理的基本原则主要有以下五点。

1) “宾客至上，安全第一”的原则

“宾客至上”是指饭店的一切工作都是为了客人，为客人服务，使客人满意，是饭店一切工作的宗旨，因为没有客人，饭店就失去了存在的意义。“安全第一”，是指饭店安全工作是其他一切工作的前提。

2) 预防为主的原则

所谓预防为主，就是集中主要精力做好积极主动的防范工作，防止治安案件、刑事案件和灾害事故的发生。

3) 外松内紧的原则

所谓外松，是指安全工作在形式上要自然，气氛要缓和，要适应环境、顺其自然。所谓内紧，是指安全保卫干部要高度警觉，要做好严密的防范工作，要随时注意不安全因素和各种违法犯罪的苗头和线索，保证安全。

4) 群防群治的原则

群防群治，就是依靠广大员工做好饭店的安全工作和内部治安管理工作。

5) 谁主管谁负责的原则

谁主管谁负责，其基本精神是分清层次、各司其职。

9.1.4 饭店安全管理的手段

饭店安全管理工作的手段，是指饭店保卫力量同侵害因素作斗争所采取的基本措施。由于饭店安全的要求日益提高，侵害因素的不断变化，侵害手法的狡诈，饭店安全管理工作的手段也是多种多样、不断发展变化的。但就饭店安全管理工作的基本手段而言，大致可以归纳为以下几种。

1. 思想教育手段

思想教育手段主要是依靠各个部门和各级管理人员，采取多种形式提高员工的思想觉悟、道德水平和科学文化知识，增强法制观念和饭店安全意识。特别要重视对新员工的法制教育和安全教育，重视对违纪人员的教育和管理。并尽可能地采取多种渠道和生动活泼的形式，对住店客人采取必要的安全教育，提高饭店员工和客人与侵害因素作斗争的积极性和自觉性。

2. 法律手段

根据现行的法律、法规和规章制度，依法维护饭店内部的治安秩序，做好各项安全管理业务，对各种违法犯罪行为依据法律进行制裁。通过贯彻实施法律、法规和规章制度，做好各种形式的安全防卫工作，最大限度地减少违法犯罪事件的发生。

3. 技术防范手段

现代化饭店，一般都采取现代化的安全管理措施，安装有电视监控装置，自动防火、防爆、防盗系统，使饭店能够及时发现并掌握违法犯罪分子的活动和其他侵害因素的侵袭。

4. 经济手段

实行安全管理岗位责任制，把饭店安全管理工作的各项指标和要求同饭店全体员工的岗位考核紧密地联系起来，并和经济利益挂钩，鼓励员工积极认真地做好饭店的安全管理工作。

5. 行政手段

做好饭店的安全管理工作，就必须通过强有力的行政管理，建立必要的管理制度，运用行政手段和行政措施，对本饭店的人、事、物进行公开的、科学的管理，对尚未构成违法犯罪而又影响或可能危及饭店安全的行为和事件进行及时的处理。饭店安全管理工作通过综合运用以上几种基本手段，才能在同各种侵害因素进行斗争的过程中，充分发挥自己的优势，取得满意的效果。

9.2 饭店治安管理

治安管理是饭店安全管理的重点内容，主要涉及在饭店范围内的各类纠纷、盗窃、人身伤害甚至死亡等刑事案件。

9.2.1 饭店治安管理概述

饭店治安管理是指饭店为防盗、防破坏、防流氓活动、防治安灾害事故而进行的一系列管理活动，其目的是保障客人、饭店和员工的财产不受损失以及客人和员工的人身不受伤害。饭店的治安管理，既要参照国外先进饭店的管理经验，遵循国际惯例，又不能违反我国的治安管理法，要真正把治安管理和优质服务有机地结合起来，达到内紧外松，确保安全的目标。

做好饭店的治安工作，主要应该做好以下几点。

1. 配备必要的安全设施

为了有效地防止失窃、凶杀等案件的发生，饭店除了要增强全员安全意识外，还要注意配备必要的防盗、防暴设备，如闭门器、门窥镜、防盗扣(链)、防盗报警装置、闭路电视监控系统(图 9-2)等，有可能的情况下，最好配备双向电子锁系统。目前，大多数饭店配备了必要的安全设施，安全防范做得比较到位。

图 9-2 饭店闭路电视监控系统

2. 健全安全管理制度

为了使客人和饭店的财物不受损失，饭店必须建立和健全以下管理制度：贵重物品保管箱(图 9-3)的管理制度、行李寄存及行李房管理制度、拾遗物品的管理制度、要害部门的管理制度、各种物品存入和领用制度、现金管理制度和对超限额消费和欠账客人的管理办法等。

图 9-3 贵重物品保管箱

3. 加强有关人员的管理

1) 员工管理

对员工的管理，关键是制定明确的岗位责任制和行为准则，并加强对员工服务过程的管理，如员工出入饭店大门及携带物品的规定、员工更衣室的管理制度、员工进入客房及在客房内服务的规定、员工领用钥匙的程序和手续等。

2) 外来施工人员的管理

加强对外来施工人员的管理，要强化审批手续、凭证出入、规定行走路线和活动地点、进行安全教育等。

3) 加强对客人的管理

饭店作为公共场所，人员流动量大，结构复杂，往往是犯罪分子作案的目标场所，加强对客人的管理，需要制定科学、具体的宾客须知，明确告知客人应尽的义务和注意事项；加强入住登记工作，严格执行公安部门的凭有效身份证件登记入住的规定，并切实做好验证工作和制定客人领用钥匙的规定；要建立健全来访客人的管理制度，明确规定来访客人的离店时间，严格控制无关人员进入楼层。

9.2.2 饭店各部门的治安管理

1. 前厅治安管理

饭店前厅的安全管理工作要始终坚持“内紧外松”的原则，这就需要饭店创造一个良好的宽松环境，但客人的安全工作又十分重要，仅以人力为主的安全管理形式显然不够，要借助监视系统更好地确保客人的安全。饭店出入口、重要通道、收银处、大厅等均应设立监控器，饭店前厅是人流交汇地区，也是治安管理的关键部位。

1) 电视监控系统的设置范围

我国《饭店星级的划分及评定》中指出，饭店应具有“先进的安全管理监控系统，能对饭店各出入口及重要部位进行 24 小时监控和录像”。一般来说，以下场所需要设立监控系统。

(1) 大堂。大堂是客人主要的集散场所，需要安装大角度的旋转摄像机，并在大堂转门和堂外广场分别安装固定视域的摄像机，以确保对第一区域客流情况的控制。

(2) 客用电梯。电梯升降时是封闭的，当客用电梯出现故障或客用电梯内有违法犯罪行为发生时，客人是无法求援的，因此，客用电梯内要安装摄像头。如遇屏幕图像消失，要迅速检查，防止犯罪嫌疑人用胶布封贴镜头。

(3) 财物集中部门。饭店财物集中部门有财务部、贵重物品商场、贵重物品寄存处、收银处、仓库等。这些地方容易发生盗窃案件，安装摄像机可及时发现危害财物安全的情况。

(4) 楼层通道。犯罪分子在行窃时，如果在楼层活动时就能发现，可减少犯罪事件的发生，保障住店客人的安全。

(5) 公共娱乐场所。在饭店的舞厅、酒吧、游泳池、保龄球房等娱乐场所，安装摄像机能及时发现、控制治安事件的发生。

2) 饭店大门入口的控制与管理

(1) 现代饭店不宜有多处入口，应把入口设置为有控制的大门，这种控制是指有安全门卫或闭路电视监视设备的控制。在夜间，只应使用一个入口。

(2) 现代饭店大门的门卫既是迎宾员、又应是安全员。应对门卫进行安全方面的训练，使他们能用眼光观察、识别可疑分子及可疑的活动。另外，饭店大门及门厅里应有保安部的专职保安人员巡视，对进出的人流、门厅里的各类活动进行监视。如发现可疑人物或活动，则及时通过现代化的通讯设备与保安部联系，以便采取进一步的监视行动，制止可能发生的犯罪或其他不良行为。

(3) 大门入口处安装闭路电视监视器，对入口处进行无障碍监视，由专职人员在安全监控室进行 24 小时不间断的监视，确保大门入口的安全。

3) 电梯入口的控制与管理

电梯是到达楼层的主要通道，为确保饭店的安全，必须对普通电梯及专用电梯入口加以控制，一般采用人员控制或闭路电视监控。

(1) 通过设置电梯服务岗位来实现人员控制。一般饭店举行大型活动时，由于人流较多，采用闭路电视监控很难达到效果时，临时设置电梯服务岗位，协助客人上下电梯并疏散人流。这一岗位的服务人员要受过安全训练，能够发现、识别进入楼层的可疑人员，并进行监控。

(2) 通过设置在电梯口及电梯内的摄像头达到监视的作用。安全监控室的专职人员要通过闭路电视监视网对上下电梯的人员进行监视。发现可疑，要及时与巡视的保安人员联系，必要时采取录像存档，以便以后作为佐证和对比材料使用。

4) 打架斗殴的控制与管理

由于人员的复杂性，在大厅有可能发生打架斗殴等事件，面对这种治安事故的处理办法是，立即通知保安部和值班经理到现场处理，其他人员应坚守岗位，防止其他恶性事件的发生；立即制止事态的扩大，把有关人员迅速送到保安部，劝走围观群众，恢复大厅秩序。

2. 客房治安管理

客房是客人在饭店最常停留的主要场所及其财物的存放处，所以客房的安全至关重要。客房安全的控制与管理包括以下几个方面。

1) 客房门锁与钥匙的控制与管理

为防止外来的侵扰，客房门上的安全装置是重要的，其中包括能双锁的锁装置、安全链及广角的窥视警眼(无遮挡视角不低于160度)。除正门之外，其他能进入客房的入口处都要能上锁。这些入口处有阳台门、与临房相通的门等。客房门锁是保护客人人身及财产安全的关键。安全的门锁以及严格的钥匙控制是旅客安全的重要保障。现在多数饭店门锁均采用磁卡、IC卡电子门锁，其安全系数相对较高，但输码与复制的控制程序对客户门锁安全仍非常重要。饭店应设计出一个结合本饭店实际情况的切实可行的客房钥匙编码、发放及控制的程序，以保证客人人身及财物的安全。

【案例解读】

某星级饭店客房楼层匆匆走来一位男子，他身穿短裤，满头大汗，双手抱着大西瓜来到1208房间门口，楼面服务员正在1206房间整理客房，这名男子请服务员替他拿放在短裤内的房间钥匙开门，服务员看到该男子裤后口袋是有钥匙状的物品，但伸手去拿感到很不方便。于是，她就用自己使用的总钥匙打开了房门，并说了声“请”。当天傍晚，住在该房间的客人回来发现装有大量现款的密码箱丢失。

此案属于饭店服务人员操作不规范引发的盗窃事件。盗窃分子要么是住店客人，要么是对饭店较熟悉的外来人员。盗窃分子利用饭店服务人员操作不规范和麻痹大意，采用先入为主、主动出击的手段达到偷盗目的。此案的正确做法应该是，饭店服务人员在无法确认该人是否为住店客人时，应主动帮客人拿着西瓜，请客人自己拿钥匙开门，或请客人出示住店卡后帮客人开门。

2) 客人丢失门卡的补卡要求

客人丢失门锁卡时，可以到总服务台补取钥匙卡，补卡时应要求客人出示证件表明自己的身份。在服务人员核对其身份后方能补发重新编码的门锁卡。对于长住客或服务人员能确认的情况下，可以直接补予，以免引起客人的反感。

3) 坚守岗位防止偷盗事件

值班人员值班时，不脱岗，不溜班，因为有些人行窃往往会钻脱岗、空岗的空子。只要坚守岗位，就能有效地防止盗窃事故的发生。客房一旦发现财物被盗，要立即向保安人员报告，同时保护好现场，保安、公安部门专业人员到来之前，任何人不要进入房间，以便为盗窃案件的侦破提供便利条件。

4) 访客进入客房的要求

为了客人的安全，如果来访者要求会晤的客人不在房间，除非客人出门时有文字留言，委托服务员把指定的客人让进房间的特殊情况下，任何来访者不得进入房间。如果来访者要留纸条，服务员可以代为传递，如果来访者要等到客人回来，可请他到会客厅等候。

5) 加强巡视排除安全隐患

对走道的巡视是保证客房安全的一个有力措施。即使安有电视监控系统的饭店也应注意，一般来说，应注意在走道上徘徊走动的陌生人、可疑人以及不应进入楼层的人。特别是在后半夜，应注意客人的房门是否锁好。

3. 餐饮治安管理

餐厅是客人就餐的地方，由于人多，如果管理不善，极易出现突发事件。餐厅由于环境和工作性质的特殊，出现的问题和其他部门也有区别，在治安管理中，主要有以下两方面。

1) 警惕诈骗事件的发生

餐厅诈骗事件的发生，虽然数额相对来说不大，但严重影响了饭店的声誉，并给经营秩序造成混乱。常见的诈骗方法有，借宴请之名，用餐途中，到吧台领取名贵的烟酒带出饭店；或请素不相识的客人，如借洽谈商务之名实施诈骗。饭店工作人员遇到此种情况，应格外警惕，避免不必要的损失。

2) 防止斗殴现象的发生

到餐厅就餐的人员，素质不一，特别是有的客人饮酒后，失去理智，不能控制自己的行为，常常酒后寻衅滋事，引起餐厅营业秩序的混乱，并有人趁机作案。因此，餐厅工作人员在服务过程中，应密切关注餐厅的经营环境，发现事故苗头，及时稳定秩序，通知相关人员，采取措施制止斗殴事件的发生。

4. 康乐治安管理

康乐项目是许多客人较喜爱的消费项目，但如果康乐器材使用、管理不当，也会给客人的安全带来潜在的威胁，因此，康乐管理也应引起重视。

1) 游泳池的安全管理

有的饭店设有游泳池，饭店管理者应认识到游泳池会带来潜在的安全事故和法律责任。游泳池要建立有关的安全设施，如应配备救生员等；遵守有关游泳池建造和维护的合理程序；游泳池须知应简明扼要；救生用品要放置在易于发现、便于取用的地方；准确标明池水深度等。

2) 健身房的安全管理

许多饭店设有健身房，为保证客人安全，饭店使用告示牌说明以下几点：客人使用健身器械应考虑自身情况，身体不宜者不得使用；健身器械使用不当会导致人体损伤，设备使用要谨慎；健身房若无人监护时，客人不得擅自使用；健身房如有年龄限制的规定，也应予以张贴。此外，饭店对健身房内器械的维修和保养负有责任，服务员应经常检查器械，确保器械处于正常状态，可随时安全使用。饭店在健身房内要安放电话机和可以求助的电话号码，以备使用。

3) 桑拿项目的安全管理

提供桑拿浴服务的饭店应将使用说明贴在显眼的位置，以提醒特殊客人，如患有心脏病、高血压、低血糖、糖尿病的客人，孕妇以及在治疗过程中的客人，使用前应征得医生的同意。体力上容易疲倦的客人不应该用桑拿浴，应告知客人桑拿浴的合适温度，每次连续使用时不得超过的时间限制等。服务人员在客人进行桑拿浴时，应记录客人的洗浴时间，一般以不超过 30 分钟为宜，并按规定进行巡视，特别是对年老体弱者应特别关注，多加留意，一旦出现紧急情况，应及时组织抢救。

9.3 饭店卫生安全管理

9.3.1 饭店卫生安全管理概述

保障宾客与员工的卫生安全，饭店要做好卫生防疫工作，其工作重点是预防食物中毒和疾病传染，卫生安全管理工作的关键是执行食品卫生法和公共场所卫生管理的规定。为了使饭店保持较高的卫生标准，真正做到整齐整洁，饭店卫生安全管理应包括以下内容。

1. 抓好个人卫生

饭店的每一位员工，不论其职位高低，不管是什么岗位，都必须特别注重个人卫生。这既是讲文明的需要，也是讲究个人仪表、提高个人素质的需要，更是提高饭店服务质量的需要。

2. 抓好公共卫生

公共卫生即公共场所的卫生，它涉及的范围广，首先要注意门前卫生，注意维护社会秩序，给客人留下良好的第一印象。饭店的每一个地段、每一扇门窗、每一道走廊楼梯都要责任到人，随时清扫。要做好饭店前厅、公共区域卫生间的清洁工作，给客人创造一个干净、舒适的居住环境。

3. 抓好客房卫生

饭店客房卫生的好坏是一个饭店服务质量和管理水平的综合反映，也是客人较为敏感的问题。饭店既要有严格的清洁制度，配备良好的清洁卫生工具，还需要训练有素的服务人员，严格按照职责规范来进行检查和管理。

4. 抓好饮食卫生

饭店的饮食卫生包括食品卫生、食具卫生、厨房卫生等。抓好饮食卫生管理对提高饭店食品质量，防止食品污染、食物中毒等有害因素，对保障客人和员工的身体健康具有十分重要的意义。

9.3.2 饭店各部门的卫生安全管理

1. 公共卫生安全管理

公共卫生是指饭店公众共有共享的活动区域的卫生，又可分为前台和后台的公共卫生。饭店的公共卫生安全管理工作主要采取以下措施。

1) 清洁卫生

饭店的公共场所必须保证整洁，做到无垃圾、无污迹、无异味。为此，饭店必须制定公共卫生清洁工作的规范和公共卫生计划，实行定岗划片、分工负责、落实到人，如图 9-4 所示。

图 9-4　餐饮食品的卫生检验

2) 通风消毒

保证饭店中央空调系统安全送风，并严格按照规范的饭店卫生清洁程序进行设备、用具的消毒操作。

3) 消灭害虫

蟑螂、蚊蝇、老鼠等害虫不但影响环境卫生，而且也是各种疾病的传播者，严格控制和预防各种害虫的生长，保证饭店所有人员的健康不受影响。

2. 餐饮部卫生安全管理

饭店要向顾客提供干净、卫生、安全的食品，要预防食物污染，保证食品安全，必须采取以下措施。

1) 食品原材料的卫生管理

饭店为客人提供的菜肴产品和酒水饮料一定要保证质量，合乎饭店的规定标准。后厨所提供的食品原材料应该符合质量要求，未使用完的食品原材料应妥善保存，不合格的食品原材料坚决不用，防止客人用餐过程中食物中毒事件的发生。这就需要饭店工作人员严把食品原材料的质量关，如餐厅提供给客人的酒水应在规定的保质期内，已过期或变质的酒水严禁提供给客人饮用。

保证食品原材料新鲜、无污染是保证食品卫生的基础。为此，饭店必须严格把好食品的采购关，控制好源头，加强食品的卫生检验(图 9-4)，同时要严格遵守存储环境的卫生要求，把好食品原料的存储关。

2) 食品加工的卫生管理

食品加工是保证食品卫生的关键环节。饭店必须严格遵守操作卫生规定，加工人员必须认真检查待加工的食品及原料，不合格食品原料不得加工使用。同时，食品添加剂的使用必须严格遵守食品添加剂使用卫生标准和卫生管理办法等有关规定。

3) 餐饮设施的卫生管理

饭店应格外重视设备、餐具与环境的卫生管理，所有设备、餐具都应洗涤之后再经消毒处理，加工食物原料用的设备、厨具应定期消毒。洗刷餐具必须有专用水池，不得与清洗蔬菜、肉类等水池混用。同时，饭店要制定设备卫生计划和各种设备洗涤操作规程，确保各项卫生符合国家有关卫生标准。

3. 客房部卫生安全管理

客房卫生管理要求：各种卫生用品配备齐全，分类存放，专人保管。各种除尘、擦拭毛巾专用，无混用现象发生。客房内整洁美观，无灰尘、蜘蛛网和墙纸脱落等现象；客房内各种家具、用品及灯具(图 9-5)等始终保持干净、整洁，摆放有序，便于客人使用。饭店要制定严格的卫生检查制度，确保各项卫生符合行业卫生标准。

图 9-5 客房灯具清洁

4. 员工卫生安全管理

员工卫生是饭店卫生防疫工作的基础，如果操作人员患有疾病或者个人卫生不良、操作方法不当等，都有可能导致病菌或细菌的传播。

加强员工卫生工作，首先要加强员工的健康管理。加强饭店员工的健康管理是保证员工个人卫生、宾客身体健康的基础。饭店人员在上岗前必须经卫生医疗机构的检查，合格后才能上岗。对健康证即将过期的员工，督促其重新检查，饭店还要定期安排员工到医院进行全面的身体检查。

饭店员工必须养成良好的卫生习惯，个人卫生做到“五勤”：勤洗头、勤洗澡、勤漱口、勤换衣袜、勤剪指甲。头发要保持干净、无头皮屑，避免使用气味浓烈的化妆品，早晚刷牙、饭后漱口，随时保持口气的清新。特别是在上班前，不吃大葱、大蒜等带有异味的食物。

饭店从业人员卫生知识水平的高低是影响食品卫生的重要因素之一，应经常对饭店员工进行食品卫生法规和卫生知识培训，使员工学会鉴别食品卫生质量的方法，了解食品污染因素和食品中毒发生的原因，掌握预防食物中毒的措施等基本知识，做好食品卫生工作。

9.4 饭店消防管理

火灾始终是威胁现代饭店的一个重大灾难，因此，制定科学合理的防火安全计划和进行有效的消防管理是饭店安全管理的重要内容。

9.4.1 饭店常见的消防安全问题

1. 客人吸烟

很多饭店火灾是由于客人吸烟不注意所致，主要有两种情况：一是卧床吸烟，特别是酒后卧床吸烟，睡着后引燃被褥酿成火灾，因此，客户内要有提醒客人的标志(图 9-6)；二是吸烟后乱扔烟头所致。例如，2005 年导致 2 死 1 伤，经济损失 80 余万元的湖北省某饭店火灾，就是因为乱扔烟头，引燃饭店设在二楼楼梯间的纸张等可燃物酿成的。

图 9-6　请勿卧床吸烟的标志

2. 电器设备故障

饭店内各种电器设备种类繁多，安全有效地使用各种电器设备，使各种电器设备、设施达到安全可靠，减少用电设备的事故隐患。例如，2007 年 9 月智利南部旅游城市普孔某豪华饭店发生火灾，导致 2000 万美元的损失，火灾的原因就是电路短路。

3. 大量易燃材料的使用

饭店除了拥有各种木器家具、棉织品、地毯、窗帘等易燃材料外，还有大量的软包装等装饰材料，一旦发生火灾这些易燃材料会加速火势的蔓延。例如，2007 年吉林省延边某饭店发生火灾，导致 5 人遇难，2 人受伤，查明原因是因饭店外部霓虹灯广告牌的电线短路及饭店采用易燃材料装修引起的。

4. 火情发现不及时

饭店绝大多数的火灾发生在夜间，因为此时客人已休息，饭店工作人员又少，火灾苗头往往不易被发现。人们发现火情时，火灾已具一定的规模，给补救工作造成很大困难。例如，拉斯维加斯的 MGM 大饭店发生火灾，由于拉斯维加斯是著名休闲旅游城市，那里的人都睡得很晚，早上起床也很迟，所以大火发生时，店中客人大多数还在睡梦之中。

5. 消防设施、设备配备不足

很多饭店火灾的发生与蔓延，是由于没有配备足够的消防器材所致。按照消防法规定，一类建筑通道每 15 米必须安放手提式灭火器一部，二类建筑通道每 20 米必须安放手提灭火器一部。不少饭店都没有达到这个要求。

6. 未及时通知消防部门

很多饭店的消防工作程序写明，发生火灾时，首先向饭店消防中心报警，由饭店消防队先行扑灭。只有当饭店火势发展到一定程度，饭店自身很难控制时，才由饭店消防委员会做出决定，通知当地消防队。如果饭店消防委员会判断有误，没有及时通知当地消防部门，失去了灭火的最佳时间，很可能使大火迅速蔓延，等消防部门得知火灾情况，则为时已晚。

9.4.2 饭店的消防管理制度

1. 三级防火制度

1) 一级检查由各部门主管实施

员工必须每日自检本岗位的消防安全情况，排除隐患，不能解决的隐患要及时上报，若发现问题又不及时解决，由此而发生火灾事故，由各部门主管及员工本人负责。各部门主管要将每日自检的结果做好记录，负责维护、保养本部门辖区内灭火器材及其他消防设施，不得有损坏，放空的现象发生。

2) 二级检查由各部门经理实施

各部门经理每周应组织对本责任区域内的设备、物品，特别是易燃易爆物品进行严格检查，发现问题妥善处理。检查本部门一级消防安全工作的落实情况。组织处理本部门的火灾隐患，做到及时整改，定期对本部门员工进行消防安全教育。

3) 三级检查由总经理领导组织实施

每月由总经理或委托安全部经理对各部门进行重点检查或抽查，检查前不予以通知。检查的主要内容应是各部门贯彻、落实消防安全工作的执行情况，重点部门的防火管理制度的执行情况。

2. 防火安全检查制度

实行三级防火检查制度，各部门每周检查一次，安全部会同各部门每月检查一次。饭店每季度和重大节日要组织有关部门进行检查。除定期检查之外，要着重加强夜间巡逻检查，夜间各值班主管人员要重点检查电源、火源，并注意其他异常情况及时弥补漏洞，消除隐患。每次检查中查出的火险隐患要详细登记，限期整改，对一时难以整改的问题，要及时上报，同时采取防范措施。

3. 火险隐患整改制度

杜绝“老检查、老不改”的老大难问题，使火险隐患整改工作落到实处。对一时解决不了的火险隐患，应逐件登记并由饭店安全领导小组制定整改计划，采取临时措施，定专人负责，确保安全，同时建立立案、销案制度。要及时落实消防监督机关下达的火险隐患整改通知书，如果各部门对安全部的火险隐患解决不了，要上报饭店领导，由饭店领导同消防安全小组成员共同研究处理。

4. 电器设备管理制度

饭店电工必须严格执行电工手册的规定，结合饭店防火要求进行各种安装维修工作，不得违反操作规程。安装和维修电器设备，必须由专门电工按规定进行施工。电器设备和线路不准超负荷使用，接头要牢固，绝缘要良好，禁止使用不合格的保险装置。所有电器设备和线路要定期检修，并建立维修制度，发现可能引起火花、短路、发热及电线绝缘损坏等情况，必须立即修理。

9.4.3 火灾的预防

饭店内禁止储存易燃、易爆化学危险物品，使用少量易燃、易爆化学危险物品的部门，应建立严格的保管、使用制度。禁止员工、住店客人将易燃、易爆、剧毒、有放射性和腐蚀性的化学物品带入饭店内。

饭店员工应掌握报警和灭火器材的使用方法，熟悉安全疏散路线。疏散标志和指示灯要保证完整好用，各类报警设备必须灵敏畅通。

1. 前厅、客房火灾的预防

认真贯彻执行《消防法》的各项防火安全制度。

前厅工作人员要随时注意、发现并制止宾客将易燃易爆物品带进饭店区域。所有人员必须会使用灭火器材，熟记就近灭火器材的存放位置，并做好保养和监护工作。发生火情时，要及时报警并采取应急措施。

客房服务员要结合打扫整理房间及其他服务工作随时注意火源、火种。要提醒宾客不要将易燃、易爆、化学毒剂和放射性物品带进楼层和房间。对房间内配备的电器应按规定及有关制度办理，发现不安全因素要立即通知工程部检修。

服务员必须做到人人熟悉灭火器存放的位置，掌握灭火器的性能及使用方法，灭火器存放的位置不得随意移动，并维护好辖区内一切消防设施。

【知识链接】

如何使用常用灭火器

常用灭火器(图 9-7)有以下几种。

(a) 提往火场

(b) 5米拔销

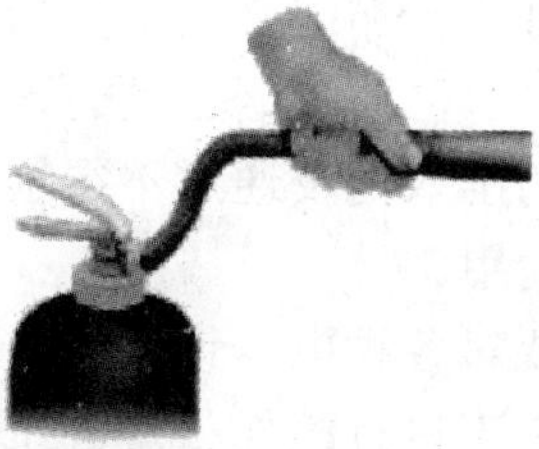
(c) 握住喷管

(d) 开启压把

(e) 根部喷射

图 9-7　灭火器的使用

(1) 提式干粉式灭火器——提取灭火器上下颠倒两次到灭火现场，拔掉保险栓，一手握住喷嘴对准火焰根部，一手按下压把即可。灭火时应一次扑弃，室外使用时应站在火源的上风口，由近及远，左右横扫，向前推进，不让火焰回窜。

(2) 手提式 1211 灭火器——先拔掉保险销，然后一手开启压把，另一手握喇叭喷桶的手柄，紧握开启压把即可(目前，国家逐步限制使用此种灭火器，主要是因为卤代烷对大气造成污染，对人体有害)。现在二氧化碳灭火器正逐步取代 1211 灭火器，使用方法同 1211 灭火器的使用方法。但是在使用二氧化碳灭火器时必须注意手不要握喷管或碰嘴，防止冻伤。

(3) 35 千克推车式干粉灭火器——两个人操作，一个人取下喷枪，并展开软管，然后用手扣住扳机，另一个人拔出开启机构的保险销，并迅速开启灭火器的开启机构。

(4) 泡沫灭火器——泡沫灭火器的灭火液由硫酸铝、碳酸氢钠和甘草精组成。灭火时，将泡沫灭火器倒置，泡沫即可喷出，覆盖着火物而达到灭火目的。适用于扑灭桶装油品、管线、地面的火灾；不适用于电气设备和精密金属制品的火灾。

(5) 四氯化碳灭火器——四氯化碳气是无色透明、不导电、密度较空气大的气体。灭火时，将机身倒置，喷嘴向下，旋开手阀，喷向火焰即可使其熄灭，适用于扑灭电器设备和贵重仪器设备的火灾。四氯化碳毒性大，使用者要站在上风口，在室内灭火后要及时通风。

(6) 二氧化碳灭火器——二氧化碳是一种不导电的气体，密度较空气大，在钢瓶内的高压下为液态。灭火时，只需扳动开关，二氧化碳即以气流状态喷射到着火物上，隔绝空气，使火焰熄灭。适用于精密仪器、电气设备以及油品化验室等场所的小面积火灾。二氧化碳由液态变为气态时，大量吸热，温度极低(可达到 −80℃)，要避免冻伤。同时，应尽量避免吸入二氧化碳。

2. 餐厅火灾的预防

餐厅、酒吧等公共场所必须规定容纳数的最高限额，不准超额接待。

在餐饮服务中，要提醒宾客吸烟注意防火。未熄灭的烟头、烟灰、火柴棒掉在烟缸外，在撤收台布时必须拿到后台，将赃物抖净，以免因卷入各种火种而引起火情。在清扫垃圾时，要将烟缸里的烟灰用水浸湿后，再倒进垃圾筒内。

餐厅的出入门及通道不得堆放物品，要保持畅通。所有门钥匙要有专人管理，以备有事时使用。

餐厅要对各种电器设备经常检查，如发现短路、打火、跑电、漏电、超负荷等应及时通知电工进行检修处理。工作人员要学会使用所备灭火器材，保持器材清洁，出现火情时按指令疏散客人并积极参加扑救。

3. 厨房火灾的预防

厨房在使用各种炉灶时，必须遵守操作规程，并要有专人负责，发现问题及时报告工程部。

厨房内各种电器设备的安装使用必须符合防火要求，严禁超负荷运行，且绝缘要求良好，接点要牢固，要有合格的保险装置。

厨房在油炸食品和烘烤食品时不得离人，油锅、烤箱温度不要过高，油锅放油不宜过满，严防溢锅着火，引起火灾。

厨房的各种燃气炉灶必须按操作规程操作(先点火后开气)，不准往灶火眼内倒入各种杂物，以防堵塞火眼发生事故。

经常清理排烟道，做到人走关闭电源、气源，熄灭明火，烟道油物要及时清除。

4. 工程部火灾的预防

工程部要定期对电气设备、开关、线路、照明灯具等进行检查，凡不符合安全要求的要更换。饭店消防控制室应设专人昼夜值班，随时观察、记录仪器设备的工作情况，及时处理火警信号。为防患于未然，饭店应按照本饭店的布局和规模设计出一套应对火灾的方案，即《火灾险情应急规程》和《人员安全疏散方案》，并使饭店全体员工熟知。

9.4.4 火灾的处理

饭店应制定《火灾险情应急规程》和《人员安全疏散方案》，并定期组织演练。饭店发生火灾时，有组织、有计划、有步骤地疏散人员，对减少伤亡极为重要。

饭店发生火灾时，员工应按照以下规程和方案行动：发现火情后，正确使用火警报告的通讯、报警设备，正确报告火警的位置、具体情况等。火灾发生后，在疏散的步骤上，应首先疏散受烟火直接危害的人员，接着疏散受烟火威胁最大部位的人员，再疏散起火层下一层或下两层的人员，为火场施救腾出必要的活动区域。其次，明确疏散的路线和方向及人流的分配，以免大量人员涌向一个出口，造成挤死、挤伤事故。应确定疏散人员的临时集中地点，一般选择附近的空旷地带，整个疏散方案要考虑周密，抢救人员、医疗救护、救护车辆、集中点名等，都应有明确的分工。

1. 发生火灾时的处理程序

发生火灾时的处理程序如图 9-8 所示。

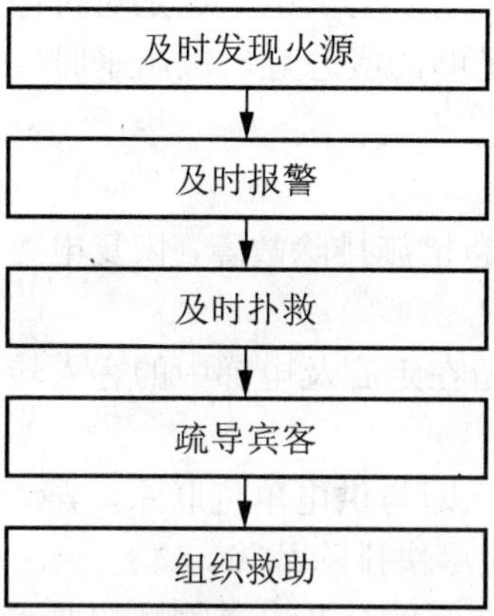

图 9-8 火灾的处理程序

2．火灾发生时各部门应采取的措施

1) 保安部应采取的措施

接到火灾报警后，保安部人员应坚守工作岗位，立即清理饭店周围场地，为消防车的到来做好准备。有关人员要注意保护饭店的现金和其他贵重物品，并转移到安全的地方。各岗位的安全管理人员要坚守岗位，防止不法分子浑水摸鱼，造成不必要的损失。

2) 前台人员应采取的措施

发生火灾时，前台人员要把电梯落下，告诫客人不要回房间取东西。

把大厅所有通向外面的出口打开，迅速组织大厅内的人员疏散。

各岗位人员要把本部门的重要资料整理好，一旦接到疏散命令，就把这些资料带出去，如前台的住宿登记，以便撤出饭店后，根据住房名单清点人数。

3) 工程部应采取的措施

接到火灾报告时，工程部应派人立即赶到现场查看火灾情况，并决定是否需要全部或部分关闭饭店的空调设备、煤气阀门、各种电器、制冷设备，以防止事态进一步发展：电梯应立即全部落下，并查看是否有客人被关在电梯里；危险品应立即运到安全地带，以防引起连锁反应。

4) 客户楼层服务员应采取的措施

饭店火灾发生时，客户楼层服务员应先拿好自己负责区域的钥匙，因为客人在慌乱中跑出客房，往往忘带钥匙。如果火灾发生在本楼层，要及时组织客人疏散。如果火灾不在本楼层，应查看安全门和安全通道是否畅通。

5) 厨房工作人员应采取的措施

餐厅部发生煤气失火，应先关气后灭火。厨房工作人员应熟悉灭火器材的使用和存放位置，发生火情时要沉着、冷静、及时报警和扑救。

另外，电话总机人员应立即通知各有关人员，并准备随时同消防部门联系，医务人员应迅速做抢救伤员的准备。

9.5 饭店紧急事件的处理

为预防和减少饭店行业突发事件的发生，控制、减轻和尽量消除突发事件导致的严重危害，饭店应妥善处理好各种不同性质的突发事件，提高应急处理能力。

9.5.1 停电事故的处理

停电事故可能是由于外部供电系统引起的，也可能是由于饭店内部供电设备发生故障引起的。停电事故随时都可能发生，其可能性高于自然灾害和火灾。因此，对于饭店来说，应配备紧急供电装置，该装置能在停电后立即自动启动供电，这是对付停电事故最理想的办法。在没有这种装置的饭店内，应配置足够的应急灯。饭店平时应设计一个周全的安全计划来应付停电事故，其内容如下。

(1) 保证所有员工平静地留守在各自的工作岗位上。

(2) 向客人及员工说明这是停电事故，饭店正在采取紧急措施排除故障，恢复电力供应，以免客人惊慌失措。

(3) 如在夜间，用应急灯等电器照明公共场所，帮助滞留在走廊及电梯中的客人转移到安全地方。

(4) 派遣维修人员找出停电原因。如果是外部原因，应立即与供电单位联系，弄清停电原因、时间等；如果是内部原因，则应组织力量抢修，尽快排除故障。

(5) 在停电期间，安全人员需加强巡逻，派保卫人员保护有现金及贵重物品的要害部位，防止有人趁火打劫。

(6) 供电后检查各电器设备是否正常运行，其他设备有没有被破坏。

(7) 做好工作记录。

9.5.2 客人伤、病与死亡的处理

饭店应制定各种措施预防客人受到伤病的危害，一旦客人受伤或生病，饭店应有处理紧急情况的措施及能胜任抢救工作的医护人员。

(1) 如果饭店没有专门的医疗室及专业的医护人员，则应选择合适的员工接受急救的专业训练，并配备各种急救的设备器材及药品。

(2) 如发现伤病客人，应一方面在现场急救，另一方面迅速安排病人去附近的医院。

(3) 对客人伤病事件应有详细的原始记录，必要时据此写出伤病事件报告。

客人死亡是指客人在饭店住宿期间内伤病死亡、意外事件死亡、自杀、他杀或其他原因不明的死亡，除前一种属正常死亡外，其他均为非正常死亡。

保安部工作人员在接到客人死亡的报告后，应向报告人问明客人死亡的地点、时间、原因、身份、国籍等，并立即报告保安部经理。保安部经理接到报告后，会同大堂经理和医务人员前去现场。在客人尚未死亡的情况下，要立即送医院抢救。经医务人员检查，客人已确定死亡时，要派保安部人员保护好现场，对现场的所有物品都不得挪动，严禁无关人员接近现场，同时向公安部门报告。在一切事务处理完毕后，保安部要把死亡及处理的全过程详细记录在档。

9.5.3 客人违法的处理

客人违法一般是指客人在住店期间内犯有流氓、斗殴、嫖娼、盗窃、赌博、走私等违反我国法律的行为。保安部值班人员在接到有关客人违法的报告后，要立即派内保主管和警卫人员到现场了解情况，保护和维护现场秩序。对于较严重的事件，保安部经理需亲自到现场调查，同时要向值班经理报告。

保安部经理在找客人了解情况之前，一定要慎重，要了解客人的身份。对于客人之间一般的争吵等行为，保安部可出面进行调解。对于违法的行为，要查明情况，做

好笔录，并视违法犯罪行为情节的轻重，确定为刑事案件或治安事件。

如果事件涉及外国人，需向当地公安机关外管部门报告，并严格按照我国的有关法律和政策办事。一般应注意以下几点。

(1) 对享有外交特权和豁免权的外国人违反治安管理的，需通过外交途径处理。对不享有外交特权和豁免权的外国人违反治安管理的，由公安机关按照《中华人民共和国治安管理处罚法》进行处理。

(2) 对于外国人违反治安管理的案件，应当依照法律规定和办案程序，认真做好查处工作，要做到及时处理，注意取证，依法裁决。及时处理，即主管部门接到报告，要及时派人赶赴现场，查清当事人的国籍、姓名(中、外文)、来华事由和身份，开展调查询问，搞清事实，分清责任，依法处理。注意取证，即查处外国人违反治安管理的案件尤其要注意取证，有条件的应当对案件现场拍照、录音、录像，并获取物证及当事人和旁证人写的材料及谈话笔录，一丝不苟。证据要准备充分，要经得起检验。依法裁决，即定性裁决处罚要准确，要有法律依据。

(3) 对外国人违反治安管理的行为属于一般小事、情节轻微的，可由当地派出所或现场的民警进行处理。决定给予处罚的，由县、市公安局、公安分局或者相当于县一级的公安机关裁决；给予拘留处罚的，由地、市公安处、局审批，并报省、自治区、直辖市公安厅、局，向公安部备案。

9.5.4 客人报失的处理

客人报失是指客人住店期间在店内丢失、被窃或被骗财物向饭店报失的事件。保安部人员在接到客人报失或饭店工作人员的报失后，要立即会同大堂副理向失主问明事件发生的经过。要详细记录失主的姓名、房号、国籍、地址、丢失财物的名称、数量(包括物品的型号、牌号、规格、新旧程度、货币的种类、面额等)以及物品丢失的经过。

在询问失主情况时，要帮助失主尽量回忆来店前后的情况，如来店前有无查看，来店后有无使用过、有无放错地方等。在征得失主同意后，帮助查找物品，要征求客人意见(尤其是外国客人)是否向公安机关报案。如果客人同意报案需由客人在记录上签字或要求客人写一份详细的丢失经过。

如果客人的财物确属被窃或被骗，应立即向总经理汇报，并由安全人员保护好现场，经总经理同意后向公安部门报告。如失主是境外客人，应向当地公安机关外管部门报告。如失主属国内客人，应向当地公安派出所或公安分局报告。

9.5.5 食物中毒的处理

1. 食物中毒的类型

饭店常见的食物中毒有以下三种类型。

(1) 细菌性食物中毒，即饭店提供的食物被有害的或致命的有毒生物所污染而引起顾客中毒现象。对食物造成污染的主要是病原细菌如肠类菌、葡萄球菌、肉毒杆菌等，这些病菌在食物中迅速增殖并产生毒素。

(2) 化学性食物中毒，即提供的食物被有毒的化学物质如不良添加剂、色素、有害防腐剂等污染而引起的食物中毒。

(3) 有毒食物中毒，即提供的食品本身含有毒性所造成的食物中毒，如发芽的土豆、不鲜的海产品等。

2. 食物中毒的原因

在饭店中，造成客人食物中毒的原因主要有以下几种。

1) 饭店过失造成客人的食物中毒

这是指饭店在提供食物时，因疏忽没有发现；或者已经发现食物被污染、变质，而没有预见到会造成客人食物中毒；或者已经预见到了却未给予足够重视，以致客人食用这些食物而发生中毒。

2) 饭店外部原因造成客人的食物中毒

饭店外部原因，是指饭店在向其他食品生产单位购进半成品、成品食物时，由于其在制作过程中不洁净，或在运输过程中被污染，或由于储存保管不善而变质等原因造成顾客食物中毒。

3) 客人本身原因产生的食源性疾病

饭店提供的食品适宜一般人食用，但由于个别客人的自身生理原因，食用后引起过敏或中毒或病情加剧等症状均属此类。如有些客人食用海鲜产品产生的过敏或不适、食用大量奶制品等产生的不适。由于客人本身原因而引起的食源性疾病问题，饭店不承担法律责任，但饭店有责任提醒客人注意并尽量避免让客人食用易引起不适的食物。

3. 食物中毒事故的处理

饭店客人食物中毒，多以恶心、呕吐、腹痛、腹泻等急性肠胃炎症为主要症状。一旦发现客人出现上述症状，应立即报告值班经理，值班经理在接到客人可能食物中毒的报告后，应立即通知医生前往诊断。初步确定为食物中毒后，通知保安部经理、大堂副理和总经理，医务室应立即对中毒客人紧急救护，并将中毒客人送医院抢救治疗，而餐饮部要对客人所用的所有食品取样备检，以确定中毒原因，并通知当地卫生防疫部门。

此外，餐饮部要对可疑食品及有关餐具进行控制，以备查证和防止其他客人中毒。由餐饮部负责、保安部协助，对中毒事件进行调查，当地卫生防疫部门到达后，应予以积极配合。前厅部和销售部要通知中毒客人的有关单位和家属，并向他们说明情况，协助做好善后工作。

9.6 饭店信息系统的安全管理

现代饭店如何利用先进的管理手段，提高客房的管理水平，是每一个饭店管理者所面临的重要课题。简单的服务标准已不是制胜的锦囊，只有管理做到最细微之处才能让顾客体会到饭店服务的高标准、高质量。而准确、快捷、周全往往就是最基本的成功要素。面对信息时代的挑战，利用科技手段提高企业管理无疑是一条行之有效的途径。维护和保持饭店管理信息系统的安全运行是保证饭店经营管理活动和信息安全的根本。

9.6.1 饭店信息系统安全的概念

所谓信息系统的安全，从本质上来说就是网络上信息的安全。信息系统的安全管理包括维持网络正常运行的硬件、软件、系统中的数据和系统的运行四个部分的安全，使之不受到偶然的或者恶意因素造成部件的破坏、更改、泄漏，以此来保证网络服务的畅通无阻。

从广义的角度来讲，凡是涉及信息的真实性、保密性、完整性的理论和技术都是信息系统安全管理应该研究的问题。

信息系统安全管理的内容包括两个方面：一是技术问题，主要侧重于防范外部非法用户的破坏；二是管理问题，主要侧重于内部人为因素的管理。

9.6.2 饭店信息系统安全的影响因素分析

1. 影响信息系统设备安全的因素

信息系统设备的安全主要有赖于计算机硬件、存储介质、通信设备和网络线路的安全，要确保它们不受自然和人为因素的影响破坏。网络的拓扑结构包括总线型结构、星型结构、环型结构、书型结构等，实际的网络又是这些网络结构组成的混合结构，所以很多情况下造成硬件的相互冲突。例如，网桥、路由器等大量用于广域网络，而路由器技术和性能目前还受到很大的限制。另一方面，计算机的核心芯片多依赖于进口，不少关键的网络设备也依赖于进口，造成网络安全的缺陷。存储介质和通信设备等都有自己使用的条件要求，如温度、湿度、电压等，在操作的时候一定要严格遵循设备的使用说明，对于公用的设施设备更应该爱惜，加强这方面的管理。有实力的饭店组织还应该储备备用的应急设备。

2. 影响信息系统软件安全的因素

信息系统的软件安全有赖于应用软件的程序代码及其相关数据、文档的安全，要保护它们在运行过程中不被任意篡改和非法复制，就要坚决使用正版软件。由于软件程序的复杂性和编程方法的多样性，软件系统中很容易有意或无意地留下一些不易被发现的安全漏洞，会引起极大的网络安全问题，主要包括以下几个大类的问题：操作系统的安全问题、数据库及其应用软件的安全问题、TCP / IP 协议的安全漏洞、网络软件和服务的安全漏洞。同时，从企业内部信息系统的安全运行来说，要加强对员工操作的管理。制定严格的管理制度，避免因操作不当误删除文件，随时备份重要的数据和文件，交给专人保管。此外，要防止系统文件和文档被病毒感染，自动地进行文件删除和修改。

3. 影响信息系统数据安全的因素

信息系统的数据安全是指信息系统内存储的数据和资料不被非法使用和修改。数据和资料对一个系统来说是至关重要的，也是通过信息系统进行管理决策的关键所在，要保证存储的数据不被非法使用。在技术上要防止黑客的入侵、防止信息被窃取和破译；在管理上要明确各级管理部门查阅相关信息的权限，并通过计算机授予查看、修改和管理权限的密码，不得随便让他人查看系统的数据信息，更不能告诉他人系统的密码。

4. 影响信息系统运行安全的因素

信息系统的运行安全是一个动态的、综合的概念，它有赖于信息系统的连续正确运行。首先，饭店的管理者对信息系统应该高度重视，树立信息安全的观念，及时杜绝一些不可抗力因素(如火灾等)的发生；其次，应该改进信息的管理机构的设置，为系统设置具有相当权限和责任的管理机构，并配置足够的人员和资金，提高工作人员的素质，包括操作的技能和责任心；最后应该加强行政管理制度和法律法规的制定，以防范人为因素对安全性所造成的威胁。

9.6.3 饭店信息系统运行的安全管理

1. 完善信息系统的管理机构

1) 提高管理机构的职能地位

饭店信息系统应该由企业最高层直接领导，作为参谋中心和协调中心而存在，才能够充分发挥信息系统的决策支持和有效指挥作用。

2) 完善管理机构的人员配备

按照工作的职责分工，信息管理人员大致可以分为三大类：系统维护技术人员、系统日常管理人员和系统业务操作人员。信息系统管理部门的主要成员由前两类人员组成。

2. 规范系统运行的管理制度

一般的运行管理制度包括：系统操作规程、系统安全保密制度、系统修改规程、系统定期维护制度以及系统运行状况记录和日志归档等，如重要的数据输入和输出制度，密码口令专管专用制度，定期病毒防治管理制度、安全培训制度。

3. 加强数据的维护与管理

首先，要保证输入系统的数据是正确的、有效的、符合程序处理的要求，这样才会被系统所接受并做出正确的处理；其次，要及时、准确地备份数据和妥善地保管备份数据，在系统出现故障的时候能够在短时间内将系统数据恢复到最新的状态；最后，在将数据制作成文档时力求制度化、标准化，形成一些固定的格式，维护文档的一致性，方便对文档的各种处理工作。

9.6.4 饭店信息系统的安全维护

1. 信息系统的安全设计

信息系统的安全设计包括：物理实体的安全设计、硬件系统和通信网络的安全设计、软件系统和数据的安全设计等内容。

饭店信息系统通常由业务操作人员来使用，而业务操作人员分散于饭店的各个职能部门，因此将其开发成B\S(浏览器\服务器)模式或者C\S(客户机\服务器)模式，现实操作与后台数据管理物理上分离。基于安全考虑，设计单独的机房来管理饭店信息系统的服务器，实行专人专管。机房需要进行温控、防火、防水等管理，可通过变电设备来保证电压稳定，必须配置UPS来防止突然断电，对于需要24小时不间断运行的饭店可自行准备发电设备。对于其服务器采用专门的平台服务器运行平台，通过双机热备的方式来确保服务器的连续运行。

为确保饭店信息系统客户端操作平台高速安全地连接后台服务器，需要配置可靠的通信网络。首先，通信线路通常在原有的饭店内网平台上进行稳定、抗干扰、提速等处理，采取光纤、屏蔽双绞线等实现有线通信，通过部署无线交换机、无线AP进行无线覆盖。其次，网络设备通常从接入、汇聚、核心三层层层部署对应的安全措施，如接入层交换机上可以进行端口安全设置、MAC地址绑定等控制接入安全，在汇聚层设备如三层交换机、路由器上可以部署访问控制列表来防止常见的蠕虫、冲击波等病毒，对于核心层设备，可以部署硬件级的防火墙、入侵检测系统、入侵防御系统等，在核心交换机上可以配置访问控制列表来拒绝非法地址或应用的后台服务器的访问。

软件与数据的安全设计方面，分服务器端和客户端。服务器端，根据对应的系统开发平台选择不同的操作系统和数据库平台，通常选择Windows Server 2008或者Windows Server 2003操作系统，数据库管理系统选择SQL Server 2005。操作系统上部署对应的应用策略、密码策略、安全策略、域控制策略等加强安全管理，做好系统备份策略、访问日志记载等。数据的安全方面，数据库设计考虑冗余性与扩展性，保证数据的一致性与完整性，数据库需进行加密处理、密钥控制，制定数据备份策略，做好数据的备份工作。客户端，选择微软商业版正版系统软件，对于业务操作用户，设置对应的账号策略和密码策略，进行权限控制，保证用户在既定的权限下进行合法操作。

2. 自然因素的安全防控

自然因素的安全防控要做到防水、防火；防磁、防震；防静电、防尘；选择合适的辅助设备。

3. 计算机病毒的有效预防

安装硬件防火墙来防止外界的入侵，尤其是保护服务器的正常运行。对于服务器系统和客户端系统，都安装相应的正版软件防火墙和杀毒软件。对于病毒的有效预防方面，信息系统操作员可以从以下几个方面着手：①常备一张真正“干净”的引导盘；②重要资料，必须备份；③及时、可靠升级反病毒产品；④避免在不安全的计算机上使用可移动磁盘、U 盘等；⑤使用正版软件；⑥非法链接、不明链接一定不要登录，不明邮件、不明文件一定不要运行。

课后习题

一、思考题

1．你是如何理解饭店安全和饭店安全管理的概念的？
2．简述影响饭店安全的主要因素。
3．如何根据饭店安全管理的特点开展饭店的安全管理工作？
4．饭店防范犯罪与盗窃有哪些控制与管理措施？
5．如何进行饭店防火与消防管理？
6．发生火灾后，各职能部门应采取什么措施？

二、案例分析题

安全管理重细节

上海某饭店客房部的小李是个细心的服务员，由于她认真负责的态度，饭店避免了多次潜在的事故。有一天她值班，发现 712 房的客人马先生回店时带了一个朋友进房，快 12 点的时候，还未见其离开，小李估计这个朋友很可能今晚要在饭店住宿，于是马上与总台接待处联系，询问 712 房的客人是否办理过访客的住宿手续。

总台接待处的值班员小凌翻开今天的入住登记，没有发现 712 房的新记录，再查看三天前马先生来办理入住手续时，也只有他一个人的名字，此后再也不见该房有第二个登记者，显然今天来访的朋友并没有到接待处登记过。

小凌忽然想起，近日市公安局向各饭店发过一份内部治安通报，对未登记人员要好好查问，于是他打电话给小李，要求她提供客人的年龄、相貌特征等信息，并通知保安部，与公安局所寻找的疑犯作比较。

“叮咚、叮咚”，小李按响了 712 房间的门铃。

“马先生，根据我店的规定，来访客人必须在 12 点以前离开房间，望您能谅解，予以配合。如果您的朋友今天打算住在这里的话也可以，但要到总台办理一下登记手续。”小李诚恳地说，并且打量了一下马先生的朋友。

马先生欲留朋友过夜，对方也没有异议，于是两人便下楼到大堂接待处办理入住手续。他们出示身份证和填写表格时，小李和小凌暗中观察，发现马先生的朋友并非公安局的通缉对象，经核查，他的身份证也是真的，排除了他的可疑身份。

思考：

1．小李、小凌的做法有哪些可取之处？
2．饭店如何加强对客人及访客的管理，杜绝安全隐患？

三、实训题

1．组织学生进行火灾逃生演练。

实训目的：使学生掌握火灾发生时逃生的知识和方法。

实训要求：小组配合，正确实施疏散和逃生。

2．常见灭火器的使用。

实训目的：通过实际操作让学生了解常见灭火器的使用原理。

实训要求：分小组，利用实训设备，模拟灭火器扑灭火源的操作过程。

10

饭店业务管理

学习目标

- 知识目标：了解饭店业务构成，掌握饭店业务运行组织及决策的出发点，熟悉饭店主要业务部门的工作内容与程序。
- 技能目标：能根据饭店实际情况制订饭店主要对客服务部门的工作要求，能应用所学知识分析饭店对客服务流程中存在的问题。
- 能力目标：能运用所学知识判断饭店主要对客部门的服务与管理是否规范，并能总结经验或提出建议。

导 入 案 例

请给我正确答案

某饭店的总台问讯服务从来没有引起管理人员的重视，无论是总经理、前厅经理还是总台服务人员，都认为问讯服务只不过是一种不直接产生效益而又简单的工作。一天住客李女士来到总台询问三天后有无回程航班，服务员章小姐微笑着接待了她，弄清客人的来意后，章小姐从柜台的抽屉里翻出一本看上去已经有些年头的“航班信息小览”，认真查找起来，由于对这本小览很生疏，章小姐有些摸不着头绪，李女士站在柜台外耐心地等待着。随着时间的推移，章小姐意识到自己对这次服务不胜任，便请同班的赵小姐帮忙，说着便离开了李女士，跑到柜台的另一端跟收银员闲聊起来。为了提供针对性服务，赵小姐又请李女士叙说了一遍所要查询的内容，李女士愕然。五分钟后，赵小姐终于找到了李女士所要的航班，李女士掏出纸笔准备记录，赵小姐忽然慎重地告诉李女士说：“这本信息小览年代已久，所查航班不一定确切，仅供参考。”李女士听后愤然说：“请您给我一个正确的答复。”事后，前厅经理受理了李女士的投诉，并决定在总台工作例会上宣布几条问讯服务质量标准，明确要求服务人员能以口头形式回答客人提出的任何问题，并以此作为考核员工的内容。员工对此茫然不知所措，而问讯服务质量依然没有提高。

思考：

1. 此案例的服务环节中，存在哪些问题？
2. 提高问讯服务质量，应采取哪些措施？

本案例所表现出来的服务环节中存在的员工服务意识差、对资料的内容生疏、对客服务不负责任、缺乏服务的主动性等问题。应树立宾客至上的服务意识，礼貌待客，从而提高问讯服务质量。

饭店生产和销售的是服务而不是实物产品，客人希望得到的是物质和精神的多重满足，这就给饭店管理提出了更高的质量要求。饭店前厅部与客房部、餐饮部、康乐部构成了饭店的主要业务部门，饭店借助于各种服务设施，通过服务员的服务劳动向客人提供各种旅居生活所需的使用价值。饭店业务具有综合协调性，要求饭店管理有系统性，以达到最佳的整体优化目标。

10.1 饭店前厅部业务管理

前厅部是饭店的一个重要部门，是负责招徕并接待宾客，销售饭店产品和服务，协调饭店各部门的对客服务，为饭店高级管理决策层及各相关职能部门提供信息参考的综合性部门。前厅部通常由客房预订处、大厅、接待处、 问讯处 、前厅收银处 、电话总机、商务中心、大堂值班经理或大堂副理等机构组成，主要机构均设在宾客来往最频繁的饭店大堂地段。

10.1.1 前厅部的地位及功能

1. 前厅部的地位

前厅部是现代饭店的重要组成部分，在饭店经营管理中占有举足轻重的地位。前厅部的运转和管理水平，直接影响到这个饭店的经营效果和对外形象。前厅部在饭店中的重要地位，主要表现在以下几个方面。

1) 前厅部是饭店业务活动的中心

饭店的客人，从抵店前的预订、到入住、直至离店结账，都需要前厅部提供服务，前厅是客人与饭店联系的纽带。前厅部通过客房商品的销售来带动饭店其他各部门的经营活动。同时，前厅部还要及时地将客源、客情、客人需求及投诉等各种信息通报有关部门，共同协调整个饭店的对客服务工作，以确保服务工作的效率和质量。所以，前厅部通常被视为饭店的“神经中枢”，是整个饭店承上启下、联系内外、疏通左右的枢纽。

2) 前厅是饭店形象的代表

饭店前厅部的主要服务机构通常都设在客人来往最为频繁的大堂。大堂的环境艺术、装饰布置、设备设施和前厅部员工的仪容仪表、服务质量、工作效率等都会给客人留下深刻的“第一印象”。而这种“第一印象”在客人对饭店的认知中会产生非常重要的作用，它产生于瞬间，但却会长时间保留在人们的记忆表象中。因此我们说，前厅的管理水平和服务水准，往往直接反映整个饭店的管理水平、服务质量和服务风格。前厅是饭店工作的“窗口”，代表着饭店的对外形象。

3) 前厅部是饭店组织客源，创造经济收入的关键部门

为宾客提供食宿是饭店的最基本功能，客房是饭店出售的最大、最主要的商品。通常在饭店的营业收入中，客房销售额要高于其他各项。据统计，目前国际上客房收入一般占饭店总营业收入的 50%左右，而在我国，客房收入还要高于这个比例。前厅部的有效运转是提高客房出租率，增加客房销售收入，从而提高饭店经济效益的关键之一。

4) 前厅部是饭店管理的参谋和助手

作为饭店业务活动的中心，前厅部直接面对市场，面对客人，是饭店中最敏感的部门。前厅部能收集到有关市场变化、客人需求和整个饭店对客服务、经营管理的各种信息，在对这些信息进行认真的整理和分析后，每日或定期向饭店提供真实反映饭店经营管理情况的数据报表和工作报告，并向饭店管理机构提供咨询意见，作为制定和调整饭店计划和经营策略的参考依据。

2. 前厅部的功能

前厅部在饭店运行中起着推销、沟通、协调等重要作用，具有下列八项功能。

1) 销售客房

前厅部的首要功能是销售客房。客房是饭店最主要的产品，其收入是饭店营业收

入的主要来源。我国的许多饭店和世界上相当数量的饭店一样，客房的盈利占整个饭店利润总和的 50%以上。因此，能否有效地发挥销售客房的功能，将影响饭店的经济效益。

2) 前厅服务

作为对客服务的集中场所，前厅部还是一个直接向住店客人提供各类相关服务的前台服务部门，如电话、商务、行李、接受投诉、邮件、票务代办、钥匙收发、迎宾接站、物品转交、留言问讯服务等。这些众多工作内容构成了其直接对客服务的功能，其中有一些服务还担负着为饭店创收的任务。前厅部的管理人员要在积极推销饭店产品的同时将自身所提供的各种服务的质量抓好，以圆满实现其服务功能。

3) 提供信息

前厅服务人员应随时准备向客人提供他感兴趣的资料，如将餐饮活动(举行美食周、厨师长特选等)的信息告诉客人；还应向客人提供饭店所在地、所在国的有关信息和指南。例如，向客人介绍游览点的特色，购物中心的地点及营业时间，外贸公司及科研机构的地址、联系人、电话号码，本地区及其他城市主要饭店的情况，各类交通工具的抵离时间等。

4) 协调沟通

为了能使客人享受到区别于其他地方的高水准的服务，前厅部服务人员应以优质服务来衔接饭店前、后台之间及管理部门与客人之间的沟通联络工作，并且根据客人的需求，发挥其信息的集散点和总经理室的参谋部的作用。

5) 控制房况

这项功能主要由两方面的工作组成：一是协调客房销售与客房管理，二是在任何时候都正确地反映饭店客房的销售状态。

协调客房销售与客房管理，一方面是指前厅部必须正确地向销售部提供准确的客房信息，避免超额预订使销售部工作陷入被动；另一方面是前厅部必须向客房部提供准确的销售客情，以使其调整工作部署。在任何时候都正确地反映饭店客房的销售状态，为客房销售提供可靠的依据，是前厅部的管理目标之一。要做好这一工作，除了控制系统计算机化和拥有必要的现代化通讯联络设备外，还必须建立健全行之有效的管理制度，切实做好与客房、销售、收银等部门之间的信息沟通工作。

6) 建立客账

目前大多数饭店为了方便客人、促进消费，都已经向客人提供了统一结账服务。前厅部的职责是区别每位客人的情况，建立正确的客账，提供客人以往消费和客人信用的资料，以保持饭店良好的信誉及保证饭店应有的经营效益。

7) 客史建档

大部分饭店为住店一次以上的零星散客建立客史档案。按客人姓名字母顺序排列的客史档案记录了饭店所需要的有关客人的主要资料。这些资料是饭店给客人提供周到的、具有针对性服务的依据，同时也是饭店寻找客源、研究市场营销的信息来源，所以必须坚持规范建档和保存制度化两项原则。

8) 辅助决策

前厅部处于饭店业务活动的中心地位，每天都能接触到大量的信息，如有关客源市场、产品销售、营业收入、客人意见等。因此，前厅部应当充分利用这些信息，将统计分析工作制度化和日常化，及时将有关信息整理后向饭店的管理机构汇报，与饭店有关部门沟通，以便其采取对策，适应经营管理的需要。

10.1.2 前厅部的组织机构与职能

1. 前厅部的机构设置原则

前厅部员工的综合素质要求比其他部门要高。要有效地组织这些员工，完成前厅的业务运转，必须遵守以下组织原则。

1) 组织合理

前厅部的机构设置、职责划分、人员配备应根据饭店的性质、规模、地理位置、经营特点与管理方式来确定。例如，规模小的饭店或以内部接待为主的饭店就可将前厅部归入客房部，而不必单独设置前厅部。

2) 精简高效

前厅机构精简，不仅利于劳动力的节省，而且更重要的是，利于工作效率的提高和人际关系的融洽。否则，人浮于事，势必影响前厅业务运转效率。前厅的定员一定要以前厅工作分析为基础，以工作定员工，而不要因人而找工作，将可有可无的员工安排在前厅。

3) 分工明确

在明确各岗位人员工作任务的同时，还应明确上下级隶属关系，明确指挥体系、信息上传下达的渠道以及相关信息反馈的渠道、途径和方法等，防止出现职能空缺、业务衔接脱节等现象。

4) 便于协作

前厅部组织机构的设置不仅要便于本部门岗位之间的协作，而且还要有利于前厅部与其他相关部门的合作。因此，各机构与各岗位的设置应考虑到饭店的工作流程，小型饭店一般不单独设立前厅部，其业务由客房部代为管理；大中型饭店前厅部一般单独设置，但有一些大型饭店设有客房部，而将饭店前厅部归其所有，但仍然保持部门建制。

2. 前厅部组织机构的设置

1) 大型饭店前厅部组织机构

大型饭店前厅部组织机构如图 10-1 所示。大型饭店前厅部通常设有部门经理、主管、领班和服务员四个管理层次。大堂副理一般为主管级或直属于前厅部经理管辖。

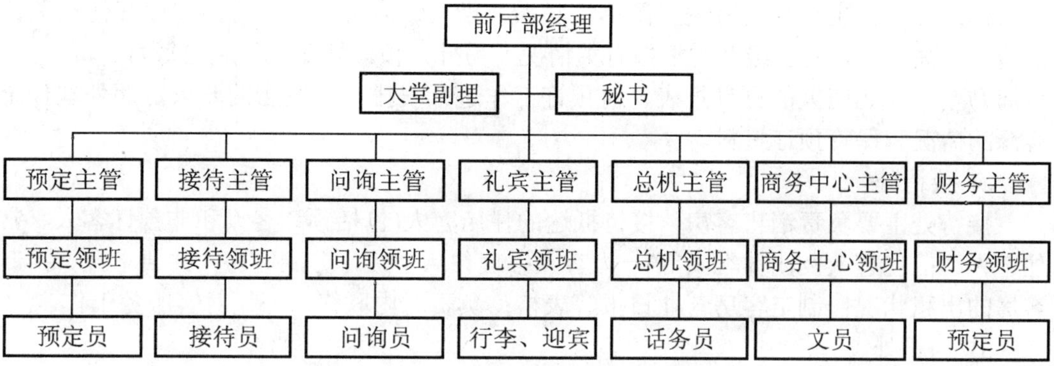

图 10-1 大型饭店前厅部组织机构示意图

2) 中型饭店前厅部组织机构

中型饭店前厅部组织机构如图 10-2 所示。中型饭店的前厅部为一个与客房部并列的独立部门，直接向饭店总经理负责。通常设有部门经理(主管)、领班和服务员三个管理层次。

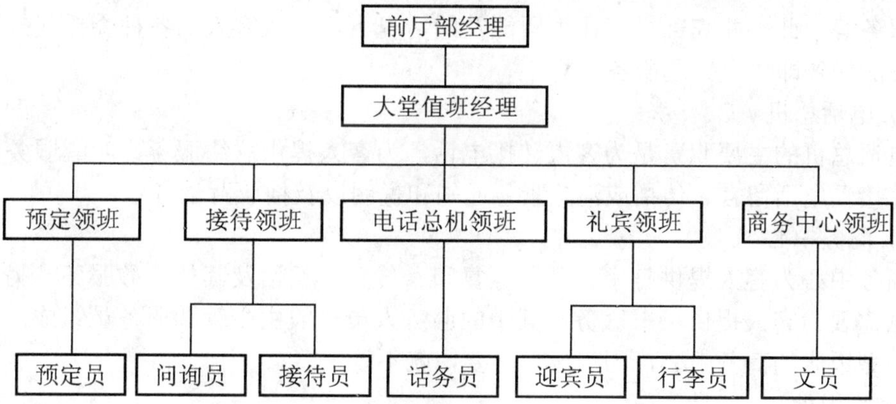

图 10-2 中型饭店前厅部组织机构示意图

3) 小型饭店前厅部组织机构

小型饭店前厅部组织机构如图 10-3 所示。小型饭店一般不设前厅部，其功能由总台取代，可作为一个班组归属于客房部，只设领班和总台服务员两个管理层次。

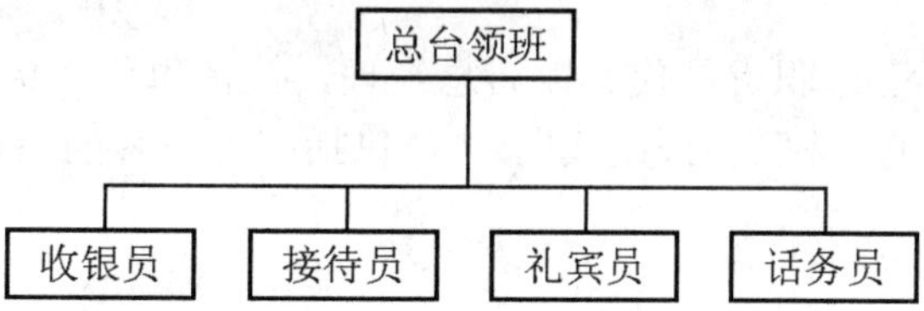

图 10-3 小型饭店前厅部组织机构示意图

3. 前厅部各机构的主要工作职能

1) 预订处

预订处负责饭店的客房预订业务，接受客人用电话、传真、信件等形式进行的房间预订；并积极主动地与有关客源单位联系，推销饭店客房，同时向前厅其他相关部门传递相关信息，向上级及时汇报有关情况。另外，预订处还必须制定每月、每半月、每周乃至具体到明天的预订报表，对预订工作进行安排，按饭店的要求定期处理预定客源的情况和保管预订资料。

2) 接待处

接待处主要负责销售客房，接待抵达的住店客人(包括预订客人和非预订客人、常住客人和散住客人及团体客人等)，为客人办理住店手续，分配客房；并要掌握、控制客房的出租状况；制定客房营业日报等表格；负责对内联络，协调对客服务工作。

3) 问讯处

问讯处的主要职责是回答客人有关饭店的各种设施、服务及市内游览观光、购物等内容的询问；负责办理客人委托事项、收发保管客房钥匙，处理客人邮件、留言，接待来访客人。

4) 礼宾处

礼宾处的职责为负责门厅迎送宾客服务、行李服务及饭店代表服务，提供有效的接送服务等，此外礼宾部员工在力所能及的情况下，完成客人的各种委托代办服务，其服务的极致即“金钥匙服务”。

5) 电话总机

电话总机的主要职责是为客人转接电话，为客人提供联络服务、叫醒服务、电话找人、接受电话留言、传播或消除紧急通知和说明以及播放背景音乐。

6) 商务中心

商务中心为客人提供打字、翻译、复印、传真、长话及其他商务服务，另外，还可根据需要为客人提供秘书服务，其中的服务人员一般由主管和服务员组成。但也有一些小型饭店的商务中心，因为没有必要，就不设主管。

7) 收银处

收银处的主要职责是办理客人离店时的结账手续，包括收取客人在店的一切消费费用，收回客房钥匙、核实客人的信用卡、负责应收账款的转账(必要时要提供外币兑换服务)等工作内容；帮助客人保管贵重物品；与饭店一切营业部门的收款员联系，催收并核实账单；夜间审核全饭店的营业收入及账务情况。

8) 大堂副理

大堂副理的主要工作职责是代表饭店总经理，接待每位在饭店遇到困难而需要帮助的宾客，并在自己的职权范围内予以解决，包括回答宾客的问讯、解决宾客的疑难、处理宾客投诉等。

【知识链接】

阿拉伯阿布扎比：40吨黄金打造的八星级饭店

“满足你的一切愿望，实现你当国王的梦想”，这是世界唯一的八星级饭店——酋长宫饭店最为傲人的口号。它是一座典型的阿拉伯皇宫式建筑，主楼到附属建筑，宽度延绵达一公里，展现着阿拉伯文明独有的富丽堂皇。

饭店正门一般都是紧闭的，只有贵客到来时才会敞开大门迎客。从喷水池广场拾级而上走进大门，看到的第一眼会告诉你什么叫奢华——金碧辉煌的装饰和灯光设计使饭店处处美轮美奂。24K镀金的墙、24K镀金的导引牌、24K镀金的门框、24K镀金的电梯门、24K镀金的花盆……连垃圾桶都是镀金的。据说为装修这座饭店仅黄金就用了40吨，其奢侈程度，除富得流油的阿拉伯人外，其他人都难以想象。更令人惊诧的是，饭店大堂还设自动选购金币机，中国人熟悉的熊猫金币也能自动购买。买金货如买饮料，如此豪放恐怕只有阿拉伯人才能做得到。

酋长宫是世界上最奢华的饭店之一，由19亿美元打造，2005年建成，原本是为迎接海湾阿拉伯国家合作委员会(GCC)首脑的到来而修建的，如今顶层还保留着首脑们所专属的总统套房。饭店拥有85公顷园林和1.3千米的海岸，共有394套客房，分总统套间、宫殿套间、海湾豪华套间、海湾套间、钻石客房、珍珠客房、珊瑚客房和豪华客房等8种客房，每个客房都有7名服务员在门外24小时待命，随时听候客人的吩咐。客人入住前，服务员会把套间里的各种设备调至客人最熟悉的语种，卧室、客厅和餐厅中的电视里播放着客人喜欢的电视节目或音乐。第6层和第7层的16个套间只接待来自海湾地区的元首或王室成员，他们都有专属的入口车道。

10.1.3 前厅部工作规程

1. 客房预订工作规程

1) 预订人员

预订人员要熟练掌握预订的工作内容、预订程序和操作方法；熟悉饭店的客房等级、类型、设备、位置、价格标准及每天的租用情况；掌握计算机办公操作技术；熟悉预订来往函件、订单确认信等各种预订资料的处理方法；熟练处理客人的各种预订，无人为差错和责任事故发生。

2) 预订受理

无论宾客以电话、面谈、传真或互联网、信函等何种方式向预订处提出订房要求，预订员都应主动向宾客询问，以获悉宾客的住宿要求，并将其预订信息完整地填入客房预订单，包括宾客姓名、人数、国籍，抵离店日期、时间、车次或航班，所需客房种类、数量、房租、付款方式、特殊要求以及预订人姓名(或单位)及地址、电话号码等信息。

3) 预订确认

预订员在接到客人的预订要求后，立即将客人的预订要求与饭店未来时期客房的利用情况进行对照，决定是否能够接受客人的预订。如果可以接受，就要对客人的预订加以确认。如果条件允许，饭店一般应采用书面确认的方式，向客人寄发确认函。

4) 订房核对

由于客人抵店前经常出现取消或更改订房的情况，所以，需要做好订房核对工作，发现问题及时更正或补救，以保证订房工作的准确无误。订房核对工作一般分三次进行，分别为客人到店前一个月、一周和前一天。若重要客人或大团提前预订时间长，还应增加核对次数。

5) 海外预订情况通报

设有海外预订网点，加入公司海外预订系统或同海外代理机构签有订房协议的公司下属饭店，要每天同海外预订机构互通饭店客房的预订情况。饭店向海外预订机构通报各类客房预订、出租、可订房间、房价标准等情况，海外预订机构向预订部发回预订房间数量、类型、时间等情况资料。通报内容经主管审阅，确保准确及时、配额合理、符合签约原则后输入电脑，将海外预订纳入饭店预订之中。无错报、漏报和差错发生。

6) 团队预订协调

由销售部受理的团队、会议、重要客人订房，销售部受理完成后，将每团队、会议或重要客人全部预订资料填入预订单，交预订主管，经审核后准确及时输入电脑，统一纳入预订部订房之中。无销售部团队、会议预订同预订部订房、散客用房不协调的现象发生。

7) 预订与前厅衔接

预订部应每天将更改预订、延期抵店、取消预订及次日抵店、会议预订报告等表格，经主管审阅后送达前厅接待员及有关部门，以最大限度地销售客房。

2. 前厅接待服务工作规程

1) 前厅接待人员

熟练掌握前厅接待程序、工作内容、操作方法和计算机办公应用技术，具有客房推销能力与技巧。能用两种外语和普通话提供服务，迎接、问候和服务语言运用准确、规范。接待客人主动、热情、服务效率高。

2) 接待前的准备工作

在帮助客人办理入住登记手续或分配客房之前，接待员必须掌握接待工作所需的信息。这些信息主要包括：房态和可供出租的客房情况、预抵店和预离店客人名单、有特殊要求的预抵店客人名单、预抵店重要客人和常客名单、黑名单。还应准备好入住登记所需的表格、用具，准备好钥匙，查看客人是否有提前到达的邮件等。

3) 散客入住接待

客人来到接待处时，接待员应面带微笑，主动问候，询问客人有无订房。若有订房，找出客人的订房资料，确认订房内容。如客人没有订房，应有针对性地推销客房。然后协助客人填写入住登记表、排房、定价、确定付款方式，最后准确将宾客入住信息输入计算机并通知客房中心。

【知识链接】

客房销售报价艺术

"报价"是一种艺术，巧妙的报价方式，可提高饭店产品的推销与营业收入。报房价，不仅要报全价，还要主动向客人介绍产品的特点，要对房价差异产生的因素有所了解，使决定权潜意识地转向我方，在推销中，房价一般有三种报价方式。

(1) "冲击式"报价。即先报价格，再提出房间所提供的服务设施与项目等，这种报价方式比较适合价格较低的房间，主要针对消费水平较低的顾客。

(2) "鱼尾式"报价。先介绍所提供的服务设施与项目，以及房间的构造特点，最后报出价格，这种报价方式适合价格较高的房间，突出物美，加深客人对美的第一印象，减弱高价对客人的影响。它较适合消费水平高、有一定地位和声望的顾客。

(3) “夹心式”报价。将房价放在提供服务的项目中间进行报价。这种方式适合于中档房，先介绍房间类型再报价，如果客人觉得比较贵再补充介绍特点，加强美的印象，从两面冲弱价格的强度。

4) 常客和贵宾接待

准确掌握当天预抵常客和贵宾到达的名单，在客人到达前检查房间，确保房间状态正常，礼品发送准确无误。此外要将钥匙卡、钥匙、班车时刻表、欢迎信封及登记卡等放至客务经理处。当客人抵达后，应以客人姓氏称呼客人，由客务经理亲自迎接，并将客人送至房间。接待完成后，为客人建立档案，并注明身份，以便作为预订和日后查询的参考资料。

5) 团队客人接待

在团队到达前，按照团队要求提前分配好房间，预先备好团队的钥匙，并与有关部门联系确保房间为可售房。团队到达后，接待员与领队确认房间数、人数及早晨唤醒时间、团队行李离店时间并协助领队发放钥匙，并告知客人电梯的位置。入住手续办理完毕后，总台接待员将准确的房间号名单转交行李部，以便行李的发送，修正完所有更改事项后，及时将所有相关信息输入计算机。

6) 前厅接待协调配合

前厅接待人员同预订、问讯、行李、总机、前台收款、客房、餐厅等部门主动配合、相互支持、无脱节、互推责任现象发生。

3. 前厅问讯处服务工作规程

1) 服务人员

能用两种外语和普通话提供服务，服务语言准确、规范。熟练掌握问讯处各项服务工作以及饭店各部门情况，熟悉当地交通、景点、餐厅等各种旅游服务知识，反应灵活，应变能力强。

2) 问讯服务

客人前来问询，接待主动热情，耐心细致，语言亲切。客人问询内容掌握清楚，回答简明扼要，语言规范。对未听清的问题，礼貌地请客人复述；一时不能回答或超出业务范围的问题，表示歉意，请教有关人员或查阅有关资料后及时准确回答。无推托、不理睬客人或简单回答“不行”“不知道”等现象发生。

3) 代客沟通与联系

客人前来联系服务项目、解答疑难或订餐、订票等服务，接待热情，了解客人要求。需沟通联系的部门人员清楚明确，联系订餐、订票遵守操作程序。向客人转达或代客办理快速及时，对无法沟通或解决的问题，要耐心解释，语言婉转礼貌。

4) 访客与查询

外人前来会客，应准确无误掌握所会客人姓名、房号或饭店部门，请客人及时、按规定填写会客单，安排会见地点，礼貌地引导来人前往。明确客人查询的内容要求，电脑操作快速准确，查询结果转告客人及时，服务周到细致。

5) 代客留言

问询处有留言簿和留言单，客人要求留言，内容填写清楚准确。留言转送、转答要求具体明确，办理及时。无差错、丢失、忘记转达等现象发生。

6) 邮件服务

总台邮件分类处理程序规范，收到客人及饭店信函、邮件、电信、报纸等，分类准确，客人邮件设专用登记簿，登记收件时间。各类邮件收到后，迅速请行李员分送。快件、电报、电传等均在半小时内发出。无错送、漏送、误时、误事现象发生。如客人不在客房，行李员将信送至前台接待处，办好交接手续，由前台在电话总机或客人客房内留言，告知客人尽快收阅。在规定时间内无人领取错投邮件，三天内退回邮局。代客寄发信函，收件要求明确，邮资登记清楚准确，发送及时。

7) 钥匙保管

客房钥匙卡排列整齐规范。客人进店，按所分房号分发钥匙，客人寄存钥匙卡摆放整齐。客人回店，凭住房卡发放钥匙卡。客人退房离店，及时收回钥匙卡。总台客房钥匙每月清理统计一次，缺额补齐。客人钥匙丢失，按饭店规定处理。所有钥匙不随意留在柜台上。不会因钥匙丢失造成盗窃事故发生。

8) 服务协调配合

问询处员工每天根据工作需要，主动同预订、接待、行李、总机、商务中心和客房、餐厅、工程、安全等各部门配合。在问询、留言、叫醒服务、钥匙保管等各项服务中无互不衔接、互不通气、服务脱节、影响客人需求的现象发生。整体服务效果良好，客人满意程度不低于95%。

4. 前厅行李服务工作规程

1) 行李设备与用品

行李车(图10-4)、行李网、行李簿、行李卡及办公设备用品齐全，摆放位置得当，不影响客人进出和前厅环境整洁，取用方便。

2) 行李人员

熟悉行李服务的工作内容、工作程序和操作规则。熟悉饭店所有客房的位置、服务项目、各部门方位及内部各条路径。

3) 客人入住行李服务

客人到达门前，应主动及时迎接、问候(图10-5)，接卸行李、清点件数，引导客人进入前厅柜台办理入住登记手续。提行李陪送客人进房。返回后填写《行李员服务登记表》准确无误。对贵宾，派专人接送行李，优先送入客房。整个行李服务中做到礼貌、迅速、准确、及时，动作轻稳，无任何差错及破坏客人行李等责任事故发生。

4) 客人离店行李服务

接到客人离店通知，了解客人姓名、房号、取送要求，到客房取行李送到前厅及填写行李卡快速准确。主动送到门外告别客人，无行李差错及损坏现象发生。

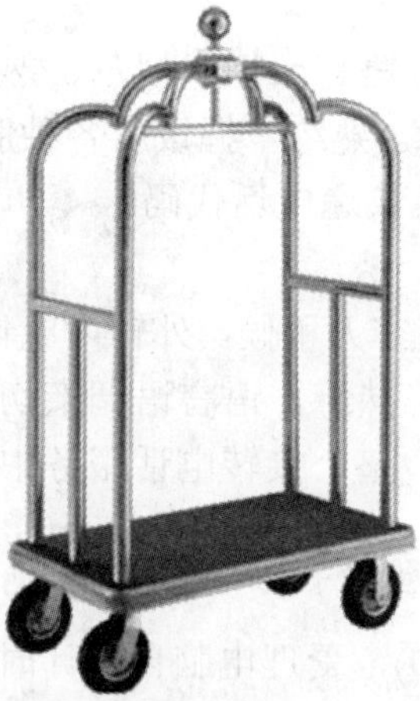

图 10-4 行李车

图 10-5 热情迎接服务

5) 团队客人行李服务

团队客人到达，主动到门外迎接，清点行李件数，同旅行社办理交接手续、填写“团队行李登记簿”等准确无误。行李堆存准确、规范，行李牌拴挂准确，运送行李进入客房快速、准确，无错送、漏送、延误等现象发生。接到团队客人离店通知后，掌握收取行李时间，收取行李、送到前厅同旅行社办理行李交接手续、检查行李件数无任何差错。行李装车快速轻便，告别客人主动热情，无任何差错及破坏客人行李等责任事故发生。

6) 客人行李暂存服务

客人要求寄存行李，接待主动热情，《暂存行李单》填写清楚、准确，寄存行李服务中无任何损坏、丢失、差错等责任事故发生。客人或客人委托的代理人来取行李，存单支付后核对准确，清点、发放行李与件数无误，登记签字手续规范。超时寄存，收费符合饭店规定。行李房整洁、安全，存放物品摆放有序，无私人物品。

7) 传递函件报表服务

行李员熟悉函件、报表传递程序、路线。接受传递时清点件数，掌握接收人姓名、房号或接收单位，传送准确及时。交接手续规范，无误传、延误等责任事故发生。

8) 委托代办服务

委托代办业务完善，服务规范，接受客人要求准确。外修、外购服务及时，登记好外修外购内容、要求时间、费用等，收费符合规定。

5. 电话总机服务工作规程

1) 机房设备用品

采用程控交换机，电话门数和饭店接待能力及业务相适应。配有自动计时、计费、自动叫醒、电话查询和寻呼服务等配套设备。室内设备安装摆放整齐美观，性能优良、维修方便。完好率不低于 95%。无人为故障发生。电话簿、电话通知单、收费单、留言薄等用品齐全。

2) 机房话务人员

能用三种以上的外语和普通话提供通话服务。服务语言亲切、规范、熟悉总机工作内容、工作程序和各项业务操作方法及电脑操作技术。熟练掌握饭店各种服务项目、收费标准、电话号码和领导家中电话号码，熟悉本市及长途电话代码。

3) 接转电话服务

接转电话，电铃三响内接听，因占线或业务繁忙请客人稍候。外转内电话先问好，报店名。内转电话和店内接转先报总机。接转动作准确熟练，语言语调亲切甜美。无人接听电话，询问客人是否留言。不留空机台交换机，整个接转电话服务中无错误，漏接、误转误接现象发生。

4) 长途电话服务

住客呼叫总机直拨国际长途(IDD)和国内长途(DDD)，受理电脑自动计时，计费和入账传递准确。客人请总机接拨国际或国内长途，掌握客人房号、姓名和具体要求，接通长途台挂号迅速及时，通报本机，分机号、信用卡号码记录准确，核对无误，计时入账准确。授理店外客人长途电话，请客人先付定金，提供热情周到的服务。整个长途电话服务做到分类授理清楚，接挂快速准确，计时收费手续规范。服务周到细心，给客人以方便感。

5) 电话传呼服务

客人要求传呼找人，接到电话后，启动传呼机，准确快速键入客人电话号码、姓名。传呼找不到寻呼者，主动向客人表示歉意。

6) 代客留言与叫醒服务

住客请求电话留言，准确记录留言者姓名、房号、电话号码、留言内容、转告及时，主动承接叫醒服务，叫醒客人的姓名、序号、时间、分机号码输入电脑打印机正确无误，电话自动叫醒及时。无差错和责任事故发生。

7) 紧急情况充当临时指挥中心

电话总机房应备有火灾、治安、医疗及各种自然灾害处理程序的录音带，根据饭店最高领导者的决策迅速播放，遇到特殊紧急情况，话务员沉着、冷静。接到情况报告电话，询问清楚报告人姓名、身份和发生何种情况，及时报告有关领导，使领导者迅速进入领导负责状态，并继续提供日常总机服务。紧急情况的各种电话处理有完整记录，以备日后检查。

8) 服务协调配合

总机房内部分工配合有序，交接班的内容、待处理问题交接明确。电话查询服务周到，背景音乐播放时间，乐曲选择、音量控制合理。服务中主动同前厅预订、接待、客房、餐厅、工程等有关部门密切配合。客人满意程度不低于95%。

6. 商务中心服务工作规程

1) 服务项目与设备

商务中心设在前厅客人前往方便的地方。能够提供电传、传真、复印、打字、秘书等五种以上服务(图10-6)，配有现代化通讯配套设备。各种设备布置合理，安装摆放整齐美观，注意绿化和美化。设备性能良好，维修保养及时，完好率不低于 98%。服务迅速，给客人以方便感。

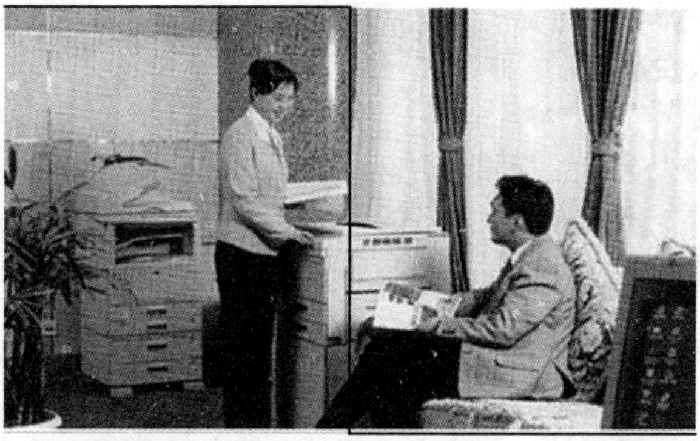

图 10-6 商务中心服务

2) 服务人员能用两种以上外语和普通话提供服务，礼节礼貌和服务语言准确、规范。熟悉商务中心工作内容和程序。熟练掌握各种操作设备的性能、作用和操作技术，能进行简单保养和排除简单故障。服务迅速，给客人以方便感。

3) 电传与传真服务

受理客人电传与传真，将客人姓名、房号、发往国家、地区及文稿等内容，填写清楚、准确；发送呼号、线路沟通快速，操作技术熟练。发送时间一般不超过 10 分钟。接受电传或传真，遵守规定规程，收件内容与收件人、收件时间登记清楚。交稿转交客人送出时间或通知客人取稿时间不超过 10 分钟。整个电传、传真服务过程中做到服务热情周到，收发快速准确、收费入账手续规范。无收发错误，误发误收漏发延误等责任事故发生。

4) 电脑打印服务

客人提出打印文稿，其文稿内容检查和客人的姓名，房号，打印格式、字型、时间要求等记录准确，软盘选用无误，电脑打字操作技术熟练、准确，打字每分钟不少于 100 字，错字不少于 2‰。若客人自带软盘要求用电脑做文字处理，先做病毒检查，对有病毒的软盘，先做消除病毒工作，如无特种病毒消除卡，礼貌地向客人表示歉意。电脑打字收费符合饭店规定标准，手续规范，服务周到热情。

5) 文件复印服务

客人要求复印文件，其原件内容检查清楚，客人姓名、房号、复印张数、纸型、规格等登记准确，复印操作技术熟练，复印效果良好。能够按客人要求装订，装订效果美观整齐。

6) 通讯电码服务

商务中心备有各商务机构通讯名录，能为客人提供商务机构通讯电码查询服务，收到海内外商务机构电码变动信息分类登记存放，适时通知有关商务客人。

7) 寄送快递服务

能够承担当地外贸系统寄送快递业务的公司下属饭店，商务中心与当地外贸系统签订业务合同，熟悉外贸部门寄送快件的业务范围和有关规定。客人前来要求此种服务，接待热情主动，按限定种类接收，检查客人快件物品包装，准确填写发生国家、地区及收件人地址、单位、姓名、登记手续规范。称重、包装服务快递，发出时间不超过三小时，入账收费准确。

8) 整体服务协调

商务中心各部门人员能够互相配合，密切合作，并主动与前厅接待问询、总机和饭店长住商务机构，外贸机构搞好业务配合。

7. 客人投诉处理服务工作规程

1) 接受客人投诉

接到客人投诉，态度诚恳、耐心，保持冷静。仔细聆听客人投诉内容，站在客人的角度对其表示同情，尽量缩短与客人之间的感情上的距离，使客人对服务人员产生信任感。接受投诉时，首先服务人员自己要冷静，然后尽可能让客人也冷静下来。

2) 客人投诉调查

对涉及饭店其他部门或其他餐厅人员，且事实不清的客人投诉做好记录，了解客人投诉原因和要求，告诉客人需做调查及大致等候时间。投诉客人姓名、房号及有关内容记录准确具体。调查认真细致，不推脱、搪塞客人。

3) 客人投诉处理

所有投诉处理，不在客人较多的公开场所进行。单独接触时态度友善，不争吵、不辩论。事实调查清楚，提出处理办法后，耐心转告客人，征求客人对处理方法的意见。根据饭店是否应承担责任及责任大小，适当优惠或赠送客人食品、饮料。若属客人误解或不了解饭店有关规定引起的投诉，婉转解释，消除误解。客人接受处理意见后，向客人表示感谢。

4) 投诉处理善后工作

餐饮部各餐厅每天的投诉记录，交部门经理或秘书汇总。重要投诉，及时报告上级。投诉内容分类整理，定期分析，对带倾向性的问题，及时提出改进措施，提高服务质量。已经处理过的类似投诉，基本不再发生。整个投诉处理过程中，始终做到礼貌、态度和蔼地解决问题，使客人满意或基本满意。

10.1.4 前厅部常见问题与控制方法

1. 换房

住店客人调换房间往往有两种可能：一种是住客主动提出，另一种是饭店的要求。住客可能因客房所处位置、价格、大小、类型、噪音、舒适程度以及所处楼层、朝向、人数变化、客房设施设备出现故障等原因而要求换房；饭店可能因客房的维修保养，住客离店日期延后，为团队会议宾客集中排房等原因而向宾客提出换房的要求。换房往往会给宾客或饭店带来麻烦，故必须慎重处理。需要注意的是，在搬运宾客私人物品时，应坚持两人以上(大堂经理等)在场时进行物品的搬运，除非经宾客授权。

换房的服务程序：①了解换房原因；②查看客房状态资料，为客人排房；③填写房间/房租变更单；④为客人提供换房时行李服务；⑤发放新的房卡与钥匙，由行李员收回原房卡与钥匙；⑥接待员更改计算机资料，更改房态。

2. 离店日期变更

宾客在住店过程中，因情况变化，可能会要求提前离店或推迟离店。

宾客提前离店，应通知客房预订处修改预订记录，前台应将此信息通知客房部尽快清扫整理客房。宾客推迟离店，也要与客房预订处联系，检查能否满足其要求。若可以，接待员应开出“推迟离店通知单”，通知结账处、客房部等；若用房紧张，无法满足宾客逾期离店要求，则应主动耐心地向宾客解释并设法为其联系其他住处，征得宾客的谅解。如果客人不愿意离开，前厅人员应立即通知预订部，为即将到店的客人另寻房间。如实在无房，则只能为即将来店的临时预订客人联系其他饭店。

处理这类问题的原则是，宁可让即将到店的客人住到别的饭店，也不能赶走已住店的客人。同时，从管理的角度来看，旺季时，前厅部应采取相应的有效措施，尽早发现宾客推迟离店的信息，以争取主动。如在开房率高峰时期，提前一天让接待员用电话与计划离店的住客联系，确认其具体的离店日期和时间，以获所需信息，尽早采取措施。

3. 宾客不愿详细登记

有部分宾客为减少麻烦，出于保密或为了显示自己特殊身份和地位等目的，住店时不愿登记或登记时有些项目不愿填写。针对这种情况，接待员应妥善处理。

(1) 耐心向宾客解释填写住宿登记表的必要性。

(2) 若宾客出于怕麻烦或填写有困难，则可代其填写，只要求宾客签名确认即可。

(3) 若宾客出于某种顾虑，担心住店期间被打扰，则可以告诉宾客，饭店的计算机电话系统有“DND”(请勿打扰)功能，并通知有关接待人员，保证宾客不被打扰。

(4) 若宾客为了显示其身份地位，饭店也应努力改进服务，满足宾客需求。例如充分利用已建立起的客史档案系统，提前为宾客填妥登记表中有关内容，进行预先登记，在宾客抵店时，只需签名即可入住。对于常客、商务宾客及VIP宾客，可先请宾客在大堂里休息，为其送上一杯茶(或咖啡)，然后前去为宾客办理登记手续，甚至可让其在客房内办理手续，以显示对宾客的重视和体贴。

4. 宾客抵店入住时，发现房间已被占用

这一现象被称为“重房”，是前厅部工作的重大失误。此时，应立即向宾客道歉，承认属于工作的疏忽。同时，安置宾客到大堂、咖啡厅或就近的空房入座，并为宾客送上一杯茶，以消除其烦躁的情绪，并尽快重新安排客房。等房间安排好后，应由接待员或行李员亲自带宾客进房，并采取相应的补救措施。事后，应寻找发生问题的根源，如房间状态显示系统出错，则应与客房部联系，共同采取措施加以纠正。

5. 押金数额不足

由于饭店客源的复杂性，客人付款方式的多样性，饭店坏账、漏账、逃账的可能性始终存在。客人在办理入住登记手续时，如果表示用现金支付费用时，饭店为了维护自身的利益，常要求客人预付一定数量的押金，结账时多退少补，如首次住店的客人、无行李的客人、无客史档案的客人及以往信用不良的客人。押金的数额依据客人的住宿天数而定，主要是预收住宿期间的房租。一些饭店为方便客人使用房间内长途电话(IDD、DDD)，饮用房内小酒吧的酒水、洗衣费签单等，常会要求客人多预交一天的房租作为押金，当然也是作为客人免费使用房间设备、设施的押金，如果客人拿走或损坏客房的正常补给品则须照价赔偿。在一些时候，客人的钱只够支付房租，而不够支付额外的押金。遇到这种情况，接待员要请示上级做出处理。如让客人入住，签发的房卡为钥匙卡(不能签单消费)，应通知总机关闭长途线路，通知客房楼层收吧或锁上小酒吧。后两项工作一定要在客人进房前做好，不要让住客撞见，以免客人尴尬和反感。客人入住后，客房楼层服务员对该房间要多加留意。

6. 成年男女同住

我国旅客住宿登记制度规定，成年男女要求同房住宿的，除男女双方均为境外旅客外，需持有结婚证或一方所在单位出具夫妻关系证明，才准予安排同房住宿。

7. 加床

客人加床大致分两种情况，一是客人在办理登记手续时要求加床，二是客人在住宿期间要求加床。

饭店要按规定为加床客人办理入住登记手续，并为其签发房卡，房卡中的房租为加床费，加床费转至住客付款账单上。如客人在住宿期间要求加床，第三个客人在办理入住登记手续时，入住登记表需支付房费的住客签名确认。接待处将加床信息以“加床通知单”的形式通知相关部门。

8. 宾客离店时，带走客房内物品

有些宾客或是为了留做纪念，或是贪小便宜，常会随身带走浴巾、茶杯、电视机遥控器、书籍等客房用品。此时，接待员应巧妙地请宾客提供线索帮助查找：“房间里的××东西不见了，麻烦您在房间找一找，是否忘记放在什么地方了，或是收拾行李太匆忙顺便夹在里面了。”为宾客解决问题留出余地，给宾客“面子”。若宾客仍不承认，则应耐心解释：“这些物品是非纪念品，如果您实在喜欢，可帮您在客房部联系购买。”切忌草率要求宾客打开箱子检查，以免使宾客感到尴尬，或伤了宾客的自尊心。千万不可与宾客斗“气”争“理”，只有保全宾客的“面子”，问题才容易解决。

10.2 饭店客房部业务管理

客房部又称管家部，是管理有关客房事务、向客人提供住宿服务的部门。客房是饭店的基本设施和主体部分，是饭店的主要创收和创利部门。

10.2.1 客房部地位及主要任务

1. 客房部地位

客房(图 10-7)是饭店的主体，是饭店的主要组成部门，是饭店存在的基础，在饭店中占有重要地位。

图 10-7 客房

1) 客房是饭店存在的基础

饭店是向客人提供生活需要的综合服务设施，它必须能向客人提供住宿服务，而要住宿必须有客房，从这个意义上来说，有客房便能成为饭店，所以说客房是饭店存在的基础。

2) 客房是饭店组成的主体

按客房和餐位的一般比例，在饭店建筑面积中，客房占 70%～80%；饭店的固定资产，也绝大部分在客房，饭店经营活动所必需的各种物质设备和物料用品，亦大部分在客房，所以说客房是饭店的主要组成部分。

3) 饭店的等级水平主要是由客店水平决定的

人们衡量饭店的等级水平，主要依据饭店的设备和服务。设备无论从外观、数量或使用来说，都主要体现在客房，因为客人在客房待的时间较长，较易于感受，因而客房服务水平常常被人衡量饭店等级水平的标准。客房水平包括两个方面：一是客房设备(图 10-7)，包括房间、家具、墙壁和地面的装饰、客房布置及客房电器设备和卫生间设备等；二是服务水平即服务员的工作态度，服务技巧和方法等。

4) 客房是饭店经济收入和利润的重要来源

饭店的经济收入主要来源于三部分：客房收入、餐饮收入和综合服务设施收入。其中，客房收入是饭店收入的主要来源，而且客房收入较其他部门收入稳定。客房收入一般占饭店总收入的 50%左右。从利润来分析，因客房经营成本比餐饮部、商场部等都小，所以其利润是饭店利润的主要来源。

5) 客房是带动饭店一切经济活动的枢纽

饭店作为一种现代化食宿购物场所，只有在客房入住率高的情况下，饭店的一切设施才能发挥作用，饭店的一切组织机构才能运转，才能带动整个饭店的经营管理。

客人住进客房，要到前台办手续、交房租；要到饮食部用餐、宴请；要到商务中心进行商务活动，还要健身、购物、娱乐，因而客房服务带动了饭店的各种综合服务设施。

6) 服务质量影响着饭店的声誉

客房是客人在饭店中逗留时间最长的地方，客人对客房更有“家”的感觉。因此，客房的卫生是否清洁，服务人员的服务态度是否热情、周到、服务项目是否齐全丰富等，对客人有着直接影响，是客人衡量“价”与“值”是否相符的主要依据，所以客房服务质量是衡量整个饭店服务质量，维护饭店声誉的重要标志。

2. 客房部的主要任务

客房部作为饭店营运中的一个重要部门，其主要的工作任务是为宾客提供一个舒适、安静、幽雅、安全的住宿环境，并针对宾客的习惯和特点做好细致、便捷、周到、热诚的对客服务。

1) 抓好卫生工作

客房卫生的好坏直接影响到客房的出售质量与客人的满意程度。客房卫生包括两大部分：一是环境卫生，环境卫生包括楼面卫生和公共区域卫生，它是宾客到达楼层所看到和感受到的第一印象。在平时的工作中应要求该区域员工，做到常巡视、多擦拭、留意细节卫生。例如，大厅等公共区域的烟缸，要保证在其有二或三个烟头，就将其换掉。楼面地毯及其他设施要保证每天至少三遍以上的清理与擦拭，特殊情况还要做的次数更多，保证楼面卫生一尘不染等。二是房间卫生，房间卫生顾名思义是客用房间的整体卫生情况。卫生清洁工作包括：清理垃圾、床铺整理、擦拭家具、卫生间清洁、补充物品、地毯吸尘等，它要求做到整洁、规范、舒适。宾客入住饭店有大部分时间是在房间度过的(尤其是商务客人)，因此就要求房间清扫员对房间进行细致的清扫。在日常工作中，客房的各级管理人员要严格按查房程序逐级检查房间，保证房间卫生，并在工作中不断提高房间卫生质量。

2) 做好对客服务

在房间卫生质量保证的情况下，对客服务是客房又一项工作重点，它包括：擦鞋服务、会客服务、托婴服务、洗衣服务、夜床服务、叫醒服务、送餐服务等。入住饭店的宾客多种多样，每个人的习惯、爱好等也不一样、这就要求客房部提供的服务也要有针对性。例如，对于团队客人，就要做到了解客人的日程安排，掌握其出行规律，以便为其提供相应的服务。对于会议客人和商务散客，就要求按照客人的需要及时地为宾客打扫房间，保证客人的会客等其他特殊需求，使得客人有犹如回家的感觉，达到让客人满意而来，高兴而归。

3) 做好安全工作

安全对于客房工作是不可轻视的，客房的安全工作要从严、从细抓起，它要求客房每个员工都要做到，严格按照客房部所规定的安全操作制度、防火制度、钥匙卡管理制度、来客访问制度、开房门制度等来进行工作。例如，在平时工作中，见了陌生人员要细心询问、发现不良事件及时报告、房卡要随身携带、为客开门要核对身份等。从多种渠道防止不安全的因素发生，保证宾客及饭店人身、财产的安全，从而保证饭店的正常运营，促进饭店效益的提高。

4) 提供个性化服务

饭店业作为一个每日与数量众多且各具个性的顾客进行亲密接触的特殊行业，则更加迫切需要进行由传统的服务模式向为宾客提供个性化服务模式的转变。所谓个性化服务就是指以宾客为中心，有针对性地为宾客提供服务，它的目的是使服务持续改进而达到使宾客获得持续的满意。它的方法多种多样，究其根本是满足客人的各种合理而可能的需求，如帮助客人订机票、订火车票，为宾客提供打字、复印、传真、翻译等服务，从全方位多角度为客人提供服务。只有针对不同顾客的不同需求提供个性化服务，才有可能使每位顾客都感到满意，饭店的价值才能得以实现。

10.2.2 客房部组织机构与职能

1. 客房部组织机构的设置原则

1) 从实际出发

客房部组织机构的设置应该从饭店的规模、档次、设施设备、管理思想及服务项目等实际出发，不要生搬硬套；也不要以单一地模仿为主。作为一个优秀的企业一定要有自己独特的管理模式。

2) 精简原则

防止机构臃肿和人浮于事的现象，特别注意要“因事设人”，而不能“因人设事”或“因人设岗”；另一方面还要注意“机构精简”并不意味着机构的过分简单化，以致出现职能空缺的现象。

3) 分工明确

应明确各岗位人员的职责和任务、上下级隶属关系及信息传达的渠道和途径。

2. 客房部组织机构的设置

1) 大、中型饭店客房部的组织机构

大、中型饭店客房部(图 10-8)业务范围广、组织机构规模大，其基本特点是分支机构多、工种岗位全、分工较精细、员工数量多。

2) 小型饭店客房部组织机构

在规模较小的饭店里，客房部的组织机构(图 10-9)简洁明了，保留了三条主线，即楼层客房服务组、公共区域服务组及布件房。由于不设统一调度的客房服务中心，对住客的服务工作由楼层客房服务员直接承担。为保证服务质量，可设专职接待员。公共区域服务组内不设专门的清洁工种，一些专业性强的清洁工作可包给专门的清洁公司担任。小型饭店一般不设洗衣房，客房、餐厅等所需的布件及客衣的洗熨由专门的洗衣公司来承接。

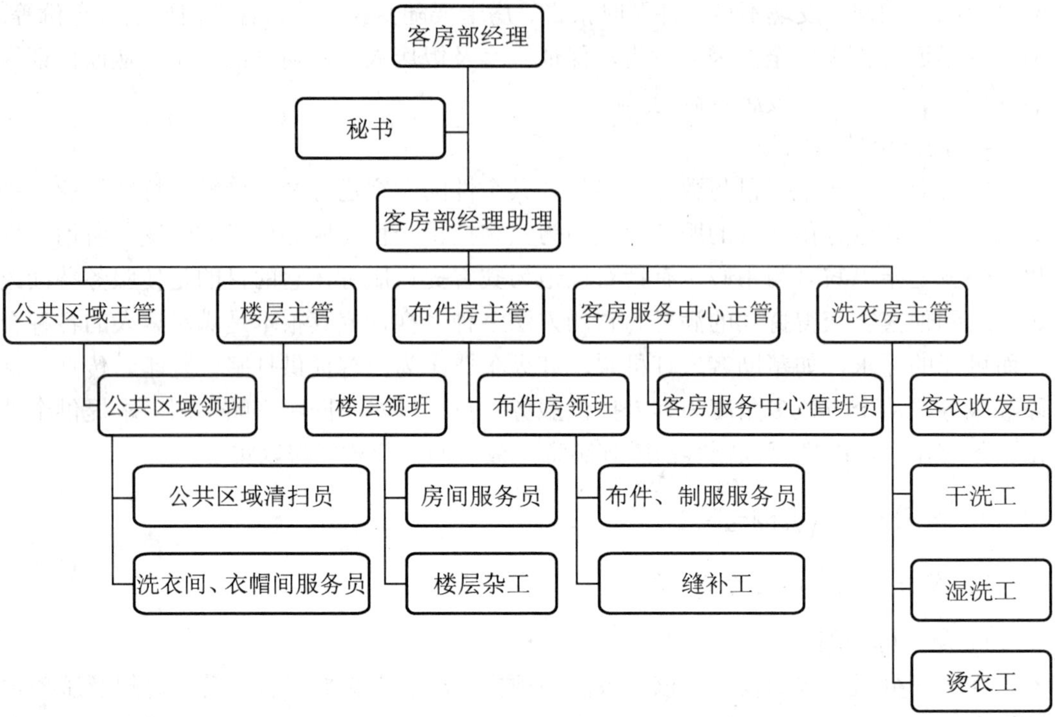

图 10-8　大中型饭店客房部组织机构

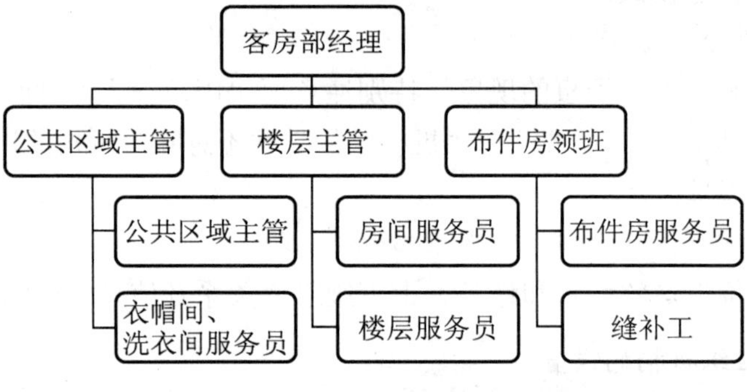

图 10-9　小型饭店客房部组织机构

3. 客房部各机构的主要职能

1) 宾客服务中心

中外合资饭店或由外方管理的饭店通常都设有宾客服务中心。它既是客房部的信息中心，又是对客服务中心，负责统一调度对客服务工作，掌握和控制客房状况，同时还负责失物招领、发放客房用品、管理楼层钥匙以及与其他部门联络与协调等。

2) 客房楼面

客房楼面由各种类型的客房组成，是客人休息的场所。每一层楼都设有供服务员使用的工作间。楼面人员负责全部客房及楼层走廊的清洁卫生，以及客房内用品的替换、设备的简易维修和保养等，并为住客和来访客人提供必要的服务。

3) 公共区域

负责饭店各部门办公室、餐厅、公共洗手间、衣帽间、大堂、电梯厅、各通道、楼梯、花园和门窗等公共区域的清洁卫生工作。

4) 制服与布草房

负责饭店所有工作人员的制服以及餐厅和客房所有布草收发、分类和保管。对有损坏的制服和布草及时修补，并储备足够的制服和布草以供周转使用。

5) 洗衣房

负责收洗客衣，洗涤员工制服和对客服务的所有布草与布件。洗衣房的归属，在不同的饭店有不同的管理模式。大部分饭店都归客房部管理，但有的大型饭店，洗衣房则独立成为一个部门，而且对外服务。而小型饭店则可不设洗衣房，其洗涤业务可委托社会上的洗衣房。

现在各大饭店在设置上由于采取不同的管理方式而大相径庭，每一个部门与岗位的设立都起着不同的作用，而这些岗位都在潜移默化地为饭店做着不同的贡献。

【知识链接】

健康饭店

健康饭店是指以关注健康为宗旨，将健康管理融入饭店经营管理之中，运用健康、养生、人本理念，坚持健康管理和以人为本，倡导健康型生活方式，创造和谐幸福环境的饭店。其核心是为顾客提供有利于身体健康、有助于预防疾病的健康客房、健康餐饮和健康服务项目，在生产过程中珍视顾客的健康，不断提高健康服务质量。要创建健康饭店需要符合六大标准，即健康管理、健康环境、健康客房、健康餐饮、健康设施和以人为本。

10.2.3 客房部工作规程

客房服务工作讲究一定的程序规范，对于保证质量、提高效率有着重要意义。

1. 客人到达前的准备工作

在客人到达前，应根据前厅的客情预报，了解有关信息，认真做好各项准备工作。首先要检查客房的准备情况，看是否按规定的标准进行整理和布置；房间清洁卫生是否达标；用品是否齐备；设备设施是否完好等。如客人对房间布置有特殊要求，应在不影响接待规格的条件下，尽可能予以满足。如客人预计到店时间较晚(20 点后)，可提前将夜床做好。如有可能，还要了解有关客人的情况，包括客人的姓名、身份、宗教信仰、风俗习惯、健康状况、生活特点、活动日程安排等，以便为客人到达时的迎接和住店后的工作做好准备。

2. 客人到达时的迎接

客房服务员一般只在楼层迎接入住客人。迎接时应面带微笑、热情欢迎，主动帮助客人提行李，引领客人进房间。引领客人进房后，先将行李放下，适当向客人介绍客房内的设备用品的位置和使用要求，事情处理完后不宜在客房内久留。离开客房时，应询问客人有无其他吩咐，并祝客人过得愉快。

3. 客人住店期间的服务

1) 客房小酒吧

在提供客房小酒吧(图 10-10)服务时，客房部服务员应遵循以下操作要求。①先检查客人是否用过小酒吧，如果用过，则核对客人是否填写清单，如果没有填写，应帮助客人填写；如果客人填写有出入，应向客人说明、澄清并进行更正。②检查小酒吧的饮料和食品，进行及时的补充，在补充时，要注意检查饮料和食品的有效期。

图 10-10　客房小酒吧

2) 送水服务

(1) 客人有时会要求送茶水，服务员应及时提供服务，并问清楚客人是要哪一种茶。

(2) 注意观察，当有人来拜访客人时，要主动问客人是否需要送茶水，主动提供适时的服务。

3) 房餐服务

房餐服务是指客房部服务员将客人所点的食物送到客房的一种服务。在具体的操作中，要注意以下一些事项。

(1) 所送餐饮必须使用保温、保凉和保暖的用具，并且一定要保证其清洁。

(2) 送餐时要小心细致，避免将食物打翻在地。

(3) 提供房餐服务后，要记得将客人用过的餐具和用剩的食物撤出房间，以免影响房内的卫生和遗失餐具。收餐一般是在送餐 1 小时之后，并征得客人同意。

(4) 在收餐时，应注意清点餐具，检查有无损坏，并注意擦干净桌上的脏物，将烟灰缸、玻璃杯等进行及时的更换。

(5) 请客人在账单上签名。提供房餐服务一般收取 20%～30%的服务费。

4) 洗衣服务

(1) 在将客人的衣物送至洗衣房洗涤之前，应要求客人先填好“洗衣登记表”。

(2) 登记表一般放置于写字台上或是与洗衣袋一起放在衣橱中，客人有衣物要洗时，先填好表，在上面注明自己的姓名、房号、所需洗涤衣物的件数、以及日期，并要注明是需要普通洗涤还是快洗。

(3) 服务员进房收衣服时，应仔细核对客人所填表格是否与实际相符，同时检查衣服是否褪色或有污损，纽扣有无脱落以及衣服口袋里是否有忘了拿出的东西等，如果有问题，应向客人说明，并在登记表上注明。

(4) 必要时，客房部服务员还应在登记表上注明洗涤过程中对某些情况的处理方法，如洗涤时的缩水、褪色问题等，以及出现洗坏或是丢失等情况时的赔偿问题等。

(5) 衣物洗涤干净之后，服务员要根据洗衣单进行仔细核对，然后将客衣送至客人的房间，并请客人查收，等客人查点清楚之后再离开房间。

(6) 注意在存根联上注明送衣日期与时间，签上姓名。

5) 失物招领服务

客房失物招领服务程序健全。客房员工整理客房、清扫卫生、离店查房或公共场所拾到客人遗留、丢失的物品，及时报告主管，登记手续规范。客人离店前询问丢失物品，24 小时内同客人核对，准确无误后，交还客人。客人离店后来电来函查询者，经查核无误后，72 小时内挂号寄还客人。服务员无私拿隐瞒客人丢失物品的现象发生。

6) 擦皮鞋服务

客房免费提供擦皮鞋服务。客人皮鞋放在门口，每日按时收取，做好记录。两小时内擦干净后送回客房，无丢失、损坏、送错房间的现象发生。

7) 幼儿看护服务

饭店建有一套完整的幼儿(18 个月以下幼儿不提供)看护服务程序。客人要求提供幼儿看护服务时，准确记录客人姓名、房号、看护时间与要求、费用标准。看护服务员工作认真负责，无磕碰幼儿、乱喂幼儿食物等差错发生。客人回店后及时送回幼儿，按饭店规定收取看护费用，手续规范。

【知识链接】

客房个性化服务

饭店的个性化服务，是指饭店为满足不同客人的个性需求而提供的针对性服务。饭店的个性化服务起源于海外发达国家，称之为 personalized service 或 individualized service。

个性化服务的内容很广泛，主要体现在以下几个方面。

(1) 灵活服务。这是最普通的个性化服务，即不管饭店是否有相应的服务规范，只要客人提出的要求是合理的，饭店就应尽最大可能去满足他们。

(2) 癖好服务。这是最具体的个性化服务。客人的需求千差万别，有些客人的需求更是独特少遇，需要服务人员仔细观察，“投其所好”。

(3) 意外服务。这是最有针对性的个性化服务。服务人员急客人之所急，想客人之所想，在客人最需要帮助的时候提供“雪中送炭”式的个性化服务。

(4) 心理服务。这是最用心的个性化服务。凡是能满足客人深层次的、隐含的心理需求的个性化服务，都将给客人带来一份意外的惊喜。这要求饭店服务人员有强烈的服务意识，主动揣摩客人的心理，服务于客人开口之前。

(5) 自选服务。这是高品质的个性化服务。随着电脑技术的发展，个性化服务可通过电脑——宾客自选装置来实现。客人的留言、查询消费账目、结账、叫醒服务、客房送餐和 Vod 点播(客房视像点播系统)，都可以由客人通过客房电视电脑系统自由选择并处理。

4. 客人离店时的服务

1) 为送客人做好准备工作

(1) 要了解客人离开饭店的确切日期与时间，以及将要采用的交通工具。

(2) 检查客人是否有委托代办的事项，如果有，是否已办妥。应该送到总台的账单是否已结清。

(3) 问清客人是否需要行李搬送服务，如果需要的话，应问清具体的搬运时间及行李的件数，而后及时通知前厅的行李组，以方便其早做准备。

2) 客人离店时的送别工作

(1) 当客人离开房间时，应向其微笑道别。

(2) 为客人按电梯，当电梯到达楼面时，用手挡着电梯活动门，请客人进入电梯，并协助行李员将行李送入电梯、放好。

(3) 当电梯门即将关闭时，面向客人，微笑告别，并向客人表示欢迎他再次光临。

3) 离开之后的检查工作

(1) 客人离开楼层之后，应立即入房仔细检查。看客人离房之前是否使用过小酒吧的酒水，如果有，应立即告知结账处，并将酒水单送到前台。

(2) 检查房间物品是否有丢失，如果有，应立即报告大堂经理，及时进行处理。

(3) 检查客人是否有物品遗失，如果有，应立即追送。若未能追上，应按饭店有关规定进行处理。

(4) 做好离店客人的情况记录，并送至客房部进行存档，以备查阅。

10.2.4 客房部常见问题与控制方法

1. 客人物品丢失处理

安慰并帮助客人回忆物品可能丢失在什么地方。一般情况下，在本饭店丢失，请客人提供物品丢失过程的活动路线和场所，根据客人提供的线索，请有关部门及人员迅速查找；若物品在本饭店外丢失，迅速请人按照客人外出活动的路线和地点，请有关部门协助找回。在查找过程中，请客人耐心等待，物品找到后，迅速交给客人。如经多方面查找无结果，或原因不详的，饭店不负赔偿责任，但要向客人耐心解释。

2. 客房设备遭到破坏的处理

客人离店，服务员迅速检查房间。若发现客房设备物品被损坏，迅速报告主管人员，到现场查看。若属正常损坏，做好记录，请求维修。若属于非正常损坏，迅速和前台联系，请客人暂缓离店。

管理人员迅速和客人接触，说明某种设备或物品的损坏情况。凡属于非正常损坏，在查明原因的同时，根据公司规定，请求客人赔偿。此项工作必须在客人离店之前完成。

3. 客人带走客房物品的处理

客人离店，服务员迅速检查房间，发现客房贵重物品短缺，迅速报告主管处理。

管理人员迅速通知前台，和有关客人接触，查明原因。一般情况下，客人会承认已经带走。这时，管理人员可以婉转告诉客人饭店的有关规定，然后可提出将被客人带走的物品卖给他。切不可说客人私自拿走或偷走的话，以防损伤客人的自尊心，留下不好的印象。若客人不愿购买，则将物品收回。

10.3 饭店餐饮部业务管理

餐饮部是现代饭店中的一个重要部门。它不仅要满足客人对餐饮产品和服务的需求，为饭店在社会上树立良好的企业形象提供一个窗口；它还要为饭店创造较好的经济效益。因此餐饮管理水平的高低是衡量饭店管理水平的重要标志。

10.3.1 餐饮部地位及工作任务

1. 餐饮部的地位

从基本功能上看，它是饭店满足客人基本生活需求的主要服务部门。从最基本的观点出发，食、住、行是人们外出旅行或旅游的必要条件，其中住和饮食尤为重要，也是“家外之家”的本义之一。饭店、餐馆乃应旅游的产生而产生，随旅游的发展而发展。它是发展旅游业的物质基础，是旅游业的重要组成部分。同时，餐饮也是星级饭店必备的基本功能之一，是完全服务型饭店的功能要求之一。

在收入方面，餐饮部的收入是饭店营业收入的主要来源之一。餐饮部是饭店获得经济收益的重要部门之一，与客房收入、商场收入一起成为饭店收入的三大支柱。餐饮部的收入在饭店总收入中所占的比重因地、因饭店状况而异，受到饭店本身主、客观条件的影响，就目前国内而言，餐饮部的营业收入约占饭店营业收入的三分之一左右。

在市场营销上，餐饮部是饭店在市场营销中的重要组成部分。在日趋激烈的饭店市场竞争中，餐饮部占有极其重要的地拉，一直充当饭店营销的先锋。同时，餐饮业逐渐成为星级饭店的一种档次和服务的象征，对于增强饭店整体的营销实力来说，无疑比经济型饭店要强得多。相对于饭店的其他营业部门来说，餐饮部在竞争中更具有灵活性、多变性和可塑性。

餐饮部是平衡饭店经营中季节性差异的重要手段之一。饭店在经营中，往往带有一定的季节性特点，旅游旺季，饭店超负荷运转，而在淡季，设施设备、人员等闲置较多，而餐饮的季节性变化没有这样明显。

餐饮服务直接影响到饭店的声誉，餐饮部是树立饭店高品质形象的重要组成部分。餐饮服务的质量高，既可吸引客人，留住客人，还可增加饭店其他项目的收入；餐饮服务的好坏不仅直接关系到饭店的声誉和形象，也直接影响饭店的客源和经济效益。从服务的角度看，与前厅部的“短暂服务”、客服部的“暗服务”相比，餐饮部的服务更直接、接触更深入、互动更多、时间更长、环节更复杂。

餐饮服务可以弘扬中华民族的烹饪文化。饭店是我国对外的窗口之一，是接待和服务外宾的主要场所，是弘扬中华美食文化的重要的渠道之一。

2. 餐饮部的任务

饭店餐饮部主要承担着向国内外宾客提供优质菜肴、饮料、点心和优质服务的重任，并通过满足用餐者的各种需求，为饭店创造更多的营业收入。

1) 提供能满足客人需要的优质餐饮产品

餐饮部需及时掌握各种不同客人的餐饮需求，有针对性地推出他们所期望获得的餐饮产品；准确把握优质餐饮产品的含义，精心策划饮食产品的各种组合；对餐饮产品的生产过程进行管理，保证文明生产、卫生操作，并稳定和提高菜品质量；加强食品、饭水原料的采购、贮藏、发放管理，保证生产活动的需要。

2) 提供恰到好处的优良服务

餐厅是销售餐饮产品的场所，产品销售的关键是要为客人提供优质的服务，优质的服务必须是恰到好处的服务。

3) 广泛组织客源，扩大产品销售，增加营业收入，提高创利水平

增加餐饮收入与餐饮利润是饭店餐饮部的主要目标，餐饮部应依据饭店所在地的市场变化情况以及饭店本身的状况，设定经营范围、服务项目和产品品种。

4) 为树立饭店的高品质形象服务

餐饮部与客人的接触面广、量大且又是直接接触，面对面服务时间长，从而给宾客留下的印象最深，并直接影响客人对整个饭店的评价。

10.3.2 餐饮部组织机构与职能

1. 餐饮部组织机构的设置原则

1) 精简与效率相统一的原则

配备的人员数量与所承担的任务相适应，机构内部分工粗细得当，职责明确，每人有足够的工作量，工作效率高，应变能力强。

2) 专业化和自动调节相结合的原则

餐饮管理是一项专业性很强的工作，必须保持其组织机构和工作内容的专业性和正规性。管理人员还要能够在不断变化的客观环境中主动处理问题，具有自动调节的功能。

3) 权利和责任相适应的原则

要求组织机构的等级层次合理，各级管理人员的责任明确，权力大小能够保证所承担任务的顺利完成，责权分配不影响管理人员之间的协调与配合。

2. 餐饮部组织机构的模式

1) 大型饭店餐饮部组织机构

大型饭店的餐饮部组织机构(图 10-11)其结构复杂，层次多，分工明确细致。其中餐饮部的采购主要指鲜活原料、副食品的采购。

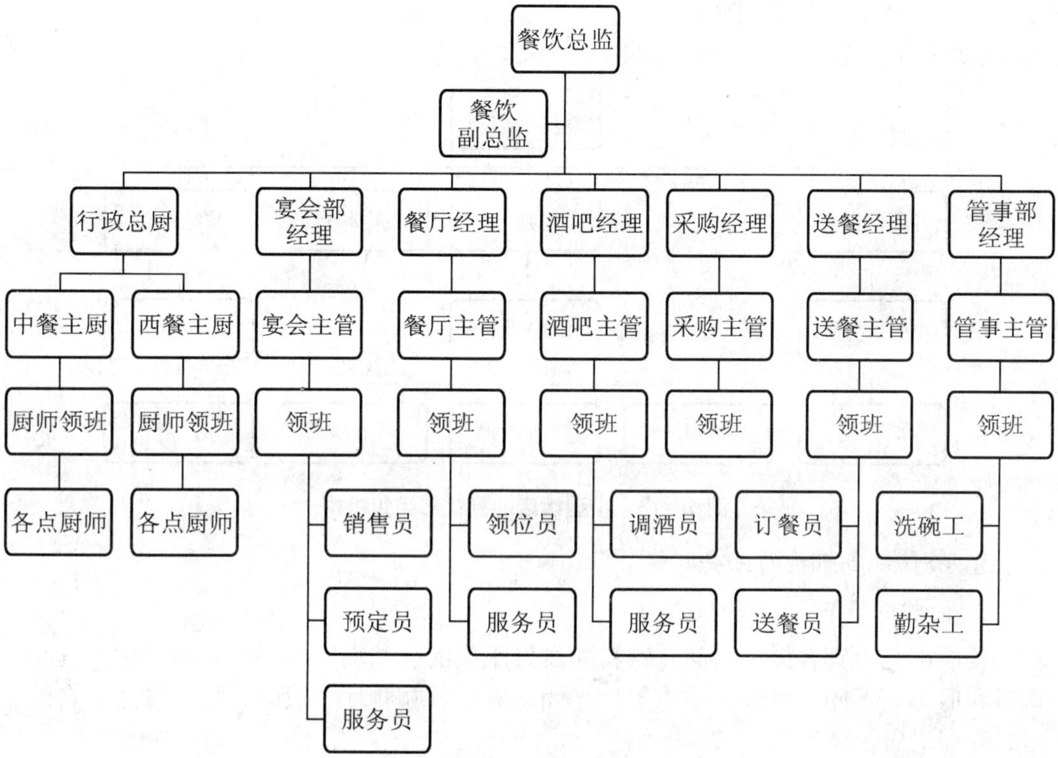

图 10-11 大型饭店餐饮部组织机构

2) 中型饭店餐饮部组织机构

中型饭店的餐饮部组织机构(图 10-12)，相对于小型饭店来说，分工更加细致，功能也较全面。

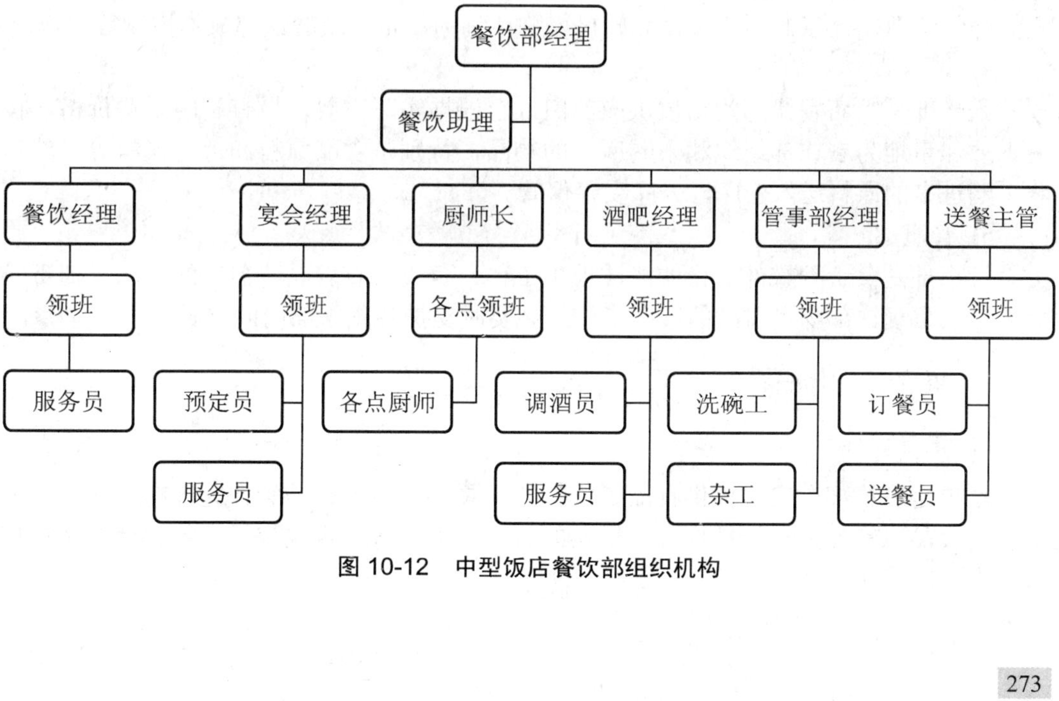

图 10-12 中型饭店餐饮部组织机构

3) 小型饭店餐饮部组织机构

小型饭店的餐饮部组织机构(图 10-13)比较简单，分工不宜过细。

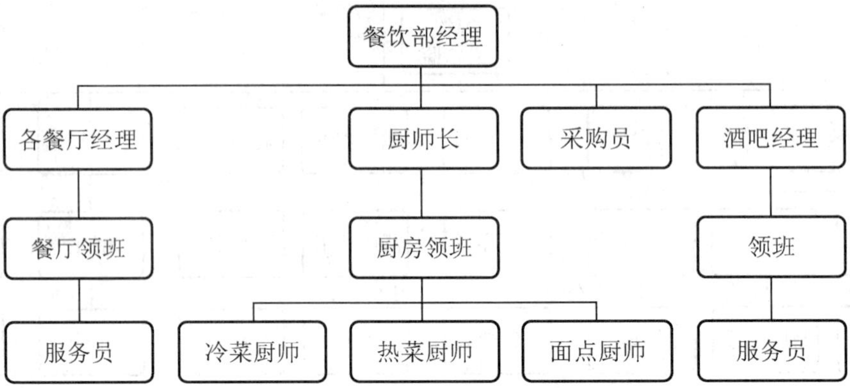

图 10-13　小型饭店的餐饮部组织机构

3. 餐饮部各机构的主要职能

1) 餐厅部

餐厅部是为宾客提供食品、饮料和良好服务的公共场所。根据其所提供的食品、饮料和服务的不同，可分为零点餐厅、团队餐厅、咖啡厅、饭吧、特色餐厅、自助餐厅、客房送餐、外卖部。

2) 宴会部

接受宾客的委托，组织各种类型的宴会、饭会、招待会等活动，并根据宾客的要求制定宴会菜单、布置宴会厅、备餐摆台、同时为宾客提供完整的宴会服务。

3) 厨房部

厨房部是饭店的主要生产部门，负责整个饭店所有的中式、西式菜点的烹饪，负责厨师的培训，菜点的创新，食品原料采购计划的制定，及餐饮部成本控制等工作。

4) 采购部

采购部是饭店餐饮部的物质供应部门，它根据实际需要以最有利的采购价格，按时保质保量地为餐饮部组织和采购所需的物品，特别是食品原料和饭类饮料等。然后将采购进来的原料送入仓库，分库妥善保管。

5) 管事部

管事部是负责餐饮部后台的清洁卫生工作；负责所有餐具、器皿的洗涤、消毒及储藏；负责餐饮部物资财产的管理工作；必要时支援各餐饮部门的临时需求。

10.3.3　餐饮部工作规程

1. 菜单设计

菜单是餐饮部向宾客提供食品、饮料的工具。菜单设计是餐饮管理的起点，菜单决定了食品原料的采购规格标准、采购的时间、地点等，也决定了验收、储存及销售等各方面的工作程序。

1) 设计装潢

(1) 材料与尺寸。菜单的制作材料应根据餐厅使用菜单的方式而定。一般说来，菜单有“一次性”和“耐用”两种使用方式。“一次性”是指使用一次即处理掉的菜单，如咖啡厅的纸垫式菜单、客房送餐服务的门把手菜单、宴会菜单等；“耐用”是指能长时期使用的菜单，如零点菜单等。一次性菜单一般选用较为轻巧、便宜的纸张。耐用菜单则应选用优质铜版纸做封面，内页采用优质胶版纸。西餐厅还通常以皮革作为菜单封面。菜单的尺寸大小应根据餐厅规模、菜点品种而定。

(2) 装潢要求。菜单外形(图 10-14)应美观，其色彩、格调能突出餐厅特点。菜单封面应印有餐厅中英文的名称，风味餐厅还须印有相应国家或地区的文字。菜单封底应印有饭店名称、地址、电话、营业时间等内容。

图 10-14　菜单外形(封面封底)

(3) 文字图案。菜单上的文字图案均应印刷清楚、清晰可读。菜点名称应有中英文对照，风味餐厅的菜名还应配有相应国家或地区的文字。菜点的描述性说明应准确并恰如其分，做到实事求是、易于理解。

2) 花色品种

各餐厅应根据餐厅规模、性质及客源市场的需求等来安排菜单的花色品种，应迎合目标客源市场对菜点风味的消费需求。同时，餐厅菜点品种的结构应合理，冷菜、热菜、面点、汤类品种齐全，比例恰当。

3) 菜单价格

价格是宾客在餐饮消费中较为敏感的一个因素。饭店必须根据星级、国家的物价政策、目标市场客源的消费水平等情况灵活定价，一般应遵循“高成本低毛利、低成本高毛利”的定价原则。

(1) 菜单价格合理，菜名右侧标明价格及币种，并标明主、配料用量。

(2) 菜单上高、中、低档菜点比例合理，便于客人选择，能适应客人多层次的消费需求，并体现质价相符原则。

(3) 菜单价格应避免涂改。

(4) 服务费加收比例应清楚地印刷在菜单内页下方。

4) 其他

(1) 饭店菜单种类一般有零点菜单、团队菜单、宴会菜单、套餐菜单、饭水单、客房送餐菜单、每日特菜菜单、儿童菜单等，应根据餐厅经营业务需要灵活设计。

(2) 菜单内菜点原料选用全面，营养平衡。

(3) 菜单内菜点的成品质量应符合客人需求，做到色、香、味、形俱佳。

(4) 菜单应定期或不定期更换，以满足客人的不同消费需求。

(5) 餐饮部应根据目标市场客源的需求、餐饮原料的供求情况、厨房设备和厨师技术力量等因素，设计出具有本饭店特色的菜点，并随时征询宾客对菜点的意见和建议，不断对菜单进行调整和充实，以便更加适合并满足宾客的餐饮需求。

【知识链接】

肯德基管理营销策略及特点

“CHAMPS” 冠军计划——肯德基全球推广的标准化服务方案：企业的各个生产要素都在理论论证和实践检验后形成最优的组合，从而形成一套标准化的流程，最终制成一米高的《营运手册》。肯德基所有的经营方法都写在这本手册里，它要求一切必须循规蹈矩，从餐厅里面先开哪个灯，后开哪个灯，到服务员擦桌子时两种抹布的握法……没有任何一件事情是随意的，所有的事情都有一个标准。如此详尽且可操作性极强的细节让每位员工都感受到企业莫大的凝聚力和自己背负的责任感，也正是这种严格的标准化服务造就了今天成功的肯德基世界。

2. 原料管理

餐饮原料的质量直接影响餐饮产品的质量，而其价格又直接关系到餐饮部的经济效益，因此，餐饮原料管理显得非常重要而关键，其内容有以下三个方面。

1) 原料采购管理

饭店餐饮原料的采购模式众多，如餐饮部负责所有餐饮原料的采购；或是餐饮部负责鲜货原料的采购，而饭店采购部负责干货及饭水的采购；或是饭店采购部负责所有餐饮原料的采购。但不论什么人或部门进行原料采购，餐饮部都必须进行有效的控制。

(1) 控制原料采购的数量和质量。饭店餐饮原料的采购数量必须严格控制，采购过量会造成原料积压乃至变质、资金占用；而采购不足则会影响餐饮服务的正常营业，所以应在掌握现有库存原料数量及当日或近期营业量预测的前提下确定各种原料采购的数量。原料采购的质量从根本上决定菜肴质量，因而必须为那些对菜肴质量和餐饮成本有较大影响的原料制定详尽具体的采购规格、标准，并分发给原料供应商以确保原料质量。

(2) 建立和健全请购制度。凡餐饮部所需的任何原料或物品，均需由使用部门提出采购申请，并严格按程序申报批准后交原料采购部门。

(3) 原料采购的价格控制。餐饮产品价格的制定依据是原料成本和毛利率，一旦确定，一般不得轻易更改，但原料价格却受市场供求关系的影响而经常波动，这就要求管理者随时了解市场行情，处理好与供应商的关系等，从而使饭店以尽量低廉的价格购入尽量优质的原料。

(4) 原料的验收控制。首先应确定验收人员，一般由仓库保管员、餐饮成本核算员、厨师长或其代表组成，同时还要求原料采购员在场；其次是根据饭店的采购规格标准、原料请购单、供应商的报价单及供货发票逐项检查所购原料的质量、数量和价格，如不符合要求应拒收；再次是受理原料，经验收合格的原料由验收人员在供货发票上签字后，应根据原料的用途分类分库储存或通知使用部门前来领用；最后是填写有关表单，如进货日报表，并要求相关人员签字。

2) 原料库存管理

库存管理主要内容有，经验收的原料应根据储存要求迅速分类分库存放；每种原料均需固定存放位置；所有入库原料都必须记录在册；严格控制有权进入仓库的人数；仓库内一律不得存放员工的私人物品；定期做好各仓库的清洁卫生工作；制定防火、防盗、防霉变等一系列安全制度；定期盘点(一般每月一次)，以便及时了解原料的库存量；定时检查各仓库的温湿度，确保其符合原料的存放要求；经常检查库存原料的质量，发现问题及时处理。

3) 原料发放管理

原料发放管理的主要内容有，规定领料次数和时间；坚持使用领料单；坚持“先进先出”的原则；认真做好原料发放记录。

3. *厨房管理*

1) 开餐前的组织准备

占灶厨师将自己所分工负责的菜肴品种，按《标准菜谱》中规定的投料标准和刀工要求进行配份，做好工具准备、调料准备、要求所有用具、工具必须符合卫生标准，干净无油腻、无污渍、无异味；在开餐前须主动与其他部门进行信息沟通，特别是了解当餐及当天宴会的预订餐情况，以便做好充分准备。

2) 做好成本的核算、控制

厨房应根据核定的毛利率控制餐饮成本，在保证客人利益的前提下，尽量节约，并减少浪费。

3) 搞好厨房设备管理

厨房应建立并健全设备的操作规程，将所有设备按专业化分工定岗使用，加强设备的维护与保养，确保其正常运转。

4) 开餐时的业务管理

开餐时厨房应遵循“以餐厅需要为依据，以炉灶为中心”的思想，根据客人需要及时烹饪可口的菜肴。

5) 加强卫生管理

卫生是厨房的命脉，所有厨房工作人员都要加以重视。厨房必须做好食品卫生、环境卫生、生产人员的个人卫生等方面的管理工作。

6) 保证安全生产

厨房工作人员应牢固树立安全意识，坚持安全生产，尽量避免因操作不慎而导致的刀伤、烫伤、摔伤等工伤事故，并做好消防安全管理工作。

4. 餐厅管理

1) 建立并实施服务规程

餐厅的工种很多，各岗位的服务内容和操作要求都不相同。为了检查和控制服务质量，餐厅必须分别对散餐、团体餐和宴会以及咖啡厅、酒吧等的整个服务过程制定出迎宾、引座、点菜、走菜、酒水服务等全套的服务程序。管理人员的任务，主要是执行和控制规程。特别要注意抓好各套规程即各个服务过程之间的薄弱环节。一定要用服务规程来统一各项服务工作，从而使之达到服务质量标准化，服务岗位规范化和服务工作程序化、系列化。

2) 餐前组织工作

餐厅管理者应组织安排员工做好餐前准备工作，并进行全面的检查，如检查设备、家具、餐具的摆设及其完好情况、服务用品及清洁卫生、检查库存物资、检查员工仪容仪表等。然后主持每日餐前会、通报客情、安排当天的服务工作等，确保开餐能顺利进行。

3) 开餐时的管理工作

为保证营业区域的正常运作，各餐区领班以上各人员必须对所属工作部位进行定时检查、巡视。督促员工严格执行餐厅服务规程，尽力全面满足就餐客人的餐饮需求，并对开餐过程中出现的问题或投诉进行及时的处理和总结。

4) 搞好餐厅与厨房的沟通与协调

餐厅与厨房的沟通与协调向来是餐饮管理的一大难题。在管理过程中，管理者首先必须转变观念，树立“厨房服从餐厅，餐厅服从宾客”的经营意识；其次，餐厅与厨房之间应及时沟通，互传信息，如宾客对菜肴的要求，厨房的餐饮原料供应量等；再次，定期召开协调会，对餐厅与厨房各自提出的问题进行分析，明确各自的责任，树立全局观念，使双方消除误会，相互理解，共同做好餐饮工作，提高宾客的满意程度。

5) 低值易耗品的管理

餐厅低值易耗品是指布件、餐饭用具、牙签、餐巾纸等单位价值较低但极易消耗的物品。如控制不力，将直接影响餐饮部的经济效益。其管理要求为，确定消耗标准；定点存放；定人管理；定期盘存；制定相应的奖惩制度等。

5. 成本、费用管理

1) 制定成本控制标准

餐饮部应根据饭店的等级、客源市场、宾客的消费水平和餐饮经营目标等因素制定相应的成本标准，按规定的毛利率确定菜肴的售价，在满足宾客需求的前提下，保证餐饮部的经济利益。

2) 建立成本控制体系

餐饮部应与财务部、采购部一起建立餐饮成本控制体系，加强对餐饮生产全过程，如采购、验收、库存、发放，厨房的粗加工、切配、烹制，餐厅销售等各环节的成本控制。

3) 加强餐饮成本核算与分析

餐饮部应会同财务部建立严格的核算制度，如成本日报表制度等，定期对餐饮成本进行比较分析，及时发现存在的问题及其原因，从而采取有效的降低成本的措施。

【知识链接】

餐饮管理五句箴言

餐饮界曾经总结过餐饮业五句箴言，即质量、卫生服务好，特色创新是个宝，店面位置很重要，规模大小有奥妙，科学管理少不了。

1. 质量、卫生和服务好

质量、卫生和服务是餐饮业的三个基本硬件要素。所谓“硬件”要素，是指工商、卫生防疫等部门对这三方面都有相对“硬性”的要求。所以，开餐馆首先要达到政府相关部门的基本要求。在这三方面尤其是卫生方面不能出问题，特别是夏天来临，原料、食物都容易变质，容易传播疾病的许多“飞行物”也大量滋生，如果卫生方面把关不言，就极其容易出现质量事故。在质量方面，性价比如何，是否让顾客吃的舒心，饭菜质量是否稳定等，都十分重要；卫生方面，还涉及就餐用具和环境是否清洁舒爽等；服务方面的弹性就更大。

2. 特色创新是个宝

特色和创新能力是餐馆、饭店的核心竞争力。无论是一家快餐店还是一家星级饭店，特色与创新都是同等重要的。这是因为如今的中国，物质和文化已经极大地丰富和繁荣，人们对餐饮的需求也在不断地变化着。追求吃的新、奇、特已经成为潮流。这种新奇特不完全是在追求所谓的野味山珍，而更多是在家常和大众菜品中吃出新鲜与特色来。所以，开餐馆一定要有自己的特色菜品，这是主打产品，是吸引顾客和提高回头率的核心要素。

3. 店面位置很重要

尽管开着奔驰去偏僻的街道上吃老字号的排骨米饭已经不再是什么新鲜事，这当然说明了“特色”的吸引力。是不是说店面的位置不重要了？不是的，店面位置还是十分重要的。尤其是刚开始开店，选好位置是十分重要的。当然，大家对这一点都有基本的共识。在实际操作中，遇到的问题往往是好的店面位置很难找到，或者找到了店面租金却贵出好几倍。于是往往会退而求其次，找一个位置相对偏租金相对低廉的店面。实践证明，这种选择未必是上策。当然要开什么样的店，大众类的快餐店，还是特色店或是高档饭店，对位置的要求各有不同。

4. 规模大小有奥妙

很多时候，一家餐馆门前总是顾客盈门，甚至会出现“排号”现象。这时候，顾客就很不理解：为什么不扩大点规模呢？殊不知，餐馆、饭店的规模是有奥妙的。一家顾客经常会“排号”的餐馆或饭店，如果把规模扩大 30%～50%，排号的问题是解决了，然而，排号效应却会因此消失，生意反而会很快冷淡下来。排号效应本身就是最好的广告，利用的是顾客的“从众心理”。所以，在餐馆和饭店经营中存在一个明显的“规模效应”，规模一旦超过了最佳临界点，边际效应就会递减。

5. 科学管理少不了

麻雀虽小五脏俱全。一家餐馆尽管员工不多，然而管理的内容却很多。我们经常见到这样的餐馆：服务员人数不少，似乎也都在忙，可是顾客提出要求时却总是找不到服务员，服务的速度极慢，这是为什么？这显然是这家餐馆的流程设计有问题。这就是管理的问题了，忙而有序，有条不紊，这是需要管理来解决的。

10.3.4 餐饮部常见问题与控制方法

1. 客人按菜谱点了菜，而厨房没有

向客人表示歉意，征求客人意见，询问是否可以更换与这道菜价格、味型相似的菜品，如客人表示同意，以最快的速度将菜送上；如客人坚持要原来的菜品，应请客人耐心等候，马上与厨房联系，或从其他部门调拨或迅速外出采购，立即烹制；此外，餐厅领班或经理再次向客人表示歉意。

2. 客人对菜品质量不满意

客人对菜品质量不满意有多种原因，如果是因为菜肴过咸或过淡，应向客人道歉，将菜肴撤回厨房重新加工制作，再端上请客人品尝；如果因菜肴原料的质量问题，服务员应立即撤下菜肴，并向客人道歉，并根据客人意见重新做一份或做一份与此菜相近口味的菜肴，请客人再次品尝，结账时应考虑减收此菜的费用；如果是客人对烹调方法的不了解，服务员应详细而耐心解释菜品的制作方法和特色口味，求得客人的理解；如果是客人心情不好而投诉菜品，这时应婉转地劝慰客人，冷静地给客人解释，通过良好的语言交流，来说服客人。

3. 客人认为饭店所提供的香烟、饮料、酒水是假冒伪劣产品

由餐厅管理人员出面耐心地给客人解释，饭店的商品是经质量监督局和物价局审核过的，绝无伪劣产品。如客人不相信，可留下有效证件及地址、电话，饭店方找有关部门检验，如确有质量问题，客人的消费由饭店承担，如无质量问题，应要求客人对饭店的名誉做出赔偿。如客人反映属实，要征得客人同意后更换物品，结账时免收此物品的费用。

4. 客人点的菜长时间没有上，要求减账

由经理或领班出面首先向客人表示歉意，如因服务员漏记此菜，则客人的要求应完全予以满足。如客人点的菜需要制作的时间比较长，则应请客人谅解，并视情况，或立即催上或取消由客人决定。

5. 客人不小心摔坏了饭店的用具怎么办

应先关心客人是否有损伤，并尽快采取补救措施。服务员应迅速清理现场,整理台面，换上新的餐具，注意不要不耐烦，不要让客人难堪。同时婉言告诉客人应对损坏的餐具予以赔偿。

6. 客人因醉酒而行为不检点，出现破坏饭店设施的情况

经理应迅速赶到现场解决问题。如果客人行为不检点，应将女服务员换为男服务员或同时让几名服务员前去服务；停止对客人上带酒精的酒水，改上浓茶或醒酒汤；同时尽可能让醉酒者的同伴带其离开现场；马上清点现场损坏的杯子和设施，并请席中清醒的客人到吧台把账结清，视情况轻重可加倍赔偿。根据情况，必要时可通知保安做好准备。

7. 客人在餐厅不小心将个人物品丢失

餐厅经理首先向客人和值台服务员了解情况，弄清事情的经过，如丢失的是一般物品，可让客人留下地址和电话，以便找到后及时送还，如找不到，也应电话与客人联系，以示关心；如丢失的是重要的物品，则应请公安机关出面解决。

8. 客人核对账单时发现有多收的错误

餐厅经理首先向客人道歉，并分析原因。如果是客人弄错了菜的价格，或客人计算错误，应耐心解释，如果客人坚持，则应减少部分金额，双方都做些让步；如要由于工作原因该上的菜没有上，结账时却多收，则应再次向客人致歉并减去没上的菜价；如收银员无意中结错账或服务员没有认真核对账单，应马上改正菜单，向客人道歉，说明原因，求得客人的谅解，适当优惠后再结账。如由于思想错误导致故意多收的现象，对服务员或收银员要认真处理，重者调离岗位。

10.4 饭店康乐部业务管理

康乐部是为宾客提供洗浴、娱乐、健身等服务项目的部门，是饭店方便、满足宾客需求，完善服务，并借以吸引宾客，提高饭店声誉和营业额的重要组成部分。通过对饭店康乐部业务进行管理，能够规范员工的行为，提高工作效率，进而为宾客提供完美、周到、安全的服务，使宾客在清静优雅的环境中娱乐享受。

10.4.1 康乐部地位及任务

1. 康乐部地位

在饭店的众多部门中，康乐部是现代饭店新兴起的一个部门，按照中华人民共和国国家旅游局《旅游涉外饭店星级评定标准》的规定，涉外星级饭店必须具备一定的康乐设施。

在改革开放的十多年来，饭店及时地引进了“康乐”这一有益的新观念。一些中外合资的大饭店都设立了康乐中心或成立了康乐部，如上海的希尔顿饭店、新锦江饭店、喜来登饭店、华亭饭店；北京的长城饭店、丽都假日饭店；广州的白天鹅饭店、中国大饭店等五星级饭店都具有较完备的康乐设施，其他一些涉外饭店也不同程度地有自己的康乐设施。康乐部为客人增加了服务项目，也增加了饭店收入。有些饭店的康乐部每年可以为饭店带来上千万元的收入，其利率甚至可高达60%。

按照饭店星级评定标准来看，康乐是涉外饭店不可缺少的先决条件，不具备较好、较完备的康乐设施的饭店，无论在其他方面如何优越都不是较完善的涉外饭店，或不予评审等级。由此可见，康乐部是涉外饭店不可缺少的一个部门。

2. 康乐部的任务

1) 满足客人体育锻炼

体育锻炼有一般运动与重点运动之分。一般运动指活动筋骨、做操、跑步等；重点运动指各项运动，如举重、骑自行车、打球、锻炼各种肌肉运动。根据客人需求，应开辟专门的健身房(图 8-10)，游泳池(图 8-9)等设施齐全的场所。

2) 满足客人的健美运动

健美是现代文明的心理表现。它表现为体形健美、脸形健美、发形健美。体形健美可以在健身房得以实现，脸形、发型健美可在按摩、美容美发过程中得以实现。

3) 满足客人的娱乐需要

顾客在饭店除了住房和就餐外，还希望得到娱乐享受。因此，康乐部要在项目设置上做到丰富多彩，以满足不同客人的娱乐需求，但一定要符合我国国情与法律的规定。

4) 做好运动、康乐器械、设施、场所的卫生工作

运动场所、康乐场所是一个高雅、洁净的场所，客流量大，使用频繁，尤其是康乐的设备与器械经过多数客人的使用，清洁卫生工作十分重要。运动、康乐的器械、设施和场所的洁净高雅，不但会给客人带来舒心愉快的情趣，而且也给客人带来宾至如归的感受。

5) 做好娱乐设施、运动器械及其场所的安全保养

健身运动器械具有“冲撞性”，而且易于损坏，存在着安全问题，潜伏着一定的“危险”性。所以，每天在客人使用之前必须做一次检查，并对设施、运动器械、场地进行安全保养，对存在“不安全”隐患的器械要随时更换。

6) 为客人提供运动技能技巧指导性服务

娱乐部的健身器械种类较多，有国产的，也有进口的，特别是先进进口设备以及带有电脑显示的体育器材，需要经过服务员提供正确、耐心的指导性服务，以便一些不会使用的客人能正确使用。

10.4.2 康乐部组织机构

1. 康乐部的组织结构形式

由于饭店的市场定位、接待规模以及经营方式的差异，康乐部的组织机构设置也会各不相同。我国的大型饭店一般都设有属中层结构的康乐部，而中小饭店则将康乐设施项目归属于前厅部或餐饮部等部门。康乐部组织机构的设置一般是以服务项目为依托，进行组织设置和人员配备的。旅游涉外饭店的康乐部根据其星级、档次的不同，分别设有歌舞厅、健身房、桑拿按摩、游泳池、台球室、网球场、保龄球馆、游戏机室、美容美发、棋牌室等多种服务项目，相对应的组织机构也就应运而生。

2. 康乐部岗位设置

康乐部作为旅游涉外饭店的一个业务职能部门，其岗位的设置原则与其他业务职能部门大致相同。同时，还要依据它的组织机构设置的特点和经营管理上的特殊要求而设置职务岗位。一般旅游涉外饭店康乐部的服务人员的设置，依照饭店康乐服务项目设施的不同和服务档次的不同分别设有服务台服务员、健身房服务员、台球厅服务员、网球服务员、卡拉 OK 厅服务员、舞厅服务员、游戏机室服务员、桑拿服务员、

游泳池服务员、保龄球服务员等多个服务岗位。(图 10-15)

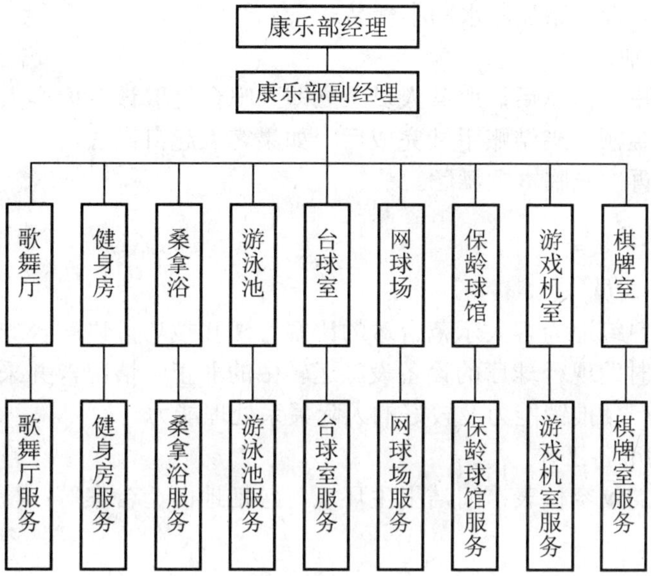

图 10-15　康乐部的组织结构

10.4.3　康乐部的工作规程

1. 歌舞厅服务

1) 歌舞厅服务人员

能够掌握并熟练使用卡拉 OK 设备，善于调动和掌握客人情绪，控制歌舞厅气氛；能够及时有效地处理歌舞厅发生的意外事故，具有较强的酒水推销能力及较好的人际关系处理能力。

2) 营业前的准备工作

整理好仪容仪表，注意制服挺括、平整无破损和污渍，化淡妆，保持朴素、优雅；按时参加班前会，了解当日歌舞厅客人预订情况，需要掌握客人的姓氏、人数和具体的台位安排；将自己工作区域内的卫生清扫干净；将各类用具和物品清洁、擦拭、归类并按要求摆放整齐。

3) 迎接客人工作

客人到来时，服务员应微笑问候客人；引领客人入座、并拉椅让座，注意服务时应遵循先女后男、先宾后主的服务顺序。

4) 台面服务

向客人展示酒水单，为客人开单，注意向客人积极地推销产品，争取客人最大限度地在歌舞厅消费，当客人点要进口蒸馏酒或一些特殊饮品时，要问清客人所点要的分量和如何饮用，并记录下来，以便调酒员的制作；在递送酒水、小食品上桌时为不影响客人的视线，一般采取半蹲式或跪式服务；当客人的点歌卡填写完毕后，应快速将点歌卡送至音响控制室，并将大致等候时间告知客人，如果是为卡拉 OK 包房消费的客人服务；应先为客人调试好影音设备，向客人讲解计算机点歌系统的使用方法。随时巡台，及时为客人添加酒水和小食品。

5) 结账与送别

客人发出结账的信息后，服务人员应立即到吧台提取该台面客人的账单，礼貌地告诉客人账单的金额。当结账手续完成后，如果客人起身离去，应主动为客人拉椅道别，并欢迎客人再次光临本歌舞厅。

2. 台球厅服务

1) 台球服务人员

能够掌握并熟练地为客人示范台球的比赛方法和技巧，讲解台球的记分方法和游戏规则；能够及时发现台球厅的设备设施运转中的非正常情况，并采取相应的措施；具有较强的饭店产品推销能力及较好的人际关系处理能力。

2) 营业前的准备工作

整理好自己的仪容仪表；清洁卫生环境，包括地面、台案等；检查台球及辅助用品是否齐全。

3) 迎接工作

迎宾员问候、引领客人至台球场地；如果是团体客人，台面安排应尽量隔着球台，以免相互干扰。

4) 台球服务

打开球台照明灯，码放好台球，摆好台面；如果客人是进行比赛，服务人员应主动当好裁判，如果客人是初学者，要认真、耐心、细致地向客人讲解台球的规则并做好示范；服务过程中服务员应勤于巡视，主动征询客人需要何种饮品，做好推销工作，同时维护好场内的秩序。

5) 送客服务

客人消费结束时，服务员应清点台球，擦拭台面，收好球杆，并将球台照明灯关闭；请客人到服务台结账，收银员应唱收唱付。

3. 保龄球服务

1) 保龄球服务员

能够为客人示范打保龄球，了解保龄球的记分方法和游戏比赛规则；能够维护和保养保龄球器具及设施，并能够及时发现保龄球设备设施运转中的非正常情况，并采取相应的措施；具有较强的饭店产品推销能力及较好的人际关系处理能力。

2) 营业前的准备工作

整理好自己的仪容仪表；清洁整理卫生环境，包括发球区、球道、置瓶区、回球机、球沟、客人休息座椅、记分台、球架、公用鞋、公用球、场地地面、换衣间、吧台。将各种表格及必需品准备齐全，放在规定的位置。

3) 保龄球服务

礼貌地问候每一位来消费的客人；保龄球售票采取计时收费和按局收费两种形式，客人前来消费时须交付一定的押金。客人消费结束后服务员按时或局数进行收费；提醒客人换上保龄球专用鞋，注意不允许穿非保龄球鞋打球；为客人开机，使保龄球机处于正常运转状态；正确辅导初学者，使客人掌握基本的打球要领和正确的姿势；提醒客人不要进入球道，以免出现意外和影响他人打球；当客人所购局数已满时，电子记分器将自动关闭。如客人欲继续打球，应请客人到服务台购票开机。

4) 结束收尾工作

客人打球结束后，服务员应提醒客人穿好外衣，拿好随身物品；礼貌地与客人道别，并欢迎客人下次光临；迅速将球道清理洁净，擦拭保龄球机，除去污渍与汗渍；将保龄球在球架上码放整齐，为下一批客人的使用做好准备工作。

4. 游泳池服务

1) 游泳池服务员

能够做好营业前的各项准备工作，包括测试水温、租借用品及浴巾，毛巾等；指导客人正确使用游泳池内各项设备设施；能够及时对游泳池内发生的意外情况做出正确的判断和处理。

2) 营业前的准备工作

打卡签到，整理好自己的仪容仪表；清洁整理环境卫生，检查水温、水质；检查更衣柜、救生器材和所有服务设备设施是否齐全、运转是否正常；将各种表格及必需品准备齐全，放于规定的位置。

3) 游泳服务

礼貌地问候每一位来消费的客人；将更衣柜的钥匙交于客人，并为客人指示更衣间的位置，主动为客人提供拖鞋和浴巾；下水前提醒客人做简单运动并用冷水淋浴，以增强身体的适应能力；提醒客人由强制喷淋通道和消毒浸脚池进入游泳池；随时注意游泳池内的客人，如有异常，应立即救护，以保证客人的安全。特别注意老年人、儿童和妇女的游泳情况；根据客人需要，及时向客人提供软饮料和休闲小食品服务；服务员应注意及时擦干台面和地面的水迹，以免客人滑倒出现意外。

4) 清场及收尾工作

客人结束游泳时，服务员应注意检查更衣柜，查看有无客人的遗留物品；及时清理更衣柜和更衣间内的杂物和垃圾，保持良好的卫生状况；提醒客人交还更衣柜钥匙；服务员应使用自来水对地面和客人冲凉间进行冲洗，清除异味，并喷洒消毒液进行消毒；将更衣间内客人使用过的布巾类物品及时送饭店洗衣房洗涤；注意检查游泳池，确认没有客人后再关灯锁门。

5. 健身房服务

1) 健身房服务员

能够为客人示范各种设施、器械的使用方法；能够维护和保养健身运动器械及设备设施；并能够及时发现运动器械及设备设施在运转中的非正常情况，采取相应的措施。

2) 营业前准备工作

整理好自己的仪容仪表；将营业时间、客人须知、价格表等以中英文对照书写，置于明显位置；检查所有服务设备设施是否齐全、运转是否正常；将营业时的客用毛巾、浴巾、短裤等准备齐全；检查酒吧内的用具、餐具、酒具和酒水及小食品的准备情况。

3) 迎接服务工作

当客人到来时主动热情地问候客人，征询客人的具体需求，开出单据，引领客人交款；询问客人有无其他要求，是否租借饭店提供的物品；为客人指示更衣间的位置；主动向客人介绍各种健身器具的性能及效用，由客人自己选择健身器具锻炼身体。

4) 健身服务

客人选择好健身器具后，服务员应主动对健身器具进行调试，检查计量单位是否准确；为客人准确、及时地提供健身指导工作，讲解明确，动作规范；在客人健身活动的过程中，服务员设法做些安全保护措施，以防意外事故的发生；在客人运动的间歇期间，及时向客人提供面巾和酒水饮料服务。

5) 结束收尾工作

营业结束前服务员应将营业用品整理归位；将客人使用过的布件类用品点清，送交洗衣房；营业结束时，认真填写交接班记录；清理健身房现场，将各种运动器械清洁、整理、归位。

6. 桑拿浴服务

1) 桑拿浴服务员

能够为客人示范各种设施的使用方法；能够维护和保养桑拿浴室内的设备设施；还能够及时发现设备设施在运转中的非正常情况，并采取相应的措施；能够及时有效地处理桑拿浴室内发生的意外事故，并及时向自己的上级领导汇报。

2) 营业前准备工作

整理好自己的仪容仪表做好营业前准备工作(图 10-16)，检查所有服务设备设施是否齐全、运转是否正常；查看桑拿浴室内的木板有无松动和毛刺，并整理好；温度计、湿度计、沙漏计时器、地秤指示准确，位置明显；将营业时使用的客用毛巾、浴巾、浴袍、短裤、拖鞋、浴液、梳妆用品等准备齐全。

图 10-16 桑拿浴服务

3) 迎接服务工作

当客人到来时主动热情地问候客人，引领客人至服务台办理登记手续；征询客人的具体需求，开出单据，引领客人交款；询问客人有无其他要求，是否租借饭店提供的物品，将更衣柜钥匙交于客人；引领客人进入桑拿浴室，主动向客人介绍桑拿浴室内设备设施的性能及使用方法。

4) 淋浴桑拿服务工作

引领客人至淋浴间进行洗浴，待客人洗浴完毕后，将客人引领至指定桑拿浴室；进入桑拿浴室前提醒客人带一块冰毛巾捂在口、鼻处，以减少呼吸道的灼热憋闷感；客人进入桑拿浴室后，主动询问客人室温及蒸汽密度是否舒适，并按客人要求，调节到客人满意为止。如是干桑拿浴室，服务员征得客人同意后，应首先示范。拿木勺舀起适量的水浇在烧得灼热的石头上，以产生大量的热蒸汽；向客人讲明注意事项，提醒客人注意安全；做好每一位客人进入桑拿浴室的时间记录，以防止长时间使用引起缺氧昏厥的事故发生；服务员随时观察就浴客人有无不适或意外情况，及时采取紧急救护措施，保证客人人身安全。

5) 送客服务

客人洗浴结束后，服务员应主动递上冰毛巾；征询客人是否需要按摩服务和酒水服务；在客人休息的过程中，随时注意客人的需求，及时提供必要的服务；当客人准备离开时，提醒客人不要遗忘所携带的物品；客人离开时，服务员应将客人送至门口并主动道别。

7. 棋牌室服务

1) 棋牌室服务员

能掌握并熟练使用棋牌室内的各种设备设施；为客人示范、讲解各种棋牌类游戏的操作方法和比赛记分规则；及时有效地处理棋牌室内发生的各种意外；具有较强的推销能力和具有较好的人际关系处理能力。

2) 营业前的准备工作

整理好自己的仪容仪表，清洁整理环境卫生，做到地面洁净无杂物，服务台上各类物品按类摆放整齐；检查所有服务设备设施是否齐全、运转是否正常；将各种表格、单据和文具准备齐全，放于规定的位置。

3) 迎接服务工作

主动热情地问候客人，引领客人至服务台办理登记手续；征询客人的具体需求，计时开单，引领客人交款；为客人打开房间，询问客人有无酒水及其他要求，简单地向客人介绍棋牌室情况并为客人指示卫生间的位置；提醒客人遇有问题及时通知服务员；主动向客人介绍一些棋牌自动机器的操作方法和棋牌的比赛规则。

4) 娱乐过程服务

服务员应主动对一些自动棋牌机器进行调试，检查是否运转正常；在客人娱乐活动的过程中，服务员勤巡视，及时发现客人需求，予以帮助解决；对进行赌博的客人及时予以制止，如制止不了，应及时向有关负责人汇报。

5) 交接班及结束收尾工作

早班与晚班交接时，首先填写交接班记录并签字；晚班服务员上岗后应对环境卫生做简单地整理及清洁；营业结束前服务员应将营业用品整理归位；营业结束时，认真填写交接班记录并清理现场。

【知识链接】

康乐部经理管理禁忌

1. 忌管理随意性

康乐部管理依赖于制度，康乐部的各项工作程序、标准、要求乃至各级人员的职责、任务、目标、言谈举止等都被严格地规范于制度之中。“做什么，怎么做，做到什么程度，做错了将受到何种处罚”是康乐部所有员工都非常清楚的，管理者只要按照制度去检查要求，而无需随主观意志指手画脚，更不能置制度于不顾，凭主观情绪与想象任意要求下属“如何做”。否则，员工将无所适从，管理也会因为管理者自身的原因造成混乱。

2. 忌管理决策盲目性

决策前调查分析不够，信息不准或管理者主观、片面、缺乏经验及素质不到位，易造成决策失误。

3. 忌短期管理行为

康乐部管理讲究可持续性，一切工作的计划、方案、目标、决策必须着眼于康乐部的长远利益，维护康乐部永久的生命力和市场竞争力。

4. 忌越级管理

“一级对一级负责，每个人只有一个上司”，越级管理会造成下属无所适从，管理秩序混乱。

5. 忌“保姆式”管理

康乐部实行层次管理、分级负责，每个职位的人员都有自己明确的职责要求，所以，每一级管理人员应该鼓励下级管理人员忠于职守，尽职尽责。切记不能权责独揽，事必躬亲。

6. 忌经营管理墨守成规

康乐部运行程序有其自身的规律，但其经营、销售、推广必须灵活而富有新意。通过经常开展形式各异且富有吸引力的营销活动，给宾客创造一种新颖、温馨的消费环境，从而实现康乐部最佳的经营效益。

7. 忌管理不拘小节

康乐部的服务功能几乎涉及社会的各个方面，因此素有“小社会”之称。复杂的服务功能要求康乐部的管理工作应做到于细微之处一丝不苟。

8. 忌不当竞争

康乐部经营应严格执行国家政策、行业法规，遵守国际惯例和通行准则，既不能行业联合哄抬物价，形成垄断，侵占消费者利益，也不能视行业规定不顾，削价竞争，扰乱市场。

9. 忌客源单一性

康乐部客源的构成份额是康乐部知名度高低和市场生命力强弱的主要标志之一。旅游康乐部必须在市场推广方面尽力推广客源覆盖面，在服务项目设定和特色的策划方面考虑更多的针对性，从而以良好的服务、独到的特色、最好的信誉吸引全方位、多层次的消费者。只有这样，才能在千变万化的市场竞争中以不变应万变，始终保持旺盛的生命力和最佳的经济效益。

10. 忌轻信是非

康乐部是用工密集型行业，岗位复杂，员工密集，管理人员多。因此，必须树立良好的内部风气。各级管理人员要以身作则，为人表率，团结部属，公正待人。

11. 忌“人情”和私欲

人情、私欲是康乐部管理之大忌，康乐部严格管理的标志是融制度于康乐部运作的各个环节之中，制度面前人人平等，任何人不能凌驾于制度之上。

12. 忌缺乏团队精神

康乐部是一个充满活力的有机体，年轻而朝气蓬勃的员工队伍为企业的竞争提供了无与伦比的生存空间。因此，康乐部管理者应该充分根据这种队伍的年龄优势因势利导，增强企业的凝聚力，树立良好的团队精神，激发全体员工的敬业、乐业精神，爱店如家，奋发向上，使全体员工围绕康乐部经营决策、管理与效益目标这个主旋律而履行职责。

10.4.4 康乐部常见问题与控制方法

1. 按摩过程中客人出现不轨行为的处理方法

在健身过程当中，按摩是一项迅速解除疲劳、恢复体力的健身方式，由于其不可避免地要通过身体接触，因而应预防有的客人出现不轨的行为。若发生此类情况，服务人员应保持冷静，首先以和善微笑的态度巧妙地转移事态，如提出：我帮您先去倒杯茶，您先翻转过来，做腰部推拿等。给予客人适当的台阶下，大可不必惊慌失措，不可严词厉语，若遇到自己处理不了的要及时报告场地值班经理，由其出面向客人解释，让服务员有意回避即可，并委婉地告知客人由于业务忙，暂时无法继续提供服务。

当然，按摩室的环境氛围应提供一个光线适中、较为通敞的室居，并悬挂必要的宾客须知，提供给工作人员和客人一个文明健康、优雅的健身环境。

2. 住店客人提出上房按摩的处理方法

原则上，饭店一般不提倡服务人员上房按摩，但健身服务台在接到客人按摩预订要求时，应首先礼貌邀请客人来指定的健身中心按摩，如遇特殊情况，如客人伤病或过度疲劳等原因，报值班场地经理同意后，可安排一名同性按摩人员，或两名异性按摩人员进行上房按摩，由值班服务台开具表单，标明按摩起始时间段，收费标准。按摩人员必须持证、挂牌上岗，进入客房前应到楼房值班台登记；进入客房后，按标准程序和指定时间为客服务，结束后，应立即离开，不要随意逗留客人房内。

3. 客人不会使用健身器材的处理方法

健身房提供一套关于正确使用健身器材和正确健身的图片与文字，健身房服务员对初来健身房、不熟悉设施的客人应主动热情地讲解各种运动器具的性能、作用和使用方法，推荐适合客人需要的运动器械，并为客人进行必要的示范、操练。对以减肥为锻炼目的的客人提示他们先称好体重，以便经过一段时间的锻炼后进行比较，从而增进对锻炼的兴趣和信心；对年老体弱的客人，要提醒他们休息；劝阻客人不要使用超过力所能及的运动器械作超负荷运动，客人锻炼时，服务员要站立于健身房内，留心观察，及时正确指导客人，使其在循序渐进的基础上得到满意的锻炼效果。

4. 因设备问题使客人受伤的处理方法

由于康乐健身运动专业技术性较强，所以，积极保护广大宾客的人身安全，显得尤为必要，但由于工作中的某些疏漏，如设备的损坏老化、故障而造成客人受伤。出现这类问题，服务员立即上报场地值班经理，并联系医务室，立即上前搀扶客人躺下或坐下来休息，对于皮表性创伤，应协助立即止血，如遇上内伤或较为严重的骨伤，服务人员不应帮助进行护理，而应由专业医师进行处理。如饭店医师无法处理时，应迅速联系附近医院，想方设法护理客人前去就医，并上报饭店值班经理，由饭店领导出面携带水果鲜花，前往探望，并应承担客人的医疗费用，有关人员应记下事件的详细经过，备案，立即报修相关器械，以杜绝类似事故的发生。

5. 运动过程中发现客人过度使用设备器材的处理方法

由于健身运动专业性较强，所以有必要为参与的宾客主动提供切实的咨询服务，并保护客人的人身安全，当发现客人过度使用器材设备时，服务人员应立即上前劝阻，主动热情耐心地讲解该器材设备的性能、作用和正确的使用方法，并做必要的示范与操练，并提醒客人过度使用器材设备，不仅会引发客人的自身安全问题，还会造成不必要的器材损坏，在正确引导客人循序渐进使用的基础上，使其充分领略运动的神奇功效。

6. 遇见客人利用娱乐项目进行非法活动的处理方法

营造健康积极的康乐环境，指导客人进行有益身心的活动是康乐部工作人员的工作职责之一。但是，在日常的营业当中，仍存在着客人利用娱乐项目进行非法活动的现象，如利用棋牌室或打台球进行赌博的非法活动，遇见这种情况，服务员应上前劝阻，不应听之任之，并根据《宾客须知》中的有关条款，及时制止这种非法活动，引导客人进行正常的消费活动，若无法劝止应立即通知场地值班经理和保安部，甚至可以中止客人的消费行为。若客人提出要租用场地进行非法活动时，服务人员应婉言谢绝，而不应为了追求利益而做违法的事情。

7. 遇见客人溺水的处理方法

由于饭店里的游泳池并非专业场馆，大多数宾客抱着休闲娱乐健身的目的，所以有可能发生初学者溺水的特殊情况，发现水中有溺水者，救生员须马上跳入水中，以最快速度游向溺水者，注意从背后靠近溺水者，避免溺水者死抱住或乱抓住救生员的身体，影响救护，然后，救生员用双手或单手托举溺水者的两侧腋下，将溺水者的头部露出水面，救生员可采用仰泳姿势(腿部用踩水或蛙泳腿动作)或侧泳姿势，将溺水者运载到岸边，再将溺水者拉上岸处理，如果溺水者症状较轻，神志清醒，无需做急救处理，让其平卧，注意保暖，置于安静、空气清闲的室内休息，如果溺水者呼吸停止，心搏仍然存在，或心搏已停止而未确定已殆者，应立即用人工呼吸抢救，做人工呼吸之前，要清除口腔异物并立即倒水，将溺水者置于温暖和空气清闲的室内，再施人工呼吸。

课后习题

一、思考题

1．什么是部门业务的柳树原理？剖析一个饭店的组织结构，以此来说明部门业务的柳树原理。

2．前厅服务规程管理包括哪些内容？

3．客房部工作规程包括哪些内容？

4．餐饮管理包括哪些内容？

5．找出饭店对客应变处理的三个成功实例。

二、案例分析题

案例一

误机的客人

王先生是一位电脑设计工程师，新加坡籍华人。最近，他所在的新加坡公司在北京接了一项订单，公司立即派王先生去北京做为期两天的环境考察，然后按时返回公司报告结果。王先生到北京入住了新苑大饭店，入住时前厅接待员告诉他，饭店提供许多的服务项目，如需要交通工具等可提前告知，饭店届时会安排专车在门口等待。王先生听了非常高兴，当即就预订了两日后返回新加坡的机票和届时送他去机场的轿车。

王先生在北京的两天工作十分繁忙。就在他离开北京的前一天晚上，他又不放心地再次叮嘱前厅服务员，请他们明天清早 6 时叫醒他，而且要求他们安排的交通工具 6 时半一定接他到机场。

第二天一觉醒来，已是 6 时 45 分了，王先生大吃一惊，慌慌忙忙穿好衣服，没有刷牙、洗脸就拖着行李来到了前厅，一面埋怨为什么没有叫他起床，一面叫服务员快结账。把账结好后，当时已是 7 点多了；王先生又连忙跑到大门口一问，原来准备好接他到机场的车，因等到 6 时 45 分仍见不到王先生，以为他已离开饭店，就接别的客人去了；王先生听了就更加气愤，只能无奈地站在大门口叫的士，他等了半天才等来一辆。等赶到机场时，飞机已准备起飞了，王先生来迟一步。那一天其他班次飞往新加坡的航班都已满员。他实在无奈，只好安排转乘第二天的飞机回新加坡。

思考：

1．此案例中前厅服务的哪些环节出现了失误？

2．从前厅管理的角度分析，应如何避免此类事故的发生？

案例二

换菜

一次，钱先生和朋友来到丽华饭店中餐厅吃饭，发生了一件这样的事情。“晚上好，先生！请问吃什么菜？”实习生小丽热情接待。“来个生炒麦菜、椒盐虾、粉蒸排骨和白粥。” 钱先生答道。“好的，请稍候，马上给你们送过来。”小丽下单后送到厨房。不一会菜上来了，“盐水麦菜，请慢用。”“小姐，请等一下，我们没有点这个菜啊，我点的是生炒麦菜，你们弄错了吧。”“是吗？我不知道呀，那帮你们换菜吧。”过了不到一分钟，送菜员端上了生炒麦菜。“咦？生炒麦菜怎么这么多叶，它的刀工怎么和刚才那个一样，煮得怎么那么烂？”钱先生边看边嚷道。“小姐，你这个菜好像只是换汤没换药吧？这像是把刚才那盘菜倒掉汤，然后过一过热锅而已，哪是生炒麦菜呢？算了，你还是给我换个别的菜吧！”钱先生的朋友接口说：“哎，老钱，你今天还是把生炒麦菜这个喜好放弃得了，随便来一个蒜蓉菜心算了。我们这样换来换去，会不会让他们觉得我们很烦啊！我以前听说有的餐厅，如果有客人太烦的话，那些厨师们会给他们的菜加些‘特殊味料’——如唾液、残渣菜汁……，钱先生听朋友这一说，胃口大打折扣，感叹到：“今天怎么这么倒霉啊！”果然那盘蒜蓉菜心上桌后，钱先生和朋友不敢对它下筷子了。

思考：

1. 请对此案例中餐饮部的厨房管理进行点评。

2. 从餐厅管理的角度分析，应如何避免此类事故的发生？

三、实训题

1. 参加当地一家五星级饭店前台部门组织的岗中培训。

实训目的：学习前台的工作流程并根据所在饭店的实际情况提出自己的改进意见。

实训要求：学习工作流程，运用所学解决实际问题，提出自己的见解。

2. 参加当地一家五星级饭店客房部门组织的岗中培训。

实训目的：学习客房的查房工作流程并根据所在饭店的实际情况提出自己的改进意见。

实训要求：学习查房工作流程，运用所学解决实际问题，提出自己的见解。

3. 选择当地一家五星级饭店，学习在大型宴会服务中督导层管理者现场管理的工作内容和程序。

实训目的：学习宴会的现场督导工作流程并根据所在饭店的实际情况提出自己的改进意见。

实训要求：学习宴会督导工作流程，运用所学解决实际问题，提出自己的见解。

附　录

附录 1　《旅游饭店星级的划分与评定》(GB/T14308—2010)实施办法

一、总则

第一条　为适应中国旅游饭店业发展的需要，增强饭店星级评定与复核工作的规范性和科学性，依据中华人民共和国国家标准《旅游饭店星级的划分及评定》(GB/T14308—2010)，特制定本办法。

第二条　各级旅游饭店星级评定机构应严格按照本办法的相关要求，开展饭店星级评定与复核工作。

第三条　星级饭店应按照《中华人民共和国统计法》和《旅游统计调查制度》的要求，按时向旅游行政管理部门报送相关统计数据。

二、星级评定的组织机构和责任

第四条　国家旅游局设全国旅游星级饭店评定委员会(以下简称“全国星评委”)。全国星评委是负责全国星评工作的最高机构。

(一) 职能：统筹负责全国旅游饭店星评工作；聘任与管理国家级星评员；组织五星级饭店的评定和复核工作；授权并监管地方旅游饭店星级评定机构开展工作。

(二) 组成人员：全国星评委由中国旅游协会领导、中国旅游饭店业协会领导、国家旅游局监督管理司领导、政策法规司领导、监察局领导、中国旅游协会和中国旅游饭店业协会秘书处相关负责人及各省、自治区、直辖市旅游星级饭店评定委员会主任组成。

(三) 办事机构：全国星评委下设办公室，作为全国星评委的办事机构，设在中国旅游饭店业协会秘书处。

(四) 饭店星级评定职责和权限：

1．执行饭店星级评定工作的实施办法；

2．授权和督导地方旅游饭店星级评定机构的星级评定和复核工作；

3．对地方旅游饭店星级评定机构违反规定所评定和复核的结果拥有否决权；

4．实施或组织实施对五星级饭店的星级评定和复核工作；

5．统一制作和核发星级饭店的证书、标志牌；

6．按照《饭店星评员章程》要求聘任国家级星评员，监管其工作；

7．负责国家级星评员的培训工作。

第五条　各省、自治区、直辖市旅游局设省级旅游星级饭店评定委员会(简称“省级星评委”)。省级星评委报全国星评委备案后，根据全国星评委的授权开展星评和复核工作。

(一) 组成人员：省级星评委的组建，根据本地实际情况确定，由地方旅游行业管理部门负责人和旅游饭店协会负责人等组成。

(二) 办事机构：省级星评委下设办公室为办事机构，可设在当地旅游局行业管理处或旅游饭店协会。

(三) 饭店星级评定职责和权限：

省级星评委依照全国星评委的授权开展以下工作：

1．贯彻执行并保证质量完成全国星评委部署的各项工作任务；

2．负责并督导本省内各级旅游饭店星级评定机构的工作；

3．对本省副省级城市、地级市(地区、州、盟)及下一级星级评定机构违反规定所评定的结果拥有否决权；

4．实施或组织实施本省四星级饭店的星级评定和复核工作；

5．向全国星评委推荐五星级饭店并严格把关；

6．按照《饭店星评员章程》要求聘任省级星评员；

7．负责副省级城市、地级市(地区、州、盟)星评员的培训工作。

第六条 副省级城市、地级市(地区、州、盟)旅游局设地区旅游星级饭店评定委员会(简称“地区星评委”)。地区星评委在省级星评委的指导下，参照省级星评委的模式组建。

(一) 组成人员：地区星评委可由地方旅游行业管理部门负责人和旅游饭店协会负责人等组成。

(二) 办事机构：地区星评委的办事机构可设在当地旅游局行业管理处(科)或旅游饭店协会。

(三) 地区星评委依照省级星评委的授权开展以下工作：

1．贯彻执行并保证质量完成全国星评委和省级星评委布置的各项工作任务；

2．负责本地区星级评定机构的工作；

3．按照《饭店星评员章程》要求聘任地市级星评员，实施或组织实施本地区三星级及以下饭店的星级评定和复核工作；

4．向省级星评委推荐四、五星级饭店。

三、星级申报及标志使用要求

第七条 饭店星级评定遵循企业自愿申报的原则。

第八条 凡在中华人民共和国境内正式营业一年以上的旅游饭店，均可申请星级评定。经评定达到相应星级标准的饭店，由全国旅游饭店星级评定机构颁发相应的星级证书和标志牌。星级标志的有效期为三年。

第九条 饭店星级标志应置于饭店前厅最明显位置，接受公众监督。饭店星级标志已在国家工商行政管理总局商标局登记注册为证明商标，其使用要求必须严格按照《星级饭店图形证明商标使用管理规则》执行。任何单位或个人未经授权或认可，不得擅自制作和使用。同时，任何饭店以“准×星”、“超×星”或者“相当于×星”等作为宣传手段的行为均属违法行为。

第十条　饭店星级证书和标志牌由全国星评委统一制作、核发。标志牌工本费按照国家相关部门批准的标准收取。

第十一条　每块星级标志牌上的编号，与相应的星级饭店证书号一致。每家星级饭店原则上只可申领一块星级标识牌。如星级标志牌破损或丢失，应及时报告，经所在省级星评委查明属实后，可向全国星评委申请补发。

星级饭店如因更名需更换星级证书，可凭工商部门有关文件证明进行更换，同时必须交还原星级证书。

四、星级评定的标准和基本要求

第十二条　饭店星级评定依据《旅游饭店星级的划分及评定》(GB/T14308—2010)进行，具体要求如下：

(一)《旅游饭店星级的划分及评定》附录 A“必备项目检查表”。该表规定了各星级必须具备的硬件设施和服务项目。要求相应星级的每个项目都必须达标，缺一不可。

(二)《旅游饭店星级的划分及评定》附录 B“设施设备评分表”(硬件表，共 600 分)。该表主要是对饭店硬件设施的档次进行评价打分。三、四、五星级规定最低得分线：三星 220 分、四星 320 分、五星 420 分，一、二星级不作要求。

(三)《旅游饭店星级的划分及评定》附录 C“饭店运营质量评价表”(软件表，共 600 分)。该表主要是评价饭店的“软件”，包括对饭店各项服务的基本流程、设施维护保养和清洁卫生方面的评价。三、四、五星级规定最低得分率：三星 70%、四星 80%、五星 85%，一、二星级不作要求。

第十三条　申请星级评定的饭店，如达不到本办法第十二条要求及最低分数或得分率，则不能取得所申请的星级。

第十四条　星级饭店强调整体性，评定星级时不能因为某一区域所有权或经营权的分离，或因为建筑物的分隔而区别对待。饭店内所有区域应达到同一星级的质量标准和管理要求。否则，星评委对饭店所申请星级不予批准。

第十五条　饭店取得星级后，因改造发生建筑规格、设施设备和服务项目的变化，关闭或取消原有设施设备、服务功能或项目，导致达不到原星级标准的，必须向相应级别星评委申报，接受复核或重新评定。否则，相应级别星评委应收回该饭店的星级证书和标志牌。

五、星级评定程序和执行

第十六条　五星级按照以下程序评定：

1．申请。申请评定五星级的饭店应在对照《旅游饭店星级的划分及评定》(GB/T14308—2010)充分准备的基础上，按属地原则向地区星评委和省级星评委逐级递交星级申请材料。申请材料包括：饭店星级申请报告、自查打分表、消防验收合格证(复印件)、卫生许可证(复印件)、工商营业执照(复印件)、饭店装修设计说明等。

2．推荐。省级星评委收到饭店申请材料后，应严格按照《旅游饭店星级的划分及评定》(GB/T14308—2010)的要求，于一个月内对申报饭店进行星评工作指导。对符合申报要求的饭店，以省级星评委名义向全国星评委递交推荐报告。

3．审查与公示。全国星评委在接到省级星评委推荐报告和饭店星级申请材料后，应在一个月内完成审定申请资格、核实申请报告等工作，并对通过资格审查的饭店，在中国旅游网和中国旅游饭店业协会网站上同时公示。对未通过资格审查的饭店，全国星评委应下发正式文件通知省级星评委。

4．宾客满意度调查。对通过五星级资格审查的饭店，全国星评委可根据工作需要安排宾客满意度调查，并形成专业调查报告，作为星评工作的参考意见。

5．国家级星评员检查。全国星评委发出《星级评定检查通知书》，委派二到三名国家级星评员，以明查或暗访的形式对申请五星级的饭店进行评定检查。评定检查工作应在 36-48 小时内完成。检查未予通过的饭店，应根据全国星评委反馈的有关意见进行整改。全国星评委待接到饭店整改完成并申请重新检查的报告后，于一个月内再次安排评定检查。

6．审核。检查结束后一个月内，全国星评委应根据检查结果对申请五星级的饭店进行审核。审核的主要内容及材料有：国家级星评员检查报告(须有国家级星评员签名)、星级评定检查反馈会原始记录材料(须有国家级星评员及饭店负责人签名)、依据《旅游饭店星级的划分及评定》(GB/T14308—2010)打分情况(打分总表须有国家级星评员签名)等。

7．批复。对于经审核认定达到标准的饭店，全国星评委应做出批准其为五星级旅游饭店的批复，并授予五星级证书和标志牌。对于经审核认定达不到标准的饭店，全国星评委应做出不批准其为五星级饭店的批复。批复结果在中国旅游网和中国旅游饭店业协会网站上同时公示，公示内容包括饭店名称、全国星评委受理时间、国家级星评员评定检查时间、国家级星评员姓名、批复时间。

8．申诉。申请星级评定的饭店对星评过程及其结果如有异议，可直接向国家旅游局申诉。国家旅游局根据调查结果予以答复，并保留最终裁定权。

9．抽查。国家旅游局根据《国家级星评监督员管理规则》，派出国家级星评监督员随机抽查星级评定情况，对星评工作进行监督。一旦发现星评过程中存在不符合程序的现象或检查结果不符合标准要求的情况，国家旅游局可对星级评定结果予以否决，并对执行该任务的国家级星评员进行处理。

第十七条　一星级到四星级饭店的评定程序，各级星评委应严格按照相应职责和权限，参照五星级饭店评定程序执行。一、二、三星级饭店的评定检查工作应在 24 小时内完成，四星级饭店的评定检查工作应在 36 小时内完成。全国星评委保留对一星级到四星级饭店评定结果的否决权。

第十八条　对于以住宿为主营业务，建筑与装修风格独特，拥有独特客户群体，管理和服务特色鲜明，且业内知名度较高旅游饭店的星级评定，可按照本办法第十六条要求的程序申请评定五星级饭店。

第十九条　白金五星级饭店的评定标准和检查办法另行制订。

第二十条　星级评定工作由相应级别星评委委派饭店星评员承担。各级星评委在委派饭店星评员执行工作时，应尽量按照不同地区、不同职业(行业管理人员、院校专家、企业管理人员)的原则进行搭配。

第二十一条　各级星评委应按照《饭店星评员章程》组建相应的星评员队伍，并将名单在其辖区范围内公布。每届星评员任期两年，到期后根据实际情况进行换届。省级星评员名单需报全国星评委备案。

第二十二条　在五星级饭店星评工作中，相关单位和个人应严格遵守《饭店星评工作“十不准”》。一旦违反“十不准”规定，全国星评委将给予以下相应处理：对国家级星评员给予通报批评或取消资格；对地方星级评定机构给予通报批评；对受评饭店给予通报批评或取消星评资格并于五年内不接受星评申请。四星级及以下星级饭店评定工作应参照执行。

第二十三条　星级评定检查工作暂不收费。星评员往返受检饭店的交通费以及评定期间在饭店内所发生的合理费用，均由受检饭店据实核销。

六、星级复核及处理制度

第二十四条　星级复核是星级评定工作的重要组成部分，其目的是督促已取得星级的饭店持续达标，其组织和责任划分完全依照星级评定的责任分工。星级复核分为年度复核和三年期满的评定性复核。

第二十五条　年度复核工作由饭店对照星级标准自查自纠、并将自查结果报告相应级别星评委，相应级别星评委根据自查结果进行抽查。

评定性复核工作由各级星评委委派星评员以明查或暗访的方式进行。

各级星评委应于本地区复核工作结束后进行认真总结，并逐级上报复核结果。

第二十六条　全国星评委委派二至三名国家级星评员同行，以明查或暗访的方式对饭店进行评定性复核检查。全国星评委可根据工作需要，对满三期的五星级饭店进行宾客满意度调查，并形成专业调查报告，作为评定性复核的参考意见。

第二十七条　对复核结果达不到相应标准的星级饭店，相应级别星评委根据情节轻重给予限期整改、取消星级的处理，并公布处理结果。对于取消星级的饭店，应将其星级证书和星级标志牌收回。

第二十八条　对星级饭店的复核结果进行处理的具体依据：

(一) 凡被复核饭店出现以下情况，相应级别星评委应做出“限期整改”的处理意见：

五星级：“必备项目检查表”达标，但附录B“设施设备评分表”得分低于420分但高于380分，或附录C“饭店运营质量评价表”得分率低于85%但高于75%。

四星级：“必备项目检查表”达标，但附录B“设施设备评分表”得分低于320分但高于280分，或附录C“饭店运营质量评价表”得分率低于80%但高于70%。

三星级：“必备项目检查表”达标，但附录B“设施设备评分表”得分低于220分但高于180分，或附录C“饭店运营质量评价表”得分率低于70%但高于60%。

(二) 凡被复核饭店出现以下任何一种情况，相应级别星评委应做出“取消星级”的处理意见：

五星级：

(1)“必备项目检查表”不达标；

(2)“必备项目检查表”达标，但附录B“设施设备评分表”得分低于380分；
(3)“必备项目检查表”达标，但附录C“饭店运营质量评价表”得分率低于75%；
(4) 发生重大事故，或遭遇重大投诉事件并被查实，造成恶劣影响；
(5) 停止饭店经营业务或停业装修改造一年以上。

四星级：
(1)“必备项目检查表”不达标；
(2)“必备项目检查表”达标，但附录B“设施设备评分表”得分低于280分；
(3)“必备项目检查表”达标，但附录C“饭店运营质量评价表”得分率低于70%；
(4) 发生重大事故，或遭遇重大投诉事件并被查实，造成恶劣影响；
(5) 停止饭店经营业务或停业装修改造一年以上。

三星级：
(1)“必备项目检查表”不达标；
(2)“必备项目检查表”达标，但附录B“设施设备评分表”得分低于180分；
(3)“必备项目检查表”达标，但附录C“饭店运营质量评价表”得分率低于60%；
(4) 发生重大事故，或遭遇重大投诉事件并被查实，造成恶劣影响；
(5) 停止饭店经营业务或停业装修改造一年以上。

二星级：
(1)“必备项目检查表”不达标；
(2) 发生重大事故，或遭遇重大投诉事件并被查实，造成恶劣影响；
(3) 停止饭店经营业务或停业装修改造一年以上。

一星级：
(1)“必备项目检查表”不达标；
(2) 发生重大事故，或遭遇重大投诉事件并被查实，造成恶劣影响；
(3) 停止饭店经营业务或停业装修改造一年以上。

第二十九　条整改期限原则上不能超过一年。被取消星级的饭店，自取消星级之日起一年后，方可重新申请星级评定。

第三十条　各级星评委对星级饭店做出处理的责任划分依照星级评定的责任分工执行。全国星评委保留对各星级饭店复核结果的最终处理权。

第三十一条　接受评定性复核的星级饭店，如其正在进行大规模装修改造，或者其他适当原因而致使暂停营业，可以在评定性复核当年年前提出延期申请。经查属实后，相应级别星评委可以酌情批准其延期一次。延期复核的最长时限不应超过一年，如延期超过一年，须重新申请星级评定。

第三十二条　国家旅游局根据《国家级星评监督员管理规则》，派出国家级星评监督员随机抽查年度复核和评定性复核情况，对复核工作进行监督。一旦发现复核过程中存在不符合程序的现象或检查结果不符合标准要求的情况，国家旅游局可对星级复核结果予以否决。

七、附则

第三十三条　本办法由国家旅游局负责解释。

第三十四条　本办法于2011年1月1日起开始实施。

附录2　饭店星评员章程

根据《中华人民共和国行政许可法》和《旅游饭店星级的划分与评定》(GB/T 14308—2010)，为确保饭店星级评定工作质量，规范饭店星级评定工作，加强对饭店星级评定人员(以下简称“饭店星评员”)的监督和管理，制定本章程。

一、星评员的划分和任职条件

第一条　饭店星评员分为：国家级星评员、地方级星评员(含省级和地市级)和星级饭店内审员。国家级星评员和地方级星评员主要由政府行业管理人员、饭店高级管理人员和有关专家学者组成。

第二条　星评员基本条件：

1．有较高的政策水平和较强的法制观念，具有良好的思想品德和职业操守；

2．有丰富的饭店业务知识，全面掌握《旅游饭店星级的划分与评定》(GB/T 14308—2010)；

3．有较高的分析判断能力和口头、文字表达能力；

4．有严谨、科学的工作作风。

第三条　担任国家级星评员的人员在符合基本条件的前提下，还应符合以下任意一项要求：

1．在省级以上旅游管理部门(含旅游协会)工作的行业管理人员。

2．在四星级以上(含四星级)饭店连续担任高级管理职务五年以上，且任期内饭店经营业绩良好，在业内具有一定声誉的在职经理人。

3．理论水平较高，在饭店业具有一定影响力的理论工作者。

第四条　担任地方级星评员的人员在符合基本条件的前提下，还应符合以下任意一项要求：

1．具有较为丰富经验的饭店行业管理人员；

2．在星级饭店连续担任高级管理职务五年以上，且任期内饭店经营业绩良好，在本省(自治区、直辖市)业内具有一定声誉的在职经理人；

3．理论水平较高，在饭店业具有一定影响力的理论工作者。

第五条　星级饭店内审员应由本饭店的中高级管理人员担任。

二、星评员的选聘办法和职责

第六条　国家级星评员由全国旅游星级饭店评定委员会(以下简称“星评委”)负责选聘。接受全国星评委的委派，承担全国范围内的饭店星级评定、复核和其他检查工作。

第七条　地方级星评员由省级星评委或地区星评委负责选聘。接受省级省级星评委或地区星评委的委派，按照职责分工，承担辖区内饭店星级评定、复核和其他检查工作。

第八条　星级饭店内审员由各饭店指定。星级饭店内审员根据相应星评委的指导和安排，依照星级标准，执行对所在饭店的检查、复核工作，并同时向所在饭店管理层和所在地区星评委办公室报告工作。

三、星评员的工作要求

第九条　星评员在相应星评委有组织有计划的安排下，可以明查或暗访方式对受检饭店进行检查，要预先研究受检饭店的申请报告或复核自查报告及相关材料，掌握受检饭店的概况和特点；检查结束时向受检饭店全面反馈检查情况，就其星级达标情况提出规范的书面报告。各级星评员应保持清正、廉洁的作风，未经相应星评委授权，不得随意实施对饭店的检查工作。

第十条　饭店星级评定或复核时，要据实评判各项必备条件的具备情况和饭店设施设备、饭店运营质量的得分情况，并写出书面检查报告及时呈交委派工作的星评委。

第十一条　星评员向受检饭店和相应星评委做出的反馈意见应严谨，规范，条理清晰，具有较高的针对性和指导性。对于不达标的饭店，要提出明确的整改要求。

第十二条　星级饭店内审员应按照星级标准和所在地星评委的要求，检查所在饭店的达标情况，敦促饭店管理层就所存在的问题及时整改，并向所在地星评委做出书面报告。

第十三条　饭店星评员接受聘用单位的检查、监督和管理。

四、星评员的工作守则

第十四条　服从相应星评委的安排，认真履行星评员的各项职责。

第十五条　按规定时间抵达受检饭店，主动出示相关证件和《星级评定/复核检查通知书》。

第十六条　在受检饭店工作时间应不少于相关规定的要求。

第十七条　不得以个人理解随意解释标准，不得做超越权限的评论和表态。

第十八条　检查期间要着正装，保持衣履整洁、举止文明、谦虚谨慎、尊重受检饭店的员工。

第十九条　在保证检查效果的前提下，提倡节俭，反对铺张。

第二十条　不得向受检饭店提出与检查无关的要求，不得为个人或亲属牟取私利。受检饭店可就任何星评员的违规行为向相应星评委举报，星评委经调查核实后可进行查处。

五、星评员的管理

第二十一条　按照谁聘用谁管理的原则，各级星评员的日常管理和工作安排由聘用单位负责。

第二十二条　各级星评委应对所聘星评员的变化、工作态度、工作质量和受检饭店对其工作的评价应有详细的记载，并作为是否续聘的重要依据。各级星评委每年以书面形式逐级报告上述内容。

第二十三条　全国星评委办公室负责对全国的星评员实施宏观管理，星评员资格不搞终身制，对个别不称职或玩忽职守的星评员可及时进行撤换。

第二十四条 任期内的星评员一旦离开与饭店业相关的工作岗位，其星评员资格自行取消，空缺名额由原聘用单位按照任职条件重新选聘。

第二十五条 星评员由聘用单位颁发证书，证书格式由全国星评委统一确定。

附录 3 国家级星评监督员管理规则

根据国家旅游局“三定方案”，为加强对饭店星级评定工作的监督，维护星级标准的权威性，提升星级饭店的服务水准，国家旅游局决定建立国家级星评监督员(以下简称“星评监督员”)队伍。为保证星级饭店服务质量监管工作顺利开展，特制定本管理规则。

一、星评监督员的组织机构和选聘条件

第一条 星评监督员由国家旅游局负责选聘。接受国家旅游局的委派，承担全国范围内的星级饭店暗访和其他检查工作。

第二条 星评监督员主要由政府行业管理人员、饭店中高级管理人员和有关专家学者组成。

第三条 星评监督员基本条件：

1．有较高的政策水平和较强的法制观念，具有良好的思想品德和职业操守；

2．有丰富的饭店业务知识，全面掌握《旅游饭店星级的划分与评定》(GB/T 14308—2010)、《星级饭店访查规范》(LB/T006—2006)及其他相关标准；

3．有较高的分析判断能力和口头、文字表达能力；

4．有严谨、科学的工作作风。

第四条 担任星评监督员的人员在符合基本条件的前提下，还应至少符合以下任意一项要求：

1．在省级、地级旅游管理部门(含旅游协会)工作的行业管理人员。

2．在四星级以上(含四星级)饭店连续担任中、高级管理职务三年以上，且任期内饭店服务质量良好，在业内具有一定声誉的在职经理人。

3．理论水平较高，在饭店业具有一定影响力的理论工作者。

二、星评监督员的工作要求

第五条 星评监督员在国家旅游局有组织有计划的安排下，主要以暗访方式对星级饭店或者正在申报星级的饭店进行检查。未经国家旅游局授权，不得随意实施对星级饭店的检查工作。

第六条 星评监督员必须严格按照《旅游饭店星级的划分与评定》(GB/T 14308—2010)、《星级饭店访查规范》(LB/T 006—2006)、《星级饭店暗访检查制度》和饭店星评工作“十不准”等有关标准和制度实施检查工作。

第七条 星评监督员应在结束检查后一周内，向国家旅游局提交书面检查报告和相关照片(或录像录音资料)。检查报告应观点鲜明、格式规范、条理清晰，具有较强的针对性和指导性。

三、星评监督员的管理

第八条　星评监督员应服从国家旅游局合理的工作安排，认真履行工作职责，接受国家旅游局的检查、监督和管理。

第九条　国家旅游局对星评监督员的工作量、工作态度和工作质量进行详细记载和考核，作为是否续聘的重要依据。

第十条　星评监督员每届任期为两年。对任期内表现优秀的星评监督员，国家旅游局可进行续聘。对任期内不能履行其职责或玩忽职守的星评监督员，国家旅游局将予以解聘。

第十一条　任期内的星评监督员一旦离开与行业相关的工作岗位，其星评监督员资格自行取消，空缺名额由国家旅游局按照任职条件重新选聘。

第十二条　星评监督员由国家旅游局统一颁发和制作证书。

第十三条　星评监督员的培训、考评由国家旅游局负责。

附录4　饭店星评工作“十不准”

一、国家级星评员工作“十不准”

1．不准收受饭店赠送的现金、有价证券(卡)、纪念品或礼物。

2．不准对饭店提出检查项目之外的额外要求，或出现酗酒等影响星评员形象的行为。

3．不准降低星级饭店检查标准和简化星级饭店检查评定程序，或以自己的好恶来随意解释和评判星级标准。

4．不准向地方星评机构和受评饭店就饭店是否通过评定发表意见。

5．不准接受饭店所在地政府和旅游部门，以及受评饭店安排的店外宴请。

6．不准带随从、助手等其他人员一同参与星评工作或代替星评工作。

7．不准在暗访检查中以任何方式向地方星评机构、饭店及其他相关人员泄露自己的真实身份、行程安排和检查情况。

8．不准请饭店或地方星评机构代为评定打分、撰写和邮寄检查报告。

9．不准以辅导、咨询、培训、管理等名义向饭店推荐或洽谈与星评工作无关的业务事宜，或向饭店打听与星评工作无关的商业秘密。

10．不准要求、暗示和接受地方星评机构与受评饭店安排与星评工作无关的旅游及其他休闲娱乐活动。

二、地方星评机构及受评五星级饭店评定工作“十不准”

1．不准提供与饭店星级评定相关的虚假信息。

2．不准向星评员提出或暗示降低星级标准、简化检查程序的要求。

3．不准以评审费、专家咨询费等任何名义向星评员支付现金、赠送有价证券(卡)和礼物。

4．不准举办针对星评员的专门的欢迎仪式(设置横幅和标牌、鲜花等)。

5．不准超规格安排星评员住房(只按一个标准房和一个普通套房安排房间)，或在星评员的房间内做超常布置或放置超常规客用品。

6．不准为星评员安排店外宴请。

7．不准为星评员谋取私利提供便利。

8．不准为星评员专门安排与星评工作无关的游览活动。

9．不准以任何方式打听暗访检查星评员的姓名、行程安排和检查情况。

10．不准代替星评员评定打分、撰写和邮寄检查报告。

参 考 文 献

[1] 傅生生．酒店管理[M]．上海：上海交通大学出版社，2011．

[2] 蒋丁新．饭店管理概论[M]．大连：东北财经大学出版社，2010．

[3] 彭剑锋．人力资源管理概论[M]．上海：复旦大学出版社，2011．

[4] 李辉．现代饭店管理[M]．北京：电子工业出版社，2010．

[5] 叶鹏．现代酒店经营管理实务[M]．北京：清华大学出版社，2010．

[6] 马勇．饭店管理概论[M]．北京：清华大学出版社，2009．

[7] 刘名俭，唐静．饭店管理[M]．武汉：华中科技大学出版社，2009．

[8] 徐文苑、贺湘辉．饭店管理概论[M]．北京：北京师范大学出版社，2009．

[9] 齐炜．饭店人力资源管理[M]．合肥：安徽人民出版社，2009．

[10] 刘晓杰，韩瑞．饭店设备运行与管理[M]．北京：化学工业出版社，2009．

[11] 李辉作，于涛．饭店经营与管理[M]．北京：中国发展出版社，2009．

[12] 李翔迅．饭店经营与管理[M]．北京：对外经济贸易大学出版社，2009．

[13] 周志宏，熊丽娟．饭店概论[M]．长沙：湖南大学出版社，2009．

[14] 牟昆，王林峰．饭店管理概论[M]．北京：电子工业出版社，2009．

[15] 姜华等．饭店公共关系[M]．北京：中国人民大学出版社，2009．

[16] 阮晓明．饭店管理基础[M]．杭州：浙江大学出版社，2009．

[17] 巩隽，邢夫敏．餐饮服务与管理[M]．北京：冶金工业出版社，2008．

[18] 张野．酒楼饭馆规范化管理全书[M]．北京：人民邮电出版社，2008．

[19] 程新友．饭店安全管理：制度建设与管理要点[M]．北京：旅游教育出版社，2008．

[20] 苏枫．酒店管理概论[M]．重庆：重庆大学出版社，2008．

[21] 王瑜．饭店公共关系[M]．重庆：重庆大学出版社，2008．

[22] 郑向敏．现代饭店管理[M]．大连：东北财经大学出版社，2008．

[23] 吴鸿．饭店管理[M]．北京：对外经济贸易大学出版社，2008．

[24] 李丽，杨国堂．饭店管理概论[M]．北京：科学出版社，2007．

[25] 陈文生．饭店经营管理案例精选[M]．北京：旅游教育出版社，2007．

[26] 洪涛．饭店管理实务[M]．南京：东南大学出版社，2007．

[27] 张素娟，宋雪莉．现代饭店管理[M]．北京：化学工业出版社，2007．

[28] 杜建华．饭店管理概论[M]．北京：科学出版社，2007．

[29] 张利民，王素珍．饭店管理概论[M]．北京：北京大学出版社，2007．

[30] 栗书河．饭店人力资源管理[M]．北京：旅游教育出版社，2007．

[31] 魏新生．饭店管理[M]．郑州：郑州大学出版社，2006．

[32] 王伟．饭店人力资源开发与管理[M]．北京：旅游教育出版社，2006．

[33] (澳)约瑟芬·艾夫．卓越服务[M]．北京：旅游教育出版社，2005．

[34] 姚李忠，齐新征．饭店管理实务[M]．合肥：合肥工业大学出版社，2005．

[35] 胡宇橙．饭店市场营销管理[M]．北京：中国旅游出版社，2005．

[36] 吕建中．现代饭店管理[M]．北京：中国旅游出版社，2004．

[37] 邹益民，张世琪．现代饭店房务管理与案例[M]．沈阳：辽宁科学技术出版社，2003．
[38] 徐栖玲．酒店服务案例心理解析[M]．广州：广东旅游出版社，2003．
[39] 黄震方．饭店管理概论[M]．北京：高等教育出版社，2001．
[40] 袁富山．饭店设备管理[M]．天津：南开大学出版社，2000．
[41] 刘小泉．饭店员工流动分析及应对策略[J]．井冈山师范学院学报，2005，26(1)．